Richard Münch
Dialektik der
Kommunikationsgesellschaft

Suhrkamp

CIP-Titelaufnahme der Deutschen Bibliothek
Münch, Richard:
Dialektik der Kommunikationsgesellschaft /
Richard Münch. –
1. Aufl. – Frankfurt am Main :
Suhrkamp, 1991
(Suhrkamp-Taschenbuch Wissenschaft ; 880)
ISBN 3-518-28480-0
NE: GT

suhrkamp taschenbuch wissenschaft 880
Erste Auflage 1991
© Suhrkamp Verlag Frankfurt am Main 1991
Suhrkamp Taschenbuch Verlag
Alle Rechte vorbehalten, insbesondere das
des öffentlichen Vortrags, der Übertragung
durch Rundfunk und Fernsehen
sowie der Übersetzung, auch einzelner Teile.
Satz und Druck: Wagner GmbH, Nördlingen
Printed in Germany
Umschlag nach Entwürfen von
Willy Fleckhaus und Rolf Staudt

1 2 3 4 5 6 – 95 94 93 92 91 90

Inhalt

Vorwort 13

Einleitung:
Auf dem Wege zur Kommunikationsgesellschaft 15

TEIL I
DIE DIALEKTIK DER MODERNEN KULTUR

Kapitel 1 Die entfesselte Kultur 27
Einleitung 27
Die Paradoxie des Rationalismus 29
Die Paradoxie des Individualismus 31
Die Paradoxie des Universalismus 32
Die Paradoxie des instrumentellen Aktivismus 34
Die Kultur des Interventionismus und ihre moralischen
Grundlagen 37
Moderne ohne Risiko? 40
Auf der Suche nach Auswegen: Ganzheitliches Denken 45

Exkurs: Von der Reproduktion des Kapitals zur
Reproduktion von Sinn 49
Einleitung 49
Die Reproduktion des Kapitals 53
Die Reproduktion der Macht 55
Die Reproduktion von Konsens 57
Die Reproduktion von Sinn 59
Schlußbemerkungen 63

Kapitel 2 Zwischen Fortschrittsdialektik
und Gleichgewichtsmystik:
West-östlicher Diskurs und New Age-Bewegung 65
Vom linear-kausalen zum ganzheitlichen ökologischen
Denken 66
Die religiösen Grundlagen des westlichen und des
fernöstlichen Rationalitätsverständnisses 68
Die paradoxe Struktur der modernen westlichen Rationalität . . . 74
New Age – Wegweiser einer neuen Weltkultur? 77

New Age – Rückfall in Lutherische Innerlichkeit
oder asiatischen Traditionalismus? 79
New Age – Ausdruck religiöser Anomie? 82

TEIL II
DIE DIALEKTIK
DER GESELLSCHAFTLICHEN KOMMUNIKATION

Kapitel 3 Die entfesselte Kommunikation 87
Die Expansion der Kommunikation 87
Die Flut der Skandale 89
Politische Kommunikation: Der Zwang zur öffentlichen
Darstellung 95
Die Inflation der Worte 103
Sozialer Wandel durch Kommunikation 108

Kapitel 4 Die Dynamik des Diskurses 116
Ökonomische Kommunikation 116
Kulturelle Kommunikation 117
Gruppenkommunikation 122
Alltagskommunikation 123
Interpersonelle Kommunikation 124
Therapeutische Kommunikation 127
Von der Inflation der Worte zur Inflation von Macht, Geld und
Reputation 129
Die Explosivität von Kommunikation 132

TEIL III
DIE DIALEKTIK
DER GESELLSCHAFTLICHEN ENTWICKLUNG

Kapitel 5 Die entfesselte Gesellschaft:
Ökonomie, Politik, Solidarität und Diskurs 135

Einleitung 135

5.1 Die Dialektik von Ökonomie und Diskurs 137

5.1.1 Der Diskurs der Ökonomie: Sinnhafte, moralische,
ästhetische und wissenschaftliche Steuerung
des ökonomischen Handelns 138

Sinn und Moral der Ökonomie 138
Die Ästhetik des Konsums 145
Wissenschaftliche Innovation und technologische Entwicklung . . . 147
Zwischen Nützlichkeit und Wahrheit 150

5.1.2 Die Ökonomie des Diskurses: Kulturmarkt und Kulturindustrie in Religion, Moral, Kunst und Wissenschaft . . 151
Kulturelle Unternehmer 151
Zwischen Wahrheit und Nützlichkeit 155

5.2 Die Dialektik von Ökonomie und Politik 155

5.2.1 Die Ökonomie der Politik: Die Knappheit der Finanzen und die Herrschaft der ökonomischen Sachzwänge . . 156
Die Knappheit der Finanzen 156
Die Herrschaft der ökonomischen Sachzwänge 157
Zwischen Macht und Geld 158

5.2.2 Die Politik der Ökonomie:
Wohlfahrtspolitik und Technologiepolitik 159
Wohlfahrtspolitik 159
Technologiepolitik 159
Zwischen Geld und Macht 168

Exkurs: Unorganisierte Allverantwortlichkeit 172

5.3 Die Dialektik von Ökonomie und Solidarität 176

5.3.1 Die Ökonomie der Solidarität: Von der traditionalen Gruppensolidarität zum modernen Markt der nützlichen Vereinigung 176
Der Markt der Vereinigungen 177
Die Individualisierung des Lebens 179
Zwischen Solidarität und Nützlichkeit 181

5.3.2 Die Solidarität der Ökonomie: Teilhabe der Weltbevölkerung am ökonomischen Reichtum, Expansion des Arbeitsmarktes und strukturelle Arbeitslosigkeit 181
Arbeitsmarkt und Arbeiterbewegung 182
Arbeitsmarkt und Bildungsbewegung 183
Arbeitsmarkt und Frauenbewegung: Vom Kochtopf zur beruflichen Gleichstellung und Selbstverwirklichung 186
Arbeitszeit: Die neue Flexibilität 190
Arbeitseinkommen und Konsum: Der Kult des gehobenen Konsums 191
Arbeitsmarkt und Arbeitslosigkeit 192

Weltwirtschaft und internationale Solidarität 194
Zwischen Nützlichkeit und Solidarität 198

5.4 Die Dialektik von Diskurs und Solidarität 200

5.4.1 Der Diskurs der Solidarität:
Die kulturelle Universalisierung und die
Vereinheitlichung partikularer Lebenswelten 200
Die Vereinheitlichung der Lebenswelten 200
Die Ästhetisierung des Alltagslebens 205
Die Mode: Ästhetik der Moderne 207
Zwischen Solidarität und Wahrheit 208

5.4.2 Die Solidarität des Diskurses:
Von der Elitenkultur zur Massenkultur 209
Massenbildung 209
Massenkommunikation 213
Zwischen Wahrheit und Solidarität 218

Exkurs: Vom Elfenbeinturm zum multidisziplinären
Kommunikationszentrum: Die neue Universität 219
Die Idee der deutschen Universität 219
Die Zerrissenheit der Universität 220
Neue Chancen durch neue Studiengänge 222
Die Universität als Zentrum der gegenseitigen Durchdringung
von Kultur und Gesellschaft 226

Exkurs: Vom Lesezirkel zur Multimediashow:
Die Stadt und die Dynamik der kulturellen Erneuerung . . 228
Die Stadt der Renaissance 228
Die Stadt der Moderne, die Aufklärung und die kulturelle
Erneuerung 231
London 232
Paris 234
Berlin 237
New York 241
Die Stadt der Gegenwart und die Misere ihrer Kultur 245
Die Stadt der Zukunft und die kulturelle Erneuerung 249

5.5 Die Dialektik von Diskurs und Politik 257

5.5.1 Der Diskurs der Politik:
Politik als öffentliche Kommunikation 257
Politischer Diskurs 258
Die Verallgemeinerung der Werte 259

Die Verwissenschaftlichung der Politik 262
Zwischen Macht und Wahrheit 263

5.5.2 Die Politik des Diskurses: Kulturentwicklung als
politische Gestaltung und politischer Kampf 265
Kulturpolitik 266
Zwischen Wahrheit und Macht 268

5.6 Die Dialektik von Politik und Solidarität 269

5.6.1 Die Solidarität der Politik: Von der Souveränität der
Regierungen, Parlamente und Verwaltungen zur Politik
der Bürgerbeteiligung 269
Die neue politische Dynamik:
Wechselwähler, neue politische Bewegungen und neue politische
Parteien 271
Dezentralisierung: Die Entmachtung von Regierung,
Parlament und Verwaltung 273
Zwischen Macht und Solidarität 275

5.6.2 Die Politik der Solidarität: Von der gewachsenen
Gruppensolidarität zur gesellschaftspolitischen Ausein-
andersetzung um die Gestaltung des Gruppenlebens 279
Vom Klassenkampf zum Kampf der Geschlechter 280
Zwischen Solidarität und Macht 283

Kapitel 6 Die Dynamik der Entwicklung 284
Die »neue Unübersichtlichkeit«:
Aufhebung traditioneller Differenzen 284
Die Expansion der Systeme 292
Die mobilisierte Gesellschaft 298
Die ökonomische Mobilisierung der Gesellschaft 299
Die politische Mobilisierung der Gesellschaft 300
Die solidarische Mobilisierung der Gesellschaft 301
Die kulturelle Mobilisierung der Gesellschaft 302
Gleichgewichtige und ungleichgewichtige Mobilisierung der
Gesellschaft 303
Wege in die Zukunft 306
Die Moderne: Ein riskantes Unternehmen 308

Exkurs: Die dialektische Konstitution der modernen
Gesellschaft 309
Einleitung 310
Komplexitätssteigerung und Systemdifferenzierung 312
Der okzidentale Prozeß der Rationalisierung 313

Von der kognitiv-instrumentellen zur kommunikativen
Rationalisierung 315
Differenzierung, Rationalisierung und Interpenetration 317
Die Struktur der »primitiven« Gesellschaft 318
Die Struktur der traditionalen Gesellschaft 319
Die Struktur der modernen Gesellschaft 321
Solidarität und Ökonomie 321
Solidarität und Politik 324
Solidarität und Diskurs 326
Die moderne gesellschaftliche Gemeinschaft 328
Kulturelle und gesellschaftliche Rationalisierung 329
Diskurs und Politik 330
Diskurs und Ökonomie 331
Diskurs und Solidarität 331
Ökonomie und Politik 332
Der Prozeß der Interpenetration 332
Schlußbemerkungen 334

Technischer Anhang 336

Theoretischer Bezugsrahmen 336
Die analytische Ordnung des Handelns 336
Systeme 337
Conditio humana 338
Handlungssystem 339
Soziales System 340
Die Interpenetrationszonen des sozialen Systems 341
Generalisierte Kommunikationsmedien 342
Die Interpenetration der gesellschaftlichen Subsysteme 345
Ökonomie und Solidarität 346
Ökonomie und Politik 349
Ökonomie und Diskurs 350
Diskurs und Solidarität 352
Diskurs und Politik 353
Solidarität und Politik 354

Hypothesen 356
1. Funktionen 356
2. Interpenetration 356
3. Produktion 357
4. Mediale Steuerung 357
5. Dynamik und Wachstum 358

6. Dynamik der Kommunikation	359
7. Dynamik der Solidarität	359
8. Dynamik der Politik	360
9. Dynamik der Ökonomie	360
10. Kommunikation und Kommunikationszusammenbruch	361

Diagramme	363
Die Universität zwischen Idealisierung und Instrumentalisierung	364
Die gemeinschaftliche Struktur der »primitiven« Gesellschaft	365
Die Differenzierung der traditionalen Gesellschaft	366
Differenzierung, Rationalisierung und Interpenetration in der modernen Gesellschaft I	367
Differenzierung, Rationalisierung und Interpenetration in der modernen Gesellschaft II	368
Die Conditio humana	369
Das soziale System	370
Die Interpenetration der gesellschaftlichen Subsysteme	371

Literaturverzeichnis	372
Veröffentlichungsnachweise	397

Vorwort

Die Moderne steht gegenwärtig vor ihrer größten Herausforderung. Einerseits rüttelt die globale Ökologiekrise an ihren Fundamenten. Andererseits hat sie die Revolution in Osteuropa zu einem neuen Hoffnungsträger gemacht. Schließlich werden die Entwicklungs- und Schwellenländer immer mehr von der Entwicklungsdynamik der Moderne erfaßt. Die Moderne hat endgültig die Weltherrschaft angetreten.
Mit dieser globalen Entfaltung der Moderne geht ein fundamentaler Wandel von der Industriegesellschaft zur Kommunikationsgesellschaft einher. Wir sind gegenwärtig Zeugen einer neuen Entwicklungsstufe der ungeheuren Vermehrung, Beschleunigung, Verdichtung und Globalisierung von Kommunikation, die ohnehin schon immer ein wesentlicher Antrieb der Moderne waren. Heute erleben wir nach der Aufklärung eine neue kommunikative Revolution im globalen Maßstab. Wie die Revolution von 1789 in Frankreich ohne die vorausgegangene Ausbreitung der Aufklärung nicht zu denken ist, so ist auch die Revolution von 1989 in den Ländern Osteuropas ohne den Anteil der weltweiten Telekommunikation nicht zu verstehen.
Mit der endgültigen Weltherrschaft der westlichen Moderne auf der Entwicklungsstufe der Kommunikationsgesellschaft nehmen aber auch die ihr eigenen Widersprüche eine globale und immer tiefgreifendere Dimension an. Die Moderne ist seit ihren Anfängen durch eine Dialektik der Erzeugung, Abarbeitung und Wiedererzeugung von Widersprüchen vorangetrieben worden. Heute zeigt sich immer mehr, daß diese Widersprüche nicht allein den institutionellen Verwirklichungen der Moderne in Gestalt von Kapitalismus, Bürokratie und wissenschaftlich-technischer Zivilisation zu verdanken sind, sondern auch den tiefsten Sinngrundlagen der westlichen Kultur überhaupt, einschließlich ihrer moralischen Grundsätze. In der wachsenden ökologischen Gefährdung dieser Erde spielen sich z. B. ökonomisches Profitstreben und das Gleichheitsgebot der Einbeziehung der ganzen Weltbevölkerung in den wachsenden Wohlstand gegenseitig in die Hände.
Die Abarbeitung solcher Widersprüche bedarf immer mehr der Verständigung durch Kommunikation im globalen Maßstab. Mit

diesem notwendigen Wachstum von Kommunikation werden die Widersprüche unserer Kultur indessen nicht beseitigt; sie werden nur einer subtileren Bearbeitung unterzogen. Zugleich entstehen daraus neue Gefahren: Überzogene Kommunikation erzeugt immer wieder Enttäuschungen, die zum Zusammenbruch von Kommunikation und zu gewaltsamen Auseinandersetzungen führen.

Weitere Widersprüche machen sich darin bemerkbar, daß die Moderne alle Dimensionen des menschlichen Handelns zugleich entfaltet und diese somit in immer schärfere Konflikte geraten: Ökonomie, Politik, solidarisches Gruppenleben und Kommunikation expandieren alle zugleich und erfordern vermehrte Kommunikation zur Abarbeitung ihrer Konflikte. Damit wächst Kommunikation mit all ihren Chancen der Bewegung der Gesellschaft und all ihren Gefahren des Mißlingens von Verständigung weiterhin.

Während die Gesellschaftstheorie die Dialektik der Industriegesellschaft schon vielfach beleuchtet hat, ist die Dialektik der Kommunikationsgesellschaft bislang noch kaum richtig erfaßt worden. Dieses Buch will Bausteine zum Aufbau einer Theorie der Kommunikationsgesellschaft bereitstellen und will Anstöße für den Weiterbau an einer solchen Theorie geben. Es werden damit die Studien zur Entwicklung der Moderne in die Gegenwart hinein fortgesetzt, die in *Die Struktur der Moderne* (1984) und *Die Kultur der Moderne* (1986) begonnen worden waren.

Für bibliographische Arbeiten und für die Erstellung der Druckvorlage zu diesem Buch danke ich Karin Rhau, Christian Lahusen, Susanne Gabele, Renate Kolvenbach und Anna Kirberich.

Düsseldorf, im Februar 1990   Richard Münch

Einleitung
Auf dem Wege zur
Kommunikationsgesellschaft

Die moderne Kultur befindet sich in einer Krise und vor einem neuen Aufbruch zugleich. Ihr werden nun in wachsendem Maße diejenigen Schäden, Leiden, Ungerechtigkeiten, Irrationalitäten, Sinnlosigkeiten, Zwänge und Solidaritätsverluste vorgerechnet, die sie in ihrem Streben nach Befreiung des Menschen von all diesen Übeln durch Intervention in die Welt, Rationalität, Individualität und universelle Solidarität selbst geschaffen hat. Wir stehen an einer Zeitwende, an der die Paradoxien des Interventionismus, Rationalismus, Individualismus und Universalismus der Moderne erst richtig offenbar werden. Wir sehen jetzt genauer, wie das Eingreifen in die Welt zur Bewältigung von Problemen stets neue Probleme schafft, wie die Vervollkommnung unseres Wissens stets neue Wissenslücken, die Vervollkommnung unseres Sinnstrebens erst recht Sinnverlust hervorbringt, Individualität erst recht Zwänge verursacht und universelle Solidarität mit konkreter Vereinsamung einhergeht.

Trotz dieser verbreiteten Krisenstimmung befinden wir uns aber auch vor einem neuen Zeitalter der Moderne. Die Reste der traditionalen Gesellschaft werden endgültig abgestreift und machen einer Gesellschaft mit viel größerer Offenheit und Vielschichtigkeit Platz. Erst jetzt kommen die eigentlichen Merkmale der Moderne vollständig zum Durchbruch. Die Einbindung des Menschen in Klassenstrukturen, Kirchen, Verbände, Industrien, Berufe und Systeme weicht einer Vielfalt von sich gegenseitig durchdringenden, völlig freien Vereinigungen. Es wird jetzt erst richtig Platz für die Individualität des Menschen geschaffen. Zugleich bilden sich neue Formen der gesellschaftlichen Vereinigung in selbstorganisierten Gruppen. Bislang getrennte gesellschaftliche Subsysteme schieben sich ineinander hinein. Es gibt keine klar abgegrenzten Systeme für Märkte, politische Entscheidungsverfahren, Vereinigungen und Diskurse mehr. Der größte Teil des gesellschaftlichen Handelns findet in den Zonen der Interpenetration dieser Systeme statt. Intersystemische Kommunikation,

Vernetzung, Aushandlung und Kompromißbildung werden zu den Grundbausteinen der zukünftigen Gesellschaft. Mit diesem Prozeß der intersystemischen Verflechtung geht eine ständige Steigerung der internationalen Verflechtung und der Globalisierung unseres Lebens einher. Kommunikationssysteme und Kommunikatoren nehmen eine immer zentralere Stellung in der Gesellschaft ein. Wir sind schon lange dabei, die Industriegesellschaft hinter uns zu lassen und eine Kommunikationsgesellschaft aufzubauen.

Wir sind im Herbst 1989 Zeugen einer historischen Revolution in den Ländern Osteuropas geworden, die uns alle in ihren Bann geschlagen hat. Die globale Berichterstattung durch das Fernsehen hat uns zu Augenzeugen atemberaubender Ereignisse gemacht. Niemals zuvor hat es eine so dichte Vernetzung der gesamten Weltöffentlichkeit mit lokalen Ereignissen gegeben. Und es war diese globale Vernetzung durch Telekommunikation, die uns nicht nur zu Zuschauern, sondern auch zu Akteuren einer historischen Revolution gemacht hat. Die Berichterstattung durch die ausländischen Medien hat die Weltöffentlichkeit zu einem machtvollen Beobachter gemacht, vor dem die bisherigen Machthaber nicht mehr so leicht Gewalt anwenden konnten, ohne sich zugleich der weltweiten Verurteilung auszusetzen. Die jahrelange Berichterstattung über prominente Dissidenten in den ausländischen Medien hat als ein schmerzender Stachel im Fleische des kommunistischen Herrschaftssystems gewirkt und neben der schlechten Versorgungslage zur moralischen Zermürbung des Systems beigetragen. Die ersten Erleichterungen für die Auslandsmedien haben schon vor Gorbatschow den Stein langsam ins Rollen gebracht. Gorbatschows Politik der Glasnost und Perestrojka hat schließlich den umwälzenden Wirkungen freier und globaler Kommunikation die Bahn gebrochen. Der politischen Revolution in Osteuropa ist eine kommunikative Revolution vorausgegangen. Den Menschen in Osteuropa ist es seit dem Zweiten Weltkrieg immer schon schlecht gegangen. Der revolutionäre Durchbruch gelang erst auf der Basis der globalen Telekommunikation.

Im Lichte der historischen Rolle, welche die Telekommunikation in der Entfachung der Revolution in Osteuropa gespielt hat, ist es an der Zeit, zu einem Verständnis der globalen Kommunikation zu gelangen, das über die flache Kritik an der Massenkommunikation hinausgeht. Es geht darum, die hoffnungsvollen und die gefährlichen Seiten der ungeheuren Vermehrung, Beschleunigung, Verdichtung und Globalisierung von Kommunikation unserer Tage zu erfassen. Es gilt, die Dialektik aufzuspüren, die dieser Entwicklung zugrunde liegt.

Mit dieser umfassenden Kommunikation werden die Paradoxien der Moderne nicht leichter bewältigt. Sie werden uns jetzt erst richtig bewußt. Die Paradoxien und die Strategien zu ihrer Bewältigung werden subtiler. Mit der weltweiten Kommunikation wird sich die moderne Kultur auch das Denken der anderen Kulturen der Welt nach ihrem eigenen Muster einverleiben und eine umfassende Weltkultur herausbilden. Auch damit werden die Probleme nicht einfacher. Wir werden nur anspruchsvoller, und die Problemlösungen müssen um so komplexeren Standards genügen.

Durch die Steigerung von Kommunikation wird die Gesellschaft in einem Maße bewegt wie niemals zuvor. Es wird immer mehr Wissen gesammelt und in Umlauf gebracht. Es wird dadurch immer mehr Aufmerksamkeit für das erzeugt, was bisher falsch gemacht wurde und in Zukunft besser gemacht werden sollte. Der permanente Umbau der Gesellschaft ist die Konsequenz dieser gesteigerten Kommunikation. In einer Gesellschaft, in der alles durch Kommunikation bewegt wird, kann sich niemand mehr dem Zwang zur Erzielung von öffentlicher Aufmerksamkeit entziehen. Anderenfalls ist man vergessen und verloren. Wer sich nicht gut darstellen kann, hat in dieser Gesellschaft keine Chance.

Kommunikation muß angeheizt werden, wenn gesellschaftlich etwas bewegt werden soll. Ohne eine strategische Nutzung von öffentlicher Aufmerksamkeit läßt sich heute nichts mehr ausrichten. Politik, Wirtschaft, Verbände, Wissenschaft, Kunst, Literatur und Religion, sie alle können nur noch über den öffentlichen Diskurs gesellschaftlich wirksam werden und maßgeblich die Definition von Vergangenheit, Gegenwart und Zukunft beeinflussen.

Mit der Entwicklung zur Kommunikationsgesellschaft geht aber auch eine Steigerung der Risiken von Kommunikation einher. Die periodische Überhitzung des öffentlichen Diskurses erzeugt immer wieder neue Wortinflationen. Die Worte bedeuten nicht mehr das, was sie sagen. Politiker werden zu Versprechen nach

allen Seiten veranlaßt, die sie nicht alle halten können. Unternehmer müssen ihr Gewinnstreben hinter großen Plädoyers für die Reinhaltung von Luft, Wasser und Erde verbergen. Verbandsführer müssen ihre partikularen Interessen in Begriffen des Gemeinwohls formulieren. Wissenschaftler werden zu Aussagen gezwungen, die sich immer wieder als korrekturbedürftig herausstellen. Journalisten müssen stets neue Enthüllungen und Skandale präsentieren, die nicht immer das bieten, was man erwartet hat. Publizisten müssen sich gegenseitig in Katastrophenprophetien überbieten, die dann nicht eintreffen. Die Ursachen für diese Inflation der Worte liegen in der unablässig steigenden Nachfrage nach öffentlicher Aufmerksamkeit durch Kommunikatoren, die das öffentliche Bewußtsein beeinflussen wollen. Dies geschieht in einer Gesellschaft, die den öffentlichen Diskurs in das Zentrum des gesellschaftlichen Geschehens gerückt hat.
Die Konsequenzen periodischer Wortinflationen sind Rückfälle in primitivere Formen der strategischen Auseinandersetzung. Die Konfrontation der staatlichen Gewalt mit der Gewalt der Besetzer von Häusern, geplanten Landebahnen und Industrieanlagen löst dann den öffentlichen Diskurs ab. Sie ist Ausdruck temporärer Zusammenbrüche des öffentlichen Diskurses. Diese Zusammenbrüche sind ebenso Begleiterscheinungen des hochentwickelten öffentlichen Diskurses, wie Inflation und Rezession Erscheinungen einer hochentwickelten Wirtschaft sind. Die Verlagerung des gesellschaftlichen Geschehens in den öffentlichen Diskurs hinein zwingt die moderne Gesellschaft, ähnlich wirksame Strategien der Bekämpfung von Kommunikationskrisen zu entwickeln, wie dies für die wirtschaftlichen Risiken erforderlich war. Unter den Bedingungen einer hochkomplexen Gesellschaft sind herkömmliche Formen der Steuerung und Koordination des sozialen Handelns nicht mehr wirksam. Sie müssen entsprechend komplexeren, aber auch sensibleren Mitteln der Steuerung und Koordination Platz machen. Diese Funktion erfüllen symbolische und generalisierte Medien der Kommunikation: Sprache, Geld, legitime politische Macht und Reputation. Von diesen Medien ist es Reputation, die über die Grenzen herkömmlicher Solidaritäten die Steuerung und Koordination von Kooperation und Unterstützung ermöglicht. Sie ist das wichtigste Medium für die Regelung komplexer Handlungsbeziehungen und übt unter den Medien eine ordnende Funktion aus. Sie wird dadurch zu einem

sensiblen Instrument der Kontrolle von Inflationen. Vertrauensbildung über Reputation schafft Berechenbarkeiten nach allen Seiten, wo das Handeln höchst flexibel und unberechenbar geworden ist. Im einzelnen können die folgenden Strategien gegen um sich greifende kommunikative Inflationen eingesetzt werden: Inklusion von Aktionsgruppen in den Diskurs statt Ausgrenzung; eine Politik der Verknappung überzogener Worte durch die öffentlich-rechtlichen Medien, die eine den Notenbanken und ihrer Geldmengenpolitik vergleichbare Rolle bei der Bekämpfung von Kommunikationskrisen spielen; besonnene Wortwahl auf seiten öffentlicher Wortführer; diskursive Abrüstung einschließlich regelmäßiger Abrüstungsverhandlungen zwischen Wortführern; Abkühlung der Konjunktur durch zeitweisen Rückzug in nichtöffentliche Verhandlungen; schließlich vor allem die immer engmaschigere Verflechtung des öffentlichen Diskurses mit den gesellschaftlichen Subsystemen von Politik, Verwaltung, Recht, Wirtschaft, Wissenschaft, Religion, Kunst und Verbänden. Auf diese Weise wird verhindert, daß der Diskurs nicht nur heiße Luft produziert, sondern gesellschaftlich verbindliche Definitionen der Situation auf zunehmend komplexerem Niveau, dies auf der Basis einer breiten Informationszufuhr und eines breiten Definitionsausstoßes.

In der modernen Kommunikationsgesellschaft erreichen die Interdependenzen des menschlichen Handelns einen globalen Maßstab. Jedes Handeln kann zahllose Wirkungen in alle Handlungsbereiche, Milieus und Systeme der Gesellschaft, in alle Bereiche der natürlichen und künstlichen Umwelt hinein und rund um den Erdball entfalten. Jedes Handeln kann selbst von zahllosen Vorgängen in allen gesellschaftlichen Handlungsbereichen, Milieus und Systemen, in allen Bereichen der natürlichen und künstlichen Umwelt rund um die ganze Welt betroffen werden. Eine angemessene wissenschaftliche Erfassung und Durchdringung dieser Komplexität ist nur noch mit Ansätzen möglich, die über ein theoretisches Instrumentarium verfügen, mit dem das Ganze in den Blick genommen und geordnet werden kann. Es entsteht ein immer größerer Bedarf, wirtschaftliche, politische, sozialstrukturelle und kulturelle Vorgänge zugleich, in ihren vielfältigen Wirkungen aufeinander und in ihrem Gesamtzusammenhang zu thematisieren. Ohne Integration in einen umfassenden Bezugsrahmen der Gesellschaftstheorie bleiben Untersuchungen zu

Einzelfragen zwangsläufig »betriebsblind«. Sie können in ihrer Detailbesessenheit das Eingeflochtensein ihres Forschungsgegenstandes in größere Zusammenhänge und gesellschaftliche Umwälzungen nicht erkennen.

Unglücklicherweise hat sich die Soziologie in den vergangenen Jahren allzu sehr in unzählige Spezialstudien zu allerlei Besonderheiten verloren. Der Blick für das Ganze ist ihr dabei abhanden gekommen. Wo das Ganze dennoch ins Visier genommen wird – wie etwa in der gegenwärtig florierenden Katastrophenliteratur –, zeigt sich meist ein erheblicher Mangel an theoretischem Rüstzeug. Ohne die ordnende Funktion eines der Sache angemessenen theoretischen Bezugsrahmens wird die Realität kaum theoretisch durchdrungen, vielmehr wird die Analyse durch die überkomplexe Wirklichkeit überwältigt. Es wird dann alles gesagt, damit aber auch nichts. Die Summe vieler Einzelbeobachtungen ergibt noch keine Erkenntnis des Ganzen.

Um diesem Mangel der gegenwärtigen Soziologie entgegenzuwirken, ist der Bedarf an Gesellschaftstheorie um so größer. Dieses Buch über die Entwicklung der Kommunikationsgesellschaft will einen Beitrag zur Erneuerung der Gesellschaftstheorie anhand der aktuellen Tendenzen der gesellschaftlichen Entwicklung leisten. Das in der Gesellschaftstheorie über einen Diskurs von rund 150 Jahren akkumulierte theoretische Wissen soll durch die Konfrontation mit den aktuellen Entwicklungstrends der modernen Gesellschaft auf »dialektischem« Wege fruchtbar erneuert werden.

Die Entwicklung der modernen Kommunikationsgesellschaft begreife ich als einen dialektischen Vorgang. Dieses Buch handelt demgemäß von der Dialektik der Kommunikationsgesellschaft. »Dialektik« nennen wir die Entwicklung von Kultur und Gesellschaft aus der Dynamik von Widersprüchen, die stets Aktivitäten zum Abarbeiten von Widersprüchen hervorrufen. Diese Aktivitäten erzeugen indessen wieder neue Widersprüche. So entwickeln sich Kultur und Gesellschaft in einem endlosen Prozeß des Erzeugens, Abarbeitens und Wiedererzeugens von Widersprüchen.

Der erste Widerspruch ist derjenige zwischen Theorie und Realität, Idee und Realität, Moral und Realität, Kunst und Wirklichkeit. Er liegt in ganz besonderer Weise der modernen westlichen Kultur zugrunde und ist der Antrieb ihrer endlosen Fortentwick-

lung. Auch das Verhältnis zwischen Kultur und Gesellschaft ist innerhalb dieses Kulturkreises ein solches des Widerspruchs, der stets neue Anstrengungen zur Gesellschaftsveränderung verlangt, die indessen immer wieder neue Widersprüche hervorbringen. Diese Dialektik von Kultur und Gesellschaft ist der Motor der unablässigen Gesellschaftsveränderung, welche die westliche Moderne gegenüber allen anderen Kulturen auszeichnet (Münch, 1986a).
Was die Entwicklung der Moderne in der Gegenwart kennzeichnet, ist das Ausmaß, in dem die Verwurzelung der Widersprüche der modernen Gesellschaft in ihrer Kultur und in dem besonderen Verhältnis von Kultur und Gesellschaft offenbar wird. Die aus den Widersprüchen hervorgehenden Krisen gehen jetzt immer mehr über die gesellschaftlichen Institutionen des Kapitalismus, der Technologie, der Demokratie, der Bürokratie und des Rechts hinaus und erfassen die tiefsten Sinngrundlagen der westlichen Kultur. Die westliche Kultur wird in diesem Prozeß immer mehr aus dem Status einer unbefragten Prämisse in denjenigen einer diskursiv zu begründenden Hypothese versetzt. Krisenbewältigung kann so nicht mehr allein technisch durch besseres Funktionieren der gesellschaftlichen Institutionen erfolgen, sondern verlangt immer mehr Kommunikation über den Sinn unseres Tuns, und dies in einem globalen Zusammenhang des Diskurses zwischen den verschiedenen Weltkulturen. Nachdem die westliche Kultur des Christentums und der Aufklärung in Jahrhunderten erfolgreich ihre Weltherrschaft aufgebaut hat, wird sie heute immer mehr von Selbstzweifeln, von den Machtansprüchen des Islams und von der Ausbreitung der fernöstlichen Kulturen des Konfuzianismus, Taoismus, Hinduismus und Buddhismus erschüttert. Wir stehen heute mitten in einem globalen Diskurs über Sinn, Wert und Aufgabe der menschlichen Existenz in einer immer enger zusammenwachsenden Welt. Die Dialektik äußert sich jetzt auch in den Widersprüchen zwischen den konkurrierenden Weltkulturen und in den Bestrebungen ihrer Abarbeitung. Dies ist die erste Ebene des Übergangs zur Kommunikationsgesellschaft, mit der wir uns im ersten Teil dieses Buches beschäftigen werden: die wachsenden Anforderungen an die kommunikative Begründung unseres gesellschaftlichen Handelns und die Herausbildung eines globalen Diskurses zwischen den Weltkulturen. Es ist die Dialektik der modernen Kultur.

Die Entwicklung der Kommunikationsgesellschaft bringt eine ungeheure Vermehrung, Beschleunigung, Verdichtung und Globalisierung von Kommunikation mit sich und eine außerordentliche Durchdringung der Gesellschaft durch Kommunikation. Dieser Prozeß hat wiederum seine eigene Dialektik. Die Gesellschaft wird in einem bislang nie dagewesenen Maße durch Kommunikation bewegt, wodurch die Widersprüche der gesellschaftlichen Entwicklung in einem größeren Ausmaß und in schnellerer Abfolge auftreten. Jede durch Kommunikation in Gang gesetzte gesellschaftliche Veränderung bringt unbeabsichtigte Folgen hervor, die wiederum neu thematisiert und kommunikativ verarbeitet werden, um gerade wieder zu weiteren unbeabsichtigten Folgen Anlaß zu geben. Die Dialektik der gesellschaftlichen Entwicklung verschärft sich. Außerdem verläuft Kommunikation selbst dialektisch. Der Dialog des Sokrates hat den Widerspruch als Mittel der Fortsetzung von Kommunikation in unsere Kultur eingebaut. So nimmt mit der Kommunikationsflut in unserer Kultur auch das Neinsagen und Widersprechen, der Streit mit Argumenten zu. Wir leben dementsprechend in einer zunehmend konfliktvolleren Welt; und wir müssen noch besser lernen, damit zu leben, daß einem die anderen zunächst einmal nicht zustimmen. Es gibt aber auch vermehrt Zusammenbrüche der Kommunikation, die von den inflationären Tendenzen der Kommunikationsflut erzeugt werden. Worte bedeuten zunehmend weniger als das, was sie sagen. Mißtrauen in Kommunikation macht sich breit. Kommunikation bringt dann ihr Gegenteil hervor: Weghören, Kommunikationsverweigerung, strategischen Machteinsatz und Gewaltanwendung. Dies ist die Dialektik von Kommunikation und Kommunikationszusammenbrüchen. Ihr wollen wir uns im zweiten Teil dieses Buches zuwenden. Es ist die Dialektik der gesellschaftlichen Kommunikation.

Eine weitere Dialektik der gesellschaftlichen Entwicklung resultiert aus der unablässig voranschreitenden Expansion der gesellschaftlichen Subsysteme der Ökonomie, der Politik, des solidarischen Gruppenlebens und der kulturellen Kommunikation und der ihnen entsprechenden Funktionen und Handlungsorientierungen: der ökonomischen Allokation von Ressourcen und Präferenzen und der Nutzenmaximierung, der kollektiv verbindlichen Entscheidung und der Zielverwirklichung, der sozialen Integration und der solidarischen Vereinigung, der gesellschaftlichen Verständigung und der kulturellen Identitätssicherung. Die Expansion von Ökonomie, Politik, Gruppenleben und Kommunikation unterwirft ein immer größeres Terrain des gesellschaftlichen Handelns der Logik dieser gesellschaftlichen Subsysteme. Durch ihre gleichzeitige Expansion greifen sie auf dem begrenzten Terrain des gesellschaftlichen Handelns immer tiefer ineinander hinein, überlagern sich, geraten in Konflikt miteinander und kämpfen um die Vorherrschaft. Der Streit zwischen Ökonomie, Politik, kulturellem Diskurs und sozialem Gruppenleben, zwischen Nützlichkeit, Effektivität, Wahrheit und Solidarität, und die intersystemische Zirkulation von Geld, Macht, Sprache und Reputation als symbolische und generalisierte Kommunikationsmedien rücken immer mehr in den Vordergrund des gesellschaftlichen Geschehens. So erleben wir zugleich eine enorme Moralisierung des ökonomischen Handelns, aber auch eine Ökonomisierung der Kultur, eine Politisierung der Ökonomie und eine Ökonomisierung der Politik, eine Solidarisierung der Ökonomie und eine Ökonomisierung der Solidarität, eine Moralisierung der Politik und eine Politisierung der Moral, eine kulturelle Vereinheitlichung des Gruppenlebens und eine Inklusion immer breiterer Schichten in die Kultur, eine immer breitere Beteiligung von Gruppen an der Politik und eine immer weiter reichende Politisierung des Gruppenlebens. Das Endprodukt ist eine Gesellschaft, in der sich immer mehr in den Zonen der Interpenetration der Subsysteme und immer weniger in den Reservaten ihrer Eigenlogik abspielt. Zum Beispiel: Ökonomische Nutzenkalkulation erfaßt immer größere Teile des politischen Handelns, umgekehrt greift das politische Handeln immer tiefer in das ökonomische Handeln hinein. So liegen sie im ständigen Widerstreit miteinander und treiben die gesellschaftliche Entwicklung durch ihren Widerstreit unablässig voran. Ökonomie und Politik üben einen leistungssteigernden Druck aufeinander aus, so lange die eine Seite nicht die Oberhand über die andere Seite gewinnt. Aus ihrem Widerstreit gehen aber auch neue Subsysteme hervor, die auf Vermittlung spezialisiert sind: Wirtschafts- und Technologiepolitik und politische Ressourcenmobilisierung.

Die Stabilisierung dieser Vermittlung zwischen widerstreitenden Funktionen und Handlungsorientierungen erfordert in zunehmendem Maße das Hinausgehen über die bloße wechselseitige Beobachtung und strategische Einstellung von Ökonomie, Politik, Gruppenleben und kulturellem Diskurs aufeinander und die Einrichtung von Institutionen der geregelten Kommunikation zwischen diesen gesellschaftlichen Subsystemen. Der Aufbau von Institutionen der intersystemischen Kommunikation zwischen Ökonomie, Politik, gesellschaftlichen Gruppen und Kultur wird immer dringender, um die Konflikte zwischen ihren widerstreitenden Funktionen und Handlungsorientierungen produktiv in gesellschaftliche Fortschritte in allen diesen Richtungen umsetzen zu können. Ohne diese kommunikative Verschränkung der widerstreitenden Systeme, Funktionen und Handlungsorientierungen ist die moderne Gesellschaft stets von der einseitigen Beherrschung durch eines der gesellschaftlichen Subsysteme oder durch den strategischen und unkontrollierbaren Kampf zwischen ihnen bedroht. Der Aufbau von Institutionen der kommunikativen Vermittlung zwischen den gesellschaftlichen Subsystemen ist derjenige Schritt, der die Kommunikationsgesellschaft auf ein neues Niveau der gesellschaftlichen Kommunikation heben wird. Dies ist die Dialektik der gesellschaftlichen Entwicklung durch die gegenseitige Durchdringung der gesellschaftlichen Subsysteme, der wir uns im dritten Teil dieses Buches widmen werden.

Ein technischer Anhang legt die theoretischen Grundlagen und Schlußfolgerungen dieser Studien zur modernen Kommunikationsgesellschaft dar.

Teil 1
Die Dialektik
der modernen Kultur

Kapitel 1
Die entfesselte Kultur

Einleitung

Die Entwicklung der modernen Gesellschaften steht an einer Zeitwende, die uns zwingt, mit etablierten Deutungsmustern zu brechen. Ihre Probleme lassen sich nicht mehr mit Theorien erfassen, die auf alte Strukturen fixiert sind: »Kapitalismus« und »Klassenkonflikte«, »Parlamentarismus« und »Parteiendemokratie«, »Wohlfahrtsstaat« und »Klassenkompromiß« können nicht mehr zureichend als Schlüsselbegriffe für erklärungskräftige Theorien aktueller und zukünftiger Entwicklungen dienen.
Wir haben uns daran gewöhnt, die Übel, Leiden, Ungerechtigkeiten und Beschädigungen unseres Lebens ebenso der Entwicklungsdynamik der industriell-technischen Zivilisation zuzuschreiben wie unseren materiellen Wohlstand. Die Geschichte der Gesellschaftstheorie hat einen Versuch an den anderen gereiht, mit dieser Problematik fertig zu werden. Seit Marx' materialistischer Umkehrung der Hegelschen Geschichtsphilosophie gehören die Widersprüche des Kapitalismus zum Grundrepertoire der Gesellschaftstheorie und Gesellschaftskritik (Hegel, 1964-71; Marx, 1956, 1962-64). Die weitere Entwicklung hat daran nicht viel geändert, sondern eher Marx' Analyse erweitert. Für Max Weber sind die Widersprüche des Kapitalismus eine besondere Spezifikation des fundamentaleren Widerspruchs zwischen formaler und materialer Rationalität, ein Widerspruch, der unserer modernen westlichen Kultur zugrunde liegt und sich außerdem in den Widersprüchen der modernen Bürokratie, des modernen Rechts und der modernen Wissenschaft mit ihrer entzaubernden Wirkung äußert (Weber, 1920/1972a, 1920/1972b, 1920/1971a, 1971b, 1922/1973, 1924). Horkheimers und Adornos *Dialektik der Aufklärung* hat die Wurzeln der widersprüchlichen Befreiung des Menschen von materieller Not und traditioneller Vormundschaft bei gleichzeitiger Unterwerfung unter eine bisher unbekannte Herrschaft der industriellen Zivilisation in der instrumentellen Vernunft des technischen Zeitalters aufgespürt (Horkhei-

mer und Adorno, 1947/1969; Horkheimer, 1974). Adorno hat noch konsequenter in jedem begrifflichen Denken diese Dialektik erkannt und allein noch in der unverbindlichen ästhetischen Kritik einen Ausweg aus diesem Dilemma gesehen (Adorno, 1970). Jürgen Habermas (1981) hat diese Resignation der Kritischen Theorie durch seine Theorie der Kolonialisierung der Lebenswelt zu überwinden versucht. Er sieht den Weg der Moderne als eine Differenzierung der eigenlogisch organisierten Systeme der Wirtschaft, des Rechts und der Politik aus ihrem ursprünglichen, kommunikativ angelegten lebensweltlichen Zusammenhang. Geld, Recht und politische Macht ersetzen die Sprache als Medien der Handlungskoordination. Über politische Programme entscheidet z. B. nicht ihre diskursive Begründung, sondern wieviel politische Macht für sie mobilisiert werden kann. Dabei bleibt indessen die Entwicklung nicht stehen, die Systeme übermächtigen schließlich auch die noch verbliebenen Reste der Lebenswelt und machen sie zu Kolonien, die ihrer Herrschaft unterworfen sind. Über moralische Fragen der Beziehung zwischen Ehepartnern, Familienmitgliedern, Lehrern und Schülern, Arzt und Patient wird in zunehmendem Maße nach der Systemlogik des Rechts entschieden. Habermas will jedoch die Resignation Adornos durch die Revitalisierung einer umfassenden Vernunft überwinden. Diese umfassende Vernunft hat ihre Grundlage in der Herstellung von Konsens durch Kommunikation und Diskurs. Die Rückbindung der entfesselten Systemlogiken an die Rationalität des kommunikativ und diskursiv hergestellten Konsensus ist der Ausweg aus dem Dilemma der Moderne.

Die Theorien, die in der ökonomischen und instrumentell-technischen Rationalität die Ursachen der Widersprüche unserer modernen Zivilisation zu erkennen glauben und von ihrer Überwindung durch eine irgendwie geartete umfassendere Rationalität zugleich eine Überwindung der gesellschaftlichen Widersprüche erhoffen, greifen allerdings meist zu kurz. Die Ursachen dieser Widersprüche liegen nämlich tiefer und erfassen auch noch die moralischen Grundlagen unseres westlichen Rationalitätsverständnisses.

Unsere moderne westliche Kultur ist schon in ihren tiefsten moralischen Wurzeln durch Paradoxien geprägt, die alle in ihren grundlegenden Ideen verwurzelt sind und weit tiefer reichen, als eine oberflächliche Kritik des Kapitalismus oder der technischen

Zivilisation vermuten läßt. Anhand der großen Ideen der Moderne können wir vier fundamentale Paradoxien unterscheiden: die Paradoxien des Rationalismus, des Individualismus, des Universalismus und des instrumentellen Aktivismus (Interventionismus). Sie sollen im folgenden erläutert werden.

Die Paradoxie des Rationalismus

Die Paradoxie des Rationalismus öffnet uns mit jeder Erweiterung unseres Wissens zugleich die Augen für das, was wir alles nicht wissen. Jede neue Erkenntnis produziert eine ganze Reihe neuer Wissenslücken (Popper, 1963, 1973). Der beste Beweis dafür ist die große Verunsicherung, die gegenwärtig aus der immer weiter gesteigerten Erneuerungsrate des wissenschaftlichen Wissens hervorgeht. Dazu einige Zahlen: Seit Gründung der ersten wissenschaftlichen Zeitschrift, der *Philosophical Transactions of the Royal Society of London* im Jahre 1665 hat sich bis 1960 die Zahl wissenschaftlicher Zeitschriften auf rund 100 000 erhöht (de Solla Price, 1961: 96). Die Informationen aus Wissenschaft und Technik nehmen jährlich um ca. 13% zu, sie verdoppeln sich in 5½ Jahren. Täglich werden auf der Welt ca. 17 000 wissenschaftliche Publikationen herausgebracht (Naisbitt, 1982: 41). Der Buchbestand der Freien Universität Berlin hat sich von 1955 bis 1984 von etwa 560 000 auf 6 095 454 erhöht (Kreibich, 1986: 30). Die jährlichen Aufwendungen für Information und Dokumentation von Wissen durch das Bundesministerium für Forschung und Technologie wurden zwischen 1975 und 1983 von 49 Millionen DM auf 123 Millionen DM gesteigert (Kreibich, 1986: 38).

Die Wissenschaft ersetzt heute so schnell alte Irrtümer durch neues Wissen, daß davon eigentlich nur das Wissen bleibt, nichts zu wissen. So sieht es heute der staunende Beobachter der Wissenschaft, der sich vergeblich sichere Erkenntnis von ihr erhofft (Collins, 1987; Kieffer, 1986).

Diese permanente Offenbarung unseres Nichtwissens kann auch zur Verzweiflung führen, insbesondere dann, wenn der Mensch die Welt in ihrem ganzen Ursprung, Gesamtzusammenhang und Sinn erfassen will. Es wird immer unwahrscheinlicher, überhaupt noch eine konsistente Weltsicht zu entwickeln und in der Welt einen einheitlichen Sinn zu erkennen. Aus einer bisher nie dagewesenen Steigerung der Sinnsuche resultieren nun erst recht Sinnverlust und die Erfahrung der Sinnlosigkeit menschlicher Existenz. Sinnsuche heißt, alle Fragen klären zu wollen. Es ist jedoch einfacher, Sinn zu finden, wenn gar nicht so viel Fragen gestellt werden.

Am radikalsten ist diese Paradoxie des modernen Rationalismus in Nietzsches (1956) Nihilismus zum Ausdruck gebracht worden. Max Weber hat sie in seine Entzauberungsthese gefaßt. Die Entfaltung der Wissenschaft mündet in den Sinnverlust, da die sinnstiftende Religion im Prozeß der wissenschaftlichen Entzauberung der Welt zerstört wird, Wissenschaft aber keine Sinnfragen beantworten kann (Weber, 1922/1973: 588-613; Schluchter, 1976, 1979). Emile Durkheim hat in seiner klassischen Studie über die sozialen Gründe steigender Selbstmordraten am Vergleich der Protestanten und Katholiken gezeigt, daß die Öffnung des Protestantismus für die rationale Suche nach dem Sinn auch häufiger als beim Katholizismus, der diese Öffnung nicht im gleichen Umfang zugelassen hat, zum Scheitern der Sinnsuche und dann auch zum Selbstmord führte (Durkheim, 1897/1973b). Inzwischen ist die Sinnsuche immer mehr zu einer Sache jedes einzelnen geworden, bei der er/sie sich der verschiedenen Angebote auf dem Weltmarkt der Religionen bedienen kann (Barker, 1985; Stark und Bainbridge, 1985; Williams, 1980). Das breite Angebot kommt dabei einer gesteigerten Nachfrage entgegen, die gerade aus der Steigerung des Bildungsniveaus immer breiterer Bevölkerungsschichten hervorgeht. Mit der vermehrten expliziten Suche nach Sinn vermehren sich aber auch die Fälle gescheiterter Sinnsuche und damit die Fälle der Flucht in Drogen und Selbstmord. Auf dem Boden unserer modernen westlichen Kultur wird aber niemand aus dieser Entwicklung legitimerweise ein Plädoyer für die Rückkehr zu traditionellen Vormundschaften ableiten können. Wer einmal vom Baume der Erkenntnis aß, bleibt dazu verdammt, weiter davon zu essen.

Die Paradoxie des Individualismus

Die Paradoxie des Individualismus befreit den Menschen vom Zwang geschlossener Gemeinschaften – Familie, Gemeinde, Stand, Klasse, Schicht, Religion – und öffnet ihm die ganze Welt. Das bedeutet auf der einen Seite mehr Raum für Individualität und freie Entscheidung, zugleich steigt aber auch die Abhängigkeit des Menschen von entfernten Vorgängen, die er selbst nicht unmittelbar beeinflussen kann. In einer kleinen Gruppe hängt das Gruppenleben von jedem einzelnen Individuum ab. In den immer mehr expandierenden sozialen Systemen bis hin zur Weltgesellschaft, in die der einzelne eingeflochten ist, sinkt der Einfluß des einzelnen gegen Null, zugleich wird er aber abhängig von einer immer größeren Zahl von Menschen, ihren Beziehungen und schließlich anonymen gesetzmäßigen Vorgängen. Von den Klassikern der Soziologie hat Georg Simmel diese Paradoxie des Individualismus besonders scharf herausgearbeitet (Simmel, 1908a/1968).

Die Entwicklung von immer weiter gespannten Märkten und die Verwendung des Geldes als Medium des Austausches öffnen den Spielraum für Individualität unermeßlich, unterwerfen das Individuum aber zugleich den anonymen Gesetzmäßigkeiten des Marktes (Simmel, 1907/1958). Der Konsummarkt bietet zwar Entfaltungsmöglichkeiten der Individualität für die größtmögliche Zahl von Menschen, er übt aber auch um so mehr einen standardisierenden Effekt auf die Lebensstile aus, je größer die Zahl der Menschen ist, die von demselben Warenangebot angesprochen werden. Derselbe Vorgang wiederholt sich bei der Expansion von politischen Entscheidungsverfahren, wissenschaftlichen und moralischen Diskursen und gesellschaftlichen Vereinigungen.

Der/die einzelne ist frei in der Wahl der Vereinigungen, denen er/sie angehören will. Seine/ihre Mitgliedschaften in Vereinigungen werden immer vielfältiger, zahlreicher, kurzfristiger und oberflächlicher. Er/sie wird zum Schnittpunkt einer Vielzahl sozialer Kreise und gewinnt an Individualität durch die einmalige Kombination von Vereinigungen (Simmel, 1908a/1968). Zugleich nimmt aber auch die Bestimmung seines/ihres Handelns und seiner/ihrer Zeit durch eine wachsende Zahl von Vereinigungen zu, die er/sie selbst nur wenig kontrollieren kann. Das Individuum wird freier und unfreier zugleich. Vor allem verfügt es immer weniger über

freie Zeit für sich selbst, ohne jeden Einfluß irgendeines sozialen Kreises. Da alle Vereinigung freiwillig ist, wird auch die freie Zeit durch ein großes Angebot von Freizeitgruppen bestimmt.
Eine weitere Form der Paradoxie des Individualismus äußert sich in den Folgen der gesteigerten Wahrnehmung individueller Rechte. Wir sind heute Zeugen eines unaufhaltsamen Trends der aktiven Wahrnehmung individueller Rechte. Wo wir glauben, daß diese Rechte verletzt worden seien, machen wir von unserem Recht Gebrauch, diese Rechte vor Gericht einzuklagen. Die Rechtschutzversicherung gibt den nötigen Rückhalt dazu. Eine Flut von Zivilverfahren bricht über die Gerichte herein. Das Statistische Jahrbuch der Bundesrepublik (1970, 1987) meldet für 1966 insgesamt 802 171 anhängige gewöhnliche Zivilverfahren bei den Amtsgerichten, für 1985 insgesamt 1 748 830. Bürger klagen gegen andere Bürger, vor allem aber auch gegen Entscheidungen von Behörden. Ungereimtheiten und Zweideutigkeiten von Gesetzen und Verwaltungsordnungen werden immer mehr offenbar und zwingen in einem kodifikationsrechtlichen System wie dem unseren, wo es um objektiv richtige Urteile und nicht um faire Verfahren wie im angelsächsischen Gemeinrecht geht, zu einer immer präziseren Ausformulierung von Gesetzen und Verwaltungsordnungen. Diese Konsequenzen unserer gesteigerten Wahrnehmung individueller Rechte beklagen wir dann als wachsende Verrechtlichung (Voigt, 1980; Habermas, 1981; Teubner, 1984; Gephart, 1989), die unsere Freiheitsspielräume immer weiter einengt. Der Individualismus produziert neue Formen des gesellschaftlichen Zwangs.

Die Paradoxie des Universalismus

Die Paradoxie des Universalismus verbindet die Menschen in einem immer größeren Zusammenhang bis hin zur weltumspannenden Menschheit. Um nur einen Indikator für die weltweite Vernetzung sozialer Beziehungen zu nennen: Die Zahl beförderter Personen im Luftverkehr ist in der Bundesrepublik zwischen 1960 und 1988 von 4,885 Millionen auf 52,657 Millionen gestiegen, das Gewicht beförderter Güter im Luftverkehr von 79 000 t auf 918 000 t, die Zahl von Orts- und Ferngesprächen von 4,561 Milliarden auf 30,419 Milliarden (Statistisches Jahrbuch für die

Bundesrepublik, 1989: 26). Auf der anderen Seite wächst die Zahl von Ein-Personen-Haushalten in der Bundesrepublik zwischen 1961 und 1985 von 20,6% auf 32,6% aller Haushalte; die Zahl von Drei- und Vier-Personen-Haushalten ist in demselben Zeitraum von 39,2% auf 31,5% gefallen (Spiegel-Dokumentation 1947-1987: 29). Der Mensch vereinigt sich mit Menschen, die ihm bislang fremd waren, geht Bindungen ein, die über den ganzen Erdball reichen. Zugleich wird er aber auch bindungslos, weil ihm niemand mehr so nahe steht, wie dies in den einfacheren Verhältnissen von geschlossenen Familien, Religions-, Standes-, Klassen- und Schichtgemeinschaften und lokalen Gemeinschaften der Fall war. Der Mensch kann sich heute mit diesem zusammentun und morgen mit jenem. Die ganze Welt steht ihm dafür offen. Damit werden aber die Vereinigungen kurzfristiger und oberflächlicher. So kann der Mensch in einer weltumspannenden Menschheitsgemeinschaft, die niemanden mehr allein läßt, zugleich vereinsamen und die Lust an weiterer Vereinigung und schließlich am Leben überhaupt verlieren. Internationale Solidarität und lokale Vereinsamung sind zwei Seiten ein und derselben Medaille. Von den Klassikern der Soziologie waren es Emile Durkheim und Ferdinand Tönnies, die diese Umstellung der Solidaritätsverhältnisse in der Entwicklung der modernen Gesellschaft in besonderer Schärfe aufgezeigt haben (Durkheim, 1893/ 1977, 1897/1973a; Tönnies, 1887/1963).

Empirische Untersuchungen zeigen, daß nicht alle Menschen in gleicher Weise mit dieser Umstellung von Solidaritätsverhältnissen auf die frei gewählte und auch weltumspannende Solidarität zurechtkommen. Mobilität, Flexibilität und Offenheit sind Voraussetzungen, um an offenen Solidaritätsverhältnissen teilhaben zu können. So ist es nicht überraschend, daß ältere Menschen, die über diese Fähigkeiten weniger selbstverständlich verfügen können, dabei zu kurz kommen. Das Horrorbeispiel ist die verstorbene Rentnerin, die erst Wochen nach dem eingetretenen Tod zufällig in ihrer Wohnung aufgefunden wird. Sie geistert in regelmäßigen Abständen durch die Presse (Diewald, 1989a, 1989b).

Es gibt eine immer größere Zahl internationaler Hilfsorganisationen und internationaler Spendenaktionen mit einem immer größeren Spendenaufkommen (Larsen, 1983; Borgmann-Quade, 1982; Gaworra, 1983). Immer zahlreicher werden die Aufrufe zur Hilfe für notleidende Menschen auf der ganzen Welt. Der expandierende geschäftliche und private Tourismus bringt uns mit Menschen in aller Welt zusammen (Mathieson und Wall, 1982). Es entsteht so ein Verdrängungswettbewerb um Hilfeleistungen, bei dem es immer wieder Zukurzgekommene gibt, die bei den expandierenden Hilfsaktionen an den Rand gedrängt und vergessen werden, weil es ihnen nicht gelungen ist, ihre Hilfsbedürftigkeit für alle sichtbar darzulegen, oder weil sich niemand ihrer angenommen hat. Die Entfaltung universeller Solidarität produziert mit gleicher Vehemenz ihr Gegenteil: die Vernachlässigung der Vergessenen. Die Telefonseelsorge registriert eine dramatische Zunahme von Hilferufen. Während sich vor zwanzig Jahren bundesweit etwa 100 000 Menschen jährlich bei der Telefonseelsorge meldeten, sind es heute mehr als 600 000 (Hesse und Schrader, 1989; Der Spiegel, 1989b).

Die Paradoxie des instrumentellen Aktivismus

Die Paradoxie des instrumentellen Aktivismus (Interventionismus) schafft mit jedem Eingreifen in die Welt zur Bewältigung von Leiden, Unrecht, Schäden und Irrationalitäten stets neue Formen von Leiden, Unrecht, Schäden und Irrationalitäten. Die moderne westliche Kultur lebt in der Spannung zwischen Idee und Wirklichkeit. Die Wirklichkeit sieht im Lichte der großen Ideen der Freiheit, Gleichheit, Vernunft und fortschreitenden Beseitigung von Leid und Unrecht immer schlecht aus, steckt voll von Leid, Unrecht und Irrationalitäten, die unser aktives Eingreifen in die Welt verlangen, um die Welt zu einer besseren als bisher zu gestalten. Diese Haltung zur Welt hat ihre Wurzeln in der jüdisch-christlichen Religion. Von den Klassikern der Soziologie war es Max Weber, der diesen Zusammenhang besonders prägnant herausgearbeitet hat (Weber, 1920/1972b, 1920/1971a). Ausgehend von der Vorstellung eines Herrschergottes, der in die Welt eingreift, um sie von ihren Übeln zu befreien, über die Abschwächung in der organischen Soziallehre der mittelalterlichen Scholastik bis zur calvinistischen Lehre vom Menschen als einem Werkzeug Gottes hat sie stets das Potential in sich getragen, die Welt als einen Gegenstand der ständigen Bearbeitung zu betrachten. Die Aufklärung hat mit ihren großen Ideen und ihrem Fortschrittsdenken diese Haltung nur säkularisiert, verallgemeinert, verabsolutiert und vollkommen ins Diesseits gewendet. Seitdem sind wir damit beschäftigt, ständig die Welt zu bearbeiten, um ihre Unzulänglichkeiten zu bewältigen. Dabei schaffen wir allerdings eine immer umfassendere künstliche Welt von Gesetzen, Verordnungen, Therapien und Technologien, die selbst wieder voller Übel, Leid, Schäden und Unrecht stecken, um neue Eingriffe auf den Plan zu rufen, die ihrerseits wieder neue Probleme erzeugen und so fort, ohne daß dieser Prozeß ein Ende hätte. Wir sind zu dieser Sisyphus-Arbeit verdammt, solange wir an die großen Ideen der Aufklärung glauben.

Wir haben unser Wissen und unsere Technologien in einem Maße gesteigert, das uns erlaubt, Probleme in viel größerem Maßstab zu bewältigen als jemals zuvor. Zugleich sind damit aber auch neue Probleme in einem bisher ungeahnten Ausmaß entstanden. Dabei eilt die technologische Entwicklung der sozialen Entwicklung, die den Menschen erst befähigt, mit den neuen Technologien verantwortlich umzugehen, stets voraus (Anders, 1983; Rammert, 1983; Jonas, 1984, 1985). Die Atomkraft hat den Menschen instand gesetzt, ein riesiges Energiepotential zu schaffen. Zugleich ist sie aber auch die größte Gefahr für die Menschheit (Jaspers, 1961; Nowotny, 1979; Anders, 1983; Beck, 1986, 1988; Lagadec, 1987). Ein Atomschlag kann die ganze Menschheit vernichten. Ein Reaktorunfall kann erhebliche Teile der Welt radioaktiv verseuchen. In den fünfziger Jahren haben die Ostermarschierer noch gegen die Atomrüstung und für die friedliche Nutzung der Kernenergie demonstriert. Heute hat sich das Risikobewußtsein geschärft. Für die friedliche Nutzung der Kernenergie geht nun niemand mehr auf die Straße. Die Streitfrage ist jetzt: Wie schnell können wir aus der Kernenergie aussteigen und vergleichbare neue Energiequellen aufbauen? (Kiersch und von Opeln, 1982, 1983; Renn, 1984; Meyer-Abich und Schefold, 1986)

Wir haben nun ein Niveau der technologischen Entwicklung erreicht, auf dem die Kontrolle der Technologie ebenfalls immer höhere Anforderungen an Kontrolltechnologien stellt, aber auch an die soziale Kontrolle und an die einzelnen Menschen, die sie bedienen. Menschliches Versagen ist die häufigste Ursache von technologischen Katastrophen. Das gleichzeitig geschärfte Risikobewußtsein verlangt außerdem immer schärfere Kontrollen (Lukes, 1980; Lukes und Birkhofer, 1980; Böhret und Franz,

1982; Huber, 1982; Friedrichs, Bechmann und Gloede, 1983; Roßnagel, 1989). So entsteht aus der gleichzeitigen Steigerung des technologischen Fortschritts und des Sicherheitsstrebens auf schleichendem Wege ein neuer Überwachungsstaat (Jungk, 1977; Roßnagel, 1983, 1984a, 1984b).
Auch am Fortschritt der medizinischen Technologie lassen sich die damit einhergehenden Risiken aufzeigen. Die medizinische Technologie hat zu einer ständigen Anhebung der durchschnittlichen Lebenserwartung beigetragen. Die künstliche Erhaltung des Lebens durch die Herz-Lungen-Maschine und die Organverpflanzung retten täglich viele Menschenleben. Sie werfen allerdings auch ganz neue ethische Probleme auf. Der Arzt ist in manchen Fällen zum Herr über Leben und Tod geworden. Zu welchem Zeitpunkt gilt ein Mensch als tot, und zu welchem Zeitpunkt darf ihm unter welchen Bedingungen ein Organ entnommen werden, um in den Körper eines anderen Menschen eingesetzt zu werden? Die Gentechnologie hat völlig neue Wege der erfolgreichen Bekämpfung von Krankheiten eröffnet. Zugleich hat sie aber auch die Chancen für äußerst fragliche Manipulationen am Menschen immens erhöht (Bräutigam und Mettler, 1985; Kranz, 1985; van den Daele, 1985, 1986; Löw, 1985; Winter, 1986; Koch, 1987). Diese technologischen Entwicklungen in der Medizin stellen immer höhere Anforderungen an das verantwortliche Handeln des Arztes. Die ethische Kontrolle des ärztlichen Handelns wird immer wichtiger, ebenso steigen aber auch unsere ethischen Anforderungen. Ärztliche Fehler werden heute nicht mehr unter den Teppich gekehrt, sondern zum Thema gerichtlicher Auseinandersetzungen gemacht. In den Vereinigten Staaten wurden in vielen Krankenhäusern inzwischen eigene Ethik-Kommissionen eingerichtet, die in aktuellen Fällen zusammentreten, um nach eingehender Diskussion der relevanten ethischen Gesichtspunkte eine Entscheidung zu treffen.
Eine weitere Problematik des medizinischen Fortschritts äußert sich in dem riesigen Umfang an Tierversuchen, die erforderlich sind, um die Erkenntnis weiter voranzutreiben. Das hat inzwischen viele Tierschützer auf den Plan gerufen, die uns fragen, ob der Mensch sein Wohlergehen auf dem Leiden von Tieren aufbauen darf. In einer Veröffentlichung des Deutschen Tierschutzbundes heißt es:

Für jedes neue Präparat müssen Tiere ihr Leben lassen. Allein bei der Suche nach neuen Wirkstoffen verbraucht die Pharmaindustrie nach eigenen Angaben jährlich etwa 2,5 Millionen Versuchstiere. Mindestens eine halbe Million Tiere sterben für die Sicherheitsprüfung, die das Arzneimittelgesetz, in Übereinstimmung mit den EG-Richtlinien, zusätzlich zu physikalischen, chemischen, biologischen und mikrobiologischen Prüfungen vorschreibt (Deutscher Tierschutzbund, 1987).

Die Kultur des Interventionismus und ihre moralischen Grundlagen

Wenn wir die Profitgier des Kapitalismus und die Eindimensionalität der technisch-instrumentellen Vernunft für die Paradoxie des Interventionismus verantwortlich machen wollen, dann greifen wir damit entschieden zu kurz. Das können beliebige Beispiele bestätigen. Um nur ein Beispiel zu nennen: Der Bestand an Personenkraftwagen ist in der Bundesrepublik zwischen 1960 und 1988 von 4,489 Millionen auf 28,878 Millionen gestiegen. Dies ist einerseits Ausdruck einer unablässig boomenden Industrie, auf der anderen Seite zugleich Ausdruck einer Beteiligung immer breiterer Schichten am steigenden materiellen Wohlstand, schließlich aber auch ein Ausdruck für die ständige Steigerung der Umweltbelastung durch den Ausstoß von Schadstoffen (Statistisches Jahrbuch für die Bundesrepublik Deutschland, 1989: 26). Die Paradoxie hat tiefere Wurzeln und erfaßt auch unsere moralischen Einstellungen. Wohlstand, Gesundheit und hohe Lebenserwartung waren in früherer Zeit ein Privileg der führenden Gesellschaftsschichten. Heute sind sie ein legitimer Anspruch eines jeden Menschen auf der ganzen Welt. Dies ist der Motor für den unablässigen technologischen Fortschritt. Ihn zurückdrehen zu wollen, bedeutete zugleich ein Zurückdrehen der Ansprüche auf Wohlstand und Wohlergehen der bislang zu kurz gekommenen Gesellschaftsschichten und Gesellschaften. Es ist deshalb kein Zufall, daß die gutsituierten Schichten und die reichen Länder am heftigsten für schärfere und damit teurere Kontrollen der Technologie streiten, die ärmeren Schichten und Länder dafür allerdings nicht so leicht zu gewinnen sind. Die armen Entwicklungsländer fragen mit Recht, warum sie auf billiger zu produzierende Kühlschränke verzichten sollen, um die Vergrößerung des Ozon-

loches über der Antarktis zu verhindern. Daß sie zu spät kommen, ist keine ausreichende Legitimationsgrundlage für einen Verzicht. Ohne Ausgleichszahlungen durch die reichen Industrieländer wird dies nicht gehen.
Je mehr Menschen wir gleiche Chancen auf ein besseres Leben gewähren, um so mehr Menschen werden auch von der Erde und ihren Ressourcen Gebrauch machen und um so mehr Menschen werden sie mit Abfällen und Schadstoffen aus ihren Aktivitäten ersticken. Die Zerstörung der Umwelt durch eine nicht zu stoppende Reisewut wurzelt nicht nur in der Profitgier der Touristikindustrie, sondern auch in der Idee der Demokratisierung jeder Gesellschaft, schließlich der Weltgesellschaft insgesamt. In der Bundesrepublik haben von der Bevölkerung über 14 Jahre im Jahre 1954 nur 24% eine Ferienreise von mindestens 5 Tagen unternommen. Im Jahre 1985 war dieser Anteil auf 57% gewachsen. Während 1954 insgesamt nur 15% dieser Reisen ins Ausland führten, waren es 1985 schon 66%. Die Reisen gehen in immer fernere Gebiete. Der Anteil außereuropäischer Reiseziele ist zwischen 1970 und 1980 von 1,9% auf 8,5% gestiegen (Schnell, 1988: 197, 200). In den Reiseländern ist die Zahl der Besucher und Übernachtungen in großen Sprüngen emporgeschnellt, in Spanien von 2 522 402 im Jahre 1955 auf 47 388 793 im Jahre 1986 (Valenzuela, 1988: 40), in Griechenland von 58 238 im Jahre 1951 auf 5 577 109 im Jahre 1981 (Leontidou, 1988: 81); in Österreich ist die Zahl der Übernachtungen von 19,22 Millionen in der Saison 1950/51 auf 113,34 Millionen in der Saison 1985/86 gesteigert worden (Zimmermann, 1988: 149).
Wir wissen, daß die Alpen von einer wachsenden Schar von Bergwanderern und Skifahrern zertrampelt und abrasiert werden (Bätzing, 1984). Sollen wir aber den Bergbauern, die diesen Boom zur Steigerung ihres Lebensstandards nutzen, und den Urlaubern, die in ihrer Freizeit den Städten entfliehen wollen, verbieten, daß sie dies tun? Die Klassengesellschaft hat dieses Problem gar nicht erst aufkommen lassen, da die Alpen nur einer privilegierten Elite zugänglich waren und die Bergbauern ihr karges Leben fraglos hinnahmen. Unberührte Natur gab es noch reichlich. Heute werden gerade im Zuge der Suche nach echter Natur die hintersten Winkel der Erde zuerst von einer Avantgarde erschlossen, der im Zuge der Demokratisierung unseres Lebens bald Scharen von Pauschaltouristen nachfolgen. Unser geschärf-

tes Naturbewußtsein heizt dabei die Konjunktur für den Urlaub in unberührter Natur an und macht dieses knappe Gut nur noch knapper. Heute ist es »in«, dorthin zu fahren, wo andere bislang nicht waren. Unbewußt setzt man damit jedoch gerade jenen Trend fort, der die unberührte Natur so knapp hat werden lassen. Die Naturliebhaber werden zu den Totengräbern der Natur.
Auch die Abholzung der tropischen Regenwälder offenbart Widersprüche, die nicht ohne weiteres aufzulösen sind. Die Industrie, wir selbst, die gesteigerte Ansprüche in der Ausstattung mit Möbeln haben, und die Bevölkerung, die sie rodet, um mehr Anbaufläche für Getreide, Gemüse und Obst zu schaffen, leben davon. Da fällt es eher noch den reichen Ländern leicht, auf andere Materialien zurückzugreifen. Die Bevölkerung der armen Länder verlangt für einen Verzicht allerdings zurecht einen Ausgleich (Kol Peng, 1987; Müller, 1987).
Widersprüche entfalten sich nahezu in allen Entwicklungshilfeprojekten. Sie laufen letztlich darauf hinaus, immer mehr Fläche der Erde der Ausbeutung durch eine stets wachsende Bevölkerung zu unterwerfen (Gruhl, 1975; Biswas und Biswas, 1982; Timberlake, 1985; Glinz, 1986). Niemand kann aber heute legitimerweise fordern, man müsse solche Projekte einstellen, weil sie oft allein das Überleben der Bevölkerung sichern können. Wir können heute im Zeitalter der weltweiten Humanität keinen Volksstamm in irgendeinem Winkel der Erde verhungern lassen. Mit dieser humanitären Hilfe tragen wir jedoch zugleich zur Vergrößerung der Weltbevölkerung bei, die eine weitere Belastung für die Erde darstellt. Im Zeitalter der weltweiten Demokratisierung und Humanität entstehen Probleme, die früher durch die Differenzierung des Lebensstandards gelöst wurden. Solange es nur wenige reiche Länder gibt, bleibt die Erde noch dem Zugriff der vielen armen Länder und Volksstämme verschlossen. Je weniger diese Differenzierung noch hingenommen wird, um so weniger Bremsen gibt es für die weltweite Ausbeutung der Erde. Da heute die gesellschaftliche und internationale Schichtung den Verbrauch der knappen Ressource »Erde« nicht mehr zureichend regelt, müssen andere Regulierungen gefunden werden. Der erste Weg dazu ist ein gesteigertes Bewußtsein für die Knappheit dieser Ressource, der Aufbau weltweiter Diskurse über dieses Problem und ihre Bearbeitung in neuen Formen der internationalen Moralisierung des ökonomischen Handelns, der Vernetzung von Län-

dern in gemeinsamen, weltweit agierenden Ausschüssen, der Aushandlung von Problemlösungen durch weltweite Ausgleichszahlungen und der Kompromißbildung auf internationaler Ebene.

Moderne ohne Risiko?

Die Risiken, die wir heute mit der Steigerung unserer technologischen Entwicklung eingehen, weisen ebenso einen widersprüchlichen und weltweit wirksamen Charakter auf. Wir produzieren z. B. immer mehr Chemikalien, um immer größeren Teilen der Weltbevölkerung ein Leben ohne langdauernde und tödliche Krankheiten zu ermöglichen. Damit machen die Unternehmen Profite, die Arbeitnehmer steigern ihre Löhne und Gehälter, und die Lebenserwartung der Weltbevölkerung wird ständig erhöht. Ähnlich ist es mit dem Ausbau der Kernenergie. Unternehmen profitieren davon, Arbeitnehmer leben besser, und immer mehr Energie kann verbraucht werden, um immer mehr Menschen ein angenehmeres Leben zu ermöglichen. Mit dem schlichten Umfang dieser Produktionssteigerungen in Chemikalien und Energien wächst natürlich auch das Risiko für Gift- und Reaktorunfälle. Es gibt mehr Plätze auf der Erde, an denen solche Dinge passieren können, vor allem Plätze, wo das Risikobewußtsein, der Reichtum und die entsprechenden Kontrollen noch nicht so gesteigert wurden, daß die Kontrolle der Risiken in das Zentrum des gesellschaftlichen Handelns gerückt wäre. Die Gefahr lauert heute vor allem in den Ländern, die den reichen Industrieländern – auch mit Hilfe der Profitinteressen von Unternehmen aus den reichen Ländern – nacheifern wollen. Bhopal und Tschernobyl liefern die eklatantesten Beispiele dafür (Rajagopal, 1987; Krohn und Weingart, 1986). Allerdings ist heute kein Flecken der Erde mehr absolut sicher vor solchen Risiken, weil eben die schiere Zahl von Risikoherden ständig zunimmt und die Folgen von Katastrophen weltweit zu spüren sind (Prittwitz, 1984; Mayer-Tasch, 1985, 1986; Perrow, 1986, 1988; Lagadec, 1987). Wir schreien heute gleichermaßen auf, wenn geborstene Öltanker die Meeresküsten mit Ölschlamm überziehen, aber auch wenn die Benzinpreise steigen. Wir wollen beides haben: möglichst viel Benzin zu möglichst niedrigem Preis und keine Tankerunfälle.

Die bloße Steigerung der Öllieferungen steigert indessen die Chancen für Unfälle.
Auch diesen Problemen gesteigerter Risiken der technologischen Entwicklung läßt sich mit herkömmlichen Kritiken an der Profitgier kapitalistischer Unternehmen oder an der Borniertheit der technisch-instrumentellen Rationalität nicht beikommen. Die bloße Bereitschaft, der gesamten Weltbevölkerung der Erde denselben Lebensstandard zu gönnen wie den gutsituierten Schichten der reichen Länder, hält uns davon ab, das Rad der Entwicklung zurückzudrehen. Allein eine weltweite Steigerung des Risikobewußtseins und weltweite Arrangements des Ausgleichs zwischen reichen und armen Ländern können da überhaupt etwas bewirken. Mit dem Risiko werden wir allerdings leben müssen. Es ist der Preis, den wir für die weltweite Steigerung des Wohlstands zahlen müssen. Auch diese Problematik wurde früher durch Schichtung gelöst. Als nur wenige im Wohlstand lebten, gab es auch wenig Risiken bei dessen Produktion. Heute spielen sich Humanität, Demokratisierung und Profitgier bei der weltweiten Produktion der Risiken der Wohlstandsgesellschaft gegenseitig in die Hände.
Wir leben in einer »Risikogesellschaft« (Beck, 1986, 1988), dies jedoch in einem viel fundamentaleren Sinn, als es in der vorherrschenden Verengung des Begriffs auf rein technische Risiken zum Ausdruck kommt. Das Risiko kommt nicht nur mit der modernen Technologie, sondern auch mit so fundamentalen Prinzipien der Moderne wie Freiheit und Demokratie. Das totale Ausschalten von Risiken bedeutet dann aber auch die Beseitigung von Freiheit und Demokratie. Darüber sollte sich im klaren sein, wer die totale Sicherheit herbeiwünscht. Das läßt sich leicht an Beispielen zeigen: Die Idee, allen Menschen die gleichen Chancen auf ein besseres Leben bei freier Entfaltung zu geben, hat selbst ohne jede Technologie paradoxe Folgen. Sie ruft eine Menge von Erscheinungen hervor, die dem Menschen das Leben eher schwer machen. Mit der Chancengleichheit wächst auch der Wettbewerb. Belohnungen werden nach Leistung verteilt. Es gibt Sieger und Verlierer. Und es wächst das Aspirationsniveau ohne Grenzen. Mit dem Wohlstand nehmen demgemäß auch die Frustrationen zu, die zu Kriminalität, Krankheit, Depressionen, Aussteigen und Selbstmord führen. Dies sind die nichtintendierten Folgen des zivilisatorischen Fortschritts, den unsere Moral fordert. In

der Bundesrepublik ist das Bruttosozialprodukt von 1960 bis 1985 in jeweiligen Preisen und Millionen DM von 303 000 auf 1 847 000 gestiegen (Statistisches Jahrbuch für die Bundesrepublik Deutschland, 1987: 545). Die registrierte Straffälligkeit ist von 1958 bis 1985 von 1 726 565 auf 4 215 451 gewachsen, die Selbstmordrate von 18,9 auf 20,7 pro 100 000 Einwohner (Statistisches Jahrbuch für die Bundesrepublik Deutschland, 1960: 90, 128; 1987: 396, 343). Der Drogenkonsum kann nur geschätzt werden. Im Jahre 1958 war er noch kein Thema. Heute ist die Zahl von Heroinkonsumenten in der Bundesrepublik auf ca. 200 000 zu schätzen, in allen EG-Staaten zusammen auf ca. 1,5 Millionen. In der Bundesrepublik werden täglich ca. 40 000 g Heroin verbraucht. Der Ansturm des Kokains wird für die nächsten Jahre erwartet. In den Vereinigten Staaten ist die Zahl von Kokainsüchtigen heute (1989) auf ca. 1 Million einzuschätzen, die Zahl von regelmäßigen Konsumenten auf ca. 8 Millionen, die gelegentlichen Konsumenten auf ca. 20 Millionen. Dort sieht man inzwischen im Kokain die Hauptquelle der Zersetzung der Gesellschaft. Der massiv expandierende Drogenkonsum und Drogenhandel führt eine enorme Steigerung von Folgekriminalität mit sich: Einbruch, Diebstahl, Raubmord, Prostitution, Totschlag, Bandenkriminalität. Präsident Bush und die Medien haben im Sommer 1989 dem Drogenkonsum in breiter Front den Kampf und den in Kolumbien sitzenden Drogenlords den Krieg erklärt, bis hin zur Invasion in Panama mit der schließlichen Ergreifung des Diktators Noriega, der in den USA wegen Drogenhandels vor Gericht gestellt werden sollte (Stewart-Clark, 1987).
Wenn man über die Opfer der modernen »Risikogesellschaft« spricht (Beck, 1986, 1988), dann muß man auch über diese Opfer einer riskanteren, nämlich freieren und gleicheren, damit aber auch stressigeren Lebensform ein Wort verlieren und nicht nur über die Opfer rein technischer Risiken wie z. B. die Verkehrstoten, die wir Jahr für Jahr zu beklagen haben. Zu den Risiken einer freien und demokratischen Gesellschaft gehört ein bestimmtes Maß an Streß, physischen und psychischen Krankheiten, Selbstmorden, Unfällen und Kriminalität. Es sind die Kosten von Freiheit und Demokratie. Aus der Sowjetunion wird beispielsweise berichtet, seit es dort Glasnost und Perestrojka gibt, seien Morde, Straßenüberfälle und Diebstähle sprunghaft gestiegen. Aus diesen Risiken der Freiheit und Demokratie leiten indessen nur Altstali-

nisten und Altnazis ein Plädoyer für die Rückkehr zu alten Ungleichheiten und zu einem autoritären Regime ab. Mit verallgemeinerungsfähigen Gründen läßt sich ein solcher Umsturz von Freiheit und Demokratie nicht rechtfertigen. Wir wissen natürlich, daß unter autoritären Regimes die Menschen von Staats wegen massenhaft eingesperrt, ermordet und um ihr Hab und Gut gebracht werden, ohne daß dies in der Kriminalitätsstatistik des Regimes auftaucht. Während in der Bundesrepublik z.B. im Jahre 1970 insgesamt 3924 Straftaten je 100 000 Einwohner festgestellt wurden, waren es in der DDR in demselben Jahr nur 640. Die Diskrepanz ist auch in den vorausgegangenen und folgenden Jahren sehr groß, wenn auch nicht immer ganz so groß (Sander, 1982: 145). Ein Großteil dieser Diskrepanz ist sicherlich der größeren Dynamik einer pluralistischen Gesellschaft wie die der Bundesrepublik zuzuschreiben. Niemand wird aber den Pluralismus und die damit einhergehende Dynamik und Konfliktträchtigkeit der Bundesrepublik gegen die Unterdrückung des Pluralismus durch den ehemaligen sozialistischen Einheitsstaat der DDR eintauschen wollen. Nach der demokratischen Revolution vom Herbst 1989 wird die DDR mit dem Pluralismus auch die Risiken einer modernen Gesellschaft in Kauf nehmen müssen. Daran führt kein Weg vorbei.

Hinter Freiheit und Demokratie gibt es keinen Weg zurück. Deshalb müssen wir auch mit ihren Risiken leben. Wir können nur immer wieder versuchen, sie so weit wie möglich unter Kontrolle zu halten, dies jedoch im Rahmen von Freiheit und Demokratie. Wer mehr will, redet bewußt oder auch unbewußt dem Aufbau eines totalitären Regimes das Wort. Wer die totale Sicherheit will, kann dies nur im totalen Überwachungsstaat haben. Auf der einen Seite für totale Sicherheit zu plädieren und auf der anderen Seite vor dem totalen Überwachungsstaat zu warnen (Beck, 1986, 1988), ist indessen ein Widerspruch in sich selbst.

Wir haben im Umgang mit den Risiken der Moderne innerhalb der Moderne *nicht* die Option zwischen einer totalen Ursachenbeseitigung an der Wurzel in der »Primärindustrialisierung« und der Bekämpfung von Symptomen durch »Sekundärindustrialisierung« (Beck, 1986: 291). Diesem Irrtum ist das totalitäre Denken von Hegel bis Marx und allen ihren Epigonen stets aufgesessen. Solange wir in die Welt eingreifen, um sie besser zu gestalten als bisher, werden wir Wirkungszusammenhänge in Gang setzen, die wir nicht vollkommen überschauen können, auch dann, wenn wir unser Handeln durch immer umfassenderes Wissen abstützen. Gerade die rasante Entwicklung des Wissens offenbart ja immer wieder unser Nichtwissen. Die Kluft zwischen Erkenntnis und Realität kann nur auf zwei Ebenen geschlossen werden: unterhalb oder oberhalb des Menschen. Die menschliche Gesellschaft ist dazu verdammt, zwischen diesen zwei Polen zu leben. In dieser Welt bedeutet Nichthandeln jedoch Unterlassen und damit ein Handeln, das es ebenso zu verantworten gilt. Die Frage, ob es besser ist, eine Handlung nicht zu vollziehen als sie zu vollziehen, weil man ihre Konsequenzen nicht völlig absehen kann, ist gar nicht so eindeutig zu beantworten, wie es scheint. Die Handlung nicht zu vollziehen, hat nämlich auch Konsequenzen. Sie könnten unter Umständen noch schlimmer sein. Mit Folgen- und Nebenfolgenbewältigung werden wir uns in beiden Fällen beschäftigen müssen, ob wir handeln oder nicht handeln. Der einzig konsequente Ausweg aus diesem Dilemma ist der Rückzug aus dieser Welt, wie es die asiatischen Religionen lehren. Sie können uns allerdings nicht sagen, wie wir *in* dieser Welt leben sollen.

»Moderne« heißt: Bewegung und Veränderung. Bewegung und Veränderung heißt: Dinge zu tun, die man vorher noch nicht getan hat. Dinge zu tun, die vorher nicht getan wurden, heißt: Gefahr zu laufen, daß Ereignisse eintreten, die nicht vorausgesehen wurden. Im Lichte der modernen Kultur ist jedoch Nichtstun auch ein Tun, das allerlei schlimme Folgen haben kann. Risiko und Moderne sind zwei Seiten einer Medaille, so oder so, ob etwas getan wird oder nicht, allein schon aus der Sicht, in der wir in der Moderne die Welt sehen. Moderne ohne Risiko gibt es nicht, man kann das Risiko nur mehr oder weniger gut unter Kontrolle halten. Auch der ökologische Umbau der Gesellschaft ist mit allerlei unvorhergesehenen Ereignissen und entsprechenden Risiken verbunden. Die Risiken liegen in den fundamentalen Ideen der Moderne selbst und in ihrer paradoxen Grundstruktur, in den Paradoxien des Rationalismus, Individualismus, Universalismus und intrumentellen Aktivismus. Das größte Risiko sind Aufklärung, Freiheit, Humanität, Demokratie und die rationale Gestaltung der Welt selbst. Das größte Risiko ist die Moderne an sich. Eine Kultur, die nach totaler Sicherheit strebt, hätte den Weg von Aufklärung, Freiheit, Humanität, Demokratie und rationaler Weltgestaltung niemals betreten dürfen. Wer die totale

Sicherheit will, ergreift nicht für eine *andere* Moderne Partei, sondern *gegen* die Moderne und ihre fundamentalsten Prinzipien, gegen Aufklärung, Freiheit, Humanität, Demokratie und rationale Weltgestaltung. Die Moderne als solche ist das gewaltigste und riskanteste Experiment, das jemals auf dieser Erde unternommen wurde. Wir haben alle Hände voll zu tun, die dabei auftretenden Risiken unter Kontrolle zu halten. Katastrophenhysterie nutzt da wenig. Im Gegenteil, sie arbeitet dem Aufbau eines totalen Überwachungsstaates und damit der Beendigung des Experiments »Moderne« in die Hände, ob sie das will oder auch nicht.

Auf der Suche nach Auswegen: Ganzheitliches Denken

Gibt es einen Ausweg aus diesen Paradoxien? Innerhalb unserer westlichen Kultur können wir darauf immer nur mit Gegenmaßnahmen antworten, die ihrerseits wieder neue Probleme erzeugen. Die asiatischen Kulturen haben es da leichter. Sie sehen gerade das Eingreifen des Menschen in die Welt als die Wurzel allen Übels und lehren die Einordnung in das Ganze, nämlich der Konfuzianismus die Einfügung in die gesellschaftliche Ordnung, der Taoismus das Einfühlen in das Weltgesetz, das Tao, der Hinduismus die Einfügung in die rituellen Pflichten und die Indifferenz zum eigenen Handeln, um die Chancen auf eine gute Wiedergeburt im ewigen Kreislauf von Vergeltung und Wiedergeburt zu wahren, der Buddhismus den Verzicht auf den individuellen Lebensdurst, um durch Kontemplation den Eingang in die ewige Ruhe zu finden (Weber, 1920/1972a, 1920/1972b).
Diese Lehren haben die Welt sich selbst überlassen, entweder ihrer traditionalen Ordnung oder aber auch der Willkür der dynamischen Kräfte des Erwerbslebens und der Machtpolitik. Eine Umgestaltung der Welt nach normativen Ideen ist im Rahmen dieser Lehren nie in den Sinn gekommen. Wir leben indessen in einer Welt, die voll ist von solchen dynamischen Kräften. Sie ist weit davon entfernt, sich in einem natürlichen Gleichgewicht zu befinden. Wenn wir heute mit der ökologischen Bewegung an das ganzheitliche Denken der asiatischen Kulturen anknüpfen, dann kann dies nur im Rahmen unserer eigenen Ideenwelt geschehen

(Bechmann, 1987; Bühl, 1981; Capra, 1980, 1983, 1984; Fietkau, 1984; Gorz, 1977; Hauff und Müller, 1985; Kitschelt, 1984; Trepl, 1987). Wir können nur danach streben, eine völlig in Unordnung befindliche Welt in ein besseres Gleichgewicht zu bringen, indem wir unser Wissen über Kreisläufe und Gesamtzusammenhänge verbessern. Überwindung des einfachen linearkausalen Denkens durch ganzheitliches Denken steht auf dem Programm. Dies soll nicht nach der positivistischen Methode der Reduktion aller Disziplinen auf eine Grundlagendisziplin erfolgen, sondern durch einen immensen Ausbau der interdisziplinären Zusammenarbeit. Die Spezialerkenntnisse der Einzeldisziplinen sollen in einem immer engmaschigeren Netzwerk miteinander verwoben werden.

Der Ruf nach ganzheitlichem Denken ist auch in der Wirtschaft schon gehört worden. Die progressiven Unternehmen suchen Führungskräfte, die zu ganzheitlichem Denken in Teamarbeit fähig sind. Die Produktentwicklung soll sich vom monofunktionalen Denken hinsichtlich eines bestimmten Zweckes entfernen und auf die ganzheitliche Betrachtung eines Produktes hinsichtlich verschiedener Funktionen in einer komplexen Umwelt zubewegen. Es gilt nicht nur zu berücksichtigen, ob ein Produkt seinen Zweck erfüllt, sondern auch welche Nebenfolgen, Gefahren und Umweltbelastungen entstehen und wie das Produkt nach Gebrauch ohne Umweltschädigung wieder beseitigt oder erneuter Verwendung als Rohmaterial (Recycling) zugeführt werden kann. Die Zweckbestimmung (Funktion), die individuellen Käuferwünsche, die Gewinnmaximierung des Herstellers, die Bedürfnisse des Nutzers (Ergonomie) und die Einbettung in die natürliche und kulturelle Umwelt bilden multidimensionale Anforderungen, die bei der Produktentwicklung in zunehmendem Maße miteinander in Einklang gebracht werden müssen. Für einspuriges Kausaldenken ist da kein Platz mehr (Möller, 1989).

Vernetzung der Disziplinen und ihrer Erkenntnisse ist das Ziel des neuen ganzheitlichen Denkens. Dieser Vernetzung der Erkenntnisse soll auch eine Vernetzung der Systeme und autonomen Gruppen in der zukünftigen Gesellschaft auf der Ebene des gesellschaftlichen Handelns entsprechen (Ferguson, 1982). Wissenschaft, Ökonomie und Politik sollen in der Ökologie verflochten werden. Damit setzt sich die ökologische Bewegung ein Ziel, auf das sich die Gesellschaft gegenwärtig schon zubewegt

(Roth, 1987; Sosna, 1987; Rucht, 1987). Diese Bewegung bringt unsere bisherigen Theorien durcheinander und zwingt zum Umdenken. Es bilden sich neue Formen des Umgehens mit den unserer modernen Kultur eingepflanzten Paradoxien heraus, neue Formen der organisatorischen Konkretisierung und Vermittlung von Rationalität, aktiver Intervention, Individualität und Universalität. Sie werden die diesen Ideen anhaftenden Paradoxien nicht auflösen können, sie aber auf eine neue Weise und auf einem höheren Niveau der gesellschaftlichen Entwicklung bearbeiten. Die Paradoxien und die Strategien zu ihrer Abarbeitung werden immer subtiler.

Stellen wir hier nochmals eine Beziehung zu Jürgen Habermas' Diskurstheorie her, dann sehen wir, daß auch die Rückbindung von Ökonomie, Politik und Recht an den kommunikativ und diskursiv hergestellten Konsens die Widersprüche unserer modernen Kultur nicht auflösen wird. Habermas' Theorie der Kolonialisierung der Lebenswelt greift viel zu kurz. Die Wurzeln der paradoxen Effekte der Moderne reichen viel tiefer. Mit der Rückbindung des ökonomischen Profitstrebens an moralische Diskurse haben wir keine einzige der Paradoxien gelöst, die unserer Moderne anhaften, da deren Wurzeln in unseren moralischen Überzeugungen selbst liegen. Auch unsere moderne westliche Moral ist interventionistisch. Sie will die Welt zum Besseren ändern und schafft mit jeder einzelnen Maßnahme eine Vielzahl von Konsequenzen, die wieder zum Schlechteren führen. Was bleibt dann allerdings als Ausweg übrig? Gar keiner. Wir müssen Diskurse führen. Wir dürfen allerdings nicht erwarten, daß sie dazu beitragen, die aufgezeigten Paradoxien zu beseitigen. Ihre einzige Funktion ist nur, uns diese Paradoxien vor Augen zu führen. Die Geschwindigkeit, mit der wir unser Wissen heute vermehren, trägt dazu bei, daß uns solche Effekte immer schneller bekannt werden. Es vergeht heute kaum ein Tag, an dem wir nicht über eine neue schädliche Substanz erfahren, die wir selbst produzieren und die unser Leben und das der Erde beeinträchtigt. Es ist demgemäß falsch, von der Revitalisierung von Diskursen die Auflösung der Paradoxien der Moderne zu erwarten. Sie wird vielmehr zu ihrer Steigerung beitragen, dadurch aber die Dynamik der Moderne weiter vorantreiben. Wir werden unablässig auf der Flucht vor unseren eigenen Fehlleistungen sein. Das Ausmaß, in dem uns die Widersprüche der modernen Zivilisation offenbar werden, ist ganz wesentlich durch die fortschreitende kommunikative Durchdringung der Gesellschaft verursacht. Da wir indessen aus dem Zug der Moderne nicht aussteigen können, ohne zugleich unseren Anspruch aufzugeben, eine bessere Zukunft gestalten zu wollen, bleibt uns nichts anderes übrig, als unablässig die paradoxen Effekte von Diskursen mit neuen Diskursen zu reparieren. In diesem Sinne wird sich Habermas' Vision einer diskursiven Gesellschaft tatsächlich eines Tages verwirklichen, allerdings ohne die Aufhebung der Paradoxien, die der modernen Kultur zugrunde liegen.

Exkurs
Von der Reproduktion des Kapitals zur Reproduktion von Sinn

Einleitung

Der deutsch-österreichisch-schweizerische Kongreß für Soziologie, der im Oktober 1988 in Zürich stattfand, hat sich das Verhältnis zwischen Kultur und Gesellschaft zum Thema gemacht. Man kann dieses Thema vor allem in diesem Sinne verstehen, und damit formuliere ich eine erste These:

These 1: Blinde Gesellschaftsanalyse, leere Kulturdeutung
Gesellschaftsanalyse und Sozialforschung ohne Kulturdeutung sind blind, Kulturdeutung ohne Gesellschaftsanalyse und Sozialforschung ist leer.
Mit dieser abgewandelten Version einer allseits bekannten These Immanuel Kants kann man das Verhältnis von Kultur und Gesellschaft in eine Perspektive bringen, die über die obsolet gewordene Frage nach dem kausalen Determinationsverhältnis zwischen beiden hinausgeht (Kant, 1781/1956a). Kultur ist ein symbolisches Sinnsystem, Gesellschaft ist ein System von sozialem Handeln. Der konkrete, für eine Gesellschaft relevante Sinn der Kultur wird erst im Prozeß des sozialen Handelns gemacht, aber in den vom kulturellen Sinnsystem vorgezeichneten Bahnen. Das soziale Handeln selbst wird erst sinnhaft verständlich für Akteure und Beobachter, wenn es im Lichte des kulturellen Sinnsystems interpretiert wird. Ohne soziales Handeln gibt es keinen gesellschaftlich verwirklichten Sinn, ohne kulturelle Sinndeutung gibt es kein sinnhaft verständliches soziales Handeln. So möchte ich eine ebenso allseits bekannte These Max Webers über Ideen als Gleise und Interessen als Antriebsmaschinen abwandeln (Weber, 1920/1972a).
Gesellschaft ist ein System des sozialen Handelns. Kultur ist ein Sinnsystem. Beide reproduzieren sich in einem wechselseitigen Verhältnis der Verwirklichung kulturellen Sinns und der Sinndeutung sozialen Handelns. Die Gesellschaft als System des so-

zialen Handelns ist ein System des Kapitals, ein System der Macht, ein System der Institutionen und der Vereinigung und ein System der Kommunikation. Die Produktion und Reproduktion von Kultur und Gesellschaft vollzieht sich im Wechselverhältnis zwischen kultureller Sinndeutung der Kapitalakkumulation, der Machtbildung, der Institutionenbildung und der Kommunikation und der kulturellen Sinnverwirklichung in Prozessen der Produktion und der Reproduktion von Kapital, Macht, Institutionen und gesellschaftlichem Konsens. Eine Soziologie, die weder blinde Gesellschaftsanalyse und Sozialforschung noch leere Kulturdeutung sein will, muß dieses komplexe Wechselverhältnis zwischen kultureller und gesellschaftlicher Produktion und Reproduktion zum Ausdruck bringen. Leider gelingt es der Soziologie häufig nicht, den Fallstricken einer einseitigen Analyse aus der Sicht eines dieser verwobenen Produktions- und Reproduktionsprozesse zu entgehen. Dadurch ergeben sich Analysefehler, die ich in folgenden Thesen zusammenfassen möchte:

KULTURBLINDE GESELLSCHAFTSANALYSE UND SOZIALFORSCHUNG

These 2: Eindimensionalität
Jede Gesellschaftsanalyse und Sozialforschung, die sich voreingenommen die Perspektive eines besonderen Prozesses der gesellschaftlichen Reproduktion zu eigen macht, erfaßt die Eigendynamik der anderen Reproduktionsprozesse nicht: Sie bleibt eindimensional.

These 3: Oberflächlichkeit
Kulturblinder Gesellschaftsanalyse und Sozialforschung bleibt der Zugang zu den tieferliegenden, längerfristig und breiter wirksamen Elementen der gesellschaftlichen Produktion und Reproduktion verschlossen: Sie bleiben oberflächlich.

These 4: Übergeneralisierung
Kulturblinde Gesellschaftsanalyse und Sozialforschung verfehlen die unterschiedliche Formung der gesellschaftlichen Produktion und Reproduktion durch den spezifischen kulturellen Code einer jeweiligen Gesellschaft: Sie übergeneralisieren.

These 5: Simplifizierung
Kulturblinde Gesellschaftsanalyse und Sozialforschung stellen die Fragen der zukünftigen Entwicklungschancen der Gesellschaft zu einfach. Von einem Eingreifen in die Verhältnisse des Kapitals, der Macht, der Institutionen oder der Kommunikation wird oft eine grundlegende Veränderung der Gesellschaft erwartet: Sie simplifizieren.

These 6: Sprachlosigkeit
Kulturblinde Gesellschaftsanalyse und Sozialforschung geben keine Antwort auf tiefergehende Fragen der zukünftigen Entwicklungschancen der Gesellschaft: Sie sind sprachlos.

Gesellschaftsleere Kulturdeutung

These 7: Unschärfe
Gesellschaftsleerer Kulturdeutung bleibt der Zugang zu den sozialen Prozessen, in denen sich der kulturelle Sinn verwirklicht, versperrt: Sie bleibt unscharf.

These 8: Mangelnde Spezifizierung
Gesellschaftsleere Kulturdeutung verfehlt die unterschiedliche Verwirklichung von kulturellem Sinn durch das unterschiedliche soziale Handeln in unterschiedlichen Gesellschaften: Es fehlt die gesellschaftsvergleichende Spezifizierung.

These 9: Radikalisierung
Gesellschaftsleere Kulturdeutung stellt die Fragen der zukünftigen Entwicklungschancen der Gesellschaft zu radikal: Eine Veränderung der Gesellschaft setzt eine Umwälzung der ganzen Kultur voraus: Sie radikalisiert.

These 10: Praxisferne
Gesellschaftsleere Kulturdeutung gibt keine Antwort auf pragmatische Fragen der zukünftigen Entwicklungschancen der Gesellschaft. Sie zeigt nicht, wo man konkret im praktischen Handeln ansetzen kann, um etwas zu verändern: Sie ist praxisfern.
Viele soziologische Ansätze zur Erklärung der Produktion und Reproduktion der modernen Kultur und Gesellschaft gehen von

einer einseitigen Konzentration auf eine Dimension der gesellschaftlichen und kulturellen Reproduktion aus und wollen damit den ganzen Prozeß erfassen. Mit dem Vorzug der Herausarbeitung einer Dimension des Prozesses handeln sie sich den Nachteil ein, die anderen Dimensionen zu abhängigen Variablen zu degradieren und in die Fallstricke der blinden Gesellschaftsanalyse und Sozialforschung oder der leeren Kulturdeutung zu geraten. Ich will dies an einigen Beispielen deutlich machen. Man kann die Entwicklung der modernen Kultur und Gesellschaft in folgenden einseitigen Perspektiven betrachten, die ich zugleich mit Beiträgen bestimmter Autoren veranschaulichen will:

GESELLSCHAFTSANALYSE

1. Die Produktion und Reproduktion des Kapitals: Offe
2. Die Produktion und Reproduktion der Macht: Foucault
3. Die Produktion und Reproduktion von Konsensus: Habermas

KULTURDEUTUNG

4. Die Produktion und Reproduktion von Sinn: Weber

Im folgenden möchte ich die aufgelisteten Ansätze der Gesellschaftsanalyse und der Kulturdeutung in ihrer Erklärung der aus ihrer Perspektive zentralen Entwicklung der modernen Gesellschaften skizzieren und ihre mangelnde Berücksichtigung der Interaktion von Sinndeutung und Sinnverwirklichung aufzeigen.
Die einzelnen Ansätze haben einen gemeinsamen Erklärungsgegenstand: die gesellschaftliche oder kulturelle Rationalisierung und ihre irrationalen Folgen. Sie erfassen diese Paradoxie jedoch unvollständig und bedürfen der Erweiterung um die Interpenetration mit der kulturellen bzw. gesellschaftlichen Seite sowie mit den jeweils ausgelassenen gesellschaftlichen Aspekten der Produktion und Reproduktion des menschlichen Lebens.

Die Reproduktion des Kapitals

Die neomarxistische Theorie des Spätkapitalismus, wie sie z. B. von Claus Offe (1972, 1984) formuliert wurde, geht von der zentralen Annahme aus, daß die Entwicklung des modernen Kapitalismus durch den Grundwiderspruch zwischen gesellschaftlicher Produktion und privater Aneignung bestimmt wird. Das bedeutet zunächst eine Parallelität des strukturellen Widerspruchs der planmäßigen, rationalen Organisation des Einzelbetriebs und der anarchischen Entwicklung des Marktes mit dem Klassenkonflikt, der aus der einseitigen Aneignung des Mehrwerts durch das Kapital resultiert. Mit dem gewachsenen Lebensstandard, der sozialen Absicherung und der gewerkschaftlichen Organisation des Arbeiters ist der Klassenkonflikt reguliert, jedoch der strukturelle Widerspruch nicht beseitigt worden. Der strukturelle Widerspruch zwischen der rationalen Organisation des Einzelkapitals und der anarchischen Entwicklung des Gesamtkapitals bleibt bestehen. Er äußert sich in der ständigen Gefährdung des Überlebens von Einzelkapitalen, im Zurückgehen von Innovation und Investition und auch zunächst noch in Klassenkämpfen. Das Gesamtkapital hat auf diesen Widerspruch mit der Rationalisierung seiner Organisation reagiert, bzw. diese Rationalisierung hat das Überleben des Kapitalismus als Gesellschaftsformation gesichert: Oligopole, Monopole und Kartelle organisieren den Markt, Wissenschaft und Technik sichern die Innovationsfähigkeit des Kapitals, der Staat reguliert den Klassenkonflikt und arbeitet als ideeller Gesamtkapitalist im Interesse der Entwicklung des Gesamtkapitals. Als Demokratie ist der Staat auf der einen Seite von einem prosperierenden Kapitalismus abhängig, um seine Leistungsfähigkeit, sprich: Zahlungsfähigkeit, zu erhöhen, auf der anderen Seite muß er seine Parteinahme für den Kapitalismus verheimlichen und Maßnahmen der Umverteilung und der sozialstaatlichen Absicherung ergreifen, um die Loyalität der Massen zu sichern.

Diese Entwicklung führt zu zwei grundlegenden Dilemmata: Der Anteil der Bevölkerung, der nicht in Lohnarbeit einbezogen ist, wächst enorm und bildet eine potentielle Opposition gegen den Kapitalismus. Der Wohlfahrtsstaat wird so weit ausgebaut, daß die Anreize für die Investition in Arbeitskräfte und die Anreize für die Annahme entfremdeter, aufreibender, langweiliger Arbeit fehlen. Hohe Arbeitslosigkeit ist die Folge. Wie weit jedoch dieses Dilemma zu einer Krise führt, an deren Ende die Auflösung des Grundwiderspruchs zwischen gesellschaftlicher Produktion und privater Aneignung steht, ist eine offene Frage und hängt von der Mobilisierung der potentiellen Opposition ab, die allerdings nicht in Sicht ist. Die Beseitigung des Grundwiderspruchs durch eine planmäßige kollektive Organisation von Produktion, Investition, Verteilung und Konsum ist jedoch nach wie vor die aus neomarxistischer Perspektive mögliche Auflösung der Paradoxie einer ökonomischen Rationalisierung mit irrationalen Folgen.

Der neomarxistischen Erklärung der paradoxen Rationalisierung der Gesellschaft als Produktion und Reproduktion des Kapitals haften allerdings alle Unzulänglichkeiten einer einseitigen und kulturblinden Gesellschaftsanalyse an. Der ganze beschriebene Prozeß der Rationalisierung der Reproduktion des Kapitals wurzelt nämlich nicht allein in der Eigengesetzlichkeit des Kapitalismus, sondern ist vielmehr ohne eine Einbeziehung der rationalen Produktion und Reproduktion von Macht, Institutionen, Konsens und Kultur nicht erklärbar. Die Reproduktion des Kapitals ist auf den rationalen Ausbau von Macht, Institutionen, Konsens und Legitimation durch Sinnsysteme angewiesen. Der Ausbau der staatlichen Regulierung des Gesamtkapitals ist ein Prozeß der rationalen Reproduktion der Macht, der Ausbau des Wohlfahrtsstaates ist ein Prozeß der rationalen Reproduktion von Institutionen der gesellschaftlichen Vereinigung, der Ausbau von öffentlichen Diskursen ist ein Prozeß der rationalen Reproduktion von Konsens, der Ausbau von Legitimationssystemen ist ein Prozeß der rationalen Reproduktion der Kultur. Alle diese Dimensionen der Produktion und Reproduktion von Kultur und Gesellschaft haben ihren Anteil an der beschriebenen Entwicklung und haben ihre eigenen paradoxen Folgen: Massendemokratie, die den Machtapparat ausbaut, Wohlfahrtseinrichtungen, welche die soziale Kontrolle erweitern, Konsensbildung, die zu Verrechtlichung führt, rationale Legitimation von Veränderungen, die irrationale Folgen zeitigen.

Die neomarxistische Erklärung der paradoxen Rationalisierung der Gesellschaft bleibt eindimensional, weil sie den eigenständigen Beitrag der Produktion und Reproduktion von Macht, Institutionen, Konsens und Kultur nicht in ihrer spezifischen Eigenart erfassen kann.

Sie bleibt oberflächlich, weil sie die über alle gesellschaftlichen Dimensionen hinweg wirksame Paradoxie der kulturellen Rationalisierung nicht zu Gesicht bekommt.

Sie übergeneralisiert, weil sie nicht die Gründe für die unterschiedliche Gestaltung der Rationalisierung durch den kulturellen Code einer Gesellschaft erkennen kann. Die rationale Reproduktion des Kapitals mit all ihren begleitenden Aspekten hat einen unterschiedlichen Verlauf genommen unter der legitimatorischen Führung durch den ökonomischen Liberalismus in den USA, den korporativen Industrialismus in England, die Planifikation in Frankreich und die Ideen des staatlich initiierten Kapitalismus und der sozialen Marktwirtschaft in Deutschland.

Die neomarxistische Erklärung der gesellschaftlichen Rationalisierung simplifiziert, weil sie von der Beseitigung eines ökonomischen Widerspruchs die Auflösung der paradoxen gesellschaftlichen Rationalisierung erwartet. Ein breiter und tiefer angelegter Ansatz kann jedoch zeigen, daß dann die Paradoxien der rationalen Reproduktion von Macht, Institutionen und Konsens um so schärfer wirksam würden und wir der Paradoxie der kulturellen Rationalisierung nicht entgehen würden.

Die neomarxistische Perspektive ist schließlich sprachlos, weil ihr das Vokabular fehlt, um die Frage nach dem Sinn kultureller Rationalisierung und ihren paradoxen Folgen zu stellen, geschweige denn zu beantworten.

Die Reproduktion der Macht

Die Produktion und Reproduktion der Macht in der Entwicklung der modernen Gesellschaften ist das zentrale Thema des Werkes von Michel Foucault. Auch diese Entwicklung wird durch eine paradoxe Rationalisierung bestimmt: Indem die Machtausübung immer weiter rationalisiert wird, scheint sie dem Menschen mehr Freiheiten zu sichern, unterwirft ihn jedoch einem immer feineren, jedoch kaum noch erkennbaren System der sozialen Kontrolle.

Ein Beispiel dieser paradoxen Entwicklung zeigt sich im Strafsystem (Foucault, 1977). Das traditionelle Strafsystem hat mit grausamen Methoden der Folter und der Qual gearbeitet. Der Kriminelle wurde in einem öffentlichen Schauspiel zu Tode gemartert.

Diese Strafe war eine Rache des Souveräns, der auf diese Weise ein abschreckendes Exempel seiner Macht statuierte. Gegen Ende des 18. Jahrhunderts setzt jedoch ein Wandel des Strafsystems ein, der sich noch heute fortsetzt. An die Stelle von Folter und öffentlicher Tortur tritt ein lautloses, auf wissenschaftlicher Ursachenforschung beruhendes, auf Resozialisierung bedachtes, fein abgestuftes Strafsystem, das Konformität einfach als nützlicher denn Abweichung erscheinen läßt. Das Strafsystem zieht sich den Mantel der Humanität an.

Die Ursache für diesen Wandel sieht Foucault in der Rationalisierung der Machtausübung des Staates. Die Macht des Staates reproduziert sich in fortschreitend rationalerer, d. h. effektiverer und mehr akzeptierter Form. Was bringt jedoch diesen Rationalisierungsprozeß voran? Foucault gibt dafür folgende auslösende Ursachen an: Die Rebellion des Volkes gegen den grausamen Strafvollzug wird gefährlich für die Machterhaltung. Die humanitäre Kritik der Intellektuellen untergräbt die Legitimität des Systems. Die von den Philosophen der Aufklärung formulierten Theorien des Gesellschaftsvertrages lassen Rechtsverletzungen mehr als einen Vertragsbruch denn als eine Verletzung der souveränen Macht erscheinen, der nicht nach Rache, sondern nach Wiederherstellung des alten Vertragszustandes verlangt. Die Entwicklung des auf Privateigentum und Vertragsbeziehungen basierenden Kapitalismus unterstützt diesen Trend von der Sühne zur Wiederherstellung geltenden Rechts. Der Staat stützt sich nun weniger auf die Unterdrückung des Volkes als auf eine durchgängige rationale Organisation der Gesellschaft.

Foucaults Erklärung der Reproduktion der Macht ist eindimensional, weil sie unterstellt, daß die aufgezählten Entwicklungen – Widerstand des Volkes, Legitimationsentzug, Vertragsbeziehungen, rationale Organisation der Gesellschaft – alle in die Hände einer rationaleren Reproduktion der Macht spielen. Dies kann man nur behaupten, wenn die Macht in der Tat die ganze Entwicklung unter Kontrolle behalten würde, was sicherlich nur teilweise gelingen kann. Eine komplexere Analyse müßte auch zeigen, daß die Machtausübung im Verlaufe dieser Entwicklung immer komplizierter, oft eingeschränkt und auch teilweise unwirksam wird, bis hin zur Machtlosigkeit des Staates, wenn er mit seinen Projekten am Widerstand aufsässiger Bürger scheitert, die ihre erworbenen Rechte wahrnehmen.

Foucaults Erklärung der Entwicklung des Strafsystems bleibt oberflächlich, weil sie die Eigenlogik der kulturellen Rationalisierung der Machtreproduktion subsumiert und so nicht herausarbeitet, welche paradoxen Entwicklungen aus der kulturellen Rationalisierung selbst folgen. Je mehr wir den Strafvollzug aufgrund der neuesten Entwicklung des Wissens umgestalten, um so mehr neue Probleme werden entstehen, während die gleichzeitige Entwicklung des Wissens noch weitere Probleme erkennen läßt.

Foucaults Erklärung übergeneralisiert, weil sie nicht aufzeigt, wie unterschiedliche kulturelle Deutungen von Recht und Strafe die Rationalisierung des Strafsystems in unterschiedliche Bahnen lenken. Ein Vergleich der Entwicklung der Strafsysteme macht dies deutlich.

Foucaults Analyse simplifiziert, weil sie den Eindruck vermittelt, man müsse nur die Machtreproduktion durchbrechen, um der Paradoxie der Rationalisierung zu entgehen. Die Kontrolle des Menschen durch den Prozeß der Rationalisierung hört jedoch mit der Macht nicht auf. Eine Organisation der Gesellschaft, die sich die rationale Erkenntnis von Foucaults Werk zu eigen macht, ist noch viel komplizierter, verlangt vom Menschen eine noch viel feinere rationale Kontrolle seines Handelns. Die Paradoxie einer wachsenden Rationalität mit irrationalen Folgen verschärft sich auf dieser Ebene, statt daß sie sich auflösen würde.

Die kritische Rationalität eines Foucault ist nicht mehr als eine weiter sublimierte Kontrollinstanz der rationalen modernen Kultur. Da Foucaults Analyse diese kulturelle Dimension des Rationalisierungsprozesses nicht in ihrer Eigenlogik erfaßt, kann sie die entsprechende Frage nach dem Sinn der Rationalität weder stellen noch sie beantworten. Sie bleibt in diesem grundlegenden Punkt sprachlos.

Die Reproduktion von Konsens

Jürgen Habermas (1981) hat eine Theorie der Kolonialisierung der Lebenswelt durch Systeme entwickelt, die sich als eine Theorie der paradoxen rationalen Produktion und Reproduktion von Konsens lesen läßt. Nach dieser Theorie ist die Entwicklung der modernen Gesellschaften dadurch gekennzeichnet, daß die Lebenswelt der kommunikativen Beziehungen zwischen den Menschen, in denen sie sich über ihr Handeln und Leben wechselseitig verständigen und darüber einen Konsens bilden, rationale Formen der Bewältigung spezieller Probleme aus sich heraussetzt und die dabei einzugehenden sozialen Beziehungen technisierten Medien der Kommunikation unterworfen werden: Geld für die Koordination von Handlungen, die der rationalen Bewältigung von Knappheit dienen; Macht für die Koordination von Handlungen, die der rationalen Festlegung und Durchführung kollektiv verbindlicher Entscheidungen dienen; Recht für die Koordination von Handlungen, die der Regelung von Konflikten dienen. Diese durch technische Medien der Kommunikation koordinierten Handlungskomplexe bilden ausdifferenzierte, sich selbst nach ihren eigenen Gesetzen reproduzierende Systeme. Sie sind von der Lebenswelt entkoppelt. Ihre Entfaltung geht jedoch dahin, daß sie sich selbst immer mehr Lebensbereiche einverleiben und auf diese Weise ursprünglich kommunikativ strukturierte Bereiche der Lebenswelt ihrer Logik des strategischen, systemisch-technisch koordinierten Handelns unterwerfen. An die Stelle der Konsensbildung in Prozessen der Verständigung tritt dann die Berechnung von Nutzen in Geld, die Durchsetzung von Entscheidungen durch Macht und die Regelung von Konflikten durch formales Recht. Diese Ökonomisierung, Politisierung und Verrechtlichung der Lebenswelt nennt Habermas die Kolonialisierung der Lebenswelt durch die Systeme.

Habermas hat zweifelsohne recht, wenn er feststellt, daß mit der Entwicklung der modernen Gesellschaften immer mehr Bereiche des Lebens der kommunikativen Konsensbildung entzogen und der Berechnung, Entscheidung und Regelung nach Maßstäben des Geldes, der Macht und des formalen Rechts unterworfen werden. Seine Erklärung ist jedoch eindimensional, weil es nicht einfach eine Rationalisierung von lebensweltlicher Konsensbildung für besondere Zwecke ist, die zur Herausbildung von Geld, Macht und Recht als technisierte Medien der Kommunikation führt, sondern die Erweiterung des ökonomischen Tauschs, des Handlungsraums und der sozialen Beziehungen insgesamt die Grenzen der Lebenswelt sprengen und ein neues Terrain bilden, das nach Koordination des Handelns verlangt. Es ist gerade ein Kennzeichen der traditionalen Gesellschaften, daß sie diese Bereiche erweitert haben, aber keine Formen der sicheren Koordination des Handelns in ihnen entwickelt haben. Geld, Macht und

Recht sind erst in der modernen westlichen Gesellschaft zu vertrauenswürdigen Medien der Kommunikation geworden, und zwar deshalb, weil sie entgegen Habermas' Entkopplungsthese erst hier an die kommunikative Konsensbildung über moralische Grundlagen des Handelns angekoppelt werden konnten.

Habermas' Theorie der Kolonialisierung übergeneralisiert den Entwicklungsprozeß und kann nicht erfassen, wie der unterschiedliche kulturelle Code unterschiedlicher Gesellschaften Geld, Macht und Recht auf ganz unterschiedliche lebensweltliche Beine stellt und ihnen eine ganz unterschiedliche Form und jedem dieser Medien ein unterschiedliches Gewicht gibt. Korporatismus, Parlamentarismus und Common Law in England, organisierter Kapitalismus, Liberalismus, Cheques and Balances und Common Law in Amerika, Planifikation, Präsidentialismus und Code civil in Frankreich, soziale Marktwirtschaft, Kanzlerdemokratie, Bürokratie und Rechtsstaat in der Bundesrepublik Deutschland üben einen erheblichen Einfluß auf das Funktionieren von Geld, Macht und Recht aus.

Habermas' Kolonialisierungstheorie simplifiziert, weil sie den Eindruck erweckt, als würde die Rückkoppelung der Systeme an die kommunikative Konsensbildung die Paradoxie der Rationalisierung mit irrationalen Folgen, der Emanzipation des Menschen mit der Folge einer neuen Beherrschung durch Systeme, auflösen. Dem ist nämlich nicht so. Diese Rückkoppelung unterwirft zwar Geld, Macht und Recht einer diskursiven Kontrolle, beendet aber nicht ihre Herrschaft über den Menschen und schon gar nicht die Unterwerfung des Menschen unter die Herrschaft der diskursiven Rationalität selbst.

Schließlich ist Habermas' Kolonialisierungstheorie sprachlos angesichts des Sinns der modernen Rationalität selbst. Daß die diskursive Rationalität die sublimste Form der Herrschaft über den Menschen errichtet, bleibt ihr verschlossen.

Die Reproduktion von Sinn

Man kann die Widersprüche der modernen Gesellschaften tiefer an ihrer Wurzel fassen, wenn man sie in ihrer Kultur sucht, im Sinn ihrer Rationalität selbst. Es besteht kein Zweifel daran, daß es Max Weber (1920/1972a, 1920/1972b, 1920/1971a, 1922/1976) war, der diese Perspektive am radikalsten aufgezeigt hat. Wir können diese Perspektive erweitern und eine Verallgemeinerung einer These Max Webers vornehmen. Es ist die These des Widerspruchs zwischen formaler und materialer Rationalität. Wir können sagen, daß dieser Widerspruch eine Eigenart der spezifischen Rationalität der modernen westlichen Kultur ist. Das möchte ich im folgenden erläutern.

Die moderne westliche Rationalität wurzelt in der Auffassung, daß die bestehende Welt, wie sie uns begegnet, voll ist von Irrationalitäten, Übeln, Leiden und Ungerechtigkeiten. Diese Beobachtung steht im Widerspruch zur Idee einer vollkommenen Welt, der dieser Rationalismus verschrieben ist. Dieser Widerspruch verlangt nach einer Auflösung durch das aktive Eingreifen in die Welt. Es gilt, die Welt einschließlich der Natur so zu beherrschen, zu gestalten und zu verändern, daß sie den Maßstäben einer idealen Ordnung nach ethischen Prinzipien entsprechen. Dies ist der Rationalismus der Weltbeherrschung, der aktiven Intervention in die Welt, der die moderne westliche Kultur kennzeichnet. Es ist jedoch ein Rationalismus, der einer eigentümlichen Paradoxie anheimfällt. Je mehr der Mensch nämlich in die Welt eingreift, um so mehr schafft er eine neue künstliche Welt von Technologien, Gesetzen, Verordnungen und Systemen, die selbst wiederum voll neuer Irrationalitäten, Übel, Leiden und Ungerechtigkeiten ist. Mehr noch, der Mensch glaubt, durch sein Eingreifen die Welt beherrschen zu können, wird jedoch in zunehmendem Maße der Herrschaft der künstlichen Welt unterworfen, die er sich zum Zwecke der Beherrschung der natürlichen Welt geschaffen hat. Jede Intervention in die Welt, die mit den besten Absichten vorgenommen wird, bringt Folgen hervor, die neue Probleme erzeugen. Je mehr der Mensch in die Welt eingreift, um sie zu ordnen und Probleme zu lösen, um so mehr produziert er dadurch neue Probleme, die nach neuer Intervention verlangen. Dies ist ein unaufhaltsamer, endloser paradoxer Prozeß, solange der moderne Mensch im Rahmen seiner Idee der Rationalität handelt.

Das ist der paradoxe Sinn der spezifischen Rationalität der modernen westlichen Kultur. Ein Beispiel mag diese Paradoxie verdeutlichen. Jede Politik, die sich der Schaffung von mehr Chancengleichheit widmet, tut dies mit den besten Absichten und Gründen. Die Aufstiegschancen vieler bisher benachteiligter

Menschen werden dadurch verbessert. Eine unausweichliche Folge dieser Annäherung an Chancengleichheit ist jedoch ein gleichzeitiges Ansteigen der Aspirationen und eine Verschärfung des Wettbewerbs, so daß das Ausmaß und die Intensität von Frustrationen ebenfalls zunehmen. Diese Verstärkung von Frustrationen resultiert in der Vermehrung von Kriminalität, organischer und psychischer Krankheit und Selbstmord. Da dies Folgen sind, die einem grundlegenden Wert unserer Kultur widersprechen, der das gesunde menschliche Leben sakralisiert, mündet unsere rationale Maßnahme zur Verbesserung der Chancengleichheit in materialer Irrationalität. Die Maßnahme ist formal rational, insofern sie wirksame Mittel zur Verwirklichung des Wertes der Chancengleichheit einsetzt, aber material irrational, weil sie die Verwirklichung des Wertes »Erhaltung gesunden Lebens« vermindert. Formal rational ist eine Maßnahme stets in bezug auf die Verwirklichung eines Zweckes, der ein bestimmter Wert sein kann. Sie zeitigt jedoch material irrationale Konsequenzen, da zugleich die Verwirklichung anderer Werte verschlechtert wird. Formale Rationalität gilt in bezug auf einen ausgewählten Zweck, den es durch instrumentelles Handeln zu verwirklichen gilt. Materiale Rationalität nimmt jedoch das Ganze in Betracht, innerhalb dessen stets irrationale Folgen für die Verwirklichung anderer Werte auftreten können. Jeder Eingriff in die Welt bleibt formal rational und material irrational, sofern er nicht alle Konsequenzen voraussehen und unter Kontrolle halten kann, was in einem komplexen Gesellschaftsgefüge nahezu unmöglich ist.

Dieser Widerspruch zwischen formaler Rationalität und materialer Irrationalität ist indessen eine Eigenheit unseres modernen westlichen Konzepts der Rationalität. Die orientalischen Kulturen haben dagegen ein ganz anderes Verständnis von Rationalität entwickelt. Im Lichte dieses Rationalitätsverständnisses befindet sich die Welt in einem perfekten Gleichgewicht, solange es nicht durch das menschliche Eingreifen, durch das menschliche Streben nach diesseitigem Erfolg, den individuellen Durst nach Leben gestört wird. Um dieses perfekte Gleichgewicht zu erhalten, muß der Mensch sein Handeln entweder in die bestehende Ordnung einfügen – die konfuzianische Lösung –, sehen, daß er im ewigen Kreislauf von Vergeltung und Wiedergeburt keine Störungen verursacht, für die er in einem späteren Leben büßen muß – die hinduistische Lösung –, sich dem individuellen Lebensdurst entziehen, um die ewige Ruhe des Nirwana zu finden – die buddhistische Lösung. Dieses orientalische Verständnis der Rationalität ist holistisch, hat das Ganze im Auge und ist darauf bedacht, das Gleichgewicht des Ganzen zu wahren. Jedes individuelle Handeln muß in dieses Ganze eingepaßt werden. Hier kann der Widerspruch zwischen formaler Rationalität und materialer Irrationalität nicht auftreten. Die Bewahrung des Gleichgewichts des Ganzen geht der Veränderung an einzelnen Stellen stets vor. Die Konsequenz ist jedoch ein extremer Traditionalismus, der im diametralen Gegensatz zur Dynamik der westlichen Kultur steht. Das Gleichgewicht des Ganzen zu stören, hieße immer auch die bestehende Ordnung zu verändern. Dafür gibt es im Rahmen dieses Verständnisses von Rationalität keine Legitimation.

Wenn wir heute im Rahmen der ökologischen Bewegung solche Gleichgewichtsideen aufgreifen, dann müssen wir uns darüber im klaren sein, was wir uns damit zumindest im Ansatz einhandeln: einen jeder Veränderung entgegengesetzten Traditionalismus und Konservatismus. Allerdings heißt dies nicht, daß wir verdammt sind, zwischen unserem westlichen Rationalismus der Weltbeherrschung und dem östlichen Rationalismus der Welterhaltung zu wählen. Die Zukunft gehört der Entwicklung einer umfassenden Weltkultur, einer Kultur, die beide Rationalitäten in sich vereinigt. Die neue Synthese einer globalen Kultur wird auf stetige Veränderung im westlichen Sinne abzielen, diese aber im Rahmen ganzheitlicher Modelle in einem weit umfassenderen Sinn als das bisher vorherrschende isolierte Kausaldenken kontrollieren. Systemtheoretisches Denken ist ein Vorbote dieser neuen Synthese zweier Rationalitäten.

Wir können sehen, daß eine Analyse der kulturellen Produktion und Reproduktion der modernen Gesellschaft tiefere, breitere und längerfristig wirksame und unausweichlichere Ursachen ihrer Widersprüche freilegt als jede kulturblinde Analyse der Produktion und Reproduktion von Kapital, Macht und Konsens. Sie läßt einer simplifizierten Auflösung dieser Widersprüche durch Veränderungen in der Reproduktion von Kapital, Macht und Konsens keine Chance. Und sie ist allein fähig, die Frage nach dem Sinn der modernen Rationalität adäquat zu stellen und zu beantworten. Sie hat jedoch auch ihre Schattenseiten.

Sie bedarf der Konkretisierung durch ihre Verbindung mit der Reproduktion von Kapital, Macht und Konsens. Anderenfalls bleibt sie unscharf. Alle Beiträge zu diesen gesellschaftlichen Dimensionen des Rationalisierungsprozesses bilden dann ein durch die Kulturdeutung erleuchtetes Anschauungsmaterial für die gesellschaftliche Auswirkung des Widerspruches zwischen formaler und materialer Rationalität.

Die Analyse der kulturellen Reproduktion der Gesellschaft bedarf weiterhin der gesellschaftsspezifischen Konkretisierung. Anderenfalls bleibt sie unspezifisch. Der Rationalismus der Weltbeherrschung ist in unterschiedlichen Gesellschaften unter der Führung unterschiedlicher Interpreten, Trägerschichten und Institutionen unterschiedlich geformt worden. Der englische Empirismus, der französische Rationalismus, der deutsche Idealismus und der amerikanische Pragmatismus, sind zwar alle Kinder des westlichen Rationalismus der Weltbeherrschung, aber völlig verschieden geartete Kinder.

Aus sich allein heraus gibt die Kulturdeutung zu radikale Antworten auf die Frage nach der Beseitigung der Widersprüche der modernen Gesellschaft: die Verwerfung ihrer ganzen Kultur. In vergleichender Perspektive bieten sich allerdings Möglichkeiten der Entwicklung: die Synthese von westlicher und östlicher Rationalität in einer neuen Weltkultur.

Schließlich bleibt die Kulturdeutung praxisfern, wenn sie nicht zeigt, wo man im gesellschaftlichen Handeln pragmatisch ansetzen kann, um an der Bewältigung der Widersprüche zu arbeiten. Erst eine Verbindung mit der Gesellschaftsanalyse bietet solche Ansätze. Die Widersprüche des westlichen Rationalismus mit neuen synthetischen Konzepten zu bewältigen, kann nicht auf der Ebene der großen Synthese erfolgen, sondern ist selbst wiederum auf die Sisyphus-Arbeit in der Reproduktion von Kapital, Macht und Konsens angewiesen.

Schlußbemerkungen

Wir haben drei Varianten der Gesellschaftsanalyse und eine Variante der Kulturanalyse der paradoxen Entwicklung der modernen Gesellschaften untersucht: Die Produktion und Reproduktion von Kapital, Macht, Konsens und Sinn. Die Untersuchung hat gezeigt, daß die Gesellschaftsanalyse blind bleibt, nämlich eindimensional, oberflächlich, übergeneralisiert, simplifiziert und sprachlos, wenn sie nicht die von ihr herausgehobene Dimension der gesellschaftlichen Reproduktion zu anderen Dimensionen und zur kulturellen Reproduktion in Beziehung setzt. Die Kulturanalyse legt tiefere Schichten frei und sagt uns mehr über den Sinn der gesellschaftlichen Entwicklung, sie bleibt aber leer, nämlich unscharf, unterspezifiziert, zu radikal und praxisfern, wenn sie nicht zu den verschiedenen Dimensionen der gesellschaftlichen Reproduktion in Beziehung gesetzt wird (Münch, 1986a).

Kapitel 2
Zwischen Fortschrittsdialektik und Gleichgewichtsmystik: West-östlicher Diskurs und New Age-Bewegung

Was wir heute unter dem Begriff »New Age-Bewegung« diskutieren, ist Ausdruck einer Rebellion gegen die Moderne, die nicht mehr vorwiegend auf ihre ökonomischen, politischen und sozialen Institutionen und Strukturen zielt und von ihrer Umwälzung eine bessere Gesellschaft erhofft, sondern vielmehr die ganze Kultur, die spezifische Eigenart unseres Denkens und unseres Rationalitätsverständnisses erfaßt. Das Instrument dieser Erneuerungsbewegung ist demgemäß auch nicht der politische Protest, sondern das Abhalten von Bewußtseinsmessen und die Gründung von Zentren zur Bewußtseinserweiterung. Solche Messen wurden 1979 in New York, 1982 in Los Angeles und 1983 in San Francisco durchgeführt. In London besuchten 1987 über 20000 Menschen das »Festival für Mind-Body-Spirit«, das zum zehnten Male stattfand. In Hamburg gab es 1987 zum vierten Male ein New Age-Festival. Sein Thema lautete: »Einswerden. Wege zur Integration von Körper, Geist und Seele«. Neben den Kongressen existieren ständige New-Age-Zentren nach dem Vorbild des kalifornischen Esalen-Instituts, wie z. B. die Findhorn-Kommune in Schottland, der Lebensgarten Steyerberg, ETORA auf Lanzarote, die Internationale Akademie für Ganzheitliches Lernen auf Schloß Berlepsch im Werratal. Im Adreßbuch *Connexions New Age* von 1987 werden für den deutschsprachigen Raum rund 2000 Anschriften von Gruppen, Veranstaltern und Einzelpersonen genannt. Weltweit spricht man von 70000 Netzwerken des New Age (diese Angaben bei Ruppert, 1988: 16, 20, 26, 27; vgl. u.a. Capra, 1983; Spangler, 1983; Trevelyan, 1984; Russell, 1984; Roszak, 1982; Geisler, 1984; Gruber und Fassberg, 1986; Muller, 1985, 1986; Schorsch, 1988).

Vom linear-kausalen zum ganzheitlichen ökologischen Denken

Fritjof Capra (1980, 1983, 1984), den man als den Guru der New Age-Bewegung bezeichnen kann, plädiert für eine Überwindung des kartesianischen oder linear-kausalen Denkens, das unsere Kultur bisher beherrscht habe, durch das ökologische Denken. Capra charakterisiert das linear-kausale Denken als ein Denken, das analytisch vorgeht, die Welt in Einzelbestandteile zergliedert, diese isoliert auf ihre Ursachen und Wirkungen untersucht und nicht in ihrem Gesamtzusammenhang sehen kann. Die Wissenschaft ist zersplittert in Spezialdisziplinen und diese wieder in Spezialgebiete, zwischen denen keinerlei Beziehungen mehr hergestellt werden können. Aufgrund dessen ist das bislang herrschende kartesianische Denken unfähig, die Welt in ihrer Gesamtordnung zu erfassen. Ansätze zu einer Einheitswissenschaft haben im Rahmen des linear-kausalen Denkens stets dazu geführt, die Vielfalt der Phänomene auf ihre Grundbestandteile und Grundgesetze zu reduzieren, anstatt sie in ihrer Eigenqualität miteinander zu verknüpfen. Heute wird jedoch immer mehr erkannt, daß unser Handeln vielfältige Voraussetzungen und Folgen hat. Außerdem leben wir immer weniger ein isoliertes Dasein in begrenzten geographischen Regionen, vielmehr sind unsere Handlungen immer engmaschiger mit den Geschehnissen auf der ganzen Erde verflochten. Diese Erkenntnis zwingt zu einer Umstellung unseres Denkens – so Capra.

Gefordert ist ganzheitliches ökologisches Denken, das die Welt in ihrem Gesamtzusammenhang sieht, ihre Einzelbestandteile in ihren komplexen Interdependenzen erfaßt und die Spezialerkenntnisse der Spezialdisziplinen miteinander zu vernetzen versteht. Die Vernetzung von Einzelerkenntnissen zu einem Ganzen im neuen ökologischen Denken beseitigt die Erkenntnisse des linear-kausalen Denkens nicht, sondern baut auf ihnen auf, um sie auf einer neuen Stufe des Denkens zu bewahren.

»Vernetzung« ist das Schlagwort der neuen Bewegung, das nicht nur das Denken, sondern auch das Handeln leiten soll. Die Bewegung versteht sich selbst als ein Netzwerk von Individuen und einzelnen Gruppen, die sich selbst organisieren (Schorsch, 1987b). Auf diese Weise soll sachliche und lokale Selbstbestim-

mung mit globalem, sogar »planetarischem« Bewußtsein einhergehen. Die Bewegung setzt sich in dieser Hinsicht vom bisher vorherrschenden Muster sozialer Bewegungen ab, die eher dem Typus der Zentralisierung und der hierarchischen Organisation entsprechen. Sie soll zugleich ein Modell der zukünftigen Weltgesellschaft sein: nicht zentralisiert und hierarchisch aufgebaut, sondern ein komplexes Netzwerk autonomer Gruppen und Individuen. Die Vernetzung von Erkenntnissen und Handeln soll in einem harmonischen Ganzen zusammenfügen, was bislang als Gegensatz verstanden wurde: Geist und Materie, Psyche und Körper, Kultur und Natur, Ratio und Intuition, Wissenschaft und Mystik, Mann und Frau, Gott und Mensch. In Anlehnung an den chinesischen Taoismus ist es die Vereinigung von Yang und Yin (Markert, 1986; Lao-Tse, 1979, 1981; Schorsch, 1987a).
Die Vernetzung von selbstorganisierten Gruppen und Individuen als Prinzip der neuen Bewegung ist vor allem von ihrer amerikanischen Protagonistin, Marilyn Ferguson (1982), in den Vordergrund gestellt worden. Sie sieht darin folgende Chancen: gegenseitige Unterstützung, Stärkung und Ermutigung des einzelnen, gegenseitige Hilfe und Selbsthilfe, Entwicklung von Gemeinschaftsgefühl, Aufbau von Freundschaften, Verbindung von Menschen mit sich ergänzenden Fähigkeiten, Interessen und Zielen, gegenseitige Bereicherung, Förderung von sozialem Erfindungsgeist und Kreativität, stets neue Kombinationen von Talenten, Hilfsmitteln, Strategien und Kontakten.
Es liegt auf der Hand, die New Age-Bewegung als einen Protest gegen die einseitige instrumentelle, technische Rationalität der modernen westlichen Zivilisation zu begreifen. Darin ist die Bewegung indessen nicht gar so neu. In gewisser Hinsicht wiederholt sie die von der Kritischen Theorie – auf fundierterem theoretischen Niveau – längst formulierte »Kritik der instrumentellen Vernunft« und »Dialektik der Aufklärung« (Horkheimer, 1974; Horkheimer und Adorno, 1947/1969). Der Protest der New Age-Bewegung sieht den Menschen und die ganze Welt als ein Opfer einer anscheinend unaufhaltsamen industriell-technologischen Entwicklung: Natur und Mensch werden in einem Ausmaß belastet, das letzten Endes die Grundlagen ihrer Existenz zerstört. Es kommt darin eine Paradoxie zum Ausdruck, die gerade das Rationalitätsverständnis unserer modernen westlichen Zivilisation kennzeichnet und von einer Zivilisation unterscheidet, die ihre

Wurzeln im fernen Osten, im alten China und im alten Indien hat. Es ist insofern nicht überraschend, daß die New Age-Bewegung Denkmuster des asiatischen Kulturraums teils unbewußt, teils bewußt aufgreift. Um ein Verständnis der New Age-Bewegung zu gewinnen, ist es deshalb hilfreich, sich die Grundprinzipien des westlichen und des orientalischen Rationalitätsverständnisses deutlich vor Augen zu führen. Dazu ist es erforderlich, die unterschiedlichen religiösen Grundlagen dieser gegensätzlichen Rationalitätskonzepte aufzudecken. Man wird dann sehen, daß es nicht nur die Herrschaft der naturwissenschaftlichen Technologie ist, die das Rationalitätsverständnis des Westens von demjenigen des Orients unterscheidet. Die Gegensätze sind weit umfassender und reichen auch in die ethischen Grundlagen unseres Handelns hinein (vgl. Münch, 1986a: 35-179).

Die religiösen Grundlagen des westlichen und des fernöstlichen Rationalitätsverständnisses

Es gibt zwei grundsätzlich verschiedene Betrachtungen der Welt. In der einen Perspektive erscheint die Welt als gut oder gar als die beste aller möglichen Welten. In der anderen Perspektive erscheint die Welt als ein Jammertal, voll von Übel, Krankheit, Leiden, Ungerechtigkeit und überschattet durch den Tod. Für beide Perspektiven gibt es historische Beispiele unter den großen Weltreligionen (Weber, 1922/1976: 321-381, 1920/1972a: 237-275).

Der Konfuzianismus des alten China ist das reinste Exempel einer Auffassung der Welt als die beste aller möglichen (Weber, 1920/1972a: 276-536). Sie befindet sich grundsätzlich in einem Gleichgewicht. Alle Bestrebungen des Menschen müssen deshalb darauf gerichtet sein, dieses Gleichgewicht zu erhalten. Das Einpassen in die bestehende Weltordnung ist deshalb das oberste Prinzip des menschlichen Handelns. Das bedeutet natürlich stets Erhaltung der bestehenden Sozialordnung, Unterordnung unter die herrschenden Autoritäten, Anpassung an die Gegebenheiten der Situation. Die Pietät des Jüngeren gegenüber dem Älteren, Schicklichkeit und die Wahrung des Gesichtes sind die vorherrschenden Regeln des Handelns. Diese an der Bewahrung des Bestehenden orientierte Haltung, die wir traditionalistisch nennen können, war indessen durchaus vereinbar mit einer recht weitgehenden Entwicklung der Technik und des Erwerbslebens, in denen China dem Westen bis in das 15. Jahrhundert voraus war. Technische Erfindungen und ökonomischer Erwerb wurden als selbstverständliche Hilfsmittel betrachtet, sich in der bestehenden Welt einzurichten, ohne sie grundlegend zu verändern.

Wenn wir nach einer Erklärung für die extreme Legitimation des Bestehenden, für den Traditionalismus der konfuzianischen Lehre suchen, dann ist diese in der Stellung ihrer Träger zu finden, der chinesischen Literatenbeamten. Sie waren eine privilegierte, herrschende Beamtenschicht, für welche die Erhaltung der bestehenden Ordnung im natürlichen Interesse lag. Eine ganz andere Weltsicht kennzeichnet die anderen großen Weltreligionen. Schon der ebenfalls auf chinesischem Boden entstandene Taoismus hat ein weniger naives Verhältnis zur bestehenden Welt (Weber, 1920/1972a: 458-512). Der von Konfuzius begründete Konfuzianismus hat sich in China als herrschendes Weltbild etabliert. Er ist eine pragmatische Ethik der geschickten Einpassung in die bestehende gute Weltordnung. Der von Lao-Tse begründete Taoismus ist dagegen stets in einer untergeordneten Position geblieben. Er ist eine philosophische Lehre des mystischen Einfühlens in die Weltordnung. Für beide Lehren ist die Einpassung in das Tao – die Weltordnung – zentral. Der Konfuzianismus versteht dies als praktische Anpassung an die bestehende soziale Ordnung und die sozialen Gegebenheiten, der Taoismus jedoch als Entfernung vom praktischen Handeln und als Hineindenken in die alles umspannende Weltordnung, d. h. als mystische Kontemplation. Leere (hu), Nichtsein (wu), Nichtstun (wu wei) und Nichtssagen (puh yen) sind hier die richtigen Tugenden. Auch aus dem Taoismus entstand insofern kein Motiv zum Eingreifen in die Welt, zur Veränderung ihrer Ordnung. Auch er war die Lehre einer vornehmen Intellektuellenschicht.

Ein noch weitergehendes Bewußtsein der Unzulänglichkeiten des alltäglichen Lebens hat der Hinduismus entwickelt (Weber, 1920/1972b: 134-217). Hier ist erst eine echte Spannung zwischen der Erfahrung von Leid und Tod und dem menschlichen Streben nach Sinn, nach Erklärung, warum dies alles geschieht, und nach Erlösung von Leid und Tod zu erkennen. Der Hinduismus löst diese Spannung in der Lehre von Vergeltung und Wiedergeburt auf. Nach dieser Lehre besteht ein ewiger Kreislauf des Lebens.

Was in einem bestehenden Leben erfahren und getan wird, das wird im nächsten Leben vergolten. Im Rahmen dieser Lehre des Hinduismus haben sich drei Erlösungswege herausgeschält: für die einfachen Leute die Erfüllung der auferlegten rituellen Pflichten ihrer Kaste, für die besseren Leute, zu vermeiden, durch aktives Tun Geschehnisse in Gang zu setzen, für die man im nächsten Leben bestraft wird, für die Virtuosen, durch asketische Übung, z. B. durch Yoga, sich jeder Verstrickung in die Vorgänge des aktuellen Geschehens zu entziehen. Hinnahme der bestehenden Ordnung mit der Aussicht auf bessere Wiedergeburt, Teilnahme am Geschehen ohne eigenverantwortliches Engagement – also Indifferenz – oder Rückzug vom Geschehen sind die richtigen Erlösungswege. Die Welt hat im ewigen Kreislauf des Lebens eine perfekte Ordnung, die der Mensch nicht durch aktives Eingreifen aus dem Gleichgewicht bringen darf, wenn ihm das Heil gewiß sein soll. Auch diese Lehre ist eine Legitimation der Erhaltung der bestehenden Ordnung, des Traditionalismus. Sie ist die Lehre einer privilegierten Intellektuellenkaste, der Brahmanen, die allerdings die politische Herrschaft weitgehend der Kriegerkaste der Kshatria überlassen mußten.

Auch der Buddhismus sucht eine Lösung für die Spannung zwischen der Erfahrung von Leid und Tod und den menschlichen Bedürfnissen nach Sinn, Erklärung und Erlösung (Weber, 1920/1972b: 217-250). Buddha lehrt, daß es der diesseitige menschliche Lebensdurst sowie die Individuation seien, die dem Menschen Leid und Tod bringen. Vier Wahrheiten führen den Menschen weg von diesem Irrtum: 1. Das diesseitige Leben ist vergänglich und leidvoll. 2. Der Grund für das Leiden ist der Lebensdurst und Lebenskampf des Individuums. 3. Das Ende des Leidens kommt mit der Beendigung des individuellen Lebensdurstes. 4. Der Weg zu diesem Ende des Leidens geht über acht Stufen: a) richtiges Erkennen der Ursprünge des Leidens im individuellen Lebensdurst, b) richtige Bereitschaft, auf jedes individuelle diesseitige Streben zu verzichten, c) richtiges Sprechen durch Kontrolle der Leidenschaften, d) richtiges Handeln durch Vermeiden jedes diesseitigen Erfolgsstrebens, e) die Heiligung des Lebens, f) richtige Konzentration auf den Erlösungsweg, g) Erreichen des heiligen Denkens und Fühlens, h) Eingehen in den ewigen Frieden des Nirvana durch perfekte Konzentration (Weber, 1920/1972b: 239-240).

Es ist also die Gleichgültigkeit gegenüber dem aktuellen Geschehen und der Rückzug von der Welt, die den Menschen dem Leid entziehen und in eine perfekte ewige, im Gleichgewicht befindliche Ordnung hineinversetzen. Auch diese Lehre einer von der Gesellschaft abgekapselten Intellektuellenschicht lehnt jedes Eingreifen in die Welt, jedes Umgestalten ab und läßt sie letzten Endes so, wie sie ist.

So weit können wir sehen, daß im asiatischen Kulturraum die Welt als ein prinzipiell im Gleichgewicht befindliches Ganzes begriffen wird, das nur durch das Eingreifen des Menschen in das aktuelle Geschehen gestört wird. Soweit die Welt als leidvoll erfahren wird, geschieht dies nur, weil der Mensch es nicht genügend versteht, sich in die Ordnung einzupassen, sich der Verstrickung in schuldvolles eigenverantwortliches Handeln zu entziehen oder dem diesseitigen Lebensdurst zu entsagen. Der Weg zur Erlösung paßt den Menschen in die bestehende Ordnung ein oder führt den Menschen aus dem aktuellen Geschehen heraus in das mystische Einfühlen in die ewige Ordnung. Auf jeden Fall wird die gegebene Welt so belassen, wie sie ist. Ein extremer Traditionalismus ist die Konsequenz.

Diese Eigenart des asiatischen ganzheitlichen Gleichgewichtsdenkens hat keineswegs kapitalistisches Erwerbsstreben, Machtpolitik, kriegerische Auseinandersetzungen und technische Entwicklungen unterbunden. Abgesehen von Besonderheiten wie der geomantischen Lehre in China, welche die Eingriffe in die Natur nach dämonischen Kräften ausrichtete und deshalb z. B. bei Verkehrswegen manchmal zu Umwegen zwang, hat es in China und Indien enorme technische Entwicklungen gegeben, die bis zum 15. Jahrhundert dem Westen deutlich voraus waren. Die religiösen Lehren des asiatischen Kulturraums haben die Gesellschaft den jeweils herrschenden wirtschaftlichen, politischen und sozialen Kräften überlassen. Es ist von ihnen keine gestaltende Wirkung auf die Gesellschaft ausgegangen.

Was die Entwicklung des Westens seit dem 16. Jahrhundert von derjenigen Asiens unterscheidet, ist auch nicht allein der Siegeszug einer instrumentellen Rationalität im rein technischen Sinne, sondern vielmehr die Umgestaltung der Gesellschaft nach ethischen Prinzipien, die stets über die jeweils existierende Gesellschaft hinausreichen und jedes traditionale Verharren in gegebenen Zuständen aufsprengen. Es ist dieses dynamische Aufsprengen jeder Tradition, das die westliche Zivilisation von der asiatischen unterscheidet. Dies gilt jedoch nicht allein für die dynamische Kraft des ökonomischen, technischen und politischen Geschehens, die auch in den asiatischen Kulturen wirksam ist. Siehe z. B. den ökonomisch-technischen Erfolg Japans ohne grundlegende Veränderung der Sozialstruktur. Die der westlichen Zivilisation eigene dynamische Kraft resultiert vielmehr aus einer unaufhebbaren Spannung zwischen Idee und Wirklichkeit. Auch sie hat ihre besonderen religiösen Wurzeln.

Die jüdisch-christliche Religion hat die Spannung zwischen der Erfahrung von Leid, Tod und Unrecht und dem Streben nach Sinn, Erklärung und Erlösung in völlig anderer Weise gelöst als die asiatischen Religionen: durch die radikale Umgestaltung der Welt nach ethischen Prinzipien. Entscheidend dafür war ihr Ursprung im antiken Judentum (Weber, 1920/1971a). Die vorexilischen Propheten des antiken Judentums waren keine privilegierten Intellektuellen, sondern charismatische Führer eines gefährdeten Volkes. Sie suchten das Heil nicht in einer ewigen, schon bestehenden Ordnung, sondern im Kampf gegen die Feinde, im Bündnis mit einem Gott, der ein alleinherrschender Kriegsherr war. Erlösung konnte das Volk Israel nur durch die Unterwerfung unter seine Gebote, durch gehorsame Gefolgschaft finden. Die vorhandene Welt wird eines Tages zerstört, um dann eine ganz neue Welt aufzubauen.

Die Lehre vom Sündenfall zwingt den Menschen zum Gehorsam, um sich der Gnade Gottes als würdig zu erweisen. D. h. der Mensch hat in seinem Handeln die Gebote Gottes auszuführen, muß die Welt nach seinen Geboten gestalten. Da hier ein aktiv handelnder Gott die Herrschaft ausübt und keine ewige göttliche Ordnung am Werke ist, ergibt sich dadurch – völlig entgegengesetzt zum asiatischen Denken – ein Zwang zum Eingreifen in die Welt nach den universellen ethischen Geboten Gottes. Hier liegt die Wurzel der Dynamik der Veränderung der bestehenden Ordnungen, die der westlichen Zivilisation zugrunde liegt. Diese Dynamik hat allerdings noch einige Zeit gebraucht, um zur vollen Entfaltung zu gelangen. Die Verbindung mit anderen Denkformen hat sie bis zur Reformation in Grenzen gehalten (Troeltsch, 1912/1922).

Zunächst hat Jesus dem zornigen Gott des alten Testaments den gütigen, liebenden Gott des neuen Testaments hinzugefügt. Statt

»Auge um Auge, Zahn um Zahn« lehrt er »Liebet eure Feinde«. Paulus hat durch die Trennung von Religionszugehörigkeit und Staatszugehörigkeit die Grundlagen für die weltweite Verbreitung des Christentums gelegt. Die Kirchenlehrer der Antike – Origenes und Augustinus – haben die christliche Lehre mit dem hellenischen Naturrechtsdenken verknüpft und so die Vorstellung einer in sich ruhenden perfekten Ordnung geschaffen. Das Naturrecht vermittelt zwischen der politischen und der göttlichen Ordnung. Die mittelalterliche Scholastik – z. B. die Lehre Thomas von Aquins – hat die Welt als eine hierarchische Ordnung begriffen, in der alle – Arme und Reiche, Sünder und Heilige – ihren rechten Platz innehaben. Diese Vorstellungen sind erheblich in die Richtung des asiatischen Ordnungsdenkens gegangen und haben der ursprünglichen gesellschaftsändernden Dynamik des Christentums den Stachel genommen. Die Lehre war nun längst nicht mehr von den Führern eines unterdrückten Volkes gemacht worden, sondern von den Repräsentanten einer etablierten Macht: der katholischen Kirche.

Es war die Leistung der Reformation, die verlorene Dynamik wieder zum Ausbruch zu bringen (Weber, 1920/1972a: 17-206). Luther hat die Bewährung im alltäglichen Beruf zum gleichen Heilsweg für jeden gemacht. Allerdings ist Luther auf halbem Wege stehengeblieben. Seine Lehre enthält enorme mystische Elemente, und sie verlangt von dem Menschen die Unterordnung unter das Reich Gottes in religiösen Fragen und zugleich unter das Reich der politischen Obrigkeit in weltlichen Fragen. Die Erlösung findet der einzelne in der gefühlsmäßigen Einheit mit Gott, in der rechten Gesinnung, nicht in äußeren Werken. Der Mensch ist für Luther ein Gefäß, das die Liebe Gottes in der unio mystica in sich aufnimmt.

Das aktive Eingreifen in die Welt als Heilsweg ist von anderen Varianten des Protestantismus etabliert worden, vom Methodismus, Pietismus, Täufertum, insbesondere aber vom Calvinismus und den von ihm beeinflußten puritanischen Sekten. Calvins Prädestinationslehre hat nicht zum Fatalismus geführt, sondern zu einem unbändigen Streben nach Heilsgewißheit, und diese haben die Nachfolger Calvins daran geknüpft, daß sich der Mensch in diesem Leben durch sein vorbildliches Handeln hervorhebt. Für die überwiegend bürgerlichen Mitglieder dieser Religionsgemeinschaft mußte sich dies in der Berufsarbeit äußern: rastlose Berufsarbeit, Rechtschaffenheit, Erfolg ohne Genuß, planvolle Organisation des Handelns, bis hin zur planvollen Gestaltung der ganzen Gesellschaft. Für den Puritaner ist der Mensch ein Werkzeug Gottes, das die Welt zu seinem Ruhme vorbildlich zu gestalten hat. So hat z. B. John Winthrop, der puritanische Gründer von Massachusetts in Neuengland, vor der Landung seines Schiffes gesagt, daß sie eine Stadt auf einem Hügel errichten würden, auf welche die ganze Welt schauen würde, und es sei ihre Aufgabe, mit diesem Werk vor den Augen Gottes nicht zu versagen. Hier kommt die religiöse Wurzel der in die westliche Zivilisation eingebauten Dynamik im Kern zum Ausdruck.

Die paradoxe Struktur der modernen westlichen Rationalität

Die aufgezeigte Dynamik der westlichen Zivilisation ist durch die Aufklärung nicht abgebrochen, sondern säkularisiert worden. Auch sie ist eine nur der westlichen Zivilisation eigene Errungenschaft. Sie will die Gesellschaft nach allgemein verbindlichen Ideen umgestalten und die traditionale Ordnung einreißen. An die Stelle von Autorität, Ungleichheit, Vormundschaft und Tradition treten Selbstbestimmung, Gleichheit, universelle Vernunft und die Ausrottung von Leid und Unrecht. Damit sind die kulturellen Grundlagen für eine unaufhaltsame Dynamik der gesellschaftlichen Veränderung geschaffen worden. Die gesellschaftliche Wirklichkeit hinkt stets hinter den anspruchsvolleren universellen Ideen hinterher; die Realität sieht im Lichte der Ideen immer schlecht aus. Die Konsequenz ist ein rastloses Eingreifen in die Welt, ein permanenter Interventionismus, der indessen paradoxe Folgen hat. In der Absicht, die Welt von Leid und Unrecht zu befreien, schaffen wir eine immer umfassendere und vielschichtigere künstliche Welt von Technologien, Gesetzen, Verordnungen und Organisationen, die ihrerseits wieder voll von Leid und Unrecht sind. Eine Problemlösung schafft eine Vielzahl neuer Probleme. Das gilt nicht nur für die Umweltschäden, die sich aus der industriell-technischen Entwicklung ergeben, eine Entwicklung, die auch darauf abgezielt hat, dem Menschen ein besseres Leben zu ermöglichen, z. B. seine Krankheiten besser zu heilen, womit man häufig erst neue Krankheiten geschaffen hat.

Die Problematik liegt tiefer. Sie erfaßt auch die moralischen Grundlagen unseres Handelns. Ich will dies an einem Beispiel deutlich machen. Für uns ist es heute moralisch selbstverständlich, daß wir mit politischen Maßnahmen alles versuchen, um allen gleiche Chancen zu geben, ihr Leben so einzurichten, wie sie wollen. Dadurch werden z. B. Ungleichheiten des Zugangs zu Schulen, Hochschulen und Berufen abgebaut. Die Verbesserung der Chancengleichheit ist jedoch nicht die einzige Konsequenz dieser Maßnahmen. Es wächst auch der Wettbewerb um Positionen, es steigt das Aspirationsniveau. Dementsprechend kommt es häufiger zu Frustrationen, die wiederum in Krankheiten, verminderten Lebenswillen, Aussteigen und Einsteigen in alternative Glücksbringer, wie Kriminalität und Drogenkonsum, münden können. All dies sind leidvolle Folgen von Maßnahmen, die wir für moralisch richtig und nicht hintergehbar betrachten. Wir stecken demnach in einem Dilemma unseres interventionistischen Denkens, das viel grundsätzlicher ist, als es aus der oberflächlichen Konfrontation von industrieller Technologie und ökologischem Denken den Anschein erhält. Hier haben wir es mit einer grundsätzlichen Paradoxie der modernen westlichen Zivilisation zu tun, die auch unser moralisches Denken erfaßt. Das läßt sich an einer Reihe beliebiger Beispiele zeigen.

Es ist z. B. irreführend, die Vergiftung von Obst und Gemüse durch Pflanzenschutzmittel allein der Profitgier von landwirtschaftlichen Betrieben und Chemiekonzernen zuzuschreiben. Hinter ihr steht auch die Idee, immer breitere Schichten mit immer größeren Mengen von immer besser haltbaren Nahrungsmitteln zu versorgen. Vor dieser Entwicklung war dies allein für eine schmale Schicht von Privilegierten möglich. Es ist auch irreführend, für die Vergiftung des Menschen durch eine Medikamentenflut allein die Profitgier der Pharmakonzerne verantwortlich zu machen. Hinter dieser Erscheinung steht auch die Idee, immer mehr Menschen eine immer umfassendere Gesundheitsvorsorge zu ermöglichen. So ist die Lebenserwartung der gesamten Bevölkerung ständig gestiegen, mit ihr aber auch die Zahl von Krankheiten, die auf medikamentöser Vergiftung beruhen.

Es ist ebenso irreführend, die Vergiftung von Luft, Wasser und Erde allein auf die Profitgier der Energie-, Automobil-, Luftfahrt- und Touristikindustrie zurückzuführen. Hinter ihr steht auch die Idee, immer breiteren Schichten die ganze Welt zu erschließen, wodurch der Verbrauch an Energie, die Abgasbelastung der Luft und die Vergiftung von Wasser und Erde immer mehr gesteigert werden. Wir begrüßen auf der einen Seite, daß der Durchschnittsbürger heute eine Reiselust hat, wie sie vor dieser Entwicklung nur einer privilegierten Elite offenstand, beklagen aber, daß Luft, Wasser und Erde immer größeren Belastungen durch den Menschen ausgesetzt werden. Wir begrüßen jede Lohnsteigerung der Arbeitnehmer, beklagen uns aber, daß dieselben Arbeitnehmer in Scharen die Alpenmatten zertrampeln und abrasieren. Dahinter steckt nicht nur eine profitgierige Touristikindustrie, sondern auch die Idee der Gleichheit, die jedem Menschen die ganze Welt in gleicher Weise zugänglich machen will.

Wir befinden uns heute an einer Schwelle, an der nicht allein die Konsequenzen des ökonomischen Profitstrebens, sondern auch diejenigen der Inklusion immer breiterer Bevölkerungsschichten in den gesellschaftlichen Reichtum erst auf breiter Front spürbar werden: Es wird zunehmend enger und stickiger auf unserem Planeten. Lange Zeit hat die hierarchische Differenzierung der Gesellschaften in Stände, Klassen und Schichten und die hierarchische Differenzierung der Weltgesellschaft den Zugang zur Welt reguliert. Je mehr die Welt aber allen offensteht, um so mehr läuft sie auch Gefahr, von uns allen erwürgt zu werden. Die Profitgier der Industrie kann durch gesetzliche Maßnahmen des Umweltschutzes kontrolliert werden. Die Demokratisierung der Gesellschaft und die damit einhergehende Mobilisierung der Bevölkerung bis hin zur Emanzipation der Bevölkerung der Dritten Welt einzuschränken, dafür gibt es indessen keine Legitimation in unserer Kultur. Da jedoch jede Art des Massenkonsums und der Massenmobilisierung mit Belastungen der Umwelt einhergeht, sehen wir uns in dieser Hinsicht vor einer endlosen Kette von Maßnahmen und Gegenmaßnahmen zur Rettung der Erde.

Die Wissenschaft wird immer neue Arten der Umweltbelastung durch den Menschen entdecken. Wir sind hier an einer Schwelle angekommen, an der die Paradoxie der modernen Rationalität immer offensichtlicher wird und immer unauflöslicher erscheint. Vor allem haben wir inzwischen erkannt, daß diese Paradoxie nicht so leicht aufzuheben ist, wie uns dies der Hoffnungsträger der Emanzipationsbewegungen dieses Jahrhunderts, der Marxismus, glauben machen wollte. Spätestens seit Gorbatschows Kulturrevolution der Glasnost und Perestrojka und der ihr folgenden politischen Revolution in Osteuropa ist der Marxismus tot, nachdem er im Osten zu einer zynischen Herrschaftsideologie verkommen war und im Westen nur noch die Köpfe von wirklichkeitsfernen Intellektuellen überzeugen konnte. An die Möglichkeit, durch die Überwindung des Kapitalismus im Sozialismus und schließlich im Kommunismus die Probleme des modernen Menschen zu lösen, glaubt heute niemand mehr. Die Verhältnisse sind komplizierter und die Einsichten differenzierter geworden. Während die aus dem sozialistischen Tiefschlaf erwachten Länder nun versuchen müssen, den mühsamen Weg zu Markt, Demokratie, diskutierender Öffentlichkeit und pluralistischer Vereinigung zu gehen, stehen die westlichen Demokratien vor dem Problem, neue komplexere Formen der Verknüpfung von Markt, Demokratie, Öffentlichkeit und Pluralismus zu entwickeln, die geeignet sind, der immens gewachsenen Mobilisierung der Bevölkerung besser gerecht zu werden als die herkömmlichen Institutionen.

Gibt es überhaupt einen Ausweg aus den aufgezeigten Paradoxien, oder sind wir für immer und ewig zu einer nicht aufhörenden Sisyphusarbeit verdammt? Die New Age-Bewegung erhebt zumindest Ansprüche, deren Einlösung die aufgezeigte Paradoxie zu überwinden verspricht. Die Frage ist, ob sie in der Tat die erhobenen Ansprüche einlösen kann. Dazu möchte ich drei Fragen stellen:

1. New Age als Wegweiser einer neuen Weltkultur?
2. New Age als Rückfall in Lutherische Innerlichkeit oder asiatischen Traditionalismus?
3. New Age als Ausdruck religiöser Anomie?

New Age – Wegweiser einer neuen Weltkultur?

Auf die erste Frage – New Age als Wegweiser einer neuen Weltkultur? – kann man zunächst einmal antworten, daß einige Ansätze der New Age-Theorie zumindest proklamieren, das linearkausale Denken mit dem ganzheitlichen Denken zu vernetzen (Lutz, 1981; Capra, 1983; Schorsch, 1987b). Darin liegt in der Tat ein Potential für die Überwindung der Grenzen des in der westlichen Zivilisation vorherrschenden Denkens durch die Öffnung für die Vorzüge des ganzheitlichen fernöstlichen Denkens. Allerdings kann dies innerhalb unserer Kultur nicht mehr heißen, eine bestehende Ordnung zu *erhalten*, es kann immer nur heißen, eine vorhandene Unordnung neu zu organisieren, und dies mit Wissen, das über die Kenntnis isolierter Zusammenhänge hinaus weist und die vielfältigen Wechselwirkungen innerhalb eines Ganzen zu erfassen weiß. Dazu bieten systemtheoretische Ansätze erste Schritte; wir sind allerdings noch weit davon entfernt, über ausreichend gesicherte ganzheitliche Modelle zu verfügen. Das heißt allerdings nicht, daß es unmöglich sei, dahin zu gelangen. Die moderne Wissenschaft war einmal durch eine ungewöhnliche interdisziplinäre Zusammenarbeit in den wissenschaftlichen Gemeinschaften der italienischen Renaissance entstanden (Zilsel, 1976; Münch, 1984: 200-260). Sie hat sich dann intern wieder in Disziplinen differenziert. Es ist indessen ein wiederkehrendes Muster, daß neue Disziplinen, wie die Biochemie oder die physikalische Chemie, aus neuen Disziplinverbindungen hervorgehen. Wir dürften inzwischen an einer Schwelle angelangt sein, an der wir gerade vor einem neuen Schub interdisziplinärer Verbindungen stehen, wodurch wir möglicherweise einem Zeitalter der interdisziplinären Vernetzung unserer Erkenntnisse entgegengehen. Hier scheint einiges für die Visionen der New Age-Bewegung zu sprechen.

Auch auf der Ebene der sozialen Organisation haben die Visionen der New Age-Bewegung einen realen Gehalt. Die Soziologie beobachtet in der gegenwärtigen Phase der gesellschaftlichen Entwicklung eine z.T. dramatische Auflösung alter Strukturen, in die das Individuum lange Zeit – eher als ein Überbleibsel einer traditionalen Gesellschaft – fest eingebunden war: Klassen, Schichten, lokale Gemeinden, Kirchen, Verbände, Parteien, Vereine. All diese Gruppierungen verlieren Mitglieder und Einfluß und müssen mit neuen Vereinigungen konkurrieren, die schneller aus dem Boden schießen und auch schneller wieder verschwinden, um durch andere ersetzt zu werden. Die Kirchen verlieren Mitglieder, dafür bekommen neue Sekten erheblichen Zulauf. Dasselbe geschieht mit den Parteien, Verbänden und Vereinen. Es tritt eine viel weiterreichende Individualisierung des Lebens ein, als wir dies bislang gekannt haben. Allerdings ist dies kein Grundzug einer heute vielfach propagierten Postmoderne, sondern erst die konsequente Beseitigung von traditionalen Elementen der modernen Gesellschaften, die sich aus dem Hineinschieben der Moderne in eine traditionale Gesellschaft zunächst entwickelt hatten. Auf jeden Fall können wir Selbstorganisation und Vernetzung autonomer Gruppierungen als Bausteine einer zukünftigen modernen Gesellschaft erkennen. Im übrigen ist es ja so, daß die amerikanische Gesellschaft mit ihrem dezentralen, föderativen Aufbau den europäischen Gesellschaften in dieser Hinsicht um einiges voraus ist. Wofür Marilyn Ferguson (1982) plädiert, ist deshalb eine konsequente Fortsetzung eines in ihrer Gesellschaft schon früher aufgelegten Programms. In Frankreich, einem sehr zentralistisch aufgebauten Staat, würde dies schon eine viel tiefgreifendere Veränderung bedeuten (de Tocqueville, 1835/40, 1976; Hausknecht, 1962).

In den Vereinigten Staaten kann man auch eine besondere Vereinigung des ökologischen Denkens mit dem Interventionismus der Moderne beobachten: Dort haben sich aus privater Initiative ökologische Unternehmen gebildet, die sich darauf spezialisiert haben, eine einmal zerstörte Umwelt wieder neu zu beleben. Man kann diese Bewegung als ökologischen Interventionismus bezeichnen.

New Age – Rückfall in Lutherische Innerlichkeit oder asiatischen Traditionalismus?

Im Lichte der zweiten Frage – New Age als Rückfall in Lutherische Innerlichkeit oder asiatischen Traditionalismus? – tauchen allerdings einige problematische Aspekte der neuen Bewegung auf. Die Bewegung bringt auch Erscheinungen hervor, die aus der Gesellschaft herausführen und den Rückzug in die mystische Kontemplation bedeuten. Damit verliert die Bewegung allerdings ihre positive Gestaltungskraft und verfällt in die bloße Verweigerung. Ansätze dazu liefert in Deutschland vor allem die im Lutherischen Protestantismus verwurzelte Mystik und Innerlichkeit (Plessner, 1959: 65-71; Dahrendorf, 1967: 313-327; Münch, 1986a: 686-719). Nach dieser Idee findet der einzelne nur im Rückzug auf sein innerstes Wesen die Vereinigung mit Gott und nicht in äußeren Werken. Es kommt auf die rechte Gesinnung, nicht auf das Handeln an. In säkularisierter Form heißt dies, daß man nur im Rückzug auf sein innerstes Wesen zu sich selbst findet.

Diese mystische Idee hat in der deutschen Geschichte fatale Folgen gehabt. Sie hat die Gestaltung der Welt den politischen und ökonomischen Kräften überlassen und hat sich von ihr entfremdet. Industrie, Technologie und politischer Parteienkampf sind dem innerlichen Menschen fremd geblieben. Zwischen jener Zivilisation und seiner Kultur hat sich eine tiefe Kluft eingegraben. Diese Kluft ist heute nicht viel geringer geworden. So gibt es neue Untersuchungen, die darauf hinweisen, daß sich zwar die herkömmlichen Klassenstrukturen der deutschen Gesellschaft auflösen, nicht aber ihre Spaltung in zwei unversöhnliche kulturelle Milieus: auf der eine Seite die kalten Manager und Technokraten, auf der anderen die sensiblen Kulturbeflissenen (Huber, 1988). Da es kaum Brücken zwischen beiden Milieus gibt, herrscht wechselseitiges Unverständnis für die andere Seite vor. Die New Age-Bewegung läuft unter diesen Bedingungen Gefahr, nichts als eine Neuauflage der Lutherischen mystischen Innerlichkeit zu liefern. Sie bliebe dann im bloßen Protest, in der blinden Rebellion oder im Rückzug auf die Landgemeinschaft stecken, ohne wirklich gestaltend an der Entwicklung der Gesellschaft teilzunehmen, was immer auch bedeuten müßte, sich mit dem anderen Lager zu »vernetzen« und Kompromisse zu schließen.

Ein weiterer Aspekt der Bewegung weist in diesem Zusammenhang darauf hin, daß ihr synthetischer Ansatz zur Überwindung des linear-kausalen Denkens in der deutschen Kultur gar nicht so neu ist. Er ist verwurzelt in den mystischen Elementen des Lutherischen Protestantismus und findet in Hegels (1807/1964-71; 1821/1970) dialektischer Synthese von Sinnlichkeit und Verstand im absoluten Wissen seinen wegweisenden Ausdruck. Allerdings geschieht diese Synthese Hegels mit einem deutlichen Übergewicht des intuitiven Wissens gegenüber dem zweckrationalen Verstandeswissen. Marx (1844/1968; 1867/1962) und später die Kritische Theorie (Horkheimer und Adorno, 1947/1969) haben auf ihre Weise diese Synthese gesucht. Es gab auch Staatsrechtler, wie Julius Binder (1934) und Karl Larenz (1935), die im nationalsozialistischen Staat die ersehnte Synthese sahen. Sie alle sind auf ihre Weise gescheitert, vor allem deshalb, weil sie die Synthese nicht als einen unendlichen Prozeß der Vernetzung verstanden, sondern als eine einmalige Lösung des Problems. Hier müssen wir der Tradition unseres synthetischen Denkens mißtrauisch gegenüberstehen.

Mißtrauen weckt auch die Aussicht, daß uns das neue Denken auf den Traditionalismus der asiatischen Kulturen zurückwerfen könnte. Das Beispiel dieser Kulturen zeigt, daß ein reines ganzheitliches Gleichgewichtsdenken entweder eine bestehende Ordnung zementiert oder sich aus der Gesellschaft zurückziehen und diese dem zufälligen Spiel der Kräfte überlassen muß. Dabei muß die zementierte Ordnung nicht notwendigerweise eine agrargesellschaftliche sein. Japan hat die Dynamik der industriellen technologischen Entwicklung in einzigartiger Weise in den Traditionalismus seiner Sozialstruktur und seines konfuzianischen Denkens eingebaut. Die industrielle Technologie ist in Japan am wenigsten umstritten, weil sie zum Bestandteil einer kollektiven Ordnung geworden ist, der sich alle so fraglos unterwerfen wie früher der traditionelle Konfuzianer der damals herrschenden Ordnung. Japan verfügt über eine traditionalistisch zementierte industriell-technologische Gesellschaftsstruktur. Ihr fehlt allerdings genau jene Dynamik, welche die Anforderungen an die modernen westlichen Gesellschaften viel höher schraubt, die Dynamik, die aus der Spannung von guter Idee und schlechter Wirklichkeit resultiert, die nach immer neuen Formen der Verbindung von Individualismus, Gleichheit und rationaler Gestaltung der Welt sucht und in den sozialen Bewegungen ihr treibendes Element hat.

Auch die andere Variante des Traditionalismus, welche die Gesellschaft dem Spiel ihrer Kräfte überläßt, kann man in Asien studieren, insbesondere in Indien. Das postulierte Gleichgewicht findet in der gleichgültigen Hinnahme des schreiendsten Elends seinen heutigen Ausdruck. Die industriell-technische Entwicklung ist sich selbst überlassen und bleibt ohne jegliche kulturelle Steuerung.

Wir können aus diesen asiatischen Beispielen lernen, daß sie in Reinform keine ernsthafte Alternative für die Entwicklung unserer westlichen Zivilisation darstellen. Ein Rückfall in den asiatischen Traditionalismus wäre zugleich ein Rückfall hinter die Aufklärung zurück, die es nur im Westen gegeben hat.

New Age – Ausdruck religiöser Anomie?

Die dritte Frage – New Age als Ausdruck religiöser Anomie? – weist auf weitere problematische Erscheinungsformen der Bewegung hin. Die Bewegung stößt in die Lücke, die von den herkömmlichen Institutionen der Sinngebung hinterlassen wird, da sie in der Auflösung begriffen sind. Zunächst einmal erfährt das Bewußtsein der paradoxen Effekte unseres westlichen Rationalitätsbegriffs in der gegenwärtigen Diskussion über Umwelt und Technik Hochkonjunktur. Unsere herkömmlichen kulturellen Leitbilder scheinen sich dadurch desavouiert zu haben. Es besteht deshalb ein Bedarf an neuer Sinnvermittlung. Dieser Bedarf wird heute viel mehr auf einem weltweiten Kulturmarkt befriedigt als je zuvor. Die orientalischen Religionen sind dem westlichen Menschen heute bald ebenso leicht zugänglich geworden wie die herkömmliche christliche Religion. Dadurch tritt die christliche Religion in einen verschärften Wettbewerb mit den asiatischen Religionen. Sie kann dabei in immer geringerem Maß auf eine gewachsene Gemeinde – in ökonomischen Begriffen: eine Stammkundschaft – zurückgreifen. Mitgliederschwund, rückläufige Teilnahme am Gottesdienst, Mitgliederwechsel, häufigere Ein- und Austritte werden zur Normalerscheinung. Besucht werden solche Veranstaltungen, die besonderen Aktualitätsbezug haben und durch die Medien in das öffentliche Bewußtsein gerückt werden. In der katholischen Kirche ist die Zahl der Teilnehmer am sonntäglichen Gottesdienst zwischen 1970 und 1987 von 10,15 Millionen auf 6,4 Millionen bei 26,3 Millionen Mitgliedern zurückgegangen. In der evangelischen Kirche liegt die Zahl 1980 bei 1,4 Millionen, 1987 bei 1,3 Millionen, dies bei 25,4 Millionen Mitgliedern. Die katholischen Kirchenmitglieder gingen zwischen 1970 und 1987 von 27,195 Millionen auf 26,306 Millionen zurück, die evangelischen von 28,480 auf 25,401. Im Jahre 1987 waren in der katholischen Kirche 81 598 Austritte, aber nur 4175 Übertritte und 5075 Wiedereintritte zu verzeichnen, in der evangelischen Kirche 140 638 Austritte und 40 401 Aufnahmen. Die evangelischen Kirchentage sind dagegen im Zuge ihrer medienwirksamen Darstellung und aktuellen Problemstellung zu Großereignissen geworden. Während 1968 die Zahl der Dauerteilnehmer in Düsseldorf noch bei 7420 lag, war sie 1984 wieder in Düsseldorf auf 126 898 gestiegen (Statistisches Jahrbuch für die

Bundesrepublik Deutschland, 1989: 84-86). Geschürt wird diese Entwicklung durch die Auflösung der gewachsenen Sozialstruktur. Der einzelne wird immer mobiler, ist immer weniger fest an Familie, Gemeinde, Klasse, Schicht, Kirche, Verband, Verein und Partei gebunden und sucht Vereinigung nach wechselnden Interessenlagen.

Die Jugend befindet sich heute nicht mehr in der festen Obhut der traditionellen Erziehungsinstanzen. Familie, Schule und Kirche sehen sich in zunehmendem Maße der Konkurrenz von Vereinigungen ausgesetzt, die den Jugendlichen Anleitung und Hilfestellung bei Lebensgestaltung und Sinngebung versprechen. Die Jugendlichen sind nicht mehr in feste Gemeinschaften eingebunden, aus deren Perspektive alternative Sinnangebote als Teufelswerk erscheinen. Sie verfügen vielmehr über die Freiheit, zwischen herkömmlichen und neuen Sinnangeboten wie auf einem Markt für Sinngebung zu wählen. Das Ausprobieren von Alternativen ersetzt die traditionelle Geborgenheit in den Armen der Kirche. Es ist deshalb überhaupt nicht überraschend, daß die reine Neugierde die Jugendlichen Erfahrungen sammeln läßt, die aus der Sicht der Kirchen als Alarmsignale für religiöse Verwahrlosung erscheinen. Im Rahmen einer Befragung zur Ausbreitung eines neuen Okkultismus nennen z. B. 71,8% der befragten Jugendlichen Neugier als Bewegungsgrund für die Hinwendung zu okkulten Praktiken und nur 19,7% Motive im Zusammenhang mit der Identitätsfindung (Mischo, 1989: 80). Dieser neue Okkultismus ist insofern in erster Linie auf die Befreiung religiöser Sinnfindung vom Zwang traditionellen Gemeinschaftslebens und auf den Wandel zur Offenheit eines Marktes für Sinngebung zurückzuführen, jedoch viel weniger auf einen Kollaps der modernen Rationalität. Das Okkulte ist ein Warenangebot, das die Jugendlichen eben mal konsumieren, wie sie auch bei der Abfolge der Mode stets nach dem Neuen Ausschau halten und keine Mode auslassen. Die Kirchen werden mit dem Verlust ihrer Monopolstellung für Sinnfindung leben müssen.

Diese Individualisierung des Lebens nimmt den herkömmlichen Sinngebungsinstanzen ihre angestammte Legitimität und Autorität. Das Bedürfnis nach Sinn ist damit allerdings keineswegs erloschen, es fehlt ihm vielmehr die feste Quelle und Orientierung. Im Gegenteil, mit der steigenden Zahl höherer Bildungsabschlüsse steigt auch die Zahl derer, die Sinn suchen und nicht

einfach als gegeben hinnehmen. Damit steigt aber auch die Zahl derer, die keinen Sinn finden. Der/die einzelne wird aus der Vormundschaft der Kirche entlassen, ob er/sie jedoch Sinn tatsächlich in freier Wahl findet, steht auf einem anderen Blatt. Es besteht die Möglichkeit, daß er/sie den richtigen Anschluß an eine frei gewählte Gruppe gewinnt, die auch wieder mit der Gesellschaft »vernetzt« ist. Es kann aber auch ebensogut passieren, daß er/sie Pech hat und in eine Gruppe gerät, die ihn/sie aus der Gesellschaft herausführt, in die Isolation und – was ja leider nicht selten geschieht – in eine totale Unterwerfung unter den Zwang einer autoritär geführten Sekte treibt. Sobald die Religion die Sache eines kulturellen Marktes wird, auf dem es noch keine festen Regeln der Selbstkontrolle gibt, kann der/die einzelne mit Glück die richtige Vereinigung finden, aber auch mit Pech an falsche Propheten geraten. Jeder neu entstehende Markt ist auch ein Anziehungspunkt für Scharlatane. In dieser Situation befinden wir uns heute. Manche religiöse Sekten, die man auch dem neuen Denken zuordnen kann, sind sicherlich nicht anders zu sehen denn als gefährliche Verführer entwurzelter junger Menschen.
Diese religiöse Anomie – Regellosigkeit – hat noch weitere Folgen: Wo Sinn nicht mehr in festen Ordnungen vermittelt wird, ist natürlich auch die Wahrscheinlichkeit größer, daß schließlich alle Grenzen der Sinnfindung gesprengt werden, der Drogenkonsum also zu einem neben anderen Mitteln der Sinnfindung wird. Ebenso wahrscheinlich wird das Scheitern des ganzen Unternehmens »Sinn«. Dann bleibt nur noch der Selbstmord (Durkheim, 1897/1973b). Die Steigerungsraten des Drogenkonsums und des Selbstmords in allen Teilen der Gesellschaft gehören zur neuen Freiheit wie die zweite Seite einer Medaille. Eine Lösung des Problems, ohne Rückfall in den autoritären Traditionalismus, scheint nicht möglich zu sein. Auch hier – wo es um neuen Sinn geht – holt uns die Paradoxie der modernen westlichen Kultur gnadenlos ein.

Teil II
Die Dialektik der gesellschaftlichen Kommunikation

Kapitel 3
Die entfesselte Kommunikation

Wir leben immer mehr in einer Gesellschaft, deren Entwicklung durch die Entfaltung von Diskursen bestimmt wird. Wir erleben eine gewaltige Vermehrung, Beschleunigung, Verdichtung und Globalisierung vom Kommunikation. Es zeichnen sich die Konturen einer neuen Kommunikationsgesellschaft ab, die ihre eigene Dialektik hat. Auch sie bewegt sich in Widersprüchen. Die Dialektik dieser Bewegung der Kommunikationsgesellschaft soll in diesem Kapitel herausgearbeitet werden.

Die Expansion der Kommunikation

Wir können heute eine wachsende diskursive Durchdringung der Gesellschaft beobachten (Bell, 1980). Wir sind Zeugen einer kommunikativen Revolution (Wersig, 1985; Rothmann und Lerner, 1988). Sie besteht in einer ungeheuren Steigerung der Durchdringung der Gesellschaft und der ganzen Welt durch Kommunikation. Zugleich findet eine ebenso gewaltige Verdichtung, Beschleunigung und Globalisierung von Kommunikation statt (Dominick, 1983; Snow, 1986; Kiefer, 1987; Schröder, Eckert, Georgieff und Harmsen, 1989). Um nur wenige Zahlen zu nennen: In der Bundesrepublik ist die Zahl von Telephonen pro einhundert Einwohner zwischen 1975 und 1984 von 31,7 auf 52,4 gestiegen, in Japan von 35,4 auf 53,5, in den USA zwischen 1975 und 1980 von 68,6 auf 78,8 (United Nations Statistical Yearbook, No. 34, 1986: 1068-1071). Die Zahl von Fernsehempfängern bzw. Fernsehgebührenzahlern pro tausend Einwohner ist zwischen 1965 und 1985 wie folgt gewachsen: in der Bundesrepublik von 193 auf 373, in Frankreich von 133 auf 329, in England von 248 auf 333, in den USA von 362 auf 798 (Unesco Statistical Yearbook, 1987: 10.4). Weiterhin: In der Bundesrepublik ist zwischen 1960 und 1988 die Zahl von Orts- und Ferngesprächen von 4,561 Milliarden auf 30,419 Milliarden gestiegen, die Zahl der Briefsendungen indessen nur von 8,498 Milliarden auf 13,808 Milliarden (Statistisches Jahrbuch für die Bundesrepublik Deutschland,

1989: 26). Die Auflagenzahl von Publikumszeitschriften ist zwischen 1950 und 1986 von ca. 20 Millionen auf ca. 100 Millionen gewachsen (Spiegel-Dokumentation 1947-1987: 93). Die jährliche Sendezeit ist im Ersten Deutschen Fernsehen zwischen 1978 und 1988 von 3059 auf 3841 Stunden gestiegen, im Zweiten Deutschen Fernsehen von 3576 auf 5060, die Zahl der Hörfunk- und Fernsehteilnehmer ist von 19,019 Millionen auf 23,742 Millionen gewachsen (Statistisches Jahrbuch für die Bundesrepublik Deutschland, 1979: 362, 1989: 376).

Kommunikative Durchdringung der Gesellschaft heißt, daß das ganze gesellschaftliche Geschehen durch kommunikative Prozesse und ihre Gesetzmäßigkeiten bestimmt wird. Verdichtung der Kommunikation heißt, daß immer mehr Kommunikatoren in einem immer enger geflochtenen, grenzüberschreitenden Netzwerk von Kommunikation vernetzt sind. Beschleunigung der Kommunikation heißt, daß wir immer schneller über immer mehr informiert werden, Wissen immer schneller veraltet und durch neues ersetzt wird. Globalisierung der Kommunikation heißt, daß sie immer weiter über institutionelle, gesellschaftliche und kulturelle Grenzen hinausschreitet und die ganze Erde umspannt, so daß nichts mehr gesagt werden kann, ohne Folgen an beliebigen anderen Stellen der Erde hervorzurufen, und umgekehrt jede beliebige Kommunikation irgendwo auf der Erde Folgen für uns hier und jetzt hat (siehe schon Reimann, 1968/1974: 208-209).

Kommunikation dringt in die hintersten Winkel der Gesellschaft ein, und sie umspannt den ganzen Erdball. Wir sind in ein riesiges Netzwerk einer weltumspannenden Kommunikation eingefügt. Es gibt kein Ereignis, keine Katastrophe auf der Welt, die uns nicht präsent gemacht werden können und damit nicht berühren. Alle Ereignisse der Welt bestimmen uns heute. Mit unserem Wissen über diese weltweite Verflechtung steigt aber auch unser Bewußtsein der Ohnmacht. Wir wissen, daß es unser Leben beeinträchtigt, wenn in Brasilien die Regenwälder abgeholzt werden. Wir wissen aber auch, daß wir Luft, Erde und Wasser längst nicht sauber haben, wenn wir in unserem eigenen Haushalt, unserer eigenen Gemeinde, unserem eigenen Land darauf achten.

Es gibt heute kaum noch einen Winkel der Gesellschaft, der nicht problematisiert, erforscht und im Hinblick auf seine bessere Gestaltung erfaßt würde. Die kommunikative Rationalität ist entgegen Habermas' (1981) Theorie der Kolonialisierung der Lebenswelt durch die Systeme längst ihrerseits weit in die Systeme eingedrungen, viel weiter als jemals zuvor in der Geschichte der Moderne. Daß allein das Geld das Funktionieren der Wirtschaft bestimme, ist eine von der Realität völlig überholte These. Wirtschaftliches Handeln unterliegt heute in immer größerem Umfang einer diskursiven Beweislast. Das Unternehmen wird zwar gezwungen, sich dem Diskurs zu stellen, wenn es in der Gewinnzone bleiben will; was ihm aber dann im Diskurs auferlegt wird, ist allein aus der Logik des Diskurses geboren. Diskriminierung von Frauen, gesundheitsschädliche Arbeitsplätze und Produkte, Verunreinigung von Luft, Wasser und Erde, autoritäre Führung, Geschäfte mit Südafrika, Rüstungsgeschäfte mit Krisenländern lassen sich nicht mehr unbeobachtet durchführen und ohne weiteres aufrechterhalten, wenn man sich einmal auf den Diskurs eingelassen hat.

Die Flut der Skandale

Die Massenmedien zerren heute dubiose Geschäfte einzelner Firmen gnadenlos vor das Tribunal der Öffentlichkeit. Die Häufigkeit, in der wir heute mit solchen Geschäften konfrontiert werden, ist weniger eine Folge geschwundener Geschäftsmoral und grenzenloser Profitgier als vielmehr eine Folge der gesteigerten Moralisierung des ökonomischen Handelns im öffentlichen Diskurs. Wir werden geradezu überflutet von Skandalen der Umweltverschmutzung. Es vergeht kaum ein Tag ohne neue Berichte über Verseuchungen von Gewässern und Erde. Ähnliches gilt für Rüstungsgeschäfte mit Krisenländern, Geschäfte mit Südafrika, Geschäfte bei der Entsorgung von Atommüll und ausbeuterische Produktion in Entwicklungsländern. Wir wollen moralisch immer besser werden, weshalb unser Gespür für moralisch Verwerfliches immer feiner wird. Die wachsende Zahl von Skandalen ist vor allem ein Ausdruck der gewachsenen Aufmerksamkeit für die moralische Seite der Ökonomie und der gesteigerten Inszenierung moralischer Debatten durch die Massenmedien, die dadurch natürlich selbst viel Aufmerksamkeit auf sich ziehen können. Für den einzelnen Journalisten bedeutet es einen bedeutenden Erfolg, dubiose Geschäfte aufgedeckt zu haben. Spektakuläre Enthüllun-

gen auf diesem Gebiet wirken karrierefördernd (Weischenberg, 1988). Es ist deshalb weit verfehlt, die wachsende Zahl von Skandalen, mit denen wir konfrontiert werden, als ein Zeichen für wachsenden Sittenverfall zu werten. Das Gegenteil ist der Fall. Unsere moralischen Standards werden immer anspruchsvoller.
Es sind indessen nicht nur wirtschaftliche Skandale, die sich in einer Zeit des geschärften moralischen Bewußtseins und der öffentlichen Inszenierung moralischer Debatten durch die Massenmedien häufen. Auch die Politik wird von einer Skandalflut überschwemmt. Daß diese Häufigkeit von Skandalen weniger mit der nachlassenden Moral der Politiker zu tun hat als mit unseren moralischen Ansprüchen und dem hartnäckigen Enthüllungsjournalismus der Massenmedien, zeigt sich schon darin, daß z. B. in der jüngsten Vergangenheit Praktiken der Parteienfinanzierung durch Spenden von Unternehmen als moralische Verfehlung ans Tageslicht gefördert wurden, die zuvor eine lange Zeit schon vorherrschten, ohne daß sich jemand dafür interessiert hätte. Außerdem werden Politiker heute bei jedem Vorfall der Umweltschädigung ebenso wie die Unternehmen verantwortlich gemacht und vor das moralische Tribunal der Öffentlichkeit gestellt (Lowe und Morrison, 1984). Auch da gilt, daß heute Dinge öffentlich moralisch thematisiert werden, die vor Jahren niemand untersucht hätte. »Rekord-Bilanz in Sachen Skandal« meldet die *Rheinische Post* vom 20. Dezember 1989 in einer von Christina Freitag verfaßten Rückschau auf die bundesweit Aufsehen erregenden Skandale der 80er Jahre, die ich zur Veranschaulichung der Sachlage hier wiedergebe:

Bei Skandalen war die Bundesrepublik in den nun zu Ende gehenden 80er Jahren »Spitze«. Und diese Bilanz ist nicht gefälscht: Ehrenwort! Von der feinsten Bankadresse über die große Politik bis zu Gewerkschaftszentralen: dunkle Löcher hinter den Fassaden. Statt Wein wurde Wasser ausgeschenkt, das Fleisch hatte gelegentlich einen sehr faden Hormon-Beigeschmack, und mit internationalen Waffengeschäften wurden viele Mark gescheffelt. Eine Affäre überdeckte die andere, und unter der Inflation an Intrigen duckte sich die Moral.

Rücktritte

Dabei hatte sich alles eigentlich ganz ruhig angelassen. 1980 war eher ein unspektakuläres Jahr. Die Affäre um den Berliner Architekten Dietrich Garski läutete im Januar 1981 die großen Finanzskandale ein. Die Berliner Baufirma brach zusammen, Garski wurde unter dem Verdacht der Untreue und des Kreditbetrugs verhaftet (drei Jahre, elf Monate Freiheitsstrafe). Der Berliner SPD/FDP-Senat mußte für eine Bürgschaft in Millionenhöhe geradestehen und trat zurück.

Ende 1981 platzte der Spendenskandal um den industriellen Friedrich Karl Flick. Die von einem Buchhalter festgehaltenen Summen ließen das Kürzel »wg.« in die Umgangssprache eingehen. Die Hauptakteure waren Flick-Manager Eberhard von Brauchitsch, Bundeswirtschaftsminister Otto Graf Lambsdorff und der Vorstandssprecher der Dresdner Bank, Hans Friderichs. Alle Parteien waren betroffen. Illegale Parteispenden in Millionenhöhe führten zu der öffentlich gestellten Frage, in welchem Maße Schmiergelder und Korruption die Bonner Politik bestimmt hatten. Die Staatsanwaltschaft ermittelte, Untersuchungsausschüsse wurden eingesetzt, Lambsdorff, Friderichs und von Brauchitsch wurden angeklagt, 1987 wegen Steuerhinterziehung beziehungsweise Beihilfe dazu zu Geldstrafen verurteilt. Lambsdorff und Friderichs mußten gehen, kamen aber wieder: Lambsdorff seit Oktober 1988 als FDP-Vorsitzender, Friderichs als Sanierer von coop.

Mit dem gewerkschaftseigenen Baukonzern Neue Heimat (NH) geriet 1982 der Deutsche Gewerkschaftsbund (DGB) in heftige Turbulenzen. NH-Vorstandsvorsitzender Albert Vietor und Kollegen wurden beschuldigt, sich mit Hilfe von Strohmännern und Tarnfirmen bereichert zu haben. Nach dem finanziellen Aderlaß der Gewerkschaften für den maroden Baukonzern verkaufte der DGB 1986 die NH für den symbolischen Betrag von einer Mark. Das Geschäft hielt aber nur knapp zwei Monate. Die Nachwehen dieses Skandals halten noch an.

1983 wurde es gruselig: Adolf Hitler machte noch einmal unrühmliche Geschichte. Die Chefredaktion des »stern« hatte sich für neun Millionen Mark die angeblichen Tagebücher des »Führers« verschafft. Dann kam heraus, daß die Aufzeichnungen eine plumpe Fälschung waren. Ein »stern«-Redakteur und der Fälscher wurden verurteilt, das Geld blieb jedoch verschwunden.

Abschied in Ehren

Die ersten drei Monate 1984 waren eher schlüpfrig. Nach einem »Blick durchs Schlüsselloch« versetzte Verteidigungsminister Wörner den angeblich homosexuellen stellvertretenden NATO-Oberbefehlshaber, General Günter Kießling, als »Sicherheitsrisiko« in den Ruhestand. Doch weil das nicht stimmte, wurde der General rehabilitiert, wiederernannt und feierlich verabschiedet. Die »größte Dreckschleuder der Nation«, das neue Kohlekraftwerk Buschhaus in Niedersachsen, mußte entschwefelt werden. 1985 lief Hansjoachim Tiedge, für Spionageabwehr zuständig im Bundesamt für Verfassungsschutz, nach Ost-Berlin über. Frostschutz im österreichischen und deutschen Wein verdarb manchem Zecher das Viertele. Auch das Essen war nicht das reine Vergnügen: Wachstumshormone im Kalbfleisch, Formaldehyd in der Wurst.

1987 wurde der schleswig-holsteinische Ministerpräsident Uwe Barschel durch seinen Medienreferenten belastet, er habe das Privatleben seines Kontrahenten Björn Engholm ausspähen lassen. Barschel setzte sein »Ehrenwort« dagegen – trat dann zurück und wurde wenig später in der Badewanne eines Genfer Hotels tot aufgefunden (die Ermittlungen um Mord oder Selbstmord sind noch nicht abgeschlossen). Bald danach rollte die Skandal-Kugel auf Niedersachsen zu: Die Spielbankaffäre brachte Innenminister Hasselmann um sein Amt, und wieder tagte ein Ausschuß.

Im Januar 1989 wurde aufgedeckt, daß die Firma Imhausen-Chemie am Bau einer Chemiewaffenfabrik in Libyen illegal beteiligt war. Danach machte die Bundesrepublik kaum noch Skandal-Schlagzeilen. In dieser Hinsicht brach die DDR alle Rekorde und das in nur wenigen Wochen. Dort ging nichts mehr mit »Aussitzen« (Freitag, 1989).

Der Skandal ist ein gesellschaftliches Ritual, das eine reinigende und erneuernde Funktion im Hinblick auf die Erhaltung grundlegender Werte und Normen der Gesellschaft erfüllt. Er ist eine moralische Veranstaltung, die nach einem bestimmten Muster abläuft. Zunächst machen meist Journalisten eine Entdeckung. Sie decken einen besonders eklatanten Verstoß gegen moralische Normen auf. Von der alltäglichen Berichterstattung unterscheidet sich die Aufdeckung eines Skandals vor allem durch die Reaktion der Öffentlichkeit. Während die normale Berichterstattung von heute auf morgen schnell durch Neues verdrängt wird, hakt sich der öffentliche Diskurs an der Aufdeckung eines Skandals fest. Ein Bericht zu einer Sache zieht andere nach sich. Es häufen sich die Berichte zu derselben Sache, es findet eine Konzentration der öffentlichen Aufmerksamkeit auf diese eine Sache statt. Andere Ereignisse werden für eine gewisse Zeit an den Rand gedrängt und kaum registriert. Mit den Berichten über die Sache findet zugleich eine Koppelung von Tatsachenfeststellung und moralischer Verurteilung statt. Wer immer zu einer Sache befragt wird, kann kaum eine neutrale Haltung bewahren, weil sie mit moralischer Indifferenz gleichgesetzt würde. Es entsteht ein entsprechender Druck, öffentlich seine Abscheu über die Sache zu bekunden. Sobald diese Koppelung von Tatsachenfeststellung und moralischer Verurteilung stattgefunden hat, wird mit jeder Äußerung der Konformitätsdruck auf weitere Äußerungen verstärkt. Es setzt ein Prozeß

der sich selbst verstärkenden moralischen Empörung und Verurteilung ein, dem sich niemand entziehen kann, ohne selbst die Empörung der anderen auf sich zu ziehen.
Sobald dieses Ritual seinen Gang genommen hat, werden die Rollen klar verteilt. Es muß Schuldige für einen moralisch zu verurteilenden Tatbestand geben. So findet eine starke Personalisierung der Situationsbeschreibung statt. Die Schuldigen werden von den Journalisten auf die Anklagebank gesetzt und vor ein öffentliches Tribunal gestellt. Dabei spielen die skandalaufdeckenden Journalisten die Rolle der anklagenden Instanz, die zuschauende Öffentlichkeit fungiert als richtende Geschworenenbank. Die Angeklagten haben dabei wenig Chancen, der öffentlichen Verurteilung zu entgehen. Ihr Ruf ist kaputt und der Weg zum Aufbau einer neuen Karriere lang. Mit der öffentlichen Verurteilung der Schuldigen wird die Geltung der verletzten moralischen Normen bekräftigt und wieder ins Bewußtsein gerückt.
Auf diesem Wege können moralische Normen, die für lange Zeit wenig Beachtung gefunden haben, in ihrer Wichtigkeit gesteigert und zu den vorrangigen Normen überhaupt werden. So ist es mit der Umweltmoral geschehen. War sie gewiß latent immer schon im kollektiven Bewußtsein vorhanden, im Sinne der »Verantwortung für die Schöpfung« oder der »Erhaltung des Lebens«, ist sie gerade durch die Eigendynamik der rituellen Abwicklung von Umweltskandalen erst zur absolut erstrangigen Norm des kollektiven Bewußtseins geworden. Als Selbstläufer produziert dann die gestärkte Umweltmoral eine weitere Serie von Umweltskandalen, weil mit der Moralisierung der Sachlage »Umweltverschmutzung« zugleich die Neigung wächst, die Schraube anzuziehen und auch schon kleinere Verstöße zum Skandal zu erheben. Skandale gibt es vor allem dort, wo ein besonders militantes Moralbewußtsein herrscht, zugleich aber Kräfte wirksam sind, die einer lückenlosen Erfüllung der moralischen Erwartungen entgegenwirken. In dieser Situation befinden wir uns zunehmend, weil die Schärfung des moralischen Bewußtseins mit der Expansion von ökonomischen und politischen Entscheidungsprozessen zusammenfällt, die durch ihre eigenen Gesetze zwangsläufig Abweichungen von den moralischen Normen produzieren. Schärferer Wettbewerb um Kunden und Wähler läßt in Wirtschaft und Politik die Häufigkeit, in der auch zu illegitimen Mitteln der Profit- und Wahlstimmenmaximierung gegriffen

wird, hochgehen. So wächst die Diskrepanz zwischen Moral und Realität und damit das Ausmaß der Enttäuschung sowie die Häufigkeit von Skandalen.
Wir erzeugen mit der rituellen Abwicklung von Skandalen in der öffentlichen Kommunikation einerseits die Voraussetzungen dafür, daß sich skandalöses Verhalten nicht stillschweigend als normales Verhalten ausbreitet. Andererseits erzeugen wir damit im Zusammenspiel mit dem Erfolgsdruck des wirtschaftlichen und politischen Handelns zugleich die Voraussetzungen für die Fortsetzung der Skandalflut. Über einen Mangel an Skandalen wird man sich auch in den neunziger Jahren nicht beklagen können. Der Erfolgsdruck in Wirtschaft und Politik hat indessen seine eigenen moralischen Wurzeln: die Steigerung des guten Lebens bei zunehmender Chancengleichheit. Mit der Verschärfung des Widerstreits zwischen Moral einerseits und Erfordernissen der Wirtschaft und Politik andererseits wird auch die Zahl der moralisch Enttäuschten wachsen und damit das Potential für Protest. Viele werden aber auch lernen, mit der Skandalflut schlicht zu leben und sie als alltägliche Erscheinung hinzunehmen. Die Häufung von Skandalen wirkt nämlich ab einem bestimmten Punkt der Sättigung desensibilisierend. Das kollektive Bewußtsein reagiert dann nur noch auf besonders starke Sensibilisierung. Die Abwicklung von Umweltverschmutzung wird schließlich wieder zu einem alltäglichen Geschäft normaler Berichterstattung.
Jetzt ist das kollektive Bewußtsein wieder empfänglich für neue Themen, die von der Berichterstattung ins Zentrum gerückt werden. Gegenwärtig beobachten wir, wie die Umweltproblematik vom Thema der deutschen Einheit und der europäischen Integration verdrängt wird. Auch hier findet eine gewisse Moralisierung statt. Wer gegen Einheit oder gar gegen die europäische Integration Argumente ins Feld führt, sieht sich einer starken moralischen Zensur ausgesetzt. Dabei gehen Umweltthematik und deutsche Einheit sogar eine enge Verknüpfung unter Führung des Einheitsthemas ein. Die Umweltkatastrophe in der DDR wird plötzlich zur Legitimationsbasis für Wiedervereinigung und sozial-ökologische Marktwirtschaft im Sinne der Bundesrepublik. Während in der Bundesrepublik die Marktwirtschaft lange Zeit zum Sündenbock der Umweltkrise gemacht worden war und die radikalen Oppositionsgruppen das Heil in einem Ökosozialismus gesucht hatten, schwingt sie sich nun zum Retter der DDR-Um-

welt auf. Die Karten sind neu gemischt. Der schwarze Peter ist nun in der Hand des Sozialismus während der Kapitalismus seine Trümpfe ausspielt. Im Umweltskandal der DDR sitzt der Sozialismus auf der Anklagebank, während der im Westen bisher angeklagte Kapitalismus in Gestalt der sozial und ökologisch orientierten Marktwirtschaft zum neuen Hoffnungsträger der aufbegehrenden Bevölkerung geworden ist. So wechseln mit den Themen des öffentlichen Diskurses auch die Rollen von Anklägern und Angeklagten in der Abwicklung von Skandalen (vgl. Hondrich, 1989; Moser, 1989; Ebbighausen, 1989).

Politische Kommunikation:
Der Zwang zur öffentlichen Darstellung

Wir leben heute in einer Gesellschaft, in welcher der Diskurs zum bestimmenden Faktor der gesellschaftlichen Entwicklung geworden ist, dies allerdings keineswegs mit den Konsequenzen, die eine naive Diskurstheorie erhofft. Die Lösung gesellschaftlicher Probleme wird nicht einfacher, sondern schwieriger. Wir sind einer wachsenden Informationsflut ausgesetzt, die uns oft mehr verwirrt als hilft. Viele Dinge, die sich früher hinter den verschlossenen Türen von Vorstandszimmern der Wirtschaftsunternehmen, Parteizentralen, Kabinettssitzungen, Verwaltungsbehörden, Ministerialbürokratien, Ausschüssen, Forschungslabors und Privatleben abgespielt haben, werden heute durch einen erfolgsgierigen, gnadenlosen Enthüllungsjournalismus ans Tageslicht gezerrt und zum Thema öffentlicher Debatten gemacht. Politiker und Manager werden auf Schritt und Tritt von den Massenmedien verfolgt, die ihnen weder Raum für geheime Geschäfte noch Raum für Privatleben lassen. Die Massenmedien konkurrieren miteinander um heiße Nachrichten und greifen damit immer mehr selbst mit ihrer Definitionsmacht in das gesellschaftliche Geschehen ein. Über Erfolg oder Mißerfolg politischer Maßnahmen entscheidet immer weniger die Richtigkeit der Maßnahme an sich und immer mehr die Art ihrer öffentlichen Thematisierung. Politik wird von der Dramaturgie der öffentlichen Darstellung diktiert. Die öffentliche Inszenierung wird zum eigentlichen Erfolgskriterium der Politik (Edelmann, 1977, 1986; Langenbucher, 1979; Schwartzenberg, 1980; Kevenhörster, 1984; Plasser et al.,

1985; Gross, 1986; Bergsdorf, 1988; Silbermann und Hänseroth, 1989).
Mit diesem Bedeutungszuwachs für den öffentlichen Diskurs geht eine Reihe von Veränderungen des politischen und gesellschaftlichen Geschehens insgesamt einher. Zunächst findet der öffentliche Diskurs nicht unter den Bedingungen einer idealen Sprechsituation im Sinne von Habermas' Diskurstheorie statt (Bourdieu, 1971, 1979, 1986; Elliot, 1986; Alexander, 1981). Es ist bei weitem nicht so, daß allein das bessere Argument zählt und daß das Wort eines jeden gehört würde und das gleiche Gewicht habe. Die Szene wird von Aktoren beherrscht, die über eine gute Darstellungskunst verfügen und durch die Wahl der richtigen Worte am richtigen Platz überzeugen können. Die Konkurrenz auf diesem Markt der öffentlichen Darstellung von Politik zwingt zu einer ständigen Präsenz in der öffentlichen Debatte. Es zählt nur, was öffentliche Aufmerksamkeit erlangt. Dadurch findet eine ständige Überflutung der öffentlichen Debatte mit Darstellungen statt. Es wird vieles an die Öffentlichkeit gezerrt, was noch gar nicht ausgegoren ist. Somit steigt die Zahl von Beiträgen zur öffentlichen Debatte, die sich hinterher als Windeier herausstellen.
Politiker, Manager, Verwaltungschefs und Wissenschaftler werden ständig zur öffentlichen Darstellung ihrer Arbeit gezwungen. Die Folge dieser gesteigerten Öffentlichkeit ihres Handelns ist eine erhebliche Profanisierung ihrer Arbeit und der Verlust althergebrachter Autorität. Besonders deutlich ist dies bei den Wissenschaftlern zu sehen. Je mehr sie in den öffentlichen Diskurs über Grenzwerte von Belastungen von Menschen, Luft, Wasser und Erde und über die Ursachen des Waldsterbens oder des Robbensterbens hineingezogen werden, um so mehr gerät die Logik des wissenschaftlichen Fortschritts in Konflikt mit den Sicherheitsbedürfnissen des praktischen Handelns (Conrad, 1978; von Nieding und Wagner, 1982; Scheer, 1987; Weingart, 1979, 1983; Wolf, 1986; Lau, 1989). Die Wissenschaft entwickelt sich dadurch, daß ihre Erkenntnisse immer schneller durch neue Erkenntnisse über den Haufen geworfen werden. Die Kurzschließung dieser Dynamik mit dem praktischen Handeln bringt beide in Konflikt. Der Wissenschaftler sieht sich dem öffentlichen Druck ausgesetzt, etwas Genaues und dauerhaft Gültiges zu sagen. Tut er dies nicht, so erscheint er als unwissend. Tut er es

doch, wird er durch die neuen Erkenntnisse des nächsten Tages bloßgestellt. Reputationsverlust ist die Folge. Da die Wissenschaft auf ganzer Linie von diesem Prozeß erfaßt wird, verliert sie insgesamt an Reputation. Die Öffentlichkeit ist enttäuscht und sucht Zuflucht in neuen Formen der Geisterbeschwörung, in Naturheilverfahren und Okkultismus (Prokop und Wimmer, 1987; Sellmann, 1988). In einer empirischen Untersuchung stellt Peter Sawade fest, daß die Unzufriedenheit mit der Schulmedizin ein gewichtiger Grund für das Aufsuchen eines Heilpraktikers ist. Diese Unzufriedenheit wirkt sich auch positiv auf den Behandlungserfolg aus (Sawade, 1984).

Die Wissenschaft konnte nur so lange ihre hohe Reputation bewahren, wie die Öffentlichkeit nicht sehen konnte, daß der Weg des wissenschaftlichen Fortschritts mit dem Aussortieren zahlloser Irrtümer gepflastert ist. Nur ein idealisiertes Bild von der Hüterin der Wahrheit konnte ihr die hohe Autoritätsposition verleihen, die sie einmal innehatte (Goffman, 1959: 44-59). Da im Zeitalter des öffentlichen Diskurses nichts mehr dem Auge der Öffentlichkeit verborgen bleibt, wird auch die altehrwürdige Autorität der Wissenschaft nicht wiederzugewinnen sein:

Folgenschwere Fehldiagnosen, falsche Behandlung, Schlendrian im Klinikalltag – immer häufiger stellen Patienten Schadensersatzansprüche wegen ärztlicher Kunstfehler. Vor den Schlichtungsstellen der Ärztekammern kommt immerhin schon jeder dritte Kläger zu seinem Recht. Warum machen Ärzte vermeidbare Fehler? Kritische Mediziner meinen: aus Selbstüberschätzung – vor allem die Chirurgen seien »unfähig zur Selbstkritik« (Der Spiegel, 1989d).

Mit der Informationsflut wächst zugleich die Verunsicherung, die in vielen Fällen Angst erzeugt. Die Überschwemmung durch immer neue Informationen über verborgene Gefahren in Luft, Wasser und Erde, über Atomenergie und Waffenpotentiale hat in der Bundesrepublik von Anfang bis Mitte der achtziger Jahre ein bisher kaum dagewesenes Ausmaß der Zukunftsangst erzeugt. Im Zeitalter der Kommunikationsgesellschaft bleiben selbst die Kinder und Jugendlichen davon nicht verschont. Sie sorgen sich um die Umwelt schon mit demselben Engagement wie die Erwachsenen (N.N., »Die sind wahnsinnig motiviert«, Der Spiegel, Jg. 43, Nr. 43, 23.10.89, S. 263-272). Jugendliche äußern in erschreckendem Ausmaß Angst vor der Zukunft. Nach einer EMNID-Umfrage unter Jugendlichen äußerten 1976 insgesamt 16% Zukunfts-

angst, 1980 waren es 21%, 1981 waren es 37%, 1983 waren es noch 33%. Die Zukunft hielten 1980 insgesamt 36% nicht für lebenswert, im Jahre 1981 waren es sogar 52%, im Jahre 1983 waren es noch 44% (zitiert bei Meier-Welser, 1983: 313).
Auf der anderen Seite wird das praktische Handeln durch das Tempo des wissenschaftlichen Fortschritts mächtig durcheinandergewirbelt. Mit den Selbstverständlichkeiten der alltäglichen Lebenswelt ist es vorbei. Wir werden immer mehr gezwungen, unseren Ernährungsplan, unseren Erziehungsstil und unser Freizeitverhalten nach den neuesten Erkenntnissen der Wissenschaft zu richten, die sich immer rascher ändern. Das bringt auch die Politik durcheinander. Für die gegensätzlichsten Positionen lassen sich immer wieder neue Erkenntnisse und Gutachten mobilisieren. Keine Position ist allerdings vor der Widerlegung durch die Erkenntnisse von morgen gefeit. Politik wird zum Kampf widerstreitender wissenschaftlicher Gutachten und führt zu einer gewaltigen wissenschaftlichen Aufrüstung. Für Alltag und Politik bedeutet diese Kurzschließung mit dem Tempo des wissenschaftlichen Fortschritts ständige Verwirrung. Sie stellt hohe Anforderungen an die Lernfähigkeit des Menschen. Das öffnet dem Menschen neue Spielräume des Handelns, birgt aber genauso die Gefahr des Scheiterns in sich. Es wird eine immer größere Zahl von Menschen geben, die diese Flexibilität entwickeln, aber auch eine beträchtliche Zahl von Menschen, die mit diesem Tempo nicht mithalten können und an den Rand gedrängt werden. Die Gesellschaft des permanenten öffentlichen Diskurses führt ihre eigene Differenzierung ein. Die Rollen werden zwischen Darsteller und Publikum verteilt. Einer begrenzten, gewiß auch stetig wachsenden Zahl von Darstellern steht ein staunendes Massenpublikum gegenüber. Charisma wird in gesteigertem Maße zur Voraussetzung des politischen Erfolgs (Luke, 1986-87). Die Podiumsdiskussion wird zum Paradigma des öffentlichen Diskurses. Die Gesellschaft wird zu einem riesigen inszenierten Spektakel einer permanenten Podiumsdiskussion mit all ihren Irritationen, die zwischen Podium und Publikum entstehen und für permanente Spannung und Unzufriedenheit sorgen. Wie die Wissenschaft auf diesem Podium zur Darstellerin einer Rolle vor einem Publikum wird und ihre althergebrachte Autorität verliert, so geht dies auch den übrigen Aktoren auf dem Podium: der Politik, der Wirtschaft, den Verbänden und den Massenmedien.

Der Politiker wird als Stimmenfänger bloßgestellt, von dem man annimmt, daß er nur Dinge sagt, die Wahlstimmen einbringen. Daß er auch eine Überzeugung hat, wird ihm aufgrund seiner Rolle auf dem Podium nicht mehr abgenommen. Politiker erscheinen schon aufgrund ihrer Rolle in dem Schauspiel per se als unglaubwürdig. Politikverdrossenheit wird zur Normalhaltung des Bürgers. In einer Umfrage im April 1980 stimmten 62% aller Befragten der Aussage zu, den Parteien gehe es eigentlich nur um Wählerstimmen, aber nicht darum, was die Leute denken, 66% der Aussage, die Politiker kümmerten sich nicht viel darum, was der kleine Mann denkt und sagt, 63% der Aussage, in der Politik könne man sich nicht zurechtfinden, weil das meiste hinter den Kulissen passiert, 55% der Aussage, Politik sei ein schmutziges Geschäft (EMNID/SPIEGEL-Untersuchung, April 1980, zitiert bei Küchler, 1982: 52-53). Wir verlangen von den Politikern heute immer mehr, daß sie öffentlich darlegen, was sie tun und was sie tun wollen. Damit drängen wir ihnen die Rolle des öffentlichen Darstellers auf, wundern uns aber zugleich, wenn sie immer besser lernen, diese Rolle tatsächlich zu spielen, so daß wir hinter ihren öffentlichen Verlautbarungen kaum noch erkennen können, was sie wirklich meinen. Besonders klug sind diejenigen, die für ihre zur Schau getragene Ehrlichkeit das Lob des Publikums einheimsen. Das Fernsehen wird zum Inszenierungsmedium für die Selbstdarstellung der Politiker (Weischenberg, 1987). Wir neigen aufgrund dieser Entwicklung allzu leicht zur moralisierenden Kritik und meinen, Politik verkomme immer mehr zur Schauspielerei. Wir verdrängen dabei allerdings, daß wir es selbst sind, die dieses Spiel betreiben.

Für die Politiker ist es indessen wahrlich kein leichtes Spiel, das da betrieben wird. Es ist ein Spiel, bei dem sie permanent beobachtet werden und in dem jedes Wort ungewollte Konsequenzen nach sich ziehen kann. Wir machen es uns auch zu leicht, wenn wir aus der Verlagerung des politischen Geschehens in die öffentliche Darstellung hinein ableiten, politische Auseinandersetzungen seien nur Schauspielereien, die es Politikern erlauben, die öffentliche Meinung zu manipulieren und doch zu tun, was in ihrem eigenen Belieben steht. So leicht läßt sich die öffentliche Meinung von einzelnen Politikern oder Parteien nicht manipulieren, da auf dieser Bühne stets konkurrierende Darsteller am Werke sind. Gerade durch den Zwang zur öffentlichen Darle-

gung der Politik entstehen politische Handlungszwänge, die es so zuvor nicht gegeben hat. Das öffentlich ausgesprochene Wort hat bindende Wirkungen. Man kann mit falschen Worten seine ganze Karriere zerstören, wie das Beispiel des ehemaligen Bundestagspräsidenten Jenninger zeigt, der mit einer wohlgemeinten, aber mißverständlichen Rede zu den Judenpogromen der sogenannten Reichskristallnacht vom 9. auf den 10. November 1938 eine ganze Meute von öffentlich agierenden Moralwächtern auf sich gehetzt hat und zum Rücktritt gezwungen wurde. Man kann mit Worten aber auch Erwartungen erzeugen, die dann einen erheblichen Handlungsdruck auf die Politik ausüben.
Der permanente öffentliche Diskurs verlangt Politikern immer häufiger Versprechungen ab, an denen sie dann gemessen werden. Reformprogramme werden sehr früh in die öffentliche Debatte hineingezogen und werden dadurch in ihrem Gang erheblich bestimmt. Sie können leicht verwässert und zerredet werden, weil ihre negativen Seiten schon bekanntgemacht werden, bevor sie überhaupt ihre positiven Leistungen unter Beweis stellen können. Diese Beispiele zeigen, daß die Verlagerung des politischen Geschehens in den öffentlichen Diskurs hinein nicht einfach nur die Politik zur Darstellungskunst macht und nicht einfach Politikern – wie es unsere moralisierende Kritik oft unterstellt – die Freiheit zur beliebigen Manipulation und Täuschung der Öffentlichkeit gibt und sie beliebig tun läßt, was sie wollen. Das Gegenteil ist der Fall, Politik gerät in der Tat unter öffentliche Kontrolle, damit aber auch unter die Dynamik der öffentlichen Meinungsbildung und ihrer Gesetzmäßigkeiten.
Eine weitere wesentliche Rolle im Drama des öffentlichen Diskurses spielen die Verbandsführer. Sie sind längst nicht allein die Lobbyisten, die sich in den Parteizentralen, Parlamentarierbüros und Ministerialbürokratien die Türklinken in die Hand geben. Auch sie sind zur öffentlichen Legitimation ihrer Ansprüche gezwungen. Die Konsequenzen dieser Entwicklung sind zweischneidig. Es wird den Verbänden und Interessengruppen schwerer gemacht, durch die bloße Pflege persönlicher Beziehungen Einfluß auszuüben. Sie müssen öffentlich begründen, was sie wollen. Ohne Angabe plausibler Gründe im Lichte allgemein geltender Werte können sie nicht mehr erfolgreich ihre Interessen vertreten. Die Verbände und Interessengruppen müssen außerdem stets um die Pflege ihrer Reputation bemüht sein, um in der

Öffentlichkeit Gehör für ihre Anliegen zu finden. Reputation muß durch Leistungen für die Allgemeinheit aufgebaut werden, sie muß verdient werden.

Dieser Zwang zum Aufbau von Reputation und zum Begründen von eigenen Anliegen schiebt der Kungelei hinter verschlossenen Türen einen Riegel vor. Das ist die eine Seite. Auf der anderen Seite setzt diese Entwicklung aber auch einen Prozeß der zunehmenden Dramatisierung von Interessenauseinandersetzungen in Gang. Der permanente öffentliche Diskurs verlangt besondere Anstrengungen, um in dem Stimmenwirrwarr nicht überhört zu werden. Betroffenheit und eigene Anliegen müssen dramatisiert werden, um überhaupt Aufmerksamkeit zu erzeugen. Die Öffentlichkeit wird durch die nicht zu stoppende Flut von Hiobsbotschaften so abgestumpft, daß sie nur noch auf starke Reize reagiert. Das zwingt zur Dramatisierung von eigenen Anliegen, wodurch die Abstumpfung des öffentlichen Gehörs weiter gesteigert wird. Dramatisierung ist ein sich selbst vorantreibender Prozeß einer galoppierenden Inflation der Worte. Man braucht immer stärkere Worte, um die geringsten Dinge zu sagen. Der Skandal wird zur alltäglichen Normalerscheinung. Es vergeht kaum ein Tag, an dem die politischen Magazine keinen neuen Skandal enthüllen. Eine Konsequenz dieser Inflation der Worte und der dahinter stehenden Reputation der Wortführer ist ein schwindender Glaube der Öffentlichkeit, daß hinter Worten noch etwas Echtes steht. Mißtrauen greift um sich.

Bei der immens gestiegenen Bedeutung öffentlicher Diskurse für das gesellschaftliche Geschehen fallen den Journalisten und Publizisten die gewichtigen Rollen von Stückeschreibern und Dramaturgen zu. Die einen schreiben mit ihren Enthüllungen die Stücke für das öffentliche Drama. Die anderen leiten die Inszenierung des Dramas als Interviewer und Moderatoren. Auch diese Entwicklung hat zwei Seiten. Die wachsende Schar von Journalisten und Publizisten sorgt dafür, daß kein Ereignis und keine Entwicklung dem Auge der Öffentlichkeit verborgen bleibt. Wirtschaft, Politik, Verbände und Wissenschaft werden unablässig auf Berichtenswertes durchforscht. Journalisten und Publizisten betätigen sich als Massenaufklärer. Wenn man die Entwicklung des Journalismus in den Vereinigten Staaten als Maßstab nimmt, dann wächst den Journalisten eine immer bedeutsamere Rolle für die öffentliche Meinungsbildung zu. Dabei betätigen sie sich weder als Berichterstatter noch als Parteischreiber. Ihr Erfolg besteht darin, daß sie Dinge zutage fördern, die der Öffentlichkeit bislang verborgen geblieben sind. Enthüllungen sind die Erfolgsgeschichte des Journalisten. Die Initiierung des Watergate-Skandals durch zwei junge Journalisten war das Signal für den Durchbruch des modernen Enthüllungsjournalismus. Enthüllung ist das zeitgemäße Wort für Aufklärung (Hardt, 1980; Weischenberg, 1983).

Dieser aufklärerischen Seite des modernen Enthüllungsjournalismus steht aber auch eine andere Seite gegenüber. Der Enthüllungsjournalismus lebt vom Skandal. Alltägliche Berichterstattung droht in der Flut von Informationen unterzugehen. Dramatisierung wird deshalb zu einem wichtigen Mittel der Erzielung von Aufmerksamkeit. Die dramatisierende Berichterstattung kann selbst zur Erhitzung der Gemüter beitragen und so eine Steigerung der Dramatik bewirken. Das gilt z. B. für die Berichterstattung über Demonstrationen:

Steinewerfende Vermummte und prügelnde Polizisten sind ein Faszinosum, durch das man Einschaltquoten und Auflageziffern hochhalten kann (Richter, 1988: 79).

Durch die Fernsehberichterstattung wird die Distanz zu den Ereignissen immer mehr verkürzt, bis hin zur fast völligen Aufhebung bei der Live-Berichterstattung. Die bildhafte Übermittlung spricht dabei viel mehr die Sinne an als das geschriebene Wort. Die Dramatik von Ereignissen wird dadurch noch gesteigert. Dies kann so weit gehen, daß die Journalisten selbst zu Akteuren bei der Inszenierung dramatischer Ereignisse werden. Diese Entwicklung, die schon länger im Gange ist, wurde im Gefolge der Live-Berichterstattung über das Geiseldrama von Gladbeck im August 1988 erst richtig erkannt und z.T. mit Abscheu verurteilt (Weischenberg, 1988). Die Fernsehberichterstattung geriet zum Live-Krimi, in dem die Gangster während des Geschehens Interviews gaben. Die Journalisten wurden von Beobachtern zu teilnehmenden Akteuren des ganzen Dramas, deren Handeln selbst auf den Fortgang des Geschehens einwirkte.

Die immer schärfer werdende Konkurrenz tut das Ihrige. Sie zwingt den erfolgsuchenden Journalisten, sich durch immer neue Enthüllungen zu bewähren. Der Publizist lernt, durch immer neue Katastrophenvoraussagen seinen Marktanteil am öffentlichen Diskurs über die Zukunft zu erhalten. Die Prophezeiung von Katastrophen aller Art ist zum Beruf der modernen Aufklärer, aber auch zu einem einträglichen Geschäft geworden. Die Katastrophenliteratur floriert auf der Welle der öffentlichen Besorgnis um unser zukünftiges Wohlergehen. Auch hier stellt sich eine Inflation der Worte ein. Sie bedeuten zunehmend weniger, als sie sagen.

Die Inflation der Worte

Der permanent angeheizte öffentliche Diskurs erzeugt eine Inflation der Worte in einem bislang nicht dagewesenen Ausmaß. Politiker werden zu Versprechungen nach allen Seiten provoziert, die sie nicht alle gleichzeitig einhalten können. Unternehmer müssen ständig ihr Gewinnstreben mit moralischen Begriffen verbrämen und sich als Vorreiter für die Reinhaltung von Luft, Wasser und Erde aufspielen. Diese Worte werden schnell als Imagewerbung entlarvt und damit in ihrem Wert gemindert. Verbandsführer müssen ihre partikularen Interessen in Begriffen des Gemeinwohls vertreten, wodurch der Begriff des Gemeinwohls in seiner Bedeutung ausgehöhlt wird. Wissenschaftler werden gezwungen, Aussagen zu machen, die sich bald als korrekturbedürftig herausstellen. So wird das wissenschaftliche Wissen ständig in seinem Wahrheitsgehalt entwertet. Journalisten müssen Enthüllungen präsentieren, die oft mehr anzeigen, als dann wirklich herauskommt. Publizisten müssen sich gegenseitig in ihren Katastrophenvoraussagen überbieten, die sich dann nicht selten als unzureichend begründet herausstellen.

Diese Inflation der Worte hat mehrere Konsequenzen. Sie produziert zunächst Reaktionen, die auf eine Kontrolle der Inflation hinauslaufen. Die Öffentlichkeit lernt, Worte auf ihren Bedeutungsgehalt und Aussagen auf ihren Wahrheitsgehalt hin abzuklopfen, und zwingt die Aktoren im öffentlichen Diskurs zu größerer Vorsicht. Diese Kontrolle auszuüben, ist vor allem die Funktion eines nüchtern informierenden, verzwickte Problemlagen analysierenden und besonnenen Journalismus, der über die Inflation der Worte zu wachen hat wie die Notenbank über die Geldinflation. Man könnte den öffentlich-rechtlichen Rundfunk- und Fernsehanstalten diese Funktion eines Wächters über die Inflation der Worte zuschreiben. Eine Reaktion auf die Wortinflation im Kontext der Enthüllungen und Katastrophenprophetien ist die Schärfung des moralischen Bewußtseins und des Risikobewußtseins und der Aufbau von Vorkehrungen, die auf die Verbesserung der Moral und auf die Verhinderung der vorausgesagten Katastrophen hinzielen (Dierkes et al., 1980; Kessel und Tischler, 1984). Die Wortinflation hat dann die positive Seite, daß sie genau das unterbindet, was sie sagt und prophezeit.

Wie jede Inflation erzeugt diejenige der Worte vor allem aber auch Mißtrauen. Man hört einander immer weniger zu, wenn die Worte nicht das halten, was sie versprechen. Politik, Wirtschaft, Verbände und Wissenschaft sehen sich einem wachsenden Vertrauensverlust ausgesetzt und können kaum noch mit sicherer Unterstützung rechnen. In diesem Fall droht eine Rezession und das Umschlagen der Wortinflation in eine Wortdeflation. Man hört nicht mehr auf die Meinungsführer der großen Parteien, Unternehmen, Verbände und Forschungseinrichtungen, sondern wendet sich den unmittelbar zugänglichen Wortführern in kleineren Gruppen zu, in politischen Aktionsgruppen, religiösen Sekten und anderen Vereinigungen. Man traut nur noch den nächsten Mitgliedern der eigenen Gruppe. Der universelle Diskurs bricht zusammen und muß einer Zersplitterung der Gesellschaft in partikulare Diskursgemeinschaften Platz machen, die in Sachen Diskurs von der Hand in den Mund leben. D. h., sie haben nur eine geringe Zufuhr an diskursiven Ressourcen, nämlich Informationen, nur eine geringe produktive Kapazität und nur eine geringe Reichweite der Überzeugung anderer. Ihre Worte haben ein großes Gewicht innerhalb der partikularen Diskursgemeinschaft, können aber außerhalb niemanden überzeugen. An die Stelle der Überzeugung müssen dann Aktionen treten. Auf der einen Seite stehen dann die Besetzer der zukünftigen Reaktor-, Entsorgungs- oder Wiederaufbereitungsanlage, der zukünftigen Landebahn oder Versuchsstrecke, auf der anderen Seite ist die Polizei als Repräsentant der Staatsgewalt postiert (Frank, 1984; Craig et al., 1985).

Hier ist der Diskurs zusammengebrochen, hat das Sprechen aufgehört. Strategischer Aktionismus, von der strategischen Nutzung aller nur erdenklichen Klagerechte und Verfahrenstricks bis zur gewaltsamen Auseinandersetzung, beherrscht nun das Feld. Dies sind die Begleiterscheinungen der inflationären Tendenzen überhitzter öffentlicher Diskurse. Die zentrale Stellung, die öffentliche Diskurse inzwischen im gesellschaftlichen Geschehen einnehmen, enthält die ständige Gefahr der Überhitzung mit der Konsequenz von Inflation und kurzfristigen Rezessionen und Zusammenbrüchen des Diskurses in Gestalt von strategischem Aktionismus. Dazu neigen vor allem diejenigen gesellschaftlichen Gruppen, welche die Worte besonders ernst nehmen und unmittelbare Taten auf die Worte folgen sehen wollen. Das sind meist Jugendliche und Heranwachsende, Leute mit dem Bedürfnis nach einer festen Gesinnung und unmittelbar Betroffene (Eckert und Willems, 1987; Kaase, 1987).

Diese unvermeidlichen, kurzfristigen Zusammenbrüche eines leicht zur Überhitzung neigenden öffentlichen Diskurses bergen in der Tat die Gefahr in sich, das komplizierte und störungsanfällige Verfahren des öffentlichen Diskurses durch einfachere Strukturen zu ersetzen. Eine Politik der Verbote droht dann erst recht den öffentlichen Diskurs zu zerstören. Politiker wollen dem gewaltsamen Aktionismus durch Verschärfungen des Demonstrationsrechts entgegentreten (Floerecke, 1987; Wagner, 1988). Aktionsgruppen wollen ihrer Meinung durch Gewalt und Terror Geltung verschaffen. Die Verschärfung solcher Auseinandersetzungen führt zu einer schrittweisen Einschränkung der politischen Freiheiten, die erst die Grundlage für eine diskursive anstelle einer gewaltsamen Lösung unserer Probleme sind. Am Ende einer Eskalierung gewaltsamer Auseinandersetzungen könnte durchaus ein moderner Überwachungsstaat stehen, der den Bürger vor den von ihm selbst produzierten Gefahren schützen muß. Die Sicherheitsvorkehrungen bei der Flugabfertigung sind die Vorreiter einer solchen Entwicklung.

Dieser drohenden Gefahr kann die moderne Gesellschaft nur entgehen, wenn sie nicht nur wirksame Strategien zur Bekämpfung ökonomischer Inflationen und Rezessionen entwickelt, sondern auch solche zur Bewältigung diskursiver Inflationen und Rezessionen, des Zusammenbrechens universeller öffentlicher Diskurse. Dazu gehören folgende Strategien:

(1) Inklusion statt Ausgrenzung der Aktionsgruppen und ihrer Meinungsführer ist erforderlich. Diese Gruppen müssen zu einem vollakzeptierten Bestandteil des öffentlichen Diskurses werden. Statt über das Verbot von radikalen Parteien und Gruppen zu sprechen, muß man sie im Diskurs zur Begründung ihres

Standpunktes zwingen. Die in der Bundesrepublik immer wieder aufflackernden Diskussionen über das Verbot radikaler Parteien und Gruppen haben auf beiden Seiten die diskursive Darlegung von Standpunkten und damit die Entwicklung einer gesicherten Diskurskultur erschwert. Die Etablierung der Grünen als fester Bestandteil der Politik in der Bundesrepublik ist der beste Beweis für den Erfolg einer Strategie der Inklusion.

(2) In Zeiten der überhitzten Diskurskonjunktur müssen die zentralen Massenmedien, wie die Notenbank im Geldverkehr, gegensteuern. Der Geldverknappung durch die Notenbank entspricht hier gründliche, nüchterne Analyse, Gegenüberstellung der Standpunkte, Zusammenbringen der Kontrahenten in gemeinsamen Diskussionen, Vermeiden jeder Aufheizung des Klimas durch provozierende Berichterstattung, Wecken von Verständnis für die Zwangslagen der beteiligten Akteure (Christian, Rotzoll und Fackler, 1983).

(3) Wortführer in verantwortlichen Positionen müssen den Gebrauch von Worten besonders genau kontrollieren und besondere Vorsicht bei Urteilen über die Kontrahenten walten lassen. Diskursive Abrüstung auf beiden Seiten ist notwendig. Von den großen Worten gilt es zurückzukehren zu den sachlichen Gehalten, um Kompromißlinien zu erkennen.

(4) Zeitweiser Rückzug aus der Öffentlichkeit und beidseitige nichtöffentliche Verhandlungen führen zu einer Abkühlung der öffentlichen Debatte.

(5) Der öffentliche Diskurs bedarf vor allem der gegenseitigen Durchdringung mit den anderen Subsystemen der Gesellschaft, mit den Subsystemen von Politik, Wirtschaft, Wissenschaft, Religion und Vereinigungen. Intersystemische Kommunikation, Vernetzung, Aushandlung und Kompromißbildung versorgen den Diskurs mit den erforderlichen Ressourcen und erlauben die notwendige Verbreitung seiner Ergebnisse in der Gesellschaft, die allein eine Produktion von Meinungen ohne ständige Zusammenbrüche auf dem heutigen Niveau des permanenten Diskurses noch möglich machen. Durch diese Verflechtung des Diskurses mit der Gesellschaft im Kontext einer fortschreitenden Verflechtung der gesellschaftlichen Subsysteme wird verhindert, daß im Diskurs nur heiße Luft produziert wird, die unweigerlich die Inflation mit ihren weiteren Folgen schürt. Heiße Luft wird genau dann produziert, wenn Diskurse ohne zureichende Informa-

tion über die wirklichen Sachlagen und Probleme in den verschiedenen gesellschaftlichen Subsystemen und ohne zureichende Einbindung dieser Subsysteme in die Produktion verbindlicher Definitionen der Situation geführt werden. Die Entwicklung der modernen Gesellschaft muß demgemäß in die Richtung der immer engmaschigeren Verflechtung von Subsystemen des Handelns gehen, um der Probleme Herr zu werden, die sie selbst immer wieder produziert.
(6) Die besondere Dynamik der modernen Gesellschaft läßt sich nicht mehr mit traditionalen Formen der Absicherung sozialer Ordnung kontrollieren. Ihr müssen flexiblere, damit aber auch anfälligere Formen der Ordnungsbildung korrespondieren. Die Zusammenbrüche von Ordnung im Gefolge von inflationären Erscheinungen bedürfen einer komplexen Gegensteuerung. Eine Schlüsselrolle nimmt dabei die Produktion und Wirksamhaltung eines besonderen Mediums der Interaktion ein: Reputation. Wo sich traditionelle Solidaritätsstrukturen aufgelöst haben, müssen flüssigere Formen der sozialen Einbindung gefunden werden. Reputation ist ein Medium, das diese Funktion unter modernen Bedingungen erfüllt (Parsons, 1969a). Die Ordnung des sozialen Lebens benötigt Zusammenhalt, Kooperation und die Befolgung von Regeln. In einer komplexen Gesellschaft muß dies in höchst flexibler Weise von Fall zu Fall geschehen. Reputation wird dabei zum zentralen Medium der Mobilisierung von Zusammenhalt, Kooperation und Regelbefolgung.
Reputation bedeutet Anerkennung aufgrund von Leistungen für die Allgemeinheit, aufgrund exemplarischer Verkörperung gemeinsamer Werte und Normen. Wer über Reputation verfügt, dem/der ist man bereit zu folgen; man ist gewillt, ihn/sie zu unterstützen; man macht mit, wofür er/sie sich einsetzt; man vertraut ihm/ihr, ja vertraut sich ihm/ihr an, hört zu, was er/sie zu sagen hat. Reputation schränkt Kalkulation ein, ohne blinden Gehorsam zu erzeugen; sie bindet, ohne fraglose Solidarität zu verlangen. Diese Eigenschaften befähigen Reputation zur Sicherung von Zusammenhalt gegen auseinanderstrebende Interessen, zur Kooperation gegen Eigensinn und zur Regelbefolgung gegen egoistischen Utilitarismus, dies unter modernen Bedingungen aufgelöster Solidaritätsstrukturen. Reputation wird heute benötigt, um Investitionen, politische Entscheidungen, Gerichtsurteile, Verwaltungsentscheidungen, Solidaritätsadressen und soli-

darische Aktionen, moralische Unternehmungen, wissenschaftliche Gutachten, professionellen Rat, künstlerische Darbietungen und religiöse Sinnstiftung abzusichern. Reputation schafft Vertrauen und damit ein Gegengewicht gegen inflationäre Tendenzen in Kultur, Vereinigungen, Politik und Wirtschaft.
Wer über Reputation verfügt, findet das Vertrauen von anderen. Zugleich wird er/sie zum vorsichtigen Umgang mit Worten, Macht, Geld und der eigenen Reputation gemahnt, weil sonst das Vertrauen und damit die Reputation leicht verspielt werden. Reputation selbst würde von inflationären Prozessen erfaßt. In diesem Sinne ist Reputation ein höchst sensibles Medium der Ordnungsbildung in der modernen Gesellschaft. Man muß sie mühsam aufbauen und bewahren und vorsichtig mit ihr umgehen. Man muß sie durch vorbildliches, verantwortliches und regelbewußtes Handeln erwerben und erhalten. Daß man sie so vorsichtig handhaben muß, um sie wirksam zu halten, und sie deshalb Handeln kontrolliert, ist die wesentliche Ursache für ihre ordnungsstiftende Kraft. Gemäß den Risiken der modernen Gesellschaft ist sie ein Medium, das Ordnung auf viel komplexerem Niveau stiftet als traditionelle Solidaritätsstrukturen, das aber auch viel anfälliger ist für Störungen. Politiker, Verbandsfunktionäre, Wissenschaftler, professionelle Experten, Unternehmer, die nicht vorsichtig mit Reputation umgehen und Vertrauen mißbrauchen, gefährden ständig die komplexe Ordnung der modernen Gesellschaft.

Sozialer Wandel durch Kommunikation

Inflationsbekämpfung ist allerdings nur eine Seite des diskursiven Krisenmanagements. Die andere Seite ist die Anheizung der Diskurskonjunktur, um Bewegung in die Gesellschaft zu bringen. Ohne solche Kommunikationsschübe würde die Gesellschaft im Stillstand erstarren. Wer etwas bewegen will, muß heute öffentliche Aufmerksamkeit für sein Thema erzeugen und die Konjunktur des Themas anheizen. Auf diese Weise entwickelt die Kommunikationsgesellschaft eine Dynamik, die weit über diejenige der Industriegesellschaft hinausgeht.
Die öffentliche Kommunikation kann Handlungszwänge erzeugen und so Bewegung in die Gesellschaft bringen. Das gilt vor

allem dann, wenn sich ein weitgehender Konsens herausgebildet hat. An der Umweltdebatte in der Bundesrepublik der achtziger Jahre läßt sich dies gut demonstrieren. Die sich überschlagenden Berichte über das Waldsterben haben den Durchbruch gebracht. Die Fernsehbilder über absterbende Wälder haben der Bevölkerung in ganzer Breite einen Schrecken eingejagt. Damit ist die Erhaltung der Umwelt zum erstrangigen Ziel einer großen Mehrheit geworden. Denken und Handeln wurden nun in die Richtung dieses Zieles kanalisiert. Die Bevölkerung war besonders aufnahmefähig für das Thema. Die Massenmedien konnten mit Berichten über immer wieder neue Umweltsünden besondere Aufmerksamkeit erzeugen und so Erfolge verbuchen. Die Umweltbewegung bekam immer größeren Zulauf und wachsende Zustimmung. Die Etablierung der Grünen als politische Partei in den Parlamenten der Republik war die logische Konsequenz dieser Entwicklung, weil den bislang herrschenden Parteien leicht die Vernachlässigung des Umweltschutzes nachgewiesen werden konnte. Diese Parteien mußten indessen auf die gewandelte Stimmungslage reagieren und selbst die Erhaltung der Umwelt zum Programm erheben. Daraus ergab sich für die Umweltbewegung und die Grünen der Zwang, ihre Positionen noch weitergehend und radikaler zu formulieren, um sich als Avantgarde des Umweltschutzes zu bestätigen, wodurch die herrschenden Parteien wieder gezwungen wurden, selbst weitergehende Ziele in der Umweltpolitik zu setzen.

Solange der Umweltschutz eine solche Priorität in der ganzen Bevölkerung besitzt, wie sie sich in der öffentlichen Kommunikation der achtziger Jahre durchgesetzt hat, ist auch zu erwarten, daß die Umweltpolitik zunehmend schärfere Maßnahmen zur Erhaltung der Umwelt ergreifen wird. Die Grenzwerte werden immer weiter herabgesetzt, es werden immer weitere Dimensionen des Umweltschutzes erfaßt. Voraussetzung dafür ist, daß die Häufung von Berichten über immer neue Umweltkatastrophen die Menschen in Atem hält und den nötigen moralischen Druck erzeugt, der die Duldung von Umweltsünden als moralisch verwerflich brandmarkt. Gegenwärtig (1989) ist es die Debatte über das Ozonloch und über den Treibhauseffekt unserer Nutzung brennbarer Energiequellen wie Öl und Kohle, welche die Angst vor der Umweltkatastrophe am Leben erhält und so das Denken und Handeln weiter in diese Richtung lenkt. Die zu große Erwär-

mung des Erdklimas ist zu einem Hauptproblem der Umweltpolitik geworden. Das ständige Klagen, daß es schon fünf Minuten vor zwölf sei und viel zu wenig geschehe, die Wirtschaft nur an den Profit denke und die Politik versage, gehört zu diesem Ritual der Erzeugung von moralischem Druck in der öffentlichen Kommunikation. So werden Widerstände überwunden, die sich aus der Bevorzugung kurzfristiger Eigeninteressen von Produzenten und Konsumenten, Unternehmen und Haushalten, Politikern, Beamten und Bürgern, Managern, Angestellten und Arbeitern, Gastronomen und Touristen, Bauern und Wanderern vor dem langfristigen Interesse der Erhaltung einer für den Menschen bewohnbaren Erde ergeben. Moralischer Druck erzeugt auf jeden Fall Bereitschaften, einer Einschränkung kurzfristiger Interessen zuzustimmen und die Kosten der Umwelterhaltung mitzutragen.
Moralische Kampagnen, wie sie die Umweltbewegung zustande gebracht hat, sind wesentliche Bestandteile der Dynamik, die der Kommunikationsgesellschaft innewohnt. Die Zuschreibung von Verantwortlichkeiten gehört auch zu diesem Spiel. Es ist natürlich, daß der Durchschnittsbürger der Wirtschaft, der Politik und der Wissenschaft die Verantwortung für die schlechte Lage zuschreibt, während Manager, Politiker und Wissenschaftler dem Bürger vorhalten, daß er selbst bei der Autofahrt, der Ferienreise, der Ölheizung im eigenen Haus die größten Umweltsünden begeht. So entsteht Handlungszwang auf allen Seiten. Politiker, Wirtschaftsmanager, Wissenschaftler, Autofahrer, Hausbesitzer und Touristen sehen sich umstellt und so gezwungen, Maßnahmen zu akzeptieren, die für sie kurzfristig Kosten verursachen.
Birgitta Nedelmann (1989) hat in einer Analyse der Umweltdebatte die Prozesse aufgeschlüsselt, die bei solchen moralischen Kampagnen zusammenlaufen: 1. Denken und Handeln werden auf ein Handlungsziel mit absoluter Priorität gelenkt. 2. Zwischen den etablierten Eliten und den oppositionellen Bewegungen entwickelt sich eine fortlaufende Zirkularstimulation von Innovation und Absorption. 3. Der Handlungsraum verengt sich auf das gesetzte Ziel. 4. Es findet eine Polarisierung der Diskussion statt. Wer nicht voll und ganz dafür ist, der ist dagegen. 5. Neue soziale Gruppierungen werden mobilisiert, die durch das Thema unmittelbar betroffen sind. 6. Das moralische Milieu verdichtet sich; alles Handeln wird im Lichte des alles beherrschenden Themas beurteilt. Neue moralische Etiketten werden einge-

führt: Umweltsünder, Blauer Engel. Der Kommunikationsprozeß verdichtet sich auf Kürzel und Symbole. Buttons signalisieren die richtige Einstellung. Es tritt eine moralische Gleichschaltung ein, die kaum noch differenzierte Positionen zuläßt. 7. Formale Entscheidungsverfahren werden nur noch im Hinblick auf ihre Förderlichkeit für das einzige Ziel beurteilt (Debatte um Mehrheitsregel). Es entsteht ein Raum für moralische Heroen, die eine starke Personalisierung in politische Entscheidungsverfahren einbringen. Es tritt eine zeitliche Verknappung des politischen Handelns ein. Man scheint immer fünf Minuten vor zwölf zu stehen.
Die Folgen solcher Kampagnen sind indessen nicht eindeutig. Neben der Veränderung der Gesellschaft in die angestrebte Richtung lauert stets die Gefahr inflationärer Prozesse. Auch Nedelmann (1989) verweist auf widersprüchliche Konsequenzen der Umweltkampagne. 1. Je stärker eine Thematik moralisiert wird, um so weiter klaffen Worte und Taten auseinander. Das bedeutet: Inflation von Worten. 2. Je mehr Dimensionen der Thematik erfaßt werden, um so widersprüchlicher werden die Folgen von ergriffenen Maßnahmen sein. Eine Maßnahme erhält die Umwelt in einer Dimension, belastet sie aber in einer anderen. Versprechungen und Realität driften auseinander. Auch das bringt eine Inflation der Worte mit sich. 3. Je schneller das Wissen wächst und sich demgemäß die Beurteilungsmaßstäbe ändern, um so schwerer ist ein Fortschritt in der Umwelterhaltung festzustellen. Was heute als umweltfreundlich erscheint, das wird morgen als größte Umweltschädigung entlarvt. Unser Wissen wird stets durch neues Wissen entwertet. Wieder setzt eine Inflation der Worte ein. Die Dialektik der Kommunikationsgesellschaft holt uns auch bei noch so gut gemeinten Kampagnen für die Umwelt ein.
Daß ohne Expansion der öffentlichen Kommunikation keine Bewegung und Veränderung der Gesellschaft möglich ist, liegt gegenwärtig der in aller Welt mit Hoffen und Bangen verfolgten Politik der Glasnost und Perestrojka Michael Gorbatschows in der Sowjetunion als zentrale Erkenntnis zugrunde. Eine Gesellschaft, die über keine eingelebte Tradition der öffentlichen Kommunikation verfügt, tut sich allerdings äußerst schwer, der gerade unter diesen Bedingungen überschwappenden Inflation der Worte Herr zu werden. Die Politik der Glasnost und Perestrojka weckt Erwartungen, die nicht alle zugleich erfüllt werden kön-

nen. Durch die freie Diskussion werden noch keine Fleischtöpfe gefüllt und noch keine Nationalitätenkonflikte gelöst. Im Gegenteil, langangestauter Frust kann jetzt erst offen zum Ausdruck gebracht werden. Wie man die offene Austragung von Konflikten im öffentlichen Diskurs in allseits akzeptierte Regelungen umsetzt, muß erst noch gelernt werden. Überhaupt müssen alle, politisch Verantwortliche und Bürger, erst begreifen, daß es nach der Freigabe der öffentlichen Kommunikation mit der alten Ruhe und Ordnung erst einmal vorbei ist. Das Gelingen des ganzen Unternehmens hängt in diesen schweren Anfängen ganz wesentlich davon ab, wie lange Michael Gorbatschow seine gute Reputation immer wieder für die Sache in die Waagschale werfen kann. Wird sie durch zu viele Mißerfolge entwertet und inflationär, stehen die Vertreter der alten Ordnung Gewehr bei Fuß. Der Sowjetunion könnte dann das Schicksal vieler politisch unterentwickelter Länder drohen: eine regelmäßige Abfolge von Liberalisierungs- und Demokratisierungsperioden und Perioden des Rückfalls in diktatorische Regime, eine periodische Abfolge von Demokratie und Diktatur.

Die ständige Fernsehberichterstattung über die demokratische Bewegung in den osteuropäischen Ländern, in Ungarn, Polen, Jugoslawien, in der DDR, in der Tschechoslowakei und zuletzt in Rumänien hat gewiß einen ungeheuer beschleunigenden Effekt auf die revolutionären Umwälzungen ausgeübt, die sich in diesen Ländern seit der Jahresmitte 1989 jeweils binnen weniger Wochen oder gar Tage vollzogen. Die atemberaubende Geschwindigkeit dieser Revolution und ihre flächenmäßige Ausbreitung über ganz Osteuropa ist wesentlich durch die Fernsehberichterstattung zustande gekommen. Berichte über Demonstrationen an einem Ort haben Menschen an vielen anderen Orten Mut gemacht, sich anzuschließen. Die öffentliche Dokumentation hat die Machthaber beim Vorgehen gegen die Demonstrationen vorsichtig gemacht. Die Anwesenheit ausländischer Medien als Beobachter der Weltöffentlichkeit hat in der DDR und in der Tschechoslowakei wesentlich zur Zurückhaltung der Machthaber beim Einsatz gegen Demonstrationen beigetragen. Nur in Rumänien hat dies keine Wirkung gehabt. Dort ist das Ceaucescu-Regime erst durch einen gewaltsamen Volksaufstand gestürzt worden. Das erste Machtzentrum der neuen Regierung war indessen die Sendezentrale des rumänischen Fernsehens. Von dort

wurde in den Tagen des Bürgerkrieges der Volksaufstand gegen die Sicherheitstruppe Ceaucescus geleitet. Die ganze Welt nahm via Satellit an dieser letztlich blutigen Revolution mit ihren grauenvollen Bildern teil. Schienen sich die Bürger der DDR ihre Freiheit nahezu spielerisch erobert zu haben, mußte das rumänische Volk dafür viel Blut vergießen.
All dies wurde uns durch das Fernsehen in die Wohnstuben geliefert. Und es war gerade diese weltweite Berichterstattung, die einen vorwärtstreibenden und beschleunigenden Effekt auf die Revolutionen in Osteuropa ausgeübt und zugleich weltweite Hilfsbereitschaft hervorgerufen hat. Durch die Bilder von diesen Vorgängen werden in viel größerem Ausmaß Emotionen geweckt als durch Presseberichte, die zwangsläufig trockener ausfallen und mehr den Geist als die Sinne ansprechen. So hat die Telekommunikation einen maßgeblichen Anteil an der weltweiten Erregung von Emotionen, der Herstellung von Solidaritäten, aber auch an dem Schüren von Haß. Revolutionen werden durch Emotionen bewegt. Die Revolutionen in Osteuropa im Herbst 1989 waren die ersten der Weltgeschichte, an denen die Telekommunikation einen maßgeblichen Anteil hatte.
Während sich die kulturkritischen Intellektuellen in den reichen Ländern des Westens noch mit dem Ende der Konversation durch die Ausbreitung der Massenmedien beschäftigten (Ferrarotti, 1988) oder gar die völlige Auflösung von Sinn in der Telekommunikation und das Ende jeder Möglichkeit des historischen Wandels durch Menschen, die in die Geschichte eingreifen, d. h. den Verlust des »historischen Subjekts« verkündeten (Baudrillard, 1975, 1977, 1979, 1981, 1983a, 1983b), haben dieselben Medien im Zusammenspiel mit den oppositionellen Intellektuellen und den jugendlichen Demonstranten in den armen Ländern des Ostens eine globale Kommunikation entfaltet, die schließlich in eine historische Revolution mündete. Diese ist in ihrer Tragweite durchaus mit derjenigen von 1789 zu vergleichen, der ja auch eine Revolution der Medien (Enzyklopädie, Journale, Tagespresse) vorausgegangen war. Angesichts dieser Entwicklung erweist sich die intellektuelle Debatte über das Ende der Konversation und die Auflösung von Sinn und historischer Veränderung als eine Diskussion von Gespenstern, die nicht in dieser Welt leben. Dies ist wahrhaftig eine simulierte Realität, über die in diesen Diskussionen gesprochen wird. Wenn die Thesen von Baudrillard ir-

gendeinen Realitätsgehalt haben, dann in seinen eigenen Produkten. Sie konstruieren eine künstliche Realität, in der die kritischen Intellektuellen das beliebte Spiel der Verzweiflung an der Realität spielen können.
Die Wirklichkeit unserer Tage sieht indessen ganz anders aus. Ohne das Zusammenspiel einer massenmedial vernetzten Weltöffentlichkeit, zunächst über Jahre hinweg mit prominenten Dissidenten und dann akut im Herbst 1989 mit den zumeist jugendlichen Demonstranten, wäre die Revolution in Osteuropa im Jahre 1989 nicht möglich gewesen. Mit der Gewährung von mehr Rechten für die ausländischen Medien wurde zugleich den oppositionellen Bewegungen Zugang zur Weltöffentlichkeit und damit mehr Spielraum gegeben. Dieselbe Weltöffentlichkeit hat wiederum dem brutalen Vorgehen gegen prominente Oppositionelle Grenzen gesetzt. Damit ist ein kleiner Stein ins Rollen gekommen, der am Ende eine große Revolution hervorgebracht hat. Vom Ende der Konversation kann da nur sprechen, wer das Potential nicht erkannt hat, das in der weltweiten Telekommunikation steckt, und wer sich in die Provinzialität geschlossener Tischrunden oder in die feine Welt elitärer Diskussionzirkel zurücksehnt. Dort wird heute allerdings keine Geschichte gemacht. Geschichte wird in zunehmendem Maße durch globale Kommunikation gemacht, in der das Wort mit seinen eigenen Gesetzen regiert. Hier hat nur Chancen, was sich vor einer weltweiten kritischen Öffentlichkeit mit Gründen rechtfertigen läßt, denen jeder zustimmen muß. Man kann es jetzt beobachten: Der universelle Diskurs über Frieden, Freiheit und Selbstbestimmung zwingt ganze Machtblöcke in die Knie. Gewiß wird diese Entwicklung nicht ohne weitere Konflikte vorangehen. Es werden auch neue Konflikte entstehen. Aber der universelle Diskurs über Menschenrechte und Bürgerrechte ist zu einem machtvollen Faktor geworden, der in die Geschichte eingreift und auf ihre Entwicklung einwirkt. Die globale Telekommunikation ist der treibende Motor dieser Entwicklung.
Für Regime, die sich wegen ihrer illegitimen Herrschaft der weltweiten Anklage durch die Weltöffentlichkeit ausgesetzt sehen, ist es nur eine Frage der Zeit, wann sie zusammenbrechen werden. Eines der nächsten in dieser Reihe wird das Apartheid-Regime in Südafrika sein. Die Zeichen dafür mehren sich in diesen Tagen. Das heißt nicht, daß nicht immer wieder neue Regime entstehen

werden, die sich auf Macht und Gewalt, aber nicht auf Legitimität stützen. Die Beobachtung durch die Weltöffentlichkeit macht ihr Leben indessen kürzer, garantiert allerdings nicht das Hervorgehen neuer Macht und Gewaltregime aus ihrem Schoße. Die Weltöffentlichkeit hilft nur bei der Beseitigung ungerechter Regime durch Kritik, jedoch nicht so sehr bei der Etablierung funktionierender und zugleich gerechter Regime. Diese schmerzhafte Erfahrung werden wir immer wieder machen müssen.

Kapitel 4
Die Dynamik des Diskurses

Was soweit am Beispiel des öffentlichen politischen Diskurses dargestellt wurde, gilt für alle Formen und Ebenen der gesellschaftlichen Kommunikation. Sie alle werden von einer ungeheuren Expansion, Verdichtung, Beschleunigung und Globalisierung der Kommunikation und ihren krisenhaften Begleiterscheinungen erfaßt.

Ökonomische Kommunikation

Die ökonomische Kommunikation macht sich in der Wirtschaft breit wie niemals zuvor. Die Unternehmen werden durch die steigende Nachfrage nach Rechtfertigungen ihres Handelns und ihr Bedürfnis, immer mehr davon zu verbreiten, dazu verleitet, ständig Worte in den Mund zu nehmen, die sich in der Realität als überzogen erweisen. Die kommunikative Überflutung der Betriebe führt zur Überlastung der Kommunikation, die dann immer weniger Verständigung ermöglicht, als von ihr erwartet wird. Wo zu viele mitreden, hilft das Reden nicht mehr weiter. Diese diskursive Inflation ruft dann Gegenreaktionen hervor. Die beteiligten Akteure ziehen sich enttäuscht zurück oder machen von einfacheren Mitteln der strategischen Auseinandersetzung Gebrauch: Übergehen, Ausschluß oder Versetzung potentieller Widersacher, Geheimhaltung von Plänen, Koalitionsbildung, Sabotage. Der Zusammenbruch der öffentlichen Verständigung äußert sich in Boykottaufrufen, Fabrikbesetzungen und Bombenexplosionen.

Der neue kommunikative Charme, mit dem sich die Unternehmen heute der Öffentlichkeit präsentieren, ist das einzige Mittel, das ihnen in der Kommunikationsgesellschaft das Überleben sichert. Sie dürfen aber nicht dem Irrglauben anhängen, daß sich damit alles in Harmonie auflösen würde. Kommunikation produziert ihre eigenen Krisen und periodischen Zusammenbrüche. Umgekehrt kann heute kein Unternehmen mehr ohne großen

Aufwand an Kommunikation Mitarbeiter motivieren und einbinden, Kunden erhalten und erschließen, ein gutes Image und Prestige in der Öffentlichkeit erlangen. Die Unternehmen befinden sich mitten in einer Phase der ungeheuren kommunikativen Aufrüstung. Unternehmensberater sprießen allenthalben aus dem Boden und spezialisieren sich auf die Bewältigung von Kommunikationsproblemen in den Firmen.

Kulturelle Kommunikation

Die kulturelle Kommunikation in moralischen, ästhetischen, wissenschaftlichen und religiösen Fragen erreicht riesige Dimensionen. Nimmt man die Entwicklung in den Vereinigten Staaten zum Maßstab, dann wird die kleine Kirchengemeinde von einem gewaltigen Netzwerk des Televangelismus konkurrierender und zu Showstars aufgestiegener Fernsehprediger überspannt. Der Gottesdienst mit dem Prediger in der kleinen Gemeinde verhält sich zum Fernsehspektakel der Televangelisten wie Kreisliga zu Bundesliga in Sachen Sport. Die Top Ten der Fernsehprediger werden nach Einschaltquoten und Umsatzmillionen ermittelt. Jim Bakkers Unternehmen »Praise the Lord« steigerte von 1979 bis Mitte der 80er Jahre die jährlichen Einnahmen von 52,6 Millionen Dollar auf 172 Millionen Dollar. Seit Aufdeckung von Bakkers sexuellen und finanziellen Verfehlungen im Jahre 1987 sind jedoch Einschaltquoten und Spenden drastisch zurückgegangen (Cardwell, 1984; Horsfield, 1984; Hadden und Shupe, 1987; Smith und McLaren, 1988; Martz et al., 1988).
Auch die moralische Kommunikation ist inzwischen in ein globales Netzwerk konkurrierender moralischer Unternehmungen eingeflochten. Es werden weltweit per Satellit ausgestrahlte Popkonzerte für die Hungernden der Welt und gegen die Apartheid in Südafrika veranstaltet. Amnesty International und Greenpeace sind moralische Großkonzerne mit Unternehmen in nahezu allen Ländern der Welt (Larsen, 1983; Griefahn, 1983). Es gibt inzwischen einen Weltmarkt der moralischen Empörung, auf dem moralische Unternehmer um Marktanteile der öffentlichen Aufmerksamkeit konkurrieren. Im Geschäftsbericht des Deutschen Tierschutzbundes für Juni 1987 bis Juni 1989 heißt es dazu:

In einem Zeitalter, das geprägt wird durch eine täglich wachsende Informationsflut, ist die Öffentlichkeitsarbeit ein unverzichtbarer Bestandteil jeglicher Verbandsarbeit. Information einerseits und Vertrauensbildung durch Selbstdarstellung andererseits können in unserer heutigen Gesellschaft nicht dem Zufall überlassen bleiben. Ganz unabhängig von der Werbung um Mitglieder oder Geldgeber muß überall Verständnis für die speziellen Aufgaben einer Organisation geweckt werden. Denn auf jedem Gebiet gibt es auseinanderlaufende Ansichten und Informationslücken (Deutscher Tierschutzbund, 1989: 111).

In der Wissenschaft ist es ähnlich. Wissenschaftlicher Erfolg verlangt die globale Verbreitung der Ergebnisse und eine entsprechende öffentliche Darstellung. Die Publikation ungesicherter Forschungsergebnisse wird unter diesen Bedingungen zum Regelfall. Das kleine Forschungslabor wird durch weltweit operierende Großforschungszentren mit eigener Public Relations-Abteilung verdrängt (de Solla Price, 1963/1974; Kreibich, 1986). Auch Kunst und Literatur werden immer mehr in dieses riesige Kommunikationsnetz hineingezogen und von einer gierigen Öffentlichkeit zu Zwecken der ästhetischen Ausstaffierung des Alltags aufgesogen. Dabei werden immer mehr herkömmliche Differenzierungen eingeebnet und in eine riesige Multimediashow eingebracht.

Diese Expansion der kulturellen Kommunikation geht nicht ohne Krisenerscheinungen ab. Der Pastor mußte in seiner Kirchengemeinde wenig Sinn versprechen. Die Gemeinde unterwarf sich seiner Predigt ohne große Erwartungen. Die Televangelisten erzielen Aufmerksamkeit, weil sie Sinn versprechen. Da können auch viel leichter Enttäuschungen eintreten. Sinnangebote halten nicht das, was sie versprechen. Ein ruheloses Suchen nach dem wahren Sinn mit immer wieder neuen Enttäuschungen ist die Folge dieser Sinninflation. Der Zusammenbruch der Sinnvermittlung endet in der Heroinspritze oder, im Glücksfall, in der Weltflucht (Welz, 1983; Gaßmann, 1988).

Ähnliche Konsequenzen hat die Überhitzung der moralischen Kommunikation. Die moralischen Anforderungen werden so weit hochgeschraubt, daß die Realität weltweit nur unmoralisch erscheinen kann. Wir sind heute Zeugen einer globalen moralischen Mobilisierung der Weltbevölkerung. Überall auf der Welt werden Ungerechtigkeiten entdeckt, überall regen sich regionale, ethnische, religiöse und sprachliche Gruppen, die auf ihre Unterdrückung aufmerksam machen und ihre Rechte garantiert sehen wollen. Die katholische Bevölkerung Nordirlands, die spanischen Basken, die schwarze Bevölkerung Südafrikas, die Palästinenser, heute auch wieder die kleinen Völker Jugoslawiens und die unterdrückten Völker der Sowjetunion halten die Weltöffentlichkeit mit ihrer Forderung nach Realisierung ihrer Rechte in Atem (Waldmann, 1989; Schreiber, 1989). Die Auseinandersetzungen haben längst die lokale Ebene verlassen und sind zum Dauerthema der Weltkommunikation via Satellit geworden. Alle erkennen ihre moralischen Rechte an, aber niemand scheint etwas dafür zu tun. Kein Wunder, daß diese moralische Inflation viel Enttäuschung produziert und zum Zusammenbruch der Kommunikation führt. In unserer global vernetzten Weltgesellschaft entlädt sich dann lokale Empörung in internationalem Terrorismus. Auf der anderen Seite können wir moralische Fortschritte heute nur durch die globale Thematisierung moralischer Defizite erzielen. Moralischer Fortschritt und der Zusammenbruch jeder Moral im internationalen Terrorismus sind – man muß es sagen – zwei Seiten einer Medaille. Ohne Thematisierung moralischer Defizite und ohne Steigerung moralischer Anforderungen ist auch auf diesem Gebiet kein Vorankommen möglich; zugleich wächst damit aber auch die Gefahr der moralischen Inflation und mit ihr des Zusammenbruchs von Kommunikation im Terrorismus. Auch in moralischer Hinsicht entwickelt sich die moderne Gesellschaft auf einem sehr hohen Niveau des Risikos, nicht nur in Sachen der Technologie. Unsere Moral ist genauso explosiv wie unsere Technologie. Der moralische Fortschritt des Menschen verlangt ebenso seine Opfer wie der technologische auch.

Nicht anders sieht es im Kontext des wissenschaftlichen Fortschritts aus. Er lebt davon, daß wir die Konjunktur wissenschaftlicher Entwürfe anheizen. Damit wächst gleichzeitig die Gefahr, daß unsere Entwürfe mehr versprechen, als sie halten können (Hartmann und Hartmann, 1982; Collins, 1987; Lau, 1989). Die Erwartungen in die wundersame Heilung von allen Krankheiten durch die Wissenschaft werden überzogen. Sie können nicht erfüllt werden. Enttäuschung wächst aus dieser wissenschaftlichen Inflation und sucht Trost in alternativer Heilkunde von der Naturmedizin bis zum Geistheiler (Sawade, 1984; Sellmann, 1988; Prokop und Wimmer, 1987).

Auch Kunst und Literatur werden von dieser Dynamik erfaßt. Sie werden durch die Anheizung der ästhetischen Konjunktur außerordentlich vorangepuscht und überziehen die Gesellschaft mit ihrer Ästhetik (Edgerton, 1987). Damit wird allerdings auch mehr ästhetischer Genuß versprochen, als wirklich eingehalten werden kann. Wenn man alle ansprechen will, wird man es vielen nicht recht machen. Die Enttäuschungen äußern sich dann im Bürgerprotest gegen Plastiken und andere Kunstprodukte im öffentlichen Raum, von denen sie sich in ihrem ästhetischen Empfinden provoziert glauben. Hier geht die Ästhetisierung unseres Lebens mit Bilderstürmerei einher. Wer die Massen mit einer Mammutausstellung über die Gegenwartskunst in Messehallen lockt, wie dies jüngst im »Bilderstreit« zu Köln geschehen ist, braucht sich nicht über den Protest zu wundern, den er von seiten der Kunstverwahrer erntet, die darin eine Profanisierung von einstmals heiligen Objekten sehen, aber auch nicht über den Protest der Bürger, die im Eiltempo durch die Hallen marschieren und sich bar jeder »Kunsterziehung« von den Künstlern auf den Arm genommen fühlen. Die rasante Steigerung der ästhetischen Kommunikation, die in solchen Großprojekten stattfindet, geht ohne ästhetische Inflationserscheinungen nicht ab.

Ein weiteres Feld, auf dem sich die kommunikative Durchdringung der Gesellschaft bemerkbar macht, ist die Schule. Die antiautoritäre Bewegung in der zweiten Hälfte der sechziger Jahre hat zu einer Umstellung der Beziehung zwischen Lehrern und Schülern von einer autoritären zu einer kommunikativen geführt. Wo früher Lehrer ohne Zögern ihre Macht ausspielen konnten, müssen sie heute begründen und überzeugen. Die überzeugende Wirkung des Wortes hat die Ausübung von Macht in beträchtlichem Umfang abgelöst. Dadurch ist auf der einen Seite wesentlich mehr Bewegung in die Schule gekommen. Lehrer können nicht länger ein Unterrichtsprogramm abspulen, das die Schüler nicht motivieren und mitreißen kann. Überhaupt unterliegt das Unterrichtsprogramm einer viel weiter gehenden Reflexion. Auch die Erziehungswissenschaft findet einen viel direkteren Zugang zur Unterrichtsgestaltung. Erziehungsstile und Didaktik richten sich nach dem Erkenntniszuwachs der Wissenschaft.

Diese kommunikative Belebung des Unterrichtsgeschehens ist nicht ohne Krisenerscheinungen abgegangen. Sie hängen mit den inflationären Tendenzen zusammen, die aus der erweiterten Kommunikation hervorgehen. Die pädagogischen und didaktischen Reformen bringen nicht immer die von ihnen erwarteten Erfolge. Sie wecken mehr Hoffnungen, als sie erfüllen können. Durch den raschen Wechsel von didaktischen Verfahren entsteht Verwirrung; sie macht es schwer, die gesetzten Reformziele zu erreichen. Zugleich steigen die Erwartungen der Schüler in die kommunikativen Fähigkeiten der Lehrer. Es wird immer weniger ohne gute Begründung hingenommen. Dadurch geraten Lehrer nicht selten in die Situation, daß ihre Worte mehr versprechen, als sie wirklich einhalten können. Spätestens bei der Notengebung ist dann die Enttäuschung groß, wenn die Lehrer nicht so verständnisvoll sind, wie sie sonst erscheinen. So lebt der schulische Unterricht heute in einer ständigen Spannung zwischen Verständigungsversprechen und -erwartungen auf der einen Seite und den begrenzten Möglichkeiten der Verständigung auf der anderen Seite. Da können immer wieder Enttäuschungen auf beiden Seiten auftreten. Die Schüler ärgern sich über verständnislose Lehrer, die Lehrer ärgern sich über uneinsichtige Schüler. Nicht selten schaukeln sich die beiderseitigen Enttäuschungen so weit auf, daß Verständigung überhaupt nicht mehr möglich ist. Die Kommunikation bricht zusammen und wird durch einfachere Formen der strategischen Auseinandersetzung ersetzt. Beide Seiten nutzen dann ihre Rechte als Machtressourcen in einem Machtspiel aus, die Lehrer ihre letztliche Entscheidungskompetenz, die Schüler ihre Möglichkeiten, durch Kooperationsverweigerung den Unterricht kaputtzumachen, und jede Chance, durch Klage gegen Fehltritte des Lehrers vorzugehen. Unter diesen anomischen Bedingungen wächst auch die Zahl der Schüler, die unter Schulangst leiden (Hurrelmann und Wolf, 1986; Helmke, 1983; Leibold, 1986).

Die Umstellung des Unterrichtsgeschehens von Herrschaft auf Kommunikation stellt beide Seiten – Lehrer und Schüler – vor sehr hohe Anforderungen. Werden sie erfüllt, dann kann im Unterricht viel mehr bewegt werden als in der herkömmlichen autoritären Schule, werden sie nicht erfüllt, dann bleiben die Leistungen hinter der autoritären Schule zurück. Die Reputation der Lehrer wird dabei zum wichtigsten Instrument, um die Dynamik des Geschehens unter Kontrolle zu halten. Die Lehrer müssen viel mehr tun, um sich hohe Anerkennung bei den Schülern zu verschaffen: Sie müssen Kompetenz, Engagement, Verständnis und Fairneß beweisen. Nur dann werden sie Respekt bei den

Schülern erwarten können. Und sie müssen bei den Schülern ein Streben nach ähnlichen Qualifikationen wecken. Soweit Lehrer über diese Reputation verfügen, können sie viel durch Kommunikation bewegen und doch das Abgleiten in inflationäre Tendenzen vermeiden. Besitzen sie diese nicht, dann sind sie den inflationären Tendenzen der erweiterten Kommunikation hilflos ausgesetzt. Dann treten diejenigen Fälle ein, in denen Lehrer lieber ihren Beruf aufgeben würden, als sich weiter mit einer unkontrollierbaren Schülermeute herumschlagen zu müssen. Die Tatsache, daß sich diese Fälle im Gefolge der kommunikativen Erneuerung der Schule ganz erheblich gehäuft haben, zeigt an, daß es den Lehrern nicht im gleichen Maße gelungen ist, mit dem sensiblen Instrument der Reputation umzugehen und Kommunikation steuern zu können, wie die Schule durch Kommunikation umstrukturiert wurde. Auch die Ausbildung der zukünftigen Lehrer ist darauf offensichtlich noch nicht richtig eingestellt worden. Sie werden nach wie vor mit viel totem Wissen vollgestopft, lernen aber nicht genügend, wie man als Kommunikator erfolgreich handeln kann. Paradoxerweise laufen die erziehungswissenschaftlichen Anteile an der Lehrerausbildung zu einem erheblichen Teil selbst mehr auf Wissensvermittlung hinaus als auf die praktische Einübung in die Rolle eines umsichtig und dynamisch agierenden Kommunikators.

Gruppenkommunikation

Die Kommunikationsflut erfaßt auch das Gruppenleben. Menschen kommen heute nicht zusammen, weil sie schon immer zusammen waren, derselben Familie, Gemeinde, Klasse, Schicht oder Religionsgemeinschaft entstammen, sondern weil sie Gleichgesinnte und Verständigung suchen. Sie tun sich mit denen zusammen, mit denen sie sich verstehen. Es hat sich ein Weltmarkt der Gruppenvereinigungen gebildet, auf dem die verschiedenen Gruppen um potentielle Mitglieder konkurrieren. Auch ihr Zusammenfinden gerät unter die Gesetze der Kommunikation. Öffentliche Präsentation ist die Grundlage für das Gewinnen neuer Mitglieder. Es wird dadurch die Konjunktur der Suche nach Geborgenheit angeheizt. Auch diese Suche wird durch das Überziehen von Versprechungen und Erwartungen immer wieder enttäuscht. Die Gruppen können nicht so viel Geborgenheit vermitteln, wie sie versprechen.

Die gesamte Gesellschaft verspricht zu viel. Sie garantiert jedem dieselben Rechte. Aber nicht alle können sie in gleicher Weise wahrnehmen. Die Chancen vergrößern sich zwar. Um so enttäuschter sind aber diejenigen, die sie dennoch nicht wahrnehmen können. Wo die Masse oben mitschwimmt, wird der verbliebene Rest derjenigen, die nicht mithalten können oder wollen, um so gnadenloser als Versager an den Rand gedrängt. Wir sprechen zwar ständig davon, daß die über zwei Millionen Arbeitslosen ein Recht auf Arbeit haben, ihre Situation ändert sich jedoch nicht. So erscheinen unsere Bekenntnisse zu diesem Recht nur als leere Worte. Ähnliches gilt für die anderen Randgruppen der Gesellschaft: Ausländer, Aussiedler, Asylanten, Behinderte, Kranke, Drogenabhängige, Homosexuelle. Es wird ihnen öffentlich und abstrakt immer wieder versichert, daß sie dazugehören. Die konkrete Realität spricht jedoch oft eine andere Sprache (von Thadden, 1987; Horn, 1987; Gerster, 1988). Um so enttäuschter reagieren sie auf diese Inflation von Zugehörigkeitsversprechen. Rückzug, Protest, Anfälligkeit für radikale Parteipositionen und gelegentlicher Aufruhr sind die Ausdrucksformen dieses Zusammenbruchs der Gruppenkommunikation. Die Fortschritte der Gesellschaft in der Inklusion aller gesellschaftlichen Gruppen in eine solidarische Gemeinschaft sind mit einer Vielzahl von Begleiterscheinungen gepflastert, die das Gegenteil ausdrücken: Konfrontation und Aufruhr. Die Anheizung von Inklusionsprozessen verursacht Inflationen von Zugehörigkeitsversprechen, die sich in Enttäuschungen und Protest entladen.

Alltagskommunikation

Das Alltagsleben wird durch die Kommunikationsflut aus seinen eingelebten Gewohnheiten gerissen und unter Kommunikationszwänge gestellt. Wir müssen anderen und uns selbst ständig erklären und begründen, warum wir dies oder jenes tun. Nichts wird mehr hingenommen, weil es schon immer so war. Wir leben inzwischen vollständig unter der Despotie der Vernunft. Die Literatur zur Lebenshilfe hat Konjunktur. Sie liefert die guten Gründe für das Alltagshandeln in Millionenauflage (Heinrich,

1988). Auch die Steigerung der Alltagskommunikation weist immer wieder Überhitzungserscheinungen auf. Wir erklären und begründen viel mehr, als wir wirklich einlösen können. Wir finden gute Gründe für jede Handlung. Dadurch werden die Gründe allerdings oft entleert, und die Glaubwürdigkeit ist dahin. Mißtrauen der anderen und eigenes Mißtrauen stellen sich ob dieser Inflation von guten Gründen ein. Man bescheidet sich nicht mit Erklärungen, sondern will Taten sehen oder zieht sich ganz aus der Kommunikation zurück. Unsere Alltagskommunikation bricht immer wieder zusammen, weil zu viel in sie hineingesteckt wird. Kommunikationsstörungen und Mißstimmungen werden zu unvermeidlichen Begleiterscheinungen der gesteigerten Alltagskommunikation.

Interpersonelle Kommunikation

Die interpersonellen Beziehungen geraten unter einen zunehmenden Druck der Kommunikation. Man muß dem Partner alles sagen. Nichts bleibt verborgen, alles muß heraus. Der Zwang zur Aufrichtigkeit, den uns die Psychotherapeuten verpassen, macht das Dauergespräch zwischen den Partnern zur alltäglichen Erscheinung (Rogers, 1977; Tausch, 1973). Mit diesem Dauergespräch wird das Zusammenleben nicht nur leichter, sondern auch schwerer. Die Partnerschaft gerät in Gefahr, zerredet zu werden. Aufrichtig zu sein bedeutet auch oft, dem/der anderen zu sagen, was einem an ihm/ihr nicht paßt. Zwischen Aufrichtigkeit und Rücksichtslosigkeit ist da oft eine Gratwanderung zu vollziehen. Mit der eigenen Aufrichtigkeit kann der/die andere schnell verletzt werden. Rücksichtnahme auf diese Verletzlichkeit des/der anderen heißt allerdings nicht selten, daß wir gar nicht so aufrichtig sein können, wie wir ständig vorgeben. Das verursacht immer wieder Enttäuschung. Wir müssen dann feststellen, daß es mit der Aufrichtigkeit gar nicht weit her war. Auf der anderen Seite erscheint bei den hohen Erwartungen an Echtheit und Aufrichtigkeit, die wir haben, die kleinste Abweichung als großer Vertrauensbruch und ruft größte Enttäuschungen hervor. Wir fühlen uns von dem/der anderen getäuscht. Partnerschaften leiden heute in zunehmendem Maße unter dieser Aufrichtigkeitsinflation, die oft zu Vertrauensschwund und zum Rückfall in direkte gegenseitige

Kontrolle führt. Die Kommunikation bricht zusammen. Der Detektiv muß dann als Ersatz für Kommunikation einspringen. Sprachlosigkeit kehrt ein in einer Gesellschaft, die ansonsten von Kommunikation überflutet wird. Die strategische Auseinandersetzung macht aus der Partnerschaft ein Kriegsspiel. Der kommunikativen Aufrüstung folgt die strategische Aufrüstung. Das Ganze kann lange Zeit so weitergehen. Vielfach gipfelt die strategische Auseinandersetzung im jahrelangen Rechtsstreit um Unterhaltszahlungen. Auf jeden Fall ist die jährliche Scheidungsrate mit der Intensivierung interpersoneller Kommunikation unablässig gestiegen, in der Bundesrepublik von 49 000 im Jahre 1960 auf 130 000 im Jahre 1987 (Statistisches Jahrbuch für die Bundesrepublik Deutschland, 1989: 20).

In vielen Fällen nimmt die Härte der Auseinandersetzungen noch zu, sobald beide Seiten von ihren Rechtsanwälten vertreten werden. Oft ist dann der Weg zur gütlichen Einigung durch die Ausnutzung aller verfügbaren juristischen Mittel versperrt. Die Anwälte verfahren in der Regel nach der Strategie, Maximalforderungen zu stellen oder Minimalangebote zu machen, um die gegnerische Seite weichzuklopfen. Hier hat der rein strategische Kampf jede Spur von Kommunikation verdrängt. In einem Bericht des *Kölner Stadtanzeigers* vom 13./14. Januar 1990 heißt es:

Anstatt die Wogen zu glätten, liefern Anwälte noch zusätzliche Munition für die Endphase des Ehekrieges...

Die üblichen Mittel, auf die ein juristischer Laie allein wohl nie kommen würde: frisierte Einkommensbelege (im Einvernehmen mit dem Arbeitgeber) zur Verringerung des Unterhalts, fingierte Darlehensverträge mit Verwandten, um den Zugewinnausgleich zu schmälern, Gefälligkeitsatteste von Ärzten, die Arbeitsunfähigkeit bescheinigen, die Erpressungsversuche mit dem Sorgerecht oder den Besuchszeiten der Kinder. Die Fortsetzung der Zimmerschlachten mit juristischem Beistand kennt offenbar keine Grenzen (Quoirin, 1990).

Offenbar zeigt sich auch in diesem Bereich die unzureichende Einstellung des deutschen Kodifikationsrechts auf eine wachsende Streitkultur. Es verbreitet die Fiktion, daß per Gesetz die Rechte und Pflichten der beiden Partner genau definiert seien und es nur darauf ankomme, allgemeines Gesetz auf konkrete Fälle anzuwenden. Die Legende vom Richter als Subsumtionsautomaten lebt auch im Bereich des Familien- und Scheidungsrechts fort. In Wirklichkeit hängt indessen das Ergebnis von Familienrechts-

und Scheidungsverfahren vom Verhandlungsgeschick der Anwälte ab.
So ist es kein Wunder, daß die berufsethische Selbstregulation der deutschen Rechtsanwälte in Familienrechts- und Scheidungssachen im Vergleich zu den Anwälten in den Vereinigten Staaten wenig fortgeschritten ist. Dort ist das ganze Rechtssystem auf Streit, Aushandlung und Ausgleich zwischen partikularen Standpunkten eingestellt. Niemand glaubt dort, daß ein solcher Streit durch allgemeine Rechtssätze im Subsumtionsverfahren zu entscheiden sei. Zusammen mit dem früher einsetzenden Anstieg der Scheidungsraten haben sich die Anwälte in Familienrechts- und Scheidungssachen auch eine entsprechende berufsethische Selbstregulierung auferlegt, die Grenzen der Ausnutzung der Situation im eigenen Interesse setzt. Auch darauf verweist der Bericht vom *Kölner Stadtanzeiger* vom 13./14. Januar 1990:

In den USA, wo schon vor Jahrzehnten die Scheidungsraten in die Höhe schnellten, haben sich die Experten für Familienrecht sogar einen Verhaltenskodex verordnet, weil es für Anwälte offenbar ungeheuer verführerisch ist, von Ehe-Katastrophen anderer zu leben: Je strittiger die Scheidung, desto mehr Gebühren fallen an. Der Familiengerichtstag hat kürzlich in der Fachzeitschrift für Familienrecht »FamRZ« die Gebote für amerikanische Scheidungsanwälte veröffentlicht. »Wenn sich unsere Anwälte daran hielten«, bekennt Familienrichter Willutzki aus leidvoller Erfahrung, »wären wir schon selig« (Quoirin, 1990).

Die vermehrte Kommunikation, die in den interpersonellen Beziehungen anfällt, wenn die Beziehungen weniger durch feste Gesetze vorbestimmt sind, sondern von den Betroffenen selbst gestaltet werden müssen, ist besonders anfällig für Zusammenbrüche und das Umschlagen von Kommunikation in strategischen Kampf, wenn es für die freie Aushandlung der Rechte und Pflichten keine genügende Erfahrung, Praxis und daraus hervorgehende Regulierung des Aushandlungsverfahrens selbst gibt. Kommunikation ohne Kommunikationsregeln kann leicht im Kampf bis aufs Messer enden. Dazu nochmals der Bericht im *Kölner Stadtanzeiger*:

Etwa 80 Prozent aller 12000 Selbstmorde pro Jahr in der Bundesrepublik und 20 Prozent aller vollendeten Tötungsdelikte gehen nach Schätzungen von Fachleuten auf seelische Probleme nach einer Trennung und Scheidung zurück (Quoirin, 1990).

Die Entfaltung der Kommunikationsgesellschaft bietet uns auch in der Gestaltung unserer interpersonellen Beziehungen wachsende Chancen der offenen Verständigung und des Wandels. Zugleich wachsen aber auch die Gefahren des Zusammenbruchs von Kommunikation, weil noch nicht genügend Regeln für die offene interpersonelle Kommunikation entwickelt und eingeübt wurden. Mit der Vermehrung von Kommunikation vermehren sich dann auch die Mißverständnisse und die Kommunikationszusammenbrüche.

Therapeutische Kommunikation

Schließlich erleben wir eine massenhafte Verbreitung therapeutischer Kommunikation. Die Ausleuchtung des Ichs, die Offenbarung der eigenen Seele und das öffentliche Bekenntnis werden zur festen Einrichtung. Die therapeutische Literatur erklärt uns in Millionenauflage, wie wir unser wahres Ich erkennen und richtig mit ihm umgehen können (Angermeyer und Kühn, 1985). Es wird uns gepredigt, zu unserem eigenen Ich zu stehen, koste es, was es wolle. Gleichzeitig soll man das Ich des Partners bis in seine dunkelsten Winkel zu erfassen und verstehen lernen. Unbefangenes Leben ist unter diesen Bedingungen nicht mehr möglich. Wer bislang keine seelischen Probleme hatte, erscheint schlichtweg als dummer Ignorant, der Aufklärung über sein Innerstes braucht, um ihm das seelische Desaster zu offenbaren, das sich da auftut, wenn man die vielen Schichten der Verdrängung durchdrungen hat, die bislang die inneren Konflikte verschüttet hatten. Wir können uns diesem Zwang zur Offenbarung unserer Seele kaum noch entziehen. Die Psychotherapeuten sind zu den Beichtvätern der Kommunikationsgesellschaft geworden (Hahn, 1982). Während die Beichtväter der Kirche die Unterordnung unter die Autorität der religiösen und weltlichen Ordnung gelehrt haben und dies mit Verbindlichkeit tun konnten, lehren die modernen Beichtväter die Unterordnung unter den Kult des Ichs und des aufrichtigen Gesprächs. Ihre Empfehlungen sind viel schwerer zu handhaben und erzeugen nicht selten erst die Probleme, zu deren Lösung sie beitragen sollen. Die kirchliche Beichte hat in aller Regel Erleichterung geschaffen; aus der psychotherapeutischen Beichte kommt der Patient mit aufgewühlter

Seele, die nach weiterer Therapie verlangt. So ist die Psychotherapie zu einem Riesengeschäft der Kommunikationsgesellschaft geworden, das die Nachfrage nach seinen Produkten immer wieder selbst erzeugt. Horst Eberhard Richter, selbst ein Großunternehmer in der Therapiebranche, verweist in diesem Zusammenhang auf über 120 offiziell angemeldete Psychotherapieschulen in den USA (Richter, 1987: 239-258).

Auch der therapeutische Komplex wird von inflationären und rezessiven Prozessen heimgesucht. Therapie nimmt vielfach den Mund zu voll und verspricht Heilung von Seelenpein. Da sie allerdings nicht selten diese Pein noch unerträglicher macht, tritt große Enttäuschung ein. Zuerst sucht der/die Gepeinigte nach alternativen Therapien, bis schließlich nichts mehr Heilung verspricht als die Flucht in die Droge oder der Pein durch Selbstmord ein Ende gemacht wird. Den Fällen, in denen Psychotherapie den Seelenkranken wieder zur Teilnahme am gesellschaftlichen Leben befähigt, von den Drogen wegbringt und vor Selbstmord bewahrt, steht eine nicht geringe Zahl von Fällen gegenüber, in denen sie diesen Prozeß der Selbstzerstörung beschleunigt. Die psychische und physische Selbstzerstörung ist die Ausdrucksform des Zusammenbruchs der therapeutischen Kommunikation, die aus dem inflationären Überziehen von Heilungsversprechen und Heilungserwartungen resultiert. Auch hier tut sich eine Gratwanderung auf. Ohne Erweiterung therapeutischer Hilfen werden wir der psychischen Krankheiten nicht Herr, die unsere Gesellschaft produziert. Derselbe Prozeß verursacht aber auch therapeutische Inflationen, die psychische Krankheiten verstärken und vermehren. Der Fortschritt der Kommunikation impliziert eben auch eine Steigerung der Risiken von Kommunikation. Es ist insofern überhaupt nicht verwunderlich, daß eine nüchterne Betrachtung des gegenwärtigen Therapiebooms zu folgenden Beobachtungen kommt:

Es verbreitet sich gegenwärtig eine therapeutische Teilkultur, die man »Psychokult« nennen könnte, weil sie eine wachsende messianische Aufladung der Psychotherapie, eine Verbreitung von Erlösungsversprechen betreibt. Großartige Therapieziele werden hier angeboten: Wege zum wahren Selbst, Authentizität, Ganzheitlichkeit, Lebenssinn, Echtheit, Einheit mit dem Kosmos, Wiedergeburt, Erleuchtung. Unter dem Motto »Werde, der Du bist« wird hier Therapie zur Ersatzreligion und Ersatzphilosophie... Therapeuten und Patienten werden ständig mit der bitteren Wahrheit konfrontiert, daß jene grandiosen Ziele überhaupt nicht erreicht werden können; untergründig müssen sie deshalb ständig gegen Gefühle von Machtlosigkeit und Enttäuschung ankämpfen. Das führt allerdings offen und verdeckt zu einer wachsenden Skepsis gegenüber der Psychotherapie. Im Psycho-Kult drückt sich aus, daß faktisch der Therapie von Patienten und Therapeuten abnehmend eine Kompetenz zugestanden wird. Die kultische Therapiegläubigkeit verdeckt eine schleichende Therapieentwertung (Bopp, 1989: 32).

Von der Inflation der Worte zur Inflation von Macht, Geld und Reputation

Diskursive Inflationen bleiben aufgrund der vollkommenen Interdependenz, Interpenetration und Verflechtung von Subsystemen des Handelns in unserer Gesellschaft selten auf einen Kontext des Handelns beschränkt. Meist breiten sie sich wie ein Flächenbrand aus und fressen sich in rasender Geschwindigkeit in die anderen gesellschaftlichen Kontexte und Subsysteme hinein. So erzeugen diskursive Inflationen im öffentlichen Diskurs häufig Inflationen der Macht, des Geldes und der Reputation.
Die Inflation politischer Versprechungen verursacht Vertrauensschwund und endet in der gewaltsamen Konfrontation von Staat und radikalen Aktionsgruppen. Je mehr der Staat dabei Gewalt anwenden muß, um so mehr wird seine politische Macht ausgehöhlt, die sich auf das Vertrauen der Bürger stützt, daß er zur Bildung verbindlich akzeptierter Entscheidungen fähig ist. Die Bürger entziehen der Regierung das Vertrauen, wodurch diese um so mehr allein mit nackter Gewalt regieren muß. Es muß immer mehr physische Gewalt aufgewendet werden, um politische Entscheidungen durchzusetzen. Dies ist eine Inflation politischer Macht. Sie kann durch einen Wechsel der Regierung aufgefangen werden, wenn es der neuen Regierung gelingt, neues Vertrauen zu schaffen. Solange die Machtinflation weiter schwelt, heizt sie auch die diskursive Inflation an. Wo die nackte Gewalt spricht, können die Worte nicht das bedeuten, was sie sagen, und es wird ihnen nicht geglaubt.
Diskursive Inflationen können auch Inflationen der Reputation hervorrufen. Eine Person verfügt über Reputation, wenn man sie für bestimmte Leistungen anerkennt und ihr deshalb Vertrauen

entgegenbringt. Das bedeutet, daß man auf diese Person hört, ihr glaubt, daß sie Wichtiges zu sagen hat, und bereit ist, ihr zu folgen. Verbandsführer, Wissenschaftler, Experten, Politiker, Unternehmer, Moralisten, sie alle arbeiten mit dem Medium »Reputation«, wenn sie andere dazu bewegen wollen, eine bestimmte Sache zu unterstützen. Wenn Reputation wirksam ist, dann bewirkt ein Aufruf zur Unterstützung einer Sache sehr viel. Wenn z. B. Bundespräsident Richard von Weizsäcker die Schirmherrschaft über eine Veranstaltung übernimmt, dann setzt er seine Reputation ein, um Unterstützung für diese Veranstaltung zu mobilisieren.

Der Wert von Reputation bemißt sich an der Anzahl von Menschen, die man mit einem Aufruf für eine Sache mobilisieren kann. Eine Inflation von Reputation bedeutet, daß man mit einem Aufruf immer weniger Menschen gewinnen kann und deshalb die Zahl von Aufrufen vervielfacht werden muß. Inflationen von Reputation äußern sich im Mitgliederschwund von Verbänden und Vereinigungen, in Desinteresse an ihrer Arbeit und in geringer Bereitschaft zur Unterstützung von Aktionen. Reputation ist ein wesentliches Medium, das eingesetzt werden muß, um eine immer größere Zahl von Menschen in einem immer vielfältigeren Netzwerk zur Kooperation und zur Unterstützung gemeinsamer Aktionen zu bewegen. Diskursive Inflationen machen sich hier dann bemerkbar, wenn Meinungsführer – Politiker, Verbandsfunktionäre, Experten – zu große Worte in den Mund genommen haben, die sie nicht in Taten umsetzen konnten. Diese Inflation der Worte bewirkt dann eine Inflation von Reputation. Die Meinungsführer müssen dann immer größere Anstrengungen unternehmen, Aufrufe erschallen zu lassen, um die Leute überhaupt noch zum Zuhören oder gar zur Zusammenarbeit zu bringen. Umgekehrt wirkt die Inflation von Reputation in die Kommunikation hinein. Wo die Reputation nichts mehr bewirkt, müssen um so größere Worte benutzt werden, deren realer Gehalt wieder viel geringer ist, als gesagt wird.

In einer Zeit, in welcher der Markt durch ein riesiges Netzwerk der ökonomischen Kommunikation überspannt wird, sind Wechselwirkungen zwischen Kommunikations- und Wirtschaftskonjunktur an der Tagesordnung. Wie sich die Wirtschaftskonjunktur entwickelt, hängt davon ab, wie über die Konjunktur gesprochen wird. Depressive Stimmungen verursachen wirtschaftliche Depressionen, die wieder die Stimmung verschlechtern. Optimistische Stimmungen verursachen Aufschwung, der wieder die Stimmung verbessert. So ist die Konjunkturflaute nach dem Ölpreisschock Mitte der siebziger Jahre, die bis nahezu Mitte der achtziger Jahre angehalten hat, sicherlich ganz wesentlich durch die verbreitete Negativstimmung beeinflußt worden, die durch die Diskussion über die Grenzen des Wachstums beherrscht wurde. Die vorausgegangene Inflation ist wesentlich durch die Mitte der sechziger Jahre einsetzende Aufbruchsstimmung bestimmt worden, die davon geprägt war, daß wir in einer Gesellschaft des Überflusses leben, die alles verwirklichen kann, wenn Investition und Verbrauch nur in die richtige Richtung gelenkt werden. Die staatliche und private Nachfrage sind enorm gestiegen und haben zu einer Überhitzung der Konjunktur mit Inflation geführt, die schließlich in das eigenartige Phänomen der Stagflation, eine Stagnation bei gleichzeitiger Inflation, mündete. Heute werden die Preise ganz wesentlich im öffentlichen Diskurs gemacht. Die Automobilkonzerne geben zum Beispiel in einer jährlichen Preisrunde ihre Preise öffentlich bekannt. Es liegt auf der Hand, daß dabei die Festlegung des Preisniveaus weniger eine Sache exakter Kostenkalkulation ist als eine Sache der öffentlichen Legitimierbarkeit. Welcher Preis genannt wird, hängt von der öffentlichen Stimmung ab und von den Argumenten, die man für den Preis anführen kann. Ohne plausible Gründe droht Imageverlust und damit Umsatzeinbuße.

Dieselbe diskursive Festlegung des Preisniveaus läßt sich auch an den Preisrunden der Mineralölkonzerne erkennen, die zu einem Dauerthema der öffentlichen Kommunikation geworden sind. Sie beschäftigen uns inzwischen nahezu wöchentlich. Bei diesen Preisrunden ist die ökonomische Grundlage der Kalkulation kaum noch auszumachen. Der Preis setzt sich vielmehr zusammen aus Nachrichten über das Verhalten der OPEC-Länder, über die Füllung der Öltanks in Rotterdam, über die Mineralölsteuer und aus Vermutungen, wieviel Preisaufschlag die Öffentlichkeit ohne Protestimme noch hinnehmen wird. Dem Preisverfall wird durch Aussagen über gestiegene Kosten und öffentlich bekanntgegebene Preisanhebungen entgegengewirkt, die für alle Anbieter das Signal zum Mitziehen geben. Diese Preisrunden führen zu relativ geschlossenen Aktionen, ohne explizite Preisabsprachen, weil die regelmäßige öffentliche Bekanntgabe der Preise ein Preisniveau definiert, an dem sich alle orientieren. Das Kartellamt muß da machtlos zusehen. Der Verbraucher, der innerhalb weniger Tage erfährt, daß die Mineralölgesellschaften ihre Preise erhöht haben, nimmt dies als eine öffentlich definierte Tatsache hin und fährt die gewohnte Tankstelle an. Geld- und Warenströme laufen mehr und mehr durch die Kanäle der öffentlichen Kommunikation, wie diese Beispiele zeigen.

Die Explosivität von Kommunikation

Es dürfte inzwischen klar sein, daß Kommunikation ein hochexplosiver Stoff ist. Zusätzlich zu unseren Anstrengungen, die explosiven Stoffe des technologischen Zeitalters zu kontrollieren, haben wir noch viele Anstrengungen vor uns, die hochexplosiven Stoffe des Zeitalters der Kommunikationsgesellschaft unter Kontrolle zu halten. Die Probleme der Zukunft werden auf diesem Gebiet liegen. Die Sozialwissenschaften werden eine zentrale Stellung bei ihrer Bewältigung einnehmen müssen. Wir stehen deshalb auch vor einer neuen Zeit der erheblichen Expansion der Sozialwissenschaften. Die Politiker und Ministerialbeamten, die gegenwärtig noch mit ihrem Abbau beschäftigt sind, haben nur noch nicht bemerkt, daß die Zeichen der Zeit inzwischen genau das Gegenteil sagen: Aufbau neuer Kapazitäten und Überwindung der Depression und Rezession, die diese Wissenschaften seit Mitte der siebziger Jahre beherrscht haben. Diese Zeiten müssen jetzt ein Ende haben und einem neuen Aufschwung Platz machen. Es liegt an den Sozialwissenschaftlern selbst, durch eigene Kreativität und entsprechende kommunikative Vermittlung ihrer Leistungen diesen Aufschwung zu initiieren. Auch hier hängt die Entwicklung ganz wesentlich von der Interdependenz zwischen Kommunikations- und Wirtschaftskonjunktur ab.

Teil III
Die Dialektik
der gesellschaftlichen Entwicklung

Kapitel 5
Die entfesselte Gesellschaft:
Ökonomie, Politik, Solidarität
und Diskurs

Einleitung

Die Verflechtung der gesellschaftlichen Subsysteme im öffentlichen Diskurs und die Verflechtung des öffentlichen Diskurses mit den gesellschaftlichen Subsystemen, einschließlich der wachsenden internationalen Verflechtung unseres Handelns ist ein wesentlicher Bestandteil der Entwicklung der Kommunikationsgesellschaft. Sie ist Motor der Entwicklung und Grundlage eines erfolgreichen Managements von Kommunikationskrisen.
Die Interdependenzen unseres Handelns haben ein weltumspannendes Ausmaß erreicht, und sie durchdringen jede einzelne Gesellschaft, jedes Subsystem der Gesellschaft. Wir sind Zeugen einer immens gesteigerten internationalen Verflechtung und Globalisierung unseres Lebens. Wirtschaftliches Handeln, politisches Entscheiden, wissenschaftliche Forschung und moralische Diskurse sind heute in einem weltweiten System verflochten und kaum noch auf nationale Gesellschaften begrenzt. Damit geht eine bislang nie dagewesene weltumspannende Mobilität einher, die immer mehr Menschen zusammenbringt und sich in einfacher Weise an den Steigerungsraten des Luftverkehrs ablesen läßt. Dabei stehen wir eigentlich erst am Anfang einer Entwicklung, die noch weit größere Ausmaße der internationalen Mobilität erreichen wird. Dasselbe gilt für die weltweite Kommunikation. Was in irgendeinem Winkel der Erde gesagt wird, das hört man an jedem beliebigen anderen Platz.
Mit den aufgezeigten Interdependenzen geht eine wachsende gegenseitige Durchdringung der gesellschaftlichen Subsysteme und der Gesellschaften einher sowie ihre wachsende Verflechtung und Vernetzung, aber auch eine gewisse Dezentralisierung, weil in diesem Geflecht nirgendwo noch ein eindeutiges Zentrum erkennbar ist. Diese Entwicklung läßt auch diejenige theoretische Position als nicht mehr auf der Höhe der Zeit befindlich erschei-

nen, die Habermas' Diskurstheorie als bessere Alternative entgegengetreten ist: Niklas Luhmanns (1984, 1985, 1988) Theorie der systemischen Differenzierung.
Luhmann kann zwar Habermas entgegenhalten, daß die moderne Gesellschaft nicht mehr über ein Zentrum verfügt, von dem aus alle Prozesse gesteuert werden, und auch in Zukunft nicht mehr darüber verfügen kann. Auch Diskurse können nicht zu dieser Wiedergewinnung eines Zentrums beitragen. Sie können – so sagt Luhmanns Theorie – nicht mehr sein als ein ausdifferenziertes Subsystem der Gesellschaft neben anderen Subsystemen, ohne jemals eine Steuerungsfunktion für die anderen Subsysteme übernehmen zu können. Dort wo die Teilnehmer eines Diskurses solche Ansprüche erheben wollen, werden sie enttäuscht, weil ihre in Diskursen begründeten Positionen nicht über die Diskursgrenzen selbst hinaus verbindlich gemacht werden können. Wirtschaftliche Prozesse und politische Prozesse unterstehen einer anderen Logik. Moralischer Rigorismus erweist sich im politischen Handeln, das mehr Gesichtspunkte berücksichtigen muß als moralische Diskurse, als uneinsichtige Besserwisserei (Luhmann, 1985). Was sich unter der begrenzten Fragestellung eines Diskurses als gültig erweist, ist dadurch nicht notwendigerweise politisch richtig, weil meist zu einseitig gedacht. Im politischen Handeln geht es um Entscheiden unter großer Unsicherheit über die Wahrheit. Hier ist der Mechanismus von stets wiederaufnahmefähigen Verfahren des Mehrheitsentscheides angemessener, weil flexibler.
Luhmanns Theorie der Systemdifferenzierung ist jedoch genauso weit hinter der gesellschaftlichen Realität zurück wie Habermas' Theorie des gesellschaftlichen Diskurses. Dies läßt sich zunächst an der Einschätzung der neuen sozialen Bewegungen zeigen, die sich aus Luhmanns Theorie der Systemdifferenzierung ergibt. Der moralische Anspruch, den die Ökologiebewegung erhebt, erscheint in der Perspektive der Systemdifferenzierung in dem Augenblick als eine Verabsolutierung eines partikularen Standpunktes, in dem das moralische Eintreten für den Schutz der Umwelt in Konkurrenz zu anderen moralisch begründeten Forderungen tritt (Luhmann, 1985). Dies geschieht notwendigerweise dann, wenn es um konkrete politische Maßnahmen geht, die unter einer anderen Gesetzmäßigkeit stehen, nämlich derjenigen, eine Vielzahl widerstreitender Forderungen in kollektiv ver-

bindliche Entscheidungen, die viele Alternativen ausgrenzen, ummünzen zu müssen. Eine Übertragung moralisierender Argumente auf politische Entscheidungsverfahren kann unter diesen Bedingungen nur zur Enttäuschung führen. Dies ist die Situation, in der sich gegenwärtig die Ökologiebewegung befindet.
Luhmann liegt mit dieser Erklärung für die Enttäuschung der Ökologiebewegung durch die Differenz zwischen Moral und Politik sicherlich richtig, dennoch liefert er zugleich eine falsche Einschätzung des Verhältnisses zwischen differenzierten Systemen – hier zwischen Moral und Politik – mit. Sie macht uns blind für Entwicklungen, welche die moderne Gesellschaft gerade gegenwärtig bestimmen und in eine neue Epoche hineinführen: die Interpenetration der gesellschaftlichen Subsysteme und der Aufbau von Verfahren der intersystemischen Vernetzung, Kommunikation, Aushandlung und Kompromißbildung mit der Verlagerung des gesellschaftlichen Geschehens aus den differenzierten Subsystemen in die Zonen ihrer Interpenetration. Damit einher geht eine Auflösung scharfer Abgrenzungen zwischen den Systemen, weil die Interpenetrationszonen einen immer breiteren Raum einnehmen. Märkte, öffentliche Diskurse, demokratische Entscheidungsverfahren und pluralistische Vereinigungen greifen immer weiter ineinander hinein.

5.1 Die Dialektik von Ökonomie und Diskurs

Ökonomisches Handeln und kulturelle Kommunikation expandieren beide und unterwerfen sich immer größere Bereiche des gesellschaftlichen Handelns, kommen dabei aber immer häufiger in Konflikt und müssen sich in zunehmendem Maße die Herrschaft über ein immer größeres Terrain teilen, auf dem sie sich gegenseitig durchdringen. Die kulturelle Durchdringung des ökonomischen Handelns äußert sich in der öffentlichen Thematisierung von Unternehmensentscheidungen, in einer neuen Moralisierung der Ökonomie, in der kommunikativen Umstrukturierung der Unternehmen, in der ästhetischen Überformung des Konsums und im wissenschaftlichen Antreiben technologischer Innovationen. Die ökonomische Durchdringung der Kultur macht sich in der Etablierung einer Kulturindustrie mit der Entwicklung eines riesigen Marktes für kulturelle Erzeugnisse der Religion, der Wissenschaft, der Moral und der Kunst bemerkbar.

5.1.1 Der Diskurs der Ökonomie: Sinnhafte, moralische, ästhetische und wissenschaftliche Steuerung des ökonomischen Handelns

Wirtschaftliche Erwägungen und Transaktionen und ihre Organisation in Wirtschaftsbetrieben werden immer mehr von Diskursen durchdrungen.

Sinn und Moral der Ökonomie

Die Werbeaufwendungen der Unternehmen steigen enorm, so in den 13 werbeintensivsten Wirtschaftszweigen der Bundesrepublik zwischen 1970 und 1985 von 1,168 Milliarden DM auf 3,862 Milliarden DM (Spiegel-Dokumentation, 1947-1987: 105). Die Zahl der Anzeigenseiten in den Publikumszeitschriften hat sich in der Bundesrepublik zwischen 1970 und 1985 von rund 85 000 auf 160 000 nahezu verdoppelt (Spiegel-Dokumentation 1947-1987: 115). Die Werbung wird jedoch immer mehr durch Public Relations-Arbeit erweitert. Die diskursive Begründung von wirtschaftlichen Entscheidungen im Hinblick auf Umweltschutz, Gleichstellung von Männern und Frauen, Arbeitsschutz, Mitverantwortung, internationale Solidarität und andere moralische Anforderungen nimmt einen immer breiteren Raum ein. Die Unternehmen geben der Öffentlichkeit durch die Veröffentlichung ihres Geschäftsberichtes Einblick in ihre Investitionsentscheidungen und ihre Geldverwendung. Die Public Relations-Abteilungen der Unternehmen werden immer mehr zu ihren eigentlichen Schaltzentralen. Die Deutsche Bank hat klar die Zeichen der Zeit erkannt, als sie kürzlich die Leitung ihrer Public Relations-Abteilung mit einer prominenten, äußerst medienwirksamen Literaturprofessorin besetzt hat. Unternehmensethik wird zur Überlebensstrategie in einer durchmoralisierten Welt. Manager belegen in Scharen Fortbildungskurse in Unternehmensethik (Ulrich, 1988; Gerum, 1989; Lay, 1989). Unternehmenskultur ist zum

großen Schlagwort der wirtschaftlichen Erneuerung geworden (Bruer, 1987; Heinen, 1987; Huber, 1986; Keller, 1987; Rüttinger, 1986). Die Unternehmen werden geradezu überflutet von einer Welle der Umstrukturierung von Autorität auf Kommunikation. Kommunikative Strukturen sprießen allenthalben aus dem Boden. Qualitätszirkel, Dialogstrukturen, Beschwerdetelefone und -bildschirme, Karriereförderungsgespräche, Betriebszeitungen und Weiterbildungszentren (Wittwer, 1982; Voigt, 1986; Lipsmeier, 1987) machen aus dem betrieblichen Handeln immer mehr eine Angelegenheit der Kommunikation, und zwar immer mehr über die herkömmlichen Abteilungsgrenzen hinweg. Die Einführung der Matrixorganisation nach dem Muster amerikanischer Betriebe bindet betriebliche Entscheidungen in ein System von checks und balances ein, das keine einsamen Entscheidungen eigenmächtiger Manager mehr zuläßt, sondern zu Kommunikation, Aushandlung und Kompromißbildung zwingt. Der Betrieb ist heute ein nach innen und außen engmaschig verflochtenes Netzwerk von Kommunikationsprozessen. Wirtschaftliches Handeln unterliegt immer mehr den Gesetzmäßigkeiten der Kommunikation.
Die Entwicklung der Unternehmenskultur nach innen und außen kann, je mehr sich der Diskurs darüber entfaltet, nicht nach Belieben im Stile einer reinen Imagepflege durch Öffentlichkeitsarbeit betrieben werden. Sie verlangt eine Vermehrung, Beschleunigung, Ausweitung und Intensivierung von Kommunikation nach innen und außen, weil sie anders nicht mehr überzeugen kann. Dadurch greifen indessen die Regeln des Diskurses immer tiefer in das ökonomische Handeln hinein. Die Interpenetrationszone zwischen Ökonomie und Kultur wird immer breiter. Diese Entwicklung äußert sich im sprunghaften Ansteigen von Mitarbeitergesprächen und Meetings, welche die Verständigung über den Sinn des betrieblichen Handelns zum Gegenstand haben, und von Gesprächsrunden und Meetings, welche das Unternehmen immer enger mit seiner Umwelt verflechten. In diesen immer häufiger stattfindenden Meetings treffen die Manager und Mitarbeiter des Unternehmens mit Künstlern, Wissenschaftlern und Kirchenvertretern zusammen. Dabei wird die Unternehmenskultur mit der gesellschaftlichen Kultur vernetzt. Die Unternehmenskultur entsteht nicht in einem isolierten Raum, sondern entwickelt sich durch Kommunikation nach innen und außen. Unternehmens-

kultur und Gesellschaftskultur treten in einen Dialog, streiten miteinander und befruchten sich gegenseitig. Das regelmäßige Aufeinandertreffen der Repräsentanten verschiedener Funktionsbereiche erhöht die Rate der Innovation im Unternehmen und in seiner Umwelt. Innovationen resultieren aus der Begegnung mit dem bislang Unbekannten. Dieser Zusammenhang wird in den Unternehmen selbst immer mehr erkannt und bewußt gefördert:

Neue Entwicklungschancen (Innovationen) entstehen immer dann, wenn eine kreative und z.T. neuartige Kommunikation (Austausch von Informationen, Personen und Resourcen) zwischen verschiedenen Fachdisziplinen, Abteilungen, Organisationen, Unternehmen, Branchen, Regionen realisiert wird (Browa, 1986: 3, zit. bei Pfister, 1989: 121).

Unternehmensleitungen, die sich auf der Höhe der Zeit befinden, machen sich diese Erkenntnis immer mehr zu eigen und setzen sie in betriebliches Handeln um. Der Vizedirektor der Firma John Schmid & Partner in Arlesheim/Schweiz, Dieter Pfister, zieht daraus z. B. die folgenden Schlüsse in bezug auf den Kulturtransfer zwischen Unternehmen und gesellschaftlicher Umwelt und zwischen den verschiedenen Ebenen des Unternehmens:

Bei der bildenden Kunst kann der Transfer auf verschiedenen Ebenen stattfinden: durch direkte Kommunikation zwischen Künstlern und Wirtschaftsvertretern, über Kunstwerke oder Vermittlung durch Menschen und werkinterpretierende Texte (Medien)... Es ist primär die Aufgabe der Unternehmensleitung und namentlich des Unternehmers selbst, Beziehungen und Ausgleich zwischen der Gesamtkultur außerhalb und der Unternehmenskultur im Innern der Firma herzustellen... Das direkte Gespräch zwischen Unternehmern und Vertretern des Kulturbereichs, von Kirchen, Wissenschaftlern und Künstlern, ist sicherlich die beste, wenn auch aufwendigste Form des Gedankenaustausches... Im Sinne des geschilderten Prozeßcharakters des Kulturtransfers hat die Unternehmensleitung nicht nur die Daueraufgabe, an der Schnittstelle zwischen Außen- und Innenwelt der Firma zu vermitteln. Entscheidend bleibt die Weitergabe der Erkenntnisse an das Gesamtunternehmen auf all seinen Ebenen. Das bedeutet: permanente Weiterentwicklung und Anpassung der Unternehmenskultur (Pfister, 1989: 121-123; siehe weiter Luch et al., 1989).

Im Zuge dieser Entwicklung betätigen sich die Unternehmen in immer umfangreicherem Ausmaß als Sponsoren für die Wahrnehmung sozialer und kultureller Aufgaben. In den Vereinigten Staaten hat diese Einrichtung eine lange Tradition, weil dort ohnehin das private Engagement für öffentliche Belange in den

Wurzeln des Gemeinwesens seit Gründung der ersten Kolonien verankert ist. Die ersten großen Industriebarone, wie z. B. Ford, Carnegie, Rockefeller, haben die Förderung sozialer und kultureller Aktivitäten zu wesentlichen Aufgaben eigener Stiftungen gemacht. Das Auftreten als Kultursponsor ist für die Unternehmen in einer Gesellschaft, in der acht von zehn Dollar für die Kultur aus privater Hand kommen, eine Notwendigkeit, um Status zu gewinnen und zu erhalten. Die Summen, die dafür ausgegeben werden, sind ansehnlich. Eines der auch dort herausragenden Beispiele bietet die Chase Manhattan Bank in New York. Ihr Geschäftsbericht weist für 1986 fast 12 Millionen Dollar Ausgaben für ideelle Zwecke aus (Roth, 1989: 350). Die Bank kann dabei in einem Land, in dem Kultur und Geschäftssinn ohnehin enger miteinander verflochten sind als anderswo, ganz offen sagen, daß solche Aktivitäten durchaus im Geschäftssinn liegen:

We have done it, because it makes good business sense (zitiert bei Roth, 1989: 351).

In der Bundesrepublik herrscht eine ganz andere Tradition. Hier ist man gewohnt, daß der Staat die Verantwortung für die Kultur übernimmt. Der deutsche Idealismus hat dafür im 19. Jahrhundert die entsprechende Ideologie geliefert. Der Staat hat das allgemeine gegen die partikularen Interessen der gesellschaftlichen Gruppen zu schützen. Da Kultur in dieser Sicht stets einem Allgemeinheitsanspruch zu genügen hat, kann sie auch nur vom Staat sicher gepflegt werden. Man hat dabei indessen übersehen, daß auch der Staat für die Durchsetzung höchst partikularer Interessen gebraucht werden kann, dann aber aufgrund des Staatsmonopols im Betreiben der großen Kultureinrichtungen auf breiter Front.
Das Zusammentreffen steigender Defizite in den öffentlichen Haushalten mit der Expansion kultureller Aktivitäten hat inzwischen die alten Förderungsstrukturen durcheinandergebracht. Nachdem Innovatoren wie der Kölner Generalmuseumsdirektor Hugo Borger Zeichen gesetzt haben, klopfen immer mehr Theaterintendanten, Musikdirektoren und Museumsdirektoren bei der Industrie an, um ihre Haushaltslöcher zu stopfen. Die Industrie nimmt diese Anfragen auf der Welle der Diskussion über die Entwicklung der Unternehmenskultur immer bereitwilliger an. Allein die letzten Repräsentanten des untergehenden traditionel-

len Bildungsbürgertums, die Feuilletonredakteure, wollen dieses Spiel nicht mitmachen und fürchten, daß die Sponsoren der Kultur ihren kritischen Geist abkaufen werden. Solche Befürchtungen müssen in der Tat geäußert werden, allein um sie trotz Expansion des Kultursponsoring nicht Realität werden zu lassen. Die Künstler werden dadurch zu kritischer Distanz zu ihren Sponsoren verpflichtet, die Sponsoren dazu gebracht, gerade den kritischen Geist als innovative Kraft fördern zu wollen. Und die öffentlichen Haushalte bekommen Gelder für die Förderung von Projekten frei, denen bislang das Brot von den großen Kultureinrichtungen genommen worden war.

Das Unternehmen, das eine kulturelle Einrichtung, ein kulturelles Ereignis oder ein kulturelles Projekt fördert, geht damit eine zweiseitige Bindung ein. Es partizipiert einerseits an dem Ansehen der kulturellen Einrichtung und erhöht dadurch seinen Status. Das fördert zweifelsohne den Geschäftserfolg des Unternehmens. Andererseits läßt sich dabei das Unternehmen aber auch auf eine Identitätsbildung von seiten der kulturellen Einrichtung ein, die es nicht nach Belieben selbst steuern kann. Es muß sich fortan gefallen lassen, besonders nachhaltig und kritisch an den kulturellen Maßstäben gemessen zu werden, die mit der kulturellen Einrichtung verbunden sind, mit der es sich zusammengetan hat. Das Unternehmen hängt sich damit aus dem Fenster heraus und muß um so größere Statuseinbußen fürchten, wenn es den gesetzten Maßstäben nicht genügt. Mit dem Kultursponsoring erlegt sich das Unternehmen letztlich die Verpflichtung auf, nach außen und nach innen zur Verwirklichung der kulturellen Ideen beizutragen, die von den unterstützten kulturellen Einrichtungen, Aktivitäten und Projekten repräsentiert werden. Letztlich sind es die Sinngrundlagen der Kultur überhaupt, denen sich das Unternehmen mit einem solchen Akt deutlich unterstellt. Damit öffnet sich das Unternehmen aber auch für das ständige Messen an den Maßstäben der Kultur.

Wer sich einmal auf den Diskurs eingelassen hat, kann sich seinen Forderungen nicht ohne großen Legitimationsverlust entziehen. Kultursponsoring ist in diesem Sinne keine leichte Imagepflege, sondern wird sich für die Unternehmen noch als ein höchst schwieriges Unterfangen erweisen, das viel diskursiven Aufwand erfordert. Nachdem indessen der Anfang gemacht wurde, können sie sich dem Sog dieser Entwicklung nicht mehr ohne große Ver-

luste entziehen. Die Nachfrage nach diskursiv geschulten Führungskräften wird wachsen. Hier tut sich ein ganz neuer Arbeitsmarkt für Geistes- und Sozialwissenschaftler auf, die sowohl über die notwendigen betriebswirtschaftlichen und technischen Kenntnisse als auch über besondere Fähigkeiten der diskursiven Argumentation verfügen. Die Universitäten haben diese veränderte Situation noch kaum erkannt und halten lieber an der traditionellen Ausbildung von Fachspezialisten fest. Reformbestrebungen müssen sich oft gegen den erbitterten Widerstand der Gralshüter traditionell eingefahrener Disziplinabgrenzungen durchbeißen.
Gewiß macht diese Entwicklung aus den Unternehmen keine moralischen Anstalten. Aber wer sich einmal auf Diskurse eingelassen hat, kann sich diesen nicht mehr ohne weiteres entziehen. Über den Erfolg der Unternehmen entscheidet immer noch der Markt. Aber der Markt funktioniert längst nicht mehr unabhängig von öffentlichen Diskursen. Unternehmen, die in den öffentlichen Diskursen schlecht abschneiden, gefährden auch ihren Markterfolg. Auch die Durchdringung der Unternehmen durch die Entwicklung ihrer Unternehmenskultur wird die diskursive Formung des wirtschaftlichen Handelns weiter vorantreiben und sie in eine neue Welt hineinführen. Die Öffentlichkeitsarbeit der Unternehmen ist unter diesen Bedingungen kaum noch als strategische Imagepflege zu verwirklichen. Sie wird immer aufwendiger und wird zu einem Teil des öffentlichen Diskurses. Wenn z. B. die Bayer AG ein Presse-Forum über Gentechnik veranstaltet, dann ist dies heute ein umfassendes Symposium mit Vorträgen, die dieses Thema von verschiedenen Seiten bearbeiten. Es ist diskursive Arbeit, bei der Antworten auf alle gestellten Fragen gefunden werden müssen, wenn man keinen Reputationsverlust erleiden will (Bayer AG, 1989).
Ein interessantes Beispiel für die Wirkung des ökonomischen Diskurses auf die Marktstrategien von Unternehmen liefert die deutsche Energiewirtschaft. Nach einigem Zögern sind die Unternehmen voll in den Zug des Energiesparens eingestiegen und versorgen ihre Kunden mit Aufklärungsschriften zum Energiesparen, wohl wissend, daß sie damit ihre Kunden zum sparsamen Umgang mit genau dem Produkt veranlassen, das sie ihnen verkaufen wollen. Da sich im ökonomischen Diskurs ein Konsens über die Verbindlichkeit des Energiesparens herausgebildet hatte,

blieb den Energieunternehmen gar nichts anderes übrig, als in dasselbe Horn zu stoßen, um ihr Ansehen bei den Kunden zu wahren oder zu verbessern.

Die Unternehmen sind heute in ihrem Handeln in den öffentlichen Diskurs eingespannt, ob sie es wollen oder nicht. Eine Nachricht über Larven in Fischen, verdorbenes Eiweiß in Nudeln oder Östrogen im Kalbfleisch kann Unternehmen und ganze Branchen an den Abgrund des wirtschaftlichen Ruins führen. Sind die Nachrichten nicht genügend abgesichert, kann dies die Informanten vor Schadenersatzklagen in Millionenhöhe stellen, wie vor kurzem (im Herbst 1989) das Land Baden-Württemberg durch die Klage des Nudelfabrikanten Birkel. So oder so, in der Kommunikationsgesellschaft entfalten selbst kleine Nachrichten große Wirkungen. Bei der riesigen Zahl von uns noch gar nicht bekannten Giftstoffen und von Giftstoffen, die in der Zukunft erst noch produziert werden, ist der Entdeckerlust keine Grenze gesetzt. So ist reichlich Stoff für zukünftige Giftnachrichten vorhanden. Dabei kann es jedes Produkt, jede Branche und jedes Unternehmen treffen. So bleibt den Unternehmen gar nichts anderes übrig, als sich auf das Schlimmste einzustellen und die Gegengutachten dafür schon in der Schublade bereitzuhalten. Unter den Bedingungen einer uneingeschränkten Suche nach Giftstoffen und ihren Wirkungen ist es für die Unternehmen am besten, sich gleich selbst an dieser Suche zu beteiligen und rechtzeitig Alternativen anzubieten. Man geht in die ökologische Offensive und überholt damit die schlafende Konkurrenz.

Welche Anforderungen der diskursiven Begründung ihres Tuns auf die Unternehmen zukommen, läßt sich an zahlreichen Beispielen demonstrieren. Ich greife nur eine Nachricht aus der *Rheinischen Post* vom 7. Februar 1990 als eines von vielen Beispielen heraus. Dort wird über eine Aktion von Greenpeace bei der Firma Feldmühle in Düsseldorf-Oberkassel berichtet:

»Es geht auch um meinen Arbeitsplatz, wenn ihr gegen Feldmühle-Produktionen demonstriert.« Mitarbeiter der Feldmühle-Hauptverwaltung fühlten sich persönlich getroffen, als gestern Greenpeace-Umweltschützer mit großen Papierrollen vor den Haupteingang des Feldmühle-Konzerns in Oberkassel zogen, um gegen die Vergiftung der Ostsee durch chlor-organische Stoffe zu protestieren. Nach Angaben von Greenpeace droht die Ostsee an diesen hochgiftigen und schwer abbaubaren Verbindungen zu sterben. Erst wenn ab sofort kein Chlor mehr für die Papierbleiche verwendet werde, könne sich die Ostsee auf lange Sicht regenerieren, so Greenpeace-Chemiker Dr. Christoph Thies. Es gebe bereits umweltfreundliche Bleichverfahren. Würde Feldmühle seine Produktion umstellen, seien die Arbeitsplätze langfristig sicherer.

»Greenpeace greift mit Feldmühle das falsche Unternehmen an«, meinte Firmensprecher Werner Pascha dagegen. Feldmühle sei am schwedischen Holzverarbeiter und Papierhersteller Stora beteiligt, der anerkannte Verfahren zur Minderung von Umweltschäden bei der Chlorbleiche entwickelt habe. Der Chlorverbrauch liege noch unter den scharfen skandinavischen Umweltstandards. Außerdem beginne Feldmühle in Bayern zur Zeit mit einem großtechnischen Versuch, Papier ohne Chlor zu bleichen.

Zur einer Annäherung der Standpunkte kam es bei einem Gespräch zwischen dem Feldmühle-Vorstand und Vertretern von Greenpeace nicht (Rheinische Post, 7.2.1990).

Die Ästhetik des Konsums

Die wachsende ästhetische Durchdringung des wirtschaftlichen Handelns ist ein weiterer Teil dieser Entwicklung. Banken und Geschäftszentren werden zu Kunstgalerien umgestaltet. Die Gesellschaft bewegt sich weg von der Differenzierung in penibel abgegrenzte Funktionsbereiche, die lange Zeit vor allem Berührungsängste zwischen ihren Repräsentanten reproduziert haben. Die Kluft, die vor allem in Deutschland zwischen Kultur und Wirtschaft herrschte, wird immer mehr von allenthalben aus dem Boden sprießenden Projekten in deren Grenzbereich eingeebnet. Was früher einmal bescheidene Kunst am Bau war, enfaltet sich heute massenhaft in den Eingangshallen und Büros von Banken und Geschäftszentren, einschließlich der persönlichen Auftritte der Künstler selbst vor der Belegschaft, sei es der bildende Künstler, der den Angestellten der Deutschen Bank in Frankfurt Auskunft über seine von der Bank angekauften Werke gibt, seien es die Philharmoniker, die in der Werkshalle von Audi in Ingolstadt ein Konzert für die Werksarbeiter und Werksangestellten geben. Das vermittelt einer wachsenden Zahl von Künstlern Arbeit und Brot und den Erfolgreichen außergewöhnliche Einkommen. Es gibt immer mehr Künstler, die tatsächlich von ihrer Arbeit leben können. Die Preise für die Kunstwerke besonders erfolgreicher Künstler schnellen in schwindelnde Höhen.

Kriterien der Gestaltung eines Lebensstils gewinnen immer mehr die Oberhand über die ökonomischen Notwendigkeiten. Ästhetik, Selbstdarstellung und Selbstverwirklichung, Lebensstil, Kommunikation und Diskurs nehmen das ökonomische Handeln immer mehr in Besitz. Der ästhetische Genuß überlagert die rein ökonomischen Motive des Kaufaktes. Shopping wird als riesiges ästhetisches Spektakel inszeniert (Schuermann, 1988: 49-77; Wirtschaftswoche, 1984). In diese Entwicklung reihen sich immer gigantischere Projekte der Vermischung von Konsum, Erlebnis, Vergnügen, Unterhaltung, Kunst und Kultur. Die Vereinigung des bislang Getrennten wird geradezu zum Prinzip einer grundlegenden Umgestaltung der Gesellschaft gemacht. Was bislang auf voneinander isolierte Funktionsbereiche verteilt war, wird in zunehmendem Maße auf engstem Raum vereinigt, um damit die Einheit von Markt und Kultur, die einmal das aufblühende bürgerliche Zeitalter von der aristokratischen Kasernierung der Kultur am Hofe unterschieden hatte, im Zeitalter der modernen Kommunikationstechnologien aufs neue und auf die ihm entsprechende Art wiederherzustellen. In Edmonton/Kanada hat man ein riesiges Einkaufs-, Vergnügungs- und Kulturzentrum gebaut, die West Edmonton Mall, das binnen kürzester Zeit alle Erwartungen in Hinblick auf Besucherströme, Geschäftsentwicklung, Arbeitsplatzangebote, Kulturangebote und Kulturkonsum übertroffen hat. Auf 9 Millionen jährlich wird die Besucherzahl geschätzt. In Oberhausen soll von derselben Planergruppe ein noch größeres Zentrum, die Euro-Mall, gebaut werden und dort für einen neuen Aufschwung des Ruhrgebietes in ökonomischer und kultureller Hinsicht sorgen. Die Erwartungen überschlagen sich geradezu. In einem Bericht der *WAZ* vom 5.12.1988 wird das Projekt beschrieben:

Auf rund 600 000 Quadratmetern überdachter Fläche soll eine einzigartige Symbiose von Vergnügungspark und Einkaufsmöglichkeiten geschaffen werden. Dazu gehören vier Hotels, davon eins in einem Marinezentrum am Rhein-Herne-Kanal, Kaufhäuser auf 130 000 Quadratmetern, kleinere Geschäfte auf 145 000 Quadratmetern, ein Amphitheater, ein Handels- und Wissenschaftszentrum, Industriemuseum, Unterhaltungszentrum mit Kinos und Nachtklubs, ein Gesundheitszentrum, Wasserpark mit Delphin-Show und Aquarien. Ein Eispalast, ein Fantasy-Land à la Disneyland, ferner Casino und Kongreßzentrum, 20 000 Quadratmeter groß und mit bis zu 6000 Sitzplätzen. Das Projekt, in drei Stockwerken konzipiert und teils mit riesigen Glaskuppeln versehen, soll etwa 2,5 Milliarden DM kosten und für die Bauzeit etwa 17 500 Arbeitsplätze sichern. Triple Five möchte bereits 1992 einen Teil des Projekts in Betrieb nehmen können. In der ersten Bauphase würde das Weltzentrum rund 49 000 Menschen pro Jahr Arbeit geben. Erwartet werden von Triple Five 25 Millionen Besucher im Jahr, davon 15 Millionen Touristen von außerhalb, wobei Oberhausen als Magnet für ganz Europa wirken soll. Gerechnet wird ferner mit 70 000 Besuchern täglich. Für die Massen der Besucher sollen 20 000 Parkplätze zur Verfügung stehen. Besucher aus einem größeren Umkreis als 150 Kilometer werden, so rechnet Triple Five, im World Tourist Center übernachten. Eine Nachfrage nach mehr als 4000 Hotelbetten pro Nacht wird erwartet. Pro Besucher wird mit einem Umsatz von jährlich 6000 DM gerechnet. 60vH der Arbeitsplätze gehen an den Einzelhandel, 10vH an die Verwaltung, der Rest in den Bereich Touristik. Deutsche Unternehmen, vor allem aus dem Ruhrgebiet, sollen die Bauleistung erbringen (Piam, 1988).

Was in diesem ästhetischen Wettbewerb nicht mitkommt, hat auch keine Marktchancen mehr. Der Käufer sucht beim Shopping keine Lebensnotwendigkeiten, sondern das ästhetische Erlebnis nahezu als Selbstzweck. Der ökonomische Kaufakt wird zum Beiwerk ästhetischen Genießens. Flanieren im Shopping- und Kulturzentrum der Städte ist nicht mehr allein Privileg einer Elite reicher Müßiggänger, sondern ein Massenspiel. Die Städte überbieten sich in der Umgestaltung ihrer Zentren zu Kauf- und Kulturtempeln. Nur die Gewerkschaften und der Handel haben die Zeichen der Zeit noch nicht erkannt und verwehren den Massen den vollen Genuß ihrer Freizeit in diesen Tempeln durch das rigide Festhalten an den alten Ladenschlußzeiten (zur Situationsbeschreibung: Der Spiegel, 1989c, 1989e).

Wissenschaftliche Innovation und technologische Entwicklung

Auch die Wissenschaft greift immer weiter in ökonomische Prozesse ein. Die Konjunkturvoraussagen der Wirtschaftsforscher sind zu einem festen Bestandteil der Investitionspolitik von Unternehmen geworden. Neue wissenschaftliche Entdeckungen revolutionieren Märkte und setzen neue wirtschaftliche Entwicklungen in Gang. Der Mikrochip hat eine ganze Industrie der Kommunikationstechnologie aufgebaut und zur größten Wachs-

tumsbranche gemacht. Was in den naturwissenschaftlichen Forschungslabors vor sich geht, dringt immer schneller und umfassender in die Industrie ein. Die Forschungsabteilungen der Unternehmen werden immer größer und bedeutender. Diese gesteigerte wissenschaftliche Potenz setzt die Unternehmen immer mehr unter Druck, das technisch Mögliche auch zu produzieren. Der wissenschaftlich-technische Fortschritt weckt Erwartungen in eine immer weitere Steigerung des technischen Niveaus von Produktions- und Konsumgütern. Diese Erwartungen werden durch die wissenschaftlich-technisch informierte öffentliche Kommunikation in den Massenmedien noch geschürt. Investitionen in technologische Innovationen von Produkten werden durch die öffentliche Stimmungslage gefordert. Wer darauf am schnellsten reagiert, erobert sich zugleich Marktchancen gegen Konkurrenten. Dabei werden Preisspielräume bis an die Grenze dessen, was noch den Absatz der Produkte erlaubt, ausgenutzt. Ein Beispiel ist die Automobilbranche. Mit jeder Produkterneuerung ist die technische Ausstattung, aber auch der Preis der Fahrzeuge ganz massiv gestiegen. So gerät die ökonomische Rationalität von Produzenten und Konsumenten aufgrund des anhaltenden Booms der technischen Qualitätssteigerung erheblich unter Druck. Wir leisten uns technisch immer hochstehendere Produkte, müssen dafür aber immer höhere Preise bezahlen. Wer z. B. die automobile Aufrüstung auf deutschen Straßen und Parkplätzen beobachtet, die von immer aufwendigeren Prunkstücken und Protzkisten überquellen, fragt sich manchmal, wie das alles bezahlt wird. Das Kreditvolumen von Produzenten und Konsumenten steigt ständig und zeigt Alarmzeichen geschwundener ökonomischer Rationalität.
In der Mikroelektronik ist inzwischen ein mörderischer Wettlauf zwischen Japan, den Vereinigten Staaten und Europa entbrannt, die Entwicklung von Mikrochips immer weiter voranzutreiben und so schnell wie möglich in die Massenproduktion umzusetzen. Dazu sind Milliardeninvestitionen erforderlich, von denen man zum Zeitpunkt der Investition noch nicht sagen kann, ob sie sich auch einmal bezahlt machen werden. Dabei geht es auch um hohe Subventionen durch die Staatshaushalte. So fordern die Elektronikkonzerne Europas, Siemens und Philips an der Spitze, gegenwärtig (im Jahre 1989) für ein neues Entwicklungsprogramm von der EG eine Subvention von 1,9 Milliarden DM.

Hauptargument dabei ist der Wettlauf mit Japan und den Vereinigten Staaten (zur Situationsbeschreibung vgl. Rolf Diekhof und Michael Schmidt-Klingenberg, »Wichtig ist, daß wir nicht erpreßbar sind. Interview mit Professor Ingolf Ruge über Milliarden-Subventionen für die Mikroelektronik und die Chancen der Europäer«, in: *Der Spiegel*, Nr. 17: 115-130).

Die Mikroelektronik ist zum Paradigma einer neuen Ebene der engsten Verknüpfung angewandter Forschung, technologischer Innovation und unternehmerischer Produktentwicklung geworden. Das Siliconvalley bei Palo Alto in Kalifornien, von dem eine Revolution der Mikroelektronik ausging, hat inzwischen überall Bedürfnisse der Nachahmung geweckt. Die Einrichtung von Technologieparks, wo Forschung und industrielle Nutzung unmittelbar zusammengebracht werden, steht ganz oben auf der Prioritätenliste von Forschungsministerien und Stadtverwaltungen. Die Industrie sieht sich durch die internationale Konkurrenz immer mehr gezwungen, ihre Forschungs- und Entwicklungsinvestitionen zu steigern. In der Bundesrepublik ist das Investitionsvolumen von Staat, Wirtschaft und Stiftungen für Forschungs- und Entwicklungsaufgaben zwischen 1962 und 1978 von 4,5 Mrd. DM auf 30,1 Mrd. DM gewachsen (Kreibich, 1986: 48). »Technologietransfer« ist zum Schlagwort des Zusammenwachsens von Wissenschaft, Technologie und industrieller Produktion geworden (vgl. Hack, 1988). Diese Entwicklung wird die Umsetzung wissenschaftlicher Ergebnisse in die Massenproduktion weiter beschleunigen. Die Laufzeit von Produkten bis zur Ersetzung durch neue Produkte wird sich immer mehr verkürzen. Wie schnell heute der technische Entwicklungsstand veraltet, läßt sich besonders drastisch an der rasenden Generationenabfolge von Computern ablesen. Die Wirtschaft gerät dadurch immer mehr unter den Druck, den neuesten technischen Entwicklungsstand so auf den Markt zu bringen, daß sich die Investitionen rentieren. In der Produktion umweltfreundlicher Technologien geht uns dies immer noch nicht schnell genug. So erzeugt die öffentliche Diskussion einen weiteren Druck auf die Innovationsrate der industriellen Produktion (Dichtl, Gerke und Kieser, 1987). Die Lösung unserer Umweltprobleme hängt in der Tat auch wesentlich von der Beschleunigung der wissenschaftlich-technischen Innovation ab. Auch die Entfaltung des ganzheitlichen Denkens in der Technologie ist an diese Voraussetzung geknüpft. Über die Wissenschaft und Technik hinaus ist die Förderung von Kreativität heute in den Mittelpunkt der Personalpolitik der Unternehmen gerückt (Nütten und Saubermann, 1988). Wir lassen die traditionalistischen Strukturen hierarchisch organisierter Kommandobetriebe immer mehr hinter uns zurück und ersetzen sie durch Netzwerke von Kreativteams.

Zwischen Nützlichkeit und Wahrheit

Die kulturelle Durchdringung des ökonomischen Handelns nimmt ein Terrain des gesellschaftlichen Geschehens ein, das bislang von der Ökonomie beherrscht worden war. Jetzt sind auf diesem Terrain kulturelle Standards und ökonomische Rationalität in einen ständigen Kampf verwickelt. In den Unternehmen tobt dieser Kampf zwischen der Forschungsabteilung, der Public Relations-Abteilung, der Produktionsabteilung, der Verkaufsabteilung und der Rechnungsabteilung. Der Kampf geht jedoch auch quer durch alle Abteilungen und quer durch Produzenten und Konsumenten hindurch.
Kommunikation erleichtert Verständigung, ist aber auch zeitaufwendig, verursacht Kosten und setzt immer höhere kulturelle Standards für ökonomisches Handeln. Die ästhetische Ausgestaltung des Lebensstils kann teuer werden, ebenso die ständige Steigerung des technischen Niveaus. Beide Seiten, kulturelle Standards und ökonomische Rationalität, steigern sich dabei aber auch. Das ökonomische Handeln von Produzenten und Konsumenten wird durch kulturelle Standards unter Druck gesetzt und zur Leistungssteigerung gezwungen. Auf der anderen Seite spornt die ökonomische Konkurrenz den kulturellen Erfindungsreichtum an. Die gegenseitige Leistungssteigerung setzt indessen gleichgewichtige Verhältnisse voraus. Anderenfalls geht die Ökonomie an kultureller Überforderung zugrunde, oder die Kultur verliert sich im ökonomisch Machbaren. Geld löst sich in Sprache auf, oder Sprache in Geld.

5.1.2 Die Ökonomie des Diskurses: Kulturmarkt und Kulturindustrie in Religion, Moral, Kunst und Wissenschaft

Derselbe Prozeß des Hineingreifens in die Domäne eines anderen Systems von außen gilt indessen auch in umgekehrter Richtung. Sinnfindung, Moral, Ästhetik und Wahrheitsfindung werden in immer größerem Umfang von marktförmigen Prozessen erfaßt.

Kulturelle Unternehmer

Die Kirchen sehen sich einem wachsenden Wettbewerb mit anderen religiösen Gemeinschaften und anderen Formen der Sinnvermittlung ausgesetzt. Das Jahrbuch der religiösen Medien von 1986 weist für die USA 468 religiöse Kabelstationen aus. Das Christian Broadcasting Network von Pat Robertson wurde von über 30 Millionen Haushalten empfangen, Jim Bakkers Praise the Lord (PTL) von 12,5 Millionen, das Trinity Broadcasting Network von 5,9 Millionen, das Netzwerk der Southern Baptist Convention von 3,3 Millionen. Das Netzwerk der katholischen Kirche erreicht 4,3 Millionen Haushalte, das National Jewish Television 5,6 Millionen (zitiert bei Ege, 1986; vgl. Boventer, 1984; Horsfield, 1984; Martz et al., 1988).

Moralische Diskurse schließen eine wachsende Zahl von konkurrierenden moralischen Unternehmern ein. Die künstlerische Darbietung wird in einen immer schärferen Wettbewerb hineingetrieben, der die Grenzen zwischen Kunst und Unterhaltung immer mehr verwischt. Universitäten und Forschergruppen sehen sich in zunehmendem Maße in einen Wettbewerb um öffentliche Aufmerksamkeit für ihre Produkte hineingezogen. Diese Entwicklung ist nicht allein einer bösen Vereinnahmung der Kultur durch die Industrie zuzuschreiben, sondern auch der Demokratisierung der aktiven und passiven Teilnahme an der Kultur und ihrer internationalen Verflechtung. Was einmal die Sache einer Elite war, ist heute zwangsläufig zu einem Massenspektakel geworden, bei dem jeder um die Aufmerksamkeit der anderen ringen muß. Die Bibelstunde der geschlossenen Kirchengemeinde wird durch Fernsehpredigt und andere Sinnangebote verdrängt, der philosophische Seminardiskurs durch moralische Unternehmungen und öffentliche Debatten, das klassische Theaterstück durch die Multimediashow, das kleine Forschungslabor durch das Großforschungszentrum.

Markt und Kultur greifen inzwischen so weit ineinander hinein, daß es kaum noch möglich ist, zu bestimmen, wo das eine aufhört und das andere beginnt. Zwischen ihren Heimstätten baut sich eine immer breitere Zone ihrer gegenseitigen Durchdringung auf, in welcher sich der größte Teil der Geschehnisse abspielt. Die Wahrheitssuche des Forschers wird auch unmittelbar von Gesichtspunkten der Vermarktung seiner Ergebnisse auch im Wissenschaftsbetrieb selbst bestimmt. Die Kunst kommt ohne Sponsoring und Management nicht mehr aus, weil sie sich sonst nicht gegen die vielfältige Konkurrenz behaupten kann (Roth, 1989; Der Spiegel, 1988, 1989a; Daweke und Schneider, 1986; Wiesand, 1987). Zugleich wächst damit aber auch die Durchdringung der Gesellschaft durch Wissenschaft und Kunst enorm. Noch nie gab es so viele aktive Wissenschaftler und Künstler wie heute, und noch nie sind Wissenschaft und Kunst weiter in der Gesellschaft verbreitet und »konsumiert« worden als heute. Noch nie sind sie aber beide in einem Ausmaß von ökonomischen Marktprozessen erfaßt worden wie heute. Dasselbe gilt für die religiöse Sinnfindung und den moralischen Diskurs. Die verschiedenen Religionen operieren heute weltweit auf einem riesigen Markt der Sinnstiftung. Moralische Unternehmungen wie die Ökologie-, Frauen-, Friedens-, Alternativ-, Anti- und Pro-Abtreibungs-, Anti-Kernkraftwerksbewegung, Greenpeace, Amnesty International und zahllose andere Bewegungen bevölkern heute einen weltweiten Markt der moralischen Erneuerung, auf dem die richtige Selbstdarstellung und gutes Management so wichtig sind wie die richtigen Argumente. Eine detaillierte Analyse der Diskussion über die Abtreibung in der Bundesrepublik kommt zu folgendem Schluß:

Man muß klar sehen, daß die Rede vom »Ungeborenen als einer Person«, aber auch die Sprache vom »Fötus als Parasiten« Medium der Kommunikation und Ressource symbolischer Kämpfe im Kräftefeld sozialer Bewegungen und Gegenbewegungen, sowie der alliierenden oder opponierenden Institutionen ist (Viehöver, 1990: 291-292).

Geht die Kultur durch die Entwicklung zum Kulturmarkt und zur Kulturindustrie zugrunde? Adorno (1970,1977) hat auf diese Frage die klassische Antwort der traditionellen Elitenkultur gegeben, die bis heute von der herrschenden Kulturkritik in stets neuen Varianten nacherzählt wird: Ja, sie stirbt in der Verwandlung zur Massenware. Die Antwort erscheint uns heute indessen zu einfach. Die Kultur verliert in der Tat ihren sakralen Charakter, und sie wird der festen Verwaltung durch ihre traditionellen Oberpriester entrissen. Sie kommt in die Hände immer breiterer Schichten der Bevölkerung, sie wird profanisiert und zu einem alltäglichen Konsumgegenstand gemacht. Das ist die eine Seite. Auf der anderen Seite wachsen ihr aber auch Chancen zu, die ganze Gesellschaft in einem bislang nie dagewesenen Ausmaß zu durchdringen. Je mehr kulturelle Angebote auf den Markt drängen, um so mehr wird durch die Belebung des Kulturmarktes das Interesse an Kultur überhaupt geweckt. Konkurrenz belebt auch hier das Geschäft. Kulturkonsum ist mitnichten ein Nullsummenspiel, sondern ein Spiel mit wachsenden Zuwachsraten für alle Sparten.

Was nach der Theorie der Marktmobilisierung ohnehin zu erwarten ist, wird auch durch empirische Untersuchungen bestätigt: Eine empirische Studie weist z. B. für die Vereinigten Staaten zwischen 1975 und 1980 eine erhebliche Steigerung des Kulturkonsums in allen ermittelten Sparten zugleich nach. Der Anteil der Bevölkerung, der bestimmte Typen kultureller Veranstaltungen besucht, stieg zwischen 1975 und 1980 wie folgt: Kinobesuch von 70% auf 75%, Theater von 41% auf 59%, Popkonzerte von 36% auf 48%, klassische Konzerte von 18% auf 26%, klassische Musik: Radio, Platte, Tonband von 56% auf 71%, Kunst-Museen von 44% auf 60%, Tanz-Shows von 16% auf 25%. Zwischen den Sparten gibt es auch gegenseitige Steigerungen. So gehen regelmäßige Museumsbesucher 7 mal jährlich ins Kino, während dies der Durchschnitt der Bevölkerung nur 3 mal jährlich tut (Roth, 1989: 476).

Inzwischen haben wir einen regelrechten Kulturboom, der einerseits aus der marktförmigen Vermittlung der Kultur resultiert und andererseits alles, was sich bisher diesem Markt entzogen hat, in ihn hineinzieht. Das macht Kultur für breite Bevölkerungsschichten zugänglicher als jemals zuvor. Es fallen die herkömmlichen Hemmschwellen, die von der Kultur eines in sich

geschlossenen Bildungsbürgertums aufgebaut worden waren. Daß es inzwischen keine Kleiderordnung mehr für den Theaterbesuch gibt, ist eines der vielen Zeichen für abgebaute Hemmschwellen. Kultur läßt sich jetzt anfassen, verliert damit aber auch ihre Exklusivität. Die wenigen verbliebenen Bildungsbürger mokieren sich dann über die schlechten Manieren des ungebildeten Publikums.
Indessen gilt auch für den Kulturmarkt derselbe Trend wie für den Konsum überhaupt. Die Entwicklung geht in die Richtung des Konsums von immer höherwertigeren Produkten durch immer breitere Schichten, eine Entwicklung, die von der traditionellen Kulturkritik völlig übersehen wurde. Warum sollen indessen für den Kulturmarkt andere Gesetze gelten als für den Konsumgütermarkt im allgemeinen? Mit plausiblen Gründen läßt sich dies jedenfalls nicht nachweisen.
Der Trend der Nachfrage nach immer höherer Qualität setzt auf dem Kulturmarkt außerdem eine Bewegung in Gang, die wir ebenfalls schon aus der allgemeinen Entwicklung des Konsums kennen: ein wachsender Druck auf diejenigen, die sich von der nachrückenden Masse unterscheiden wollen, die Qualität ihres Kulturkonsums noch mehr zu steigern. So bildet sich eine äußerst mobile Avantgarde heraus, die gerade auf dem Kulturmarkt in gesteigertem Maße nach besonders herausragender Qualität oder nach dem Alternativen, kurz: nach dem Distinktiven, sucht. Dies gibt gerade auch der Kunstavantgarde gesteigerte Chancen, auf dem Markt ein Publikum zu finden. Der Kulturmarkt ist kein einheitlicher Brei, sondern nimmt eine immer differenziertere und vielschichtigere Gestalt an. Wie sich der Konsumgütermarkt auch immer mehr von der einheitlichen Massenware billiger Kaufhäuser entfernt und sich sowohl vertikal als auch horizontal immer mehr differenziert, so wird sich auch der Kulturmarkt von der Massenkultur zu einer äußerst differenzierten Kultur für sehr differenzierte Ansprüche wandeln. Die Schablonen der herkömmlichen Kulturkritik als Kritik der industriellen Massenkultur passen da nicht mehr. Die Kulturkritik wird sich etwas Neues einfallen lassen müssen. Vorerst hat es ihr gehörig die Sprache verschlagen. Noch in den traditionellen Begriffen erzogen, fehlen ihr die nötigen Begriffe für das Neue. Die Diskussion über die Postmoderne ist der aktuelle Ausdruck für die herrschende Verwirrung in der intellektuellen Szene. Auch hier kann nur mehr

Konkurrenz um richtige Deutungen auf dem Markt der Kulturdeutungen Abhilfe schaffen.

Zwischen Wahrheit und Nützlichkeit

Auch hier entsteht ein breites Feld von Handeln, das sowohl an kulturellen Standards als auch an ökonomischer Rationalität orientiert ist. Beide Seiten überlagern sich gegenseitig und liegen im ständigen Konflikt miteinander. Die Kulturproduzenten verteidigen die kulturellen Standards gegen die Kulturmanager, die letzteren wiederum rechnen den Kulturproduzenten vor, was Kultur kostet und welche Gewinne sie einfahren kann. Die zunehmende Interpenetration des Ökonomischen und Kulturellen steigert die Leistungen. Die Kulturproduzenten werden durch die verschärfte Konkurrenz und durch die gesteigerten Absatzchancen zu größeren kulturellen Leistungen angespornt, die Kulturmanager durch das gesteigerte kulturelle Angebot zu größeren Leistungen der ökonomisch rationalen und ertragreichen Vermittlung von Kultur an Konsumenten. Die Chancen zur gegenseitigen Leistungssteigerung bergen aber die Gefahr von Krisen in sich, vor allem wenn die Verhältnisse aus dem Gleichgewicht geraten. Der kulturelle Diskurs verflacht dann zum Unterhaltungsmarkt, oder der kulturelle Markt stirbt am Ernst der hohen Kultur. Sprache löst sich in Geld auf oder Geld in Sprache.

5.2 DIE DIALEKTIK VON ÖKONOMIE UND POLITIK

Ökonomisches Handeln und politische Steuerung der Gesellschaft expandieren beide und erfassen ein immer größeres Terrain des gesellschaftlichen Handelns, auf dem sie sich die Herrschaft streitig machen und sich gegenseitig durchdringen. Die ökonomische Durchdringung des politischen Handelns zeigt sich in der Herrschaft des Haushaltens bei wachsenden Gestaltungszielen und knappen Finanzen und in der Herrschaft der ökonomischen Sachzwänge. Die politische Durchdringung des ökonomischen Handelns wird in der Entwicklung der Wohlfahrtspolitik und neuerdings in der enormen Politisierung der technologischen Entwicklung offenbar.

5.2.1 Die Ökonomie der Politik: Die Knappheit der Finanzen und die Herrschaft der ökonomischen Sachzwänge

Die Ökonomie dringt in das politische Handeln ein. Politik wird vom ökonomischen Einsatz knapper Ressourcen und von der Herrschaft der ökonomischen Sachzwänge erfaßt.

Die Knappheit der Finanzen

Da ist zunächst einmal das schiere Volumen des staatlichen Haushaltsbudgets auf den Ebenen des Bundes, der Länder und der Kommunen. Die jährlich steigenden Haushaltsdefizite werden immer mehr zu den Eckdaten des politischen Handelns. Der Schuldenstand der öffentlichen Haushalte ist in der Bundesrepublik seit 1960 von 52,8 Milliarden DM über 125,9 Milliarden DM im Jahre 1970, 468,6 Milliarden DM im Jahre 1980 auf 897,5 Milliarden DM im Jahre 1988 gewachsen (Institut FST Brief 226, 1983: 5; Statistisches Jahrbuch für die Bundesrepublik Deutschland, 1989: 440). Der damit wachsende Zwang zum ökonomischen Haushalten macht nicht selten den Finanzminister zum mächtigsten Mann des Kabinetts. Politische Entscheidungen werden dann viel weniger von den Sachproblemen und von den Fachministern bestimmt als vielmehr von haushaltstechnischen Erwägungen und vom Finanzminister. Was politisch förderungswürdig ist, wird häufig nicht mehr von den Fachleuten der Fachressorts definiert, sondern von den Rechenkünstlern des Finanzministeriums. Finanzrechnungen ersetzen in Zeiten hoher Staatsverschuldung Sachprogramme. So ist es z. B. kein Wunder, daß in einem hochverschuldeten Land wie Nordrhein-Westfalen in den vergangenen zehn Jahren Hochschulpolitik zu einer allein von Finanzproblemen diktierten Notstandsverwaltung geworden ist, die natürlich kaum mitreißende Perspektiven für die Zukunft zu entwickeln vermag. Politik wird so zum Abtragen von Schulden verdammt und jeglicher Gestaltungskraft beraubt. Gesellschaftsgestaltung nach politischem Programm unterscheidet indessen Politik von rein ökonomischem Haushalten.

Die Herrschaft der ökonomischen Sachzwänge

Eine schon länger diskutierte Form der Überlagerung von Politik durch Ökonomie ist die Determination des politischen Handelns durch »Sachzwänge« der ökonomischen und technologischen Entwicklung. Das Hineingreifen ökonomischer und technischer Sachzwänge in das politische Handeln ist schon längst ein Thema der Gesellschaftstheorie (Koch und Dreitzel, 1970; Schubert, 1981). Diese Überlagerung der Politik durch die Ökonomie ist besonders in der Technokratiedebatte der sechziger Jahre thematisiert worden. Eine andere Variante dieser These hat die neomarxistische Theorie des Spätkapitalismus geliefert, die den Staat auf die Rolle des Krisenmanagers oder des ideellen Gesamtkapitalisten beschränkt sah. In beiden Sichtweisen ist der Spielraum des staatlichen Handelns durch die ökonomischen Parameter aufs engste begrenzt. Der Staat ist nicht mehr als der Erfüllungsgehilfe ökonomischer und technischer Sachzwänge und/oder Reparateur der von der Ökonomie verursachten Krisen (Jänicke, 1986). Diese These hat durch die Schubkraft der jüngsten technologischen Entwicklung in Kernenergie, Mikroelektronik, Chemie und Humangenetik neuen Auftrieb erhalten. Hier hat sich eine Dynamik der industriell-technischen Entwicklung entfaltet, die den Staat vor immer größere Kontrollprobleme stellt (Bechmann, 1984; Herrmann, 1983). Sie übersteigen oft das Territorium des Einzelstaates und verlangen internationale Kontrollen, die nur mühsam und unvollständig in zwischenstaatlichen Absprachen zu erreichen sind (Prittwitz, 1984; Mayer-Tasch, 1985, 1986). Zugleich werden durch technologische Entwicklungen für eine lange Zeit Bedingungen gesetzt, die alles weitere ökonomische und politische Handeln binden. Man kann von technologischen Zügen nicht nach Belieben von heute auf morgen abspringen.
Technologische Entwicklungen, die aus dem ökonomischen Kalkül privater Investoren resultieren, setzen somit Bedingungen, die quasi einen kollektiv verbindlichen Charakter bekommen, weil sich ihnen niemand entziehen kann und sie nicht beliebig wieder aufgehoben werden können, auch nicht durch politische Entscheidungen. Wenn große Energieunternehmen auf Kerntechnik setzen, dann tun sie dies aus ökonomischer Berechnung. Diese Entscheidung bindet jedoch uns alle, da wir ihren Gefahren alle gleich ausgesetzt sind. Außerdem können wir als Stromab-

nehmer nicht beliebig zwischen verschiedenen Verstromungsverfahren wählen. So haben ökonomische Entscheidungen einen quasi-politischen Charakter. Im Unterschied zum reinen Marktverhalten lassen sie uns nicht die Freiheit, beliebig von einem Angebot Gebrauch zu machen oder nicht.

Zwischen Macht und Geld

So haben wir es hier mit einer Interpenetrationszone von Ökonomie und Politik zu tun, in der das Ökonomische das Feld der Politik besetzt und beide Systemlogiken miteinander im Clinch liegen. Wirtschafts- und technologiepolitische Entscheidungen auf der Basis von politischer Macht werden durch ökonomische Entscheidungen auf der Basis von Geldinvestitionen in ihrem Spielraum programmiert. Sie selbst erhalten einen ökonomisch-politischen Charakter. Was schließlich getan wird, das ist teils durch Sachzwänge und ökonomisches Kalkül, teils durch Kriterien der politischen Durchsetzbarkeit bestimmt. Politiker müssen dabei lernen, zugleich ökonomisch und politisch zu denken. Es wird das getan, was zugleich ökonomisch vertretbar und politisch machbar ist.

Aus der Interpenetration des ökonomischen und des politischen Handelns resultiert eine gegenseitige Leistungssteigerung. Die Politik wird durch die ökonomische Mobilisierung vor immer wieder neue Probleme gestellt, für die sie Lösungen ausarbeiten muß, um die Gesellschaft nach politischen Zielsetzungen zu gestalten. Aus dem ökonomischen Handeln entsteht eine Entwicklungsdynamik, die das politische System einerseits ständig in Krisen stürzen kann, aber andererseits die Ressourcen bereitstellt, die sich durch Politik in zielgerichtete Gesellschaftsentwicklung umsetzen lassen. Umgekehrt wird die Ökonomie durch die politische Gestaltung unter Druck gesetzt, die sie einerseits vor unlösbare Aufgaben stellen und ausbluten lassen, aber auch zu ungeahnten Leistungen vorantreiben kann. Geld steigert Macht, Macht steigert Geld, es können sich aber auch Geld in Macht und Macht in Geld auflösen.

5.2.2 Die Politik der Ökonomie: Wohlfahrtspolitik und Technologiepolitik

Es verhält sich indessen auch im umgekehrten Sinne. Politische Entscheidungsverfahren greifen immer weiter in Märkte hinein, um Entwicklungen zu steuern.

Wohlfahrtspolitik

Das wohlfahrtsstaatliche Eingreifen der Politik in den Arbeitsmarkt ist inzwischen Geschichte. In den hochentwickelten Industrieländern Europas hat es ein Niveau erreicht, auf dem man schon über die selbstdestruktiven Konsequenzen eines überzogenen Wohlfahrtssystems nachzudenken beginnt. Wo das Wohlfahrtssystem Arbeitslosigkeit fördert und mit zu deren Einrichtung auf Dauer beiträgt, statt sie als vorübergehendes Lebensstadium zu mildern, beginnt der Wohlfahrtsstaat, sich selbst zu widersprechen (Alber, 1982; Flora et al., 1983; Offe, 1984; Zapf, 1977; Wiegand und Zapf, 1982).

Technologiepolitik

Eine ganz neue Dimension des Hineingreifens der Politik in das wirtschaftliche Handeln wurde jedoch auf dem Felde der Technologiepolitik erreicht. Während die Auseinandersetzungen um den Ausbau des Wohlfahrtsstaates in den hochentwickelten europäischen Industrieländern weitgehend abgeschlossen sind und wenig Anlaß für heiße Kämpfe geben, verhält es sich mit der Technologiepolitik gerade umgekehrt. Sie ist inzwischen zum heißesten Thema des politischen Geschehens geworden (Bechmann, 1984; Beck, 1986, 1988; Brooks, 1984; Dierkes et al., 1980; Dietz-Will, 1982; Evers und Nowotny, 1987; Friedrichs, Bechmann und Gloede, 1983; Halden, 1984; Keck, 1984; Kerner, Maissen und Radek, 1987; Kessel und Tischler, 1984; Touraine et al., 1982). Dabei treffen die gesteigerten Risiken des technologischen Fortschritts mit der kommunikativen Revolution zusammen, die wir gegenwärtig erleben. Die Anheizung des politischen Diskurses durch die Massenmedien macht die Technologiepolitik

zum Dauerthema und zu einem heißen politischen Kampf zwischen interessierten, betroffenen und politisch verantwortlichen Gruppen. Die technologische Entwicklung wird dadurch aus ihrem Schattendasein in den wissenschaftlichen und industriellen Forschungslabors an das Licht der Öffentlichkeit gebracht und in den Strudel politischer Kämpfe hineingezerrt. Was lange Zeit eine Sache des Erfindungsgeistes der Forscher und des ökonomischen Kalküls von Industriemanagern war, wird nun eine Sache der offenen politischen Auseinandersetzung. Forscher und Industriemanager können ihre Projekte nicht mehr unbehelligt von der Öffentlichkeit durchführen. Sie müssen jetzt in die Rolle politischer Aktoren schlüpfen und dafür gegen den Widerstand anderer politischer Aktoren – Bürgerinitiativen, Aktionsgruppen, Parteien, Politiker und Zukunftsforscher – kämpfen.
Die Technologieentwicklung folgt damit zunehmend auch den Gesetzen der politischen Durchsetzbarkeit mittels Mobilisierung politischer Macht (Lutz, 1987). Diese Entwicklung setzt indessen die ökonomische Logik nicht völlig außer Kraft, ganz wie dies auch der Ausbau des Wohlfahrtsstaates nicht getan hatte. In dem Maße, in dem politische Maßnahmen die technologische Entwicklung so abbremsen, daß die Industrie international nicht mehr konkurrenzfähig ist und Rezession, Firmenzusammenbrüche und steigende Arbeitslosigkeit zur Folge haben, würde sich in einer nach wie vor auf Wohlstand programmierten Gesellschaft das politische Gewicht auf die Seite der Industrie verlagern. Die Drohung mit solchen Konsequenzen ist deshalb die natürliche Waffe der Industriemanager in den politischen Auseinandersetzungen um die Technologiepolitik.
Die Verschärfung der politischen Kämpfe um die technologische Entwicklung hat also zwei Ursachen: einmal die Steigerung der Risiken, die mit der Entwicklung der Technologie einhergehen, zum anderen die kommunikative Durchdringung der Gesellschaft. Beide zusammen ziehen die technologische Entwicklung aus der rein ökonomischen Kalkulation heraus und in die politischen Kämpfe hinein. Das macht die technologische Entwicklung allerdings noch nicht zu einer rein politischen Angelegenheit. Schließlich werden ja die meisten Investitionen in Technologie von privaten Unternehmen vorgenommen, die sich auf dem internationalen Markt behaupten müssen und nichts tun können, was ihre Ertragslage und Marktposition gefährden würde. Die aus den

politischen Kämpfen hervorgehenden Einschränkungen und Kontrollen müssen sie jedoch als Rahmenbedingungen der ökonomischen Rechnung einkalkulieren. Als politische Aktoren kämpfen sie um Rahmenbedingungen, die ihnen größtmögliche Gewinnchancen lassen. Wie erfolgreich sie ökonomisch sein können, hängt jedoch immer mehr davon ab, wie erfolgreich sie politisch agieren. Da Politik heute immer mehr die öffentliche Auseinandersetzung zwischen Aktionsgruppen in den Mittelpunkt rückt, stellt sich dieser Erfolg nicht mehr so ohne weiteres auf dem Wege traditioneller Lobby-Politik in den Büros von Abgeordneten und Ministerien ein, sondern nur noch durch erfolgreiche Kompromißbildung mit den konkurrierenden Aktoren im politischen Geschehen.
All dies macht deutlich, daß die technologische Entwicklung heute längst nicht mehr in Kategorien eines selbstreferentiellen ökonomischen Systems, aber auch nicht in Kategorien eines selbstreferentiellen politischen Systems zu begreifen ist, sondern allein als eine Zone, in welcher sich das ökonomische und das politische System gegenseitig durchdringen. Angesichts dieser Entwicklung sind die Technokratietheorien inzwischen veraltet, die vor Jahren in der technologischen Entwicklung eine einseitige Determination der Politik durch ökonomisch-technische Sachzwänge sahen und eine Verabschiedung des Politischen durch die Herrschaft der Sachzwänge konstatierten. Inzwischen haben sich erhebliche politische Gegenkräfte gesammelt, die nun zurückschlagen und dabei sind, das verlorene Terrain zurückzuerobern. Auf diesem Wege dringt die Politik neuerdings immer tiefer in die Ökonomie und die Steuerung der technologischen Entwicklung ein. Technologiepolitik ist zum heiß umkämpften Schlachtfeld der gegenseitigen Durchdringung von Ökonomie und Politik geworden. Politische Aktionsgruppen machen gegen technologische Neuerungen in Kernenergie, Mikroelektronik, medizinischer Forschung, Pharmazie, Humangenetik, Luftfahrt, Automobilbau und Straßenverkehr mobil, besetzen vorgesehene Industrieanlagen, mobilisieren die Öffentlichkeit und setzen Politiker durch Zuweisung von Verantwortlichkeiten unter Zugzwang. Da bleibt den Industriemanagern nichts anderes übrig, als in diesem Spiel mitzuspielen. Dieses Spiel wird inzwischen ebenso von den Regeln der demokratischen Mobilisierung von politischer Macht durch politische Unterstützung diktiert wie

von den Regeln der ökonomischen Kalkulation. Wir haben es mit einem gemischten Ökonomie-Politik-Spiel zu tun, in dem sich beide Systeme zu ungefähr gleichen Teilen durchdringen. Das Spiel selbst ist ein Schlachtfeld, auf dem beide Systemlogiken miteinander im ständigen Kampf liegen, repräsentiert durch Industriemanager, Forscher, Aktionsgruppen und Politiker. Wie weit dabei ein relatives Gleichgewicht bewahrt wird, hängt von der Stärke der im Streit liegenden Konfliktparteien ab. Interpenetration ist permanenter Konflikt als treibendes Element der gesellschaftlichen Entwicklung.

Von einer »Entgrenzung« der Politik durch die technologische Entwicklung im Sinne der älteren Technokratietheorien zu sprechen, trifft insofern nur die ältere Phase der technologischen Entwicklung und wird irreführend, wenn man die neue Phase der Technologiepolitik der vergangenen zwanzig Jahre betrachtet (Beck, 1986: 302-306). Jetzt ist gerade in der umgekehrten Richtung eine neue »Entgrenzung« der Ökonomie eingetreten, ein Hineinverlagern politischer Auseinandersetzungen in den Kontext der ökonomisch-technischen Rationalisierung. Diese Repolitisierung des industriell-technischen Wandels impliziert natürlich kein Zurückverlagern des Geschehens in die Kabinettssäle und Parlamentsgebäude. Beide haben in dieser Entwicklung ebenso ihre alte Souveränität verloren wie die Managementzentralen der Industrie (Guggenberger und Offe, 1984; Beck, 1986: 311-324). Gesellschaften, in denen ökonomisches und politisches Handeln diskret auf diese beiden »sich gegenseitig beobachtenden« Systeme beschränkt bleiben, entsprechen am reinsten dem Modell funktionaler Systemdifferenzierung (Luhmann, 1985). Davon sind wir heute jedoch weit entfernt. Zum Begriff des Politischen gehört schon immer der Machtkampf zwischen gegnerischen Gruppen. In diesen Kontext hinein hat sich die Auseinandersetzung um die technologische Entwicklung verlagert.

Wir beobachten hier einen Vorgang, der das ökonomische Geschehen aus den Büros der Industriemanager und das politische Geschehen aus dem Kabinettssaal der Regierung und dem Parlamentsgebäude der Abgeordneten in die öffentliche Auseinandersetzung zwischen interessierten, betroffenen und verantwortlichen Gruppen hineinverlagert, d. h. von den selbstreferentiellen Subsystemen in die Interpenetrationszonen hinein, und zwar mit einem zunehmenden Gewicht des öffentlichen Diskurses im Zuge der kommunikativen Revolution. Dies ist kein Rückfall in die Entdifferenzierung von Politik und Ökonomie, sondern ein Fortschritt in die Richtung höherer Niveaus der Interpenetration gesellschaftlicher Subsysteme. Erst jetzt sind Ökonomie und Politik auf dem Wege zu einem gleichberechtigten ökonomisch-politischen Spiel nach den Karten beider Systemlogiken.

Katastrophengeschrei ist auf beiden Seiten unangebracht. Die Industriemanager und Gesellschaftstheoretiker, die das alte Feld der Ökonomie plötzlich von politischen Aktionsgruppen besetzt sehen, die mit politischen Karten spielen, tun gut daran, in ihnen nicht nur unliebsame Störenfriede bei der ökonomischen Produktion des gesellschaftlichen Fortschritts zu erkennen. Die Aktionsgruppen sind die notwendigen Frühwarnsysteme für eine Industrie, die ihren Fortschritt auf einem hohen Niveau des Risikos erzielt. Die Aktionsgruppen und Katastrophenpropheten tun gut daran, in den Industriemanagern nicht nur die zukünftigen Henker der Menschheit zu vermuten. Sie sind das ebenso notwendige Gegengewicht, das dem politischen Druck die Grenzen des ökonomisch Vertretbaren entgegenstemmt. Die moderne Gesellschaft lebt und entwickelt sich aus diesem Konflikt. Jede voreingenommene Aburteilung einer der beiden Seiten würde das höchst sensible Gleichgewicht einer hochentwickelten Gesellschaft durcheinanderbringen.

Die Gesellschaft braucht die geregelte Konfrontation von beidem: Technologie *und* Technologiekritik, ökonomische Kalkulation des technologischen Fortschritts *und* politische Bestimmung der Ziele technologischer Entwicklung, sowie die politisch-rechtliche Kontrolle ihrer Risiken. Aus der Interpenetration beider Systemlogiken auf dem Felde der Technologiepolitik ergibt sich eine Steigerung der Leistungen beider Systeme. Die Ökonomie wird durch die Technologiekritik und -kontrolle unter wachsenden Erfolgsdruck gesetzt, kontrollierbare und ökonomisch machbare Technologie zu entwickeln. Die Politik wird durch die technologische Entwicklung zu einer ständigen Verbesserung ihrer Zielbestimmung und Technologiekontrolle herausgefordert. Es ist kein Zufall, daß dort, wo beide Seiten stark genug entwickelt sind, auch eine um so schärfere Technologiekontrolle entwickelt werden kann. Es sind die führenden Industrienationen, wo beide, Technologie und Technologiekontrolle, am weitesten vorangeschritten sind. Die USA und Japan spielen dabei auch auf diesem

Gebiet den Trendsetter. Sie haben inzwischen die weltweit schärfsten Sicherheits- und Umweltschutzbestimmungen, wie der staunende Europäer neidvoll feststellt. In beiden Gesellschaften sorgten einerseits eine leistungsfähige Ökonomie und andererseits aktive Gerichte und Gesetzgebungsinitiativen aktiver politischer Gruppen früher als anderswo dafür, daß die Industrie immer schärferen Sicherheits- und Umweltschutzbestimmungen unterworfen werden konnte. In Japan ist der schon in den siebziger Jahren erfolgreiche Umweltschutz in den achtziger Jahren allerdings wieder zurückgeworfen worden. Das zentralisierte politische System behindert die Institutionalisierung von Umweltinitiativen auf lokaler Ebene vor Ort (McKean, 1981; Weidner, 1984, 1985; Tsuru und Weidner, 1985; Tsuru, 1989). In den Vereinigten Staaten garantiert das dezentralisierte politische System dauerhaftere Chancen der Einflußnahme durch Bürgerinitiativen (Nichols, 1987; Vogel, 1986). Die großen Sicherheitsrisiken sind heute Länder, die in kürzester Zeit die erfolgreichen Industrienationen einholen wollen, aber weder über eine leistungsfähige Ökonomie noch über ein ausgebautes System der öffentlichen, politischen und rechtlichen Technologiekontrolle verfügen. Die Gefahr droht ganz besonders von den Nachzüglern mit ehrgeizigen Entwicklungsplänen. Dazu muß man die meisten Schwellenländer, aber auch die jetzt erst richtig mobilmachenden ehemaligen sozialistischen Länder rechnen.
Um die Risiken der Technologie unter Kontrolle zu halten, kann die Welt nicht mehr aus dem Projekt der Moderne aussteigen. Dazu gehört auch die technologische Entwicklung. Ein Ausstieg aus dieser Entwicklung bedeutet ja gerade, erst recht mit den Gefahren einer unterentwickelten Technologie leben zu müssen. Das gilt auch und gerade für das heutige Niveau der Technologie. Sie ist noch unterentwickelt im Hinblick auf ihre eigene Kontrolle, wie Technologie in dieser Hinsicht schon immer unterentwickelt war. Was heute gefordert ist, das ist gerade ein ganz neuer Entwicklungsschub der Technologie zur Anwendung auf sich selbst, zur Kontrolle ihrer Risiken. Dazu bedarf es noch gewaltigerer Anstrengungen als bisher, um die technologische Entwicklung auf ein neues Niveau zu treiben. Die Bewältigung der Risiken unserer heutigen Technologie kann nur von einer besseren Technologie der Zukunft kommen. Dazu ist beides im Gleichklang erforderlich: technologischer Fortschritt und die öffentli-

che, politische und rechtliche Kontrolle dieses Fortschritts. Diese gegenseitige Leistungssteigerung setzt ein gleichgewichtiges Verhältnis zwischen Ökonomie und Politik voraus. Anderenfalls droht die Politik von einer unkontrollierbaren Technologie überwältigt zu werden, oder die Ökonomie läuft Gefahr, in der politisch-rechtlichen Kontrolle zu ersticken. Um dieses Gleichgewicht zu erreichen, kommt es mehr auf die offene Austragung des Konflikts an als auf die Aufhebung des Konflikts in einer irgendwie gearteten Synthese von Technologie und Technologiekritik an Ort und Stelle. Der Kritiker im Brot der Firma, die er kritisieren soll, verkommt leicht zum öffentlich bestellten Hofnarr, der auch einmal etwas Kritisches sagen darf, soweit es dem Image der Firma nicht schadet. Ein solches Verfahren fügte sich nahtlos in die Reihe der deutschen Tradition ein, die Konflikte nicht offen austragen, sondern in einer Synthese aufheben will, wie dies Dahrendorf (1967) einmal plausibel demonstriert hat. Der industriellen Synthese soll sich nun die technologische Synthese hinzugesellen.

Technologiekritik muß unabhängig von Technologie bleiben, wenn sie ihre Aufgabe richtig erfüllen soll. Was wir brauchen, ist nicht ihre Synthese, sondern der offen ausgetragene und geregelte Konflikt zwischen ihnen. Daß auf diesem Wege etwas erreicht werden kann, zeigt schon ein internationaler Vergleich bestimmter Technologiebereiche. So hat beispielsweise Frankreich binnen kürzester Zeit die Bundesrepublik im Ausbau der Kernenergie weit überflügelt. Dies ist überdies nicht allein im Sinne einer Überlagerung der Politik durch die Ökonomie geschehen, sondern aufgrund der Steuerung der ökonomisch-technologischen Entwicklung durch die politisch-administrative Elite mit der *politischen* Zielsetzung, die Größe und Unabhängigkeit der Nation im internationalen Kontext zu sichern. Es waren also eher politische Leitideen als ökonomische Sachzwänge, die diese rasante technologische Entwicklung gesteuert haben. Die Entwicklung ist aber vor allem deshalb so reibungslos vorangegangen, weil das politische System Frankreichs viel weniger Mittel für politische Aktionsgruppen gegen solche Technologieprojekte bereithält als das politische System der Bundesrepublik. So konnte der Ausbau der Kernenergie viel reibungsloser vorangetrieben werden, obwohl in der Bevölkerung nahezu ebenso große Ängste wie in der Bundesrepublik vorhanden waren (Kiersch und von Oppeln,

1982, 1983). In der Bundesrepublik waren es aber gerade die vielfältigen Möglichkeiten der Opposition gegen technologische Projekte auf dem Wege von Genehmigungsverfahren und verwaltungsgerichtlichen Verfahren, die einen ähnlich reibungslosen Ausbau der Kernenergie verhindert haben. In Frankreich hätte dagegen durch die Symbiose von Ökonomie und Politik in der politisch-administrativen Elite gerade die Möglichkeit einer internen Reflexion bestanden, da hier die Entscheidungen ökonomisch *und* politisch zugleich an Ort und Stelle getroffen werden. Das Beispiel zeigt, daß solche Symbiosen im Grad der Reflexion über die technologische Entwicklung hinter dem offenen Konflikt zurückbleiben.

In dieselbe Richtung weist ein Vergleich von Investitionen im Umweltschutz. Hier liegen die Vereinigten Staaten weit vor allen anderen Industrieländern, die Bundesrepublik immer noch deutlich vor den übrigen Ländern (OECD, 1987: 299, 301). Frankreich rangiert erheblich hinter beiden Ländern. Eine Erklärung kann wieder in der Dezentralisierung und in den vielfältigen Formen der Opposition liegen, die in den Vereinigten Staaten am weitesten entwickelt sind und in der Bundesrepublik immer noch mehr als in anderen Ländern. Auch hier ist es die Vielfalt von Formen der Opposition und Kritik, die eine Technologiekontrolle am weitesten voranbringt. In einem solchen Kontext haben auch Ethik-Kommissionen von Unternehmen ihren Platz. Ihre Aufgabe ist hier weniger die öffentliche Kritik des eigenen Unternehmens als vielmehr die vorbeugende ethische Kontrolle, um gerade von öffentlicher Kritik verschont zu bleiben und den Ruf des Unternehmens nicht aufs Spiel zu setzen.

Zentralisierte Systeme und Symbiosen von Technologie und Technologiekritik bergen auf jeden Fall die Gefahr in sich, daß das eine durch das andere unterdrückt wird. In diesem Falle würde der Technologiekritik wohl meist nur die Rolle des Alibis bleiben. Damit soll allerdings nicht gesagt werden, daß Dezentralisierung alle Probleme besser bewältigt als Zentralisierung. Die Schwierigkeiten der Vereinigten Staaten mit der Bekämpfung von Armut, Verbrechen und Drogenkonsum hängen auch mit der Dezentralisierung des politischen Systems zusammen. Es tendiert dazu, nur Probleme zu lösen, wo sich die Betroffenen selbst helfen können.

Die weitere Entwicklung auf dem Gebiet der Technologiepolitik kann nicht heißen: Verlagerung der technologischen Entwicklung zurück in die Hände der Industrie. Die Risiken der technologischen Entwicklung lassen eine solche stille Herrschaft der Sachzwänge ohne politische Auseinandersetzung nicht mehr zu. Das Niveau der politischen Mobilisierung der aktiven Teile der Bevölkerung macht überdies alle Versuche in dieser Richtung aussichtslos. Aber auch eine Verlagerung dieser Entscheidungen in das politische Zentrum eines parlamentarisch-demokratischen Systems bietet keine angemessene Lösung. Das Beispiel Frankreichs lehrt, daß damit noch gar nichts gewonnen ist. Dort haben gerade politische Gründe den flächendeckenden Ausbau der Kernenergie gefördert. Frankreichs politische Steuerung der ökonomisch-technischen Entwicklung beweist außerdem, daß eine solche Konstellation leicht zu einem Ausbau von Prestigeprojekten aus Gründen der Staatsräson führen kann, die ökonomisch nutzlos sind und das Land mit großen Hypotheken belasten. Dazu zählen z. B. die Concord und der Aufbau eines riesigen Stahlwerks in Fos-sur-Mer. Wo das Ökonomische jeder Eigenständigkeit beraubt ist, wie in den sozialistischen Ländern, muß die Bevölkerung letztlich die Zeche mit jahrzehntelanger Armut bezahlen. Daß dies nicht vor technologischen Risiken schützt, ist längst bekannt und seit Tschernobyl für immer symbolisch präsent (Schreiber, 1985, 1989; Ziegler, 1986). In den Ländern des ehemals real existierenden Sozialismus ist die Bevölkerung arm und doch nicht sicher, in den Ländern des entwickelten Kapitalismus ist die Bevölkerung reich und verfügt mit einer kritischen Öffentlichkeit immerhin über Mittel der Technologiekritik und -kontrolle, die zwar nicht jedes Risiko ausschließen, aber immerhin eine Absicherung erlauben, wie sie überhaupt nur möglich ist, ohne die Idee des Fortschritts aufzugeben. Hier liegt allein die Hoffnung auf einen zureichenden Schutz vor Gefahren, im weiteren Ausbau einer kritischen Öffentlichkeit. Sie ist bedeutsamer als das von den Unternehmen selbst bestellte Gegengutachten, das ja kaum mehr als ein Alibi sein kann. Die Instanzen der Kritik müssen unabhängig sein, unabhängig von der Wirtschaft und vom Staat. Die Technischen Überwachungsvereine sind schon die richtige Lösung. Es kommt darauf an, ihre Stellung zu stärken, die Genehmigungsverfahren penibel zu gestalten und die öffentliche Kritik zur Normaleinrichtung zu machen.

Die kommunikative Revolution unserer Zeit bietet gute Voraussetzungen für diese Entwicklung. Die Flut von Berichten, Enthüllungen und Skandalen im Bereich von Ökonomie und Technologie, mit der uns die Massenmedien in zunehmendem Maße überschwemmen, ist nicht allein ein Zeichen der gewachsenen Risiken, sondern vor allem ein Zeichen des geschärften Risikobewußtseins und der geschärften öffentlichen Kontrolle der ökonomisch-technologischen Entwicklung (Kessel und Tischler, 1984; Schmidt, 1985; Milbrath, 1981). Diese kritische Öffentlichkeit wird sich weiter als fester Bestandteil des Geschehens etablieren. Technologiepolitik wird dann in der Interpenetrationszone von ökonomischem Kalkül, moralischer und wissenschaftlicher Kritik, sozialer Betroffenheit und politischer Zielsetzung gemacht und nicht im Spiel von sich wechselseitig beobachtenden selbstreferentiellen Systemen. Die Unschuld der Selbstorganisation haben die gesellschaftlichen Subsysteme längst verloren. Sie alle sind von ihrer immer weiter fortschreitenden Interpenetration befleckt. Wem dieses Spiel gleichberechtigter Instanzen in einem System von checks and balances nicht genug ist, weil ja die Kernkraftwerke immer noch nicht abgeschaltet sind, der hat nicht begriffen, daß eine Gesellschaft, die viel Kritik zuläßt – auch und gerade Technologiekritik –, ihre Unschuld der einfachen Lösungen verloren hat. Sie wird immer auch mit viel Kompromissen leben müssen. Einfache Lösungen sind heute nur in totalitären Systemen möglich.

Zwischen Geld und Macht

Wer auf dem Wege der Interpenetration verschiedener gesellschaftlicher Subsysteme, so auch im Verhältnis von Geld und Macht, weiter voranschreiten und ein zunehmend komplexeres System von checks and balances verschiedener Instanzen aufbauen möchte, wird sich die Verhältnisse in den Vereinigten Staaten anschauen und mit den vorherrschenden Vorurteilen aufräumen müssen, die dort nichts anderes sehen als die Hochburg des Kapitalismus. Gewiß trifft dieses Urteil einen wesentlichen Teil der Realität, aber eben nur einen Teil. Der andere Teil besteht aus einem äußerst dezentralisierten und für Bürgerinitiativen besonders zugänglichen politischen System, das mehr auf der Interpenetration unterschiedlicher Systemlogiken im System von checks and balances aufgebaut ist als auf der säuberlich durchgeführten funktionalen Differenzierung selbstreferentieller Systeme. Das bedeutet, daß viel mehr Problemlösungen in Verfahren ausgehandelt und Kompromisse gebildet werden müssen als in einem traditionell eher funktional differenzierten System wie in der Bundesrepublik und noch mehr in Frankreich. Die zahllosen Regulierungskommissionen als wesentlicher Bestandteil des politischen Systems der USA bieten ein anschauliches Beispiel dafür. Viele Entscheidungen werden nicht im Parlament definitiv durch ein präzise ausformuliertes Gesetz getroffen, sondern durch die Regulierungskommissionen. Diese Kommissionen bringen Interessierte, Betroffene und politisch Verantwortliche an einen Tisch, um ein Problem durch Aushandlung und Kompromiß zu lösen. Das Kriterium für die Akzeptanz der Problemlösungen ist weniger ihre objektive Richtigkeit als die Fairness des Verfahrens, das allen Beteiligten die gleichen Chancen gewähren muß, zum Zuge zu kommen. Das ist auch auf dem Felde der Technologiepolitik so (Vogel, 1986; Nichols, 1987). Wenn es z. B. um die Festlegung von technischen Normen (DIN-Normen) oder Grenzwerten geht, dann geschieht dies in der Bundesrepublik so, daß technische Experten auf der Basis ihres technischen Wissens Vorschläge unterbreiten und die Industrie dazu aus ökonomischer Sicht Stellung nimmt, die Entscheidung dann aber nach politischen Kriterien durch Gesetz im politischen System getroffen wird. In den Vereinigten Staaten verläuft dieser Prozeß anders. Dort treffen technische Experten, Industrielle und Politiker unmittelbar in den Verhandlungen der Regulierungskommission zusammen und handeln selbst einen Kompromiß aus, der dann kollektiv verbindlich wird.

In der Bundesrepublik zeigt sich immer mehr, daß das kodifikationsrechtliche System um so schneller an seine Grenzen stößt, je rascher eine Anpassung der Technikkontrolle an den wissenschaftlich-technischen Wandel erfolgen soll. Wir gehen von der Fiktion aus, daß mit allgemeinen Rechtsbegriffen wie »Stand der Technik« eine generelle Technikkontrolle in juristischer Form geleistet werden kann. Die Wirklichkeit zeigt jedoch, daß die Genehmigungsbehörden letztlich doch nur Kompromisse schließen. Dafür fehlt aber nach wie vor das entsprechende Rechtsbewußtsein. Wo Kompromisse zu schließen sind und nicht allgemeines Recht unparteiisch auf konkrete Fälle angewendet wird, müssen indessen alle Experten, Interessenten und Betroffenen an einen Tisch. Da die Genehmigungsbehörden noch von der Fiktion der Anwendung allgemeinen Rechts ausgehen, werden meist nur die Interessenten, aber nicht die Experten und die sonst davon Betroffenen bei der Genehmigung von neuen technischen Anlagen gefragt. Es verwundert deshalb nicht, daß sich die letzteren im Zuge der politischen Mobilisierung der Bevölkerung immer häufiger mit Einsprüchen melden: 54% aller Einsprüche gegen Genehmigungen von Industrieanlagen gehen von Dritten aus (Wolf, 1986: 208-227).

Während das deutsche Modell dem politischen System noch die Souveränität zutraut, solche Entscheidungen selbständig nach Anhörung der Experten treffen zu können, rechnet das amerikanische Modell sogleich damit, daß es sich hierbei um eine Angelegenheit handelt, bei der man keiner Seite ein allgemeingültiges Urteil zutrauen kann, vielmehr Vorkehrungen getroffen werden müssen, alle Standpunkte zusammenzubringen, um einen Kompromiß zwischen ihnen auszuhandeln. In diesem Modell gibt es nur partikulare Standpunkte aus der Sicht eines jeweiligen Subsystems oder einer jeweiligen Gruppe der Gesellschaft. Zwischen ihnen ist nur der Kompromiß in einem fairen Verfahren möglich, keine allgemeingültige Entscheidung für das Richtige. Das deutsche Modell hängt dagegen an der von Hegel (1821/1970) begründeten Tradition, daß der Staat letztendlich den Partikularismus der Interessen im Allgemeingültigen aufhebt. In Wirklichkeit ist indessen die politische nur eine weitere partikulare Perspektive neben den anderen. Daß der Staat z. B. die partikularen Perspektiven von Industrie, Technik und Technikkritik im Allgemeingültigen aufhebe, gilt nur im faktischen Sinn der kollektiv verbindlichen Durchsetzung seiner Gesetze, nicht im Sinne ihrer objektiven Richtigkeit.

Die Wirklichkeit hat sich auch in der Bundesrepublik von diesem Modell entfernt. Der Staat hat längst seine Souveränität verloren und wird in den Streit der Interessenten, Betroffenen, Experten und Kritiker hineingezogen. Das wirkliche Geschehen verlagert sich auch hier in die Interpenetrationszone von ökonomischem Kalkül, technischem Wissen, moralischer Kritik, sozialer Betroffenheit und politischer Verantwortlichkeit. Es käme jetzt darauf an, weniger über den dadurch eingetretenen Souveränitätsverlust des Parlaments zu lamentieren, als nach Verfahren Ausschau zu halten, die dieser Entwicklung Rechnung tragen und in Analogie zu den Regulierungskommissionen in den Vereinigten Staaten die Entscheidung in die offene Auseinandersetzung zwischen den relevanten Gruppen und die Aushandlung von Kompromissen hineinverlagern. In diesen Verfahren müßten Industrie, Wissenschaft, moralische Kritik, gesellschaftlich Betroffene und politisch Verantwortliche mit gleicher Stimme sprechen können. Ihnen müßte auch die entsprechende Kompetenz zur Aushandlung von Kompromissen gegeben werden. Dagegen vermitteln die bislang institutionalisierten Anhörungsverfahren oft ein trauriges Schauspiel des Verlesens von Deklarationen ohne jede Verantwortung für das Ergebnis, das einmal herauskommen soll. Indem der Staat den angehörten Gruppen die Rolle von Bittstellern auferlegt, hält er sie genau in der Unmündigkeit, die es ihnen erlaubt, stets im Partikularismus der eigenen Lebenswelt zu verharren und die Verantwortung der Regierung und dem Parlament zuzuweisen. Politik endet dann in Verärgerung über die Arroganz der Macht und der Bürokratie auf seiten der angehörten Gruppen und über die Ignoranz der Gruppen auf seiten der Politiker und der Ministerialbürokratie. Wenn es ernst wird, trifft man sich vor dem Verwaltungsgericht wieder.

Die Flut von Verwaltungsgerichtsklagen, die in den letzten fünfzehn Jahren über Politik und Verwaltung hereingebrochen ist, zeigt nicht nur ein erweitertes Demokratieverständnis an, sondern auch eine Fehlkonstruktion unserer demokratischen Institutionen, die noch dem traditionellen Modell eines souveränen zentralen Parlaments entsprechen, obwohl dieses seine Souveränität längst verloren hat. Sie wird ihm endgültig auf dem Wege der Blockierung seiner Entscheidungen durch Verwaltungsgerichtsverfahren bei der Durchführung der Entscheidungen genommen. Aus diesem Dilemma wird man nur herauskommen, wenn man die Auseinandersetzungen vor dem Verwaltungsgericht in den Prozeß der Entscheidungsbildung selbst vorverlagert. Das Modell dafür sind Regulierungskommissionen nach dem amerikanischen System unter Einbeziehung aller relevanten Gruppen: Industrielle, Techniker, Wissenschaftler, Technologiekritiker, Betroffene und Politiker. Man wird allerdings auch den Gefahren dieses Systems ins Auge sehen und Vorkehrungen treffen müssen. Chancen können zwischen den Gruppen ungleich verteilt sein. Finanzkräftige und artikulationsfähige Gruppen können sich

Vorteile verschaffen. Die artikulationsschwachen Gruppen geraten ins Hintertreffen. Es werden nur solche Probleme angegangen und gelöst, für die sich artikulationsfähige Fürsprecher finden. Kompromisse werden nicht selten unbefriedigend sein, wo eine radikale Lösung die bessere wäre. Mit der Unzulänglichkeit von Kompromissen wird leben müssen, wer nach mehr Möglichkeiten der Kontrolle des Geschehens bei gleichzeitiger Erhaltung der Dynamik strebt.

Exkurs:
Unorganisierte Allverantwortlichkeit

Es ist inzwischen in Mode gekommen, Luhmanns (1984, 1985) Theorie der funktionalen Differenzierung der Gesellschaft in eigenlogisch operierende Systeme gesellschaftskritisch zu wenden. Man übernimmt die Theorie als Beschreibung einer schlechten Realität. So sieht Ulrich Beck (1988: 166-174) die Theorie als eine Beschreibung des Phänomens, das er »die organisierte Unverantwortlichkeit« nennt. Damit ist gemeint, daß die »ausdifferenzierten« Systeme der Wirtschaft, der Politik, des Rechts und der Wissenschaft alle anfallenden gesellschaftlichen Probleme nur nach ihrer eigenen Systemlogik bearbeiten können, ihnen deshalb aber auch keine eindeutige Verantwortung für ihre Verursachung und für ihre Lösung zugeschrieben werden kann. Die Wirtschaft kann nur tun, was sich in der Sprache der Preise als rentabel erweist, die Politik kann nur etwas tun, wodurch sich Mehrheiten erhalten oder gewinnen lassen, das Recht kann nur tun, was nach dem Schuldprinzip und vorliegenden Gesetzen entscheidbar ist, die Wissenschaft kann nur tun, was ihre Erkenntnis erweitert, ob es dem Menschen schadet oder nützt. In Luhmanns Perspektive kann die Gesellschaft mehr Probleme lösen, wenn sie aus solchen eigenlogisch operierenden Systemen aufgebaut ist. Becks Reaktion darauf: Das Beispiel der Großgefahren zeigt, daß eine solche Gesellschaft unfähig ist, ihre drängendsten Probleme zu lösen, weil die Verantwortung für ihr Entstehen und ihre Lösung von einem zum anderen System geschoben wird und dadurch nirgendwo eindeutig lokalisiert werden kann.

So weit, so gut. Nur, Luhmanns Theorie läßt sich weder als eine adäquate Beschreibung der Realität moderner Gesellschaften noch als ein Ausgangspunkt zur Lösung ihrer Probleme gebrauchen. Mit einer Kritik an Luhmanns Theorie der funktional differenzierten Gesellschaft aktuelle Gesellschaftskritik zu üben, ist reine Spiegelfechterei. Dem ganzen Gefecht liegt eine – in der Regel vom Meister selbst, seinen Interpreten und Kritikern nicht bemerkte – Verwechslung von analytischer Konstruktion und empirischer Realität zugrunde. Man kann analytisch konstruieren, wie Ökonomie, Politik, Recht und Wissenschaft autopoietisch funktionieren würden. Das konkrete gesellschaftliche Handeln ist jedoch immer ein Geflecht von Ökonomie, Politik, Recht und Wissenschaft zugleich. Als historische Gegebenheit ist das, was wir in der modernen Gesellschaft als Wirtschaft, Politik, Recht oder Wissenschaft bezeichnen, kein autopoietisches System. Das sind normativ-institutionell höchst unterschiedlich regulierte Handlungsfelder, in denen ökonomisch, politisch, rechtlich oder wissenschaftlich *orientiertes* Handeln höchst vielfältig mit den jeweils anderen Komponenten des Handelns verflochten ist. Gerade in der modernen Gesellschaft sind die empirischen Systeme (oder besser: Handlungsfelder) von Wirtschaft, Politik, Recht und Wissenschaft immer schon dialektisch konstituiert, als Interpenetrationszonen von Systemen, die allein analytisch voneinander zu trennen sind, empirisch jedoch stets in jeweils unterschiedlichen Weisen zusammenwirken.

Die Entwicklung der modernen Wirtschaft ist ohne die Verflechtung des ökonomischen Prinzips der Nutzenmaximierung mit dem moralischen Prinzip des asketischen Arbeitsethos, dem wissenschaftlichen Prinzip der technologischen Innovation, dem rechtlichen Prinzip des Vertrages und dem politischen Prinzip der politischen Wirtschaftssteuerung im Hinblick auf kollektive Ziele gar nicht denkbar. Sie bilden das soziale Feld, innerhalb dessen wirtschaftliches Handeln vonstatten geht. Diese Verflechtung von Ökonomie, Moral, Wissenschaft, Solidarität, Recht und Politik *im* wirtschaftlichen Handeln ist es ja gerade, die es uns erlaubt, auch moralische, wissenschaftliche, solidarische, rechtliche und politische Fragen an die Wirtschaft zu stellen und sie nicht ihrer allein analytisch konstruierbaren Eigenlogik zu überlassen.

Diese Tendenz zur dialektischen Konstitution von Wirtschaft, Politik, Recht und Wissenschaft durch Interpenetration ist – wie schon mehrfach nachgewiesen (Münch, 1982, 1984, 1986a, 1986b)

– im Projekt der Moderne immer schon angelegt. Es kommt darauf an, das Projekt auch in dieser Richtung weiterzuführen und sich nicht von falschen Theorien wie das Kaninchen vor der Schlange lähmen zu lassen. Eine dialektische Theorie der Interpenetration von Systemen des gesellschaftlichen Handelns zeigt an, wie sich differenzierte Verantwortlichkeiten auf dem heutigen Entwicklungsniveau noch zusammenfügen lassen: durch den gezielten Aufbau vermittelnder Institutionen, in denen Wirtschaft, Moralphilosophie, Wissenschaft, Recht und Politik zur Kommunikation und damit zur Ausarbeitung von Lösungen gebracht werden, die mehrere Gesichtspunkte zugleich berücksichtigen und zu einem Ausgleich bringen.

Nur so kann multifunktionale Verantwortlichkeit organisiert und zu einem Ganzen zusammengefügt werden. Die Entwicklung geht in diese Richtung, zumindest durch das zunehmende Ineinanderhineingreifen der Systeme. Es ist ja gerade immer weniger der Fall, daß etwa die Wirtschaft sich selbst überlassen wird und wir ihr keine Verantwortlichkeit anderer Art aufbürden. Wir verlangen immer mehr das Einordnen der wirtschaftlichen Entwicklung in einen ökologischen Gesamtzusammenhang, die Kontrolle des wirtschaftlichen Handelns durch moralische und rechtliche Standards und dessen Ausrichtung auf kollektiv gewünschte Ziele. Die Zuschreibung von Verantwortung an das wirtschaftliche Handeln wird immer vielfältiger. Sie wächst unaufhaltsam. Ein Rückzug auf die Anforderungen der eigenen Systemlogik wird immer weniger zugelassen. Die Wirtschaft wird nicht ohne weiteres mit dem Hinweis auf Kosten aus der ökologischen Verantwortung entlassen. Es wird ihr vielmehr die Suche nach ökologisch vertretbaren Alternativen aufgezwungen. Diese Entwicklung zeigt genau das Gegenteil einer systemisch organisierten Unverantwortlichkeit an: die unorganisierte Allverantwortlichkeit, die ständige Steigerung und Vervielfältigung von Verantwortungszuschreibungen.

Das Problem der modernen Kommunikationsgesellschaft ist weniger, sich aus der organisierten Unverantwortlichkeit eigenlogisch operierender Systeme herauszuretten, sondern vielmehr die immens gesteigerte Vielfalt der Zuschreibung von Verantwortlichkeiten auf einem neuen Niveau so zu organisieren, daß dadurch nicht nur Lärm entsteht, sondern auch Verständigung und Konsens. Es liegt im Trend dieser Entwicklung, daß Konflikte zwischen verschiedenen Systemlogiken zunehmen. Es kommt darauf an, für ihre Austragung neue Institutionen zu bilden. Nur so kann die Dialektik von Ökonomie, Moral, Wissenschaft, Recht und Politik produktiv in ein höheres Niveau der gesellschaftlichen Problemlösung umgesetzt werden. Nur in einer solchen Perspektive können wir einer vermeintlich adäquaten Beschreibung der Realität durch die Theorie der funktional differenzierten Gesellschaft mehr entgegensetzen als bloß die moralische Empörung über ihren angeblichen Zynismus. Die gesellschaftskritische Wendung von Luhmanns Theorie der funktional differenzierten Gesellschaft muß nämlich theoretisch ratlos bleiben. Wie will man sich den Konsequenzen einer Theorie entziehen, die man für eine richtige Erklärung der gesellschaftlichen Entwicklung der Moderne hält, diese Entwicklung jedoch aufhalten will, ohne nachweisen zu können, daß die Entwicklung auch anders verlaufen kann als von der Theorie behauptet? Da bleibt nur der theoretisch hilflose Protest.

Die Systemtheorie ist – so könnte man Lenin variieren – kein Fiaker, auf den man beliebig auf- und wieder abspringen kann. Die Theorie ist ja keine bloße »Beschreibung« eines Zustandes der modernen Gesellschaft, sie bietet vielmehr eine Erklärung für einen als zwangsläufig angenommenen Entwicklungsprozeß, aus dem sich für die Gesellschaft ebenso zwangsläufig bestimmte Optionen für die weitere Entwicklung ergeben und andere ausgeschlossen bleiben. Wenn man dagegen etwas ausrichten will, dann muß man zeigen können, daß der Entwicklungsprozeß gar nicht so verläuft oder zumindest nicht zwangsläufig so verlaufen muß wie behauptet, und für die Erklärung eines anderen Entwicklungsweges der Moderne auch eine alternative Theorie anbieten können. Dieser Chance begibt man sich indessen, wenn man die Theorie der funktionalen Differenzierung als »Beschreibung« einer vermeintlich so strukturierten Realität benutzt, denn mit der Beschreibung handelt man sich zugleich die Erklärung der Zwangsläufigkeit des Beschriebenen ein. Wer sich davon dann wieder distanzieren will, ohne etwas dagegensetzen zu können, kann sich nur den systemtheoretischen Spott einhandeln, die Lektion der Theorie nicht bis zu Ende gelernt zu haben. Nur der systemtheoretisch »Unaufgeklärte« kann sich die Gesellschaft noch so wünschen, wie sie gar nicht mehr sein kann, was immer man auch dagegen tun mag. Er stellt frommen Wunsch gegen nüchterne Realität. Damit kann er aber auch nichts über die wirklichen Gefahren und Chancen der modernen Gesellschaft sagen. Wer sich so auf das Spiel der Systemtheorie einläßt, kann nur als Verlierer das Feld verlassen. Ganze Heerscharen von kritischen Gesellschaftskritikern sind dem Meister inzwischen auf diese Weise in die systemtheoretische Falle gelaufen.

5.3 Die Dialektik von Ökonomie und Solidarität

Ökonomie und solidarisches Gruppenleben expandieren beide, machen sich auf einem wachsenden Terrain des gesellschaftlichen Handelns die Herrschaft streitig und durchdringen sich gegenseitig. Die ökonomisch motivierte Mobilisierung der Bevölkerung löst die Solidarverhältnisse gewachsener Gruppen in Familie, Verwandtschaft, Klasse und Schicht auf und unterwirft sie den Bedingungen individueller Nutzenkalkulation. Traditionale Vergemeinschaftung weicht einer marktmäßigen Organisation des Gruppenlebens. Umgekehrt findet aber auch eine solidarische Mobilisierung der Bevölkerung statt. Immer größere Teile der Weltbevölkerung erheben Anspruch auf Teilhabe am ökonomischen Wohlstand. Die Expansion des Arbeitsmarktes und Arbeitslosigkeit gehen Hand in Hand.

5.3.1 Die Ökonomie der Solidarität: Von der traditionalen Gruppensolidarität zum modernen Markt der nützlichen Vereinigung

Das System der gesellschaftlichen Gemeinschaften von Klassen, Schichten, Religionsgemeinschaften, örtlichen Gemeinden, Parteien und Verbänden wird durch den beschriebenen Prozeß der fortschreitenden gegenseitigen Durchdringung von Subsystemen der Gesellschaft erheblich durcheinandergewirbelt. Dazu gehört auch die wirtschaftliche Durchdringung der gesellschaftlichen Gruppen. Die mit der wirtschaftlichen Entwicklung einhergehende Mobilisierung der Bevölkerung löst alte Solidargemeinschaften auf und ersetzt sie durch Vereinigungen auf der Basis kurzfristig konvergierender Interessen.

Der Markt der Vereinigungen

In den Vereinigten Staaten ist diese Entwicklung am weitesten vorangeschritten. Dort hat das Marktverhalten schon in der Gründungsphase das Vereinigungsverhalten beherrscht (de Tocqueville, 1835/40/1976: 32-50). Die Gründung und die gesamte Entwicklung Nordamerikas ist durch das Zusammenströmen von Einwanderern mit konvergierenden Interessen bestimmt worden. Gleichzeitig haben allerdings rassische, ethnische, religiöse und nationale Solidaritäten ihren Einfluß behalten und ihrerseits das Marktverhalten geprägt. Die gegenseitige Durchdringung des Marktverhaltens und der Gruppensolidarität hat zu einer pluralistischen Differenzierung der Gesellschaft geführt, in der sich die verschiedenen Stufen des Markterfolgs in jeder rassischen, ethnischen, nationalen und religiösen Gruppe in eigener Form selbständig äußern. Beides, individuelles Erfolgsstreben, gesteuert durch den Markt, sowie rassische, ethnische und nationale Solidaritäten, hat eine einheitliche Differenzierung der Gesellschaft in Klassen nach dem europäischen Muster nicht aufkommen lassen und statt dessen eine Gesellschaftsstruktur geschaffen, in der sich rassische, ethnische, nationale, religiöse und lokale Solidaritäten auf der einen Seite und wirtschaftliche Erfolgsstufen auf der anderen Seite überlagern.

Innerhalb der rassischen, ethnischen, nationalen, religiösen und lokalen Solidaritäten wirken sich die dynamischen Kräfte des Marktes in durchschlagender Form aus. Diese Gruppen unterliegen einem ständigen Wandel aufgrund der wirtschaftlichen Mobilität ihrer Mitglieder. Die Zeiträume, in denen eine Person ihr Leben mit demselben Kreis von Mitgliedern der eigenen rassischen, ethnischen, nationalen, religiösen und nachbarschaftlichen Gruppe verbringt, werden immer kleiner. Häufiger Wechsel des Wohnorts und der Freunde aufgrund der Veränderung von Beschäftigungsverhältnissen wird zum Normalfall. Familien und Partnerschaften werden auseinandergerissen, weil neue Beschäftigungsverhältnisse an neuen Orten eingegangen werden. Dieser Effekt wird zusätzlich durch die doppelte Karriere von Mann und Frau verstärkt, die gerade in den USA weit vorangeschritten ist (Kappelhoff und Teckenberg, 1987; Haller et al., 1985; Erikson und Goldthorpe, 1985). Dazu kommen noch die Mehrfachbeschäftigungen einer Person bei mehreren Arbeitgebern, die in den

Vereinigten Staaten üblicher sind als anderswo. Der Mann Professor an der University of California in Los Angeles, zugleich aber auch Beiratsmitglied an der National Science Foundation in Washington, die Frau Professorin an der University of California in San Diego, oder der Mann Ingenieur bei einem Schiffahrtsunternehmen in Long Beach, die Frau Betreiberin einer Farm im 150 km entfernten Bakersfield, beides sind Beispiele für immer häufiger auftretende Auflösungen von Familien und Partnerschaften im Gefolge der ökonomischen Mobilisierung der Gesellschaft.
Es wird unter diesen Bedingungen immer schwerer, Bindungen für eine lange Zeit gleichbleibend einzugehen und aufrechtzuerhalten. Es ist deshalb eine logische Konsequenz, daß Familien, Ehen und Partnerschaften immer häufiger und schneller zerbrechen und einen immer kurzfristigeren Charakter erhalten. Unter diesen Bedingungen wird das Leben als Single zur einfachsten Form des Lebens, zumal man bei der Häufung dieser Kategorie ohne weiteres damit rechnen kann, Personen in gleicher Lage zu treffen, wenn man das Bedürfnis nach kurzfristiger Vereinigung in der Kneipe, beim Sport, bei der Unterhaltung oder im Urlaub hat. Die Zahlen sprechen für sich: In der Bundesrepublik ist zwischen 1961 und 1985 die Zahl der Ein-Personen-Haushalte von 20,6% auf 32,6% aller Haushalte gestiegen, die Zahl der Drei- und Vier-Personen-Haushalte von 39,2% auf 31,5% gefallen (Spiegel-Dokumentation 1947-1987: 29). Die Freizeitindustrie und die Selbsthilfegruppen tun das ihrige, damit es den Singles nicht langweilig wird. Wer dennoch das Bedürfnis auf ein geregeltes Zusammenleben hat, der kann sich der immer häufiger praktizierten Form der Partnerschaft zweier Singles mit jeweils eigenen Wohnungen an zwei Orten bedienen. Bei gleichberechtigt zusammenlebenden Singles können dann beide abwechselnd in die Rollen von Gast und Gastgeber schlüpfen (Bundesminister für Jugend, Familie und Gesundheit, 1985).
Auch die Gesellschaften Europas sind inzwischen auf diesem Wege zu einer ökonomischen Durchmobilisierung der alten Solidargemeinschaften von Familie, Verwandtschaft, Religionsgemeinschaft, lokaler Gemeinde, Klasse und Schicht. Das bedeutet, daß sich Menschen immer weniger allein aufgrund gewachsener Solidaritäten vereinigen, sondern immer mehr aufgrund ökonomisch kalkulierten Marktverhaltens. Dieser Veränderung des Vereinigungsverhaltens kommt ein immer größeres Angebot

konkurrierender Vereinigungen auf der Basis konvergierender Interessen entgegen. Sie bieten dem Individuum Ersatz für verlorene Zugehörigkeit, Geborgenheit, Wärme und Sicherheit. Heute gehört man nicht mehr für immer einer mit der Geburt mitgegebenen festen Solidargemeinschaft an. Man stößt auf sie vielmehr durch das Inserat in der Tageszeitung. Selbsthilfegruppen sprießen wie Pilze aus dem Boden und bieten den bindungslos gewordenen Singles stundenweise Geborgenheit (Vilmar und Runge, 1986; Nokielski, 1982).

Die Individualisierung des Lebens

Die Durchdringung des Vereinigungsverhaltens durch das ökonomisch kalkulierende Marktverhalten ist der wesentliche Motor der gesellschaftlichen Bewegung, die neuerdings mit dem Stichwort »Individualisierung« thematisiert wird. Wir erleben erst jetzt jene Individualisierung des Lebens, die schon von der klassischen Gesellschaftstheorie, vor allem von Emile Durkheim (1893/1977), Georg Simmel (1908a/1968) und Ferdinand Tönnies (1887/1963), als differentia specifica der modernen Gesellschaft im Vergleich zur traditionalen Gesellschaft hervorgehoben wurde. Die Durchsetzung der modernen Gesellschaft mit traditionalen Elementen in der nahezu ständisch festgefügten Klassengesellschaft hat diesen Individualisierungsschub der Moderne lange Zeit verdeckt. Er ist jetzt erst richtig zum vollen Durchbruch gelangt (Hradil, 1983; Bolte und Hradil, 1984; Mooser, 1983; Beck, 1986: 121-253). Das verschafft dem Individuum neue Freiheiten, aber auch neue Belastungen. Georg Simmel hat dieses Doppelgesicht der Individualisierung des modernen Lebens besonders deutlich zum Ausdruck gebracht. Während die alten Solidargemeinschaften den einzelnen fest umschlossen und beherrscht hatten, aber auch sein Leben organisiert und damit für Entlastung gesorgt hatten, ist das Individuum inzwischen mehr und mehr von der Umschließung und Beherrschung durch Familie, Verwandtschaft, Religionsgemeinschaft, Klasse und Schicht befreit worden, aber mit der Konsequenz, jetzt selbst sein Leben organisieren und eine wachsende Vielfalt konfligierender Solidaritätsangebote und -erwartungen balancieren zu müssen. Das Individuum wird zum Knotenpunkt der sozialen Integration, nämlich zum Schnittpunkt einer Vielzahl divergierender sozialer Kreise (Simmel, 1908a/1968). Diese Konstellation wirkt befreiend, soweit das Individuum die konfligierenden Erwartungen gegeneinander ausspielen kann, sie übt aber auch Druck auf das Individuum aus, soweit es die konfligierenden Erwartungen nicht mehr in Einklang bringen kann.

Mit der ökonomischen Durchdringung des Vereinigungsverhaltens verschärft sich auch der Konflikt zwischen beiden Systemlogiken. Familie, Ehe und Partnerschaft beugen sich nicht lautlos dem ökonomischen Diktat, wenn aus Gründen der Beschäftigungsmobilität Bindungen aufgelöst und neue eingegangen werden müssen. Ökonomische Nützlichkeit und Solidaritätsgebote prallen da unmittelbar aufeinander. Der Widerspruch der Systemlogiken äußert sich im Streit der Familie und der Partner (Beck-Gernsheim, 1986; Berger und Berger, 1983; Brose und Wohlrab-Sahr, 1986; Buchholz et al., 1984; Schulz, 1983). Neue Formen der Verbindung von ökonomischem und solidarischem Handeln werden gesucht. Sie verdrängen die herkömmliche Familie im Sinne einer Eltern-Kinder-Gemeinschaft mit festem Wohnsitz als die allein herrschende Lebensform. Die doppelte Haushaltsführung von Ehepartnern und Lebensgefährten ohne Trauschein mit und ohne Kinder, aber auch die Rückkehr zum Leben im größeren Verband von sich gegenseitig unterstützenden Generationen, Familien und Partnern treten an die Seite der bürgerlichen Kleinfamilie. Das Ökonomische dringt in das Feld der Solidargemeinschaften ein, das Vereinigungsverhalten wird durch die Kalkulation des individuellen Nutzens beeinflußt. Allerdings stemmen sich die vorhandenen Solidargemeinschaften und die Zugehörigkeitsbedürfnisse des einzelnen gegen eine völlige Auflösung des Solidarischen im Ökonomischen. So entsteht eine neue Interpenetrationszone zwischen beiden Systemlogiken, ein Schlachtfeld, auf dem täglich die Kämpfe zwischen den beiden Logiken in den Reibereien der Lebenspartner ausgetragen werden. Es bildet sich ein Vereinigungsverhalten heraus, das stets unter dem Druck steht, individuelle und ökonomische Nützlichkeit mit Solidaritätserwartungen in Einklang bringen zu müssen. Die offene und variable Vereinigung nach Interessenkonvergenz auf einem riesigen Markt der Vereinigungen ist die formell konsequenteste Lösung dieses Konflikts. Sie schließt indessen das stets neue Aufflackern des Konflikts nicht aus. Wenn der/die eine die bestehende Bindung auflösen möchte, dann konvergiert dieser Wunsch eben oft nicht mit demselben Interesse des/der anderen. Ein Vereinigungsmarkt ist kein vollkommen offener Markt, es ist ein Markt innerhalb der Grenzen von Solidaritätsbindungen. Den darin eingebauten Konflikt bekommen wir erst heute richtig zu spüren. Es ist der Preis, den wir für unsere Befreiung von alten Vormundschaften bezahlen müssen.

Zwischen Solidarität und Nützlichkeit

Die Interpenetration von Ökonomie und Solidarität, Geld und Reputation, steigert die Leistung der entsprechenden Subsysteme, solange sie sich in einem Gleichgewicht befinden. Sobald eines der Systeme die Oberhand gewinnt, wird die Ökonomie von einer Flut sozialer Ansprüche erdrückt, oder die Solidarität stirbt in der Dynamik ökonomischer Nutzenkalkulation.

5.3.2 Die Solidarität der Ökonomie: Teilhabe der Weltbevölkerung am ökonomischen Reichtum, Expansion des Arbeitsmarktes und strukturelle Arbeitslosigkeit

Es ist jedoch nicht nur das Marktverhalten, das immer tiefer in das gesellschaftliche Gruppenleben hineindringt, auch der umgekehrte Vorgang ist ein Kennzeichen der fortschreitenden Entwicklung der modernen Gesellschaften. Gesellschaftliche Solidaritätsstrukturen dringen auch zunehmend tiefer in die Märkte ein. Dieser Prozeß äußert sich darin, daß immer mehr gesellschaftliche Gruppen in immer größerem Umfang am gesellschaftlichen Reichtum teilzuhaben beanspruchen. Die Entwicklung der Moderne ist zu einem wesentlichen Teil auch ein Prozeß der ungeheuren Mobilisierung sozialer Gruppen, die auf Inklusion in die Gesellschaft und Teilhabe an ihrem Reichtum drängen. Es gibt immer weniger Gruppen in der Gesellschaft, die sich von der Teilhabe am gesellschaftlichen Reichtum durch welche Mechanismen auch immer fernhalten lassen. Dasselbe gilt im internationalen Maßstab; die Volksstämme und Nationen der ganzen Welt werden mobilisiert und verlangen ihren Anteil am weltweit produzierten Wohlstand. Der Reichtum der gutsituierten Schichten der Industrieländer ist zum weltweit gültigen Maßstab des guten Lebens geworden.

Arbeitsmarkt und Arbeiterbewegung

Die erste Industrialisierungsphase war lediglich der Anfang dieser Entwicklung. Sie hat immer mehr Menschen in den industriellen Arbeitsprozeß eingegliedert, sie dabei dessen Gesetzmäßigkeiten unterworfen, aber auch – wie bescheiden und ausbeuterisch auch immer zunächst – an dem wachsenden Wohlstand teilhaben lassen. Dieser industrielle Eingliederungsprozeß großer Arbeitermassen ist einerseits von der industriellen Nachfrage nach Lohnarbeitern in Gang gesetzt worden, hat dann aber auch das Hineindrängen der Arbeiterbewegung in die Teilhabe am produzierten Wohlstand zur Folge gehabt. Zwischen 1960 und 1988 ist in der Bundesrepublik der durchschnittliche Bruttostundenverdienst aus Löhnen und Gehältern von 2,69 DM auf 18,43 DM, der Bruttowochenverdienst von 122 DM auf 742 DM gestiegen. Die Sozialleistungen sind in derselben Zeit wie folgt gewachsen: die gesetzliche Krankenversicherung von 9,513 Milliarden DM auf 124,997 Milliarden DM, die gesetzliche Unfallversicherung von 1,789 Milliarden DM auf 13,761 Milliarden, die Rentenversicherung der Arbeiter von 12,164 Milliarden DM auf 100,058 Milliarden DM, die Rentenversicherung der Angestellten von 5,719 Milliarden DM auf 80,918 Milliarden DM, die Knappschaftliche Rentenversicherung von 2,688 Milliarden DM auf 15,331 Milliarden DM, Arbeitslosengeld und -hilfe von 633 Millionen DM auf 26,500 Milliarden DM, Kindergeld von 876 Millionen DM auf 10,788 Milliarden DM, Sozialhilfe zwischen 1970 und 1988 von 3,336 Milliarden DM auf 25,199 Milliarden DM, Jugendhilfe zwischen 1970 und 1988 von 1,379 Milliarden DM auf 8,760 Milliarden DM (Statistisches Jahrbuch der Bundesrepublik Deutschland, 1989: 28). Das bedeutete ein zunehmendes Hineingreifen von Ansprüchen sozialer Klassen und Schichten in die Verteilung des Reichtums, die dann in sinkendem Ausmaß durch Marktprozesse und in steigendem Ausmaß durch Solidaritätsprinzipien bestimmt wurde. Die kollektive Aushandlung von Löhnen, Ar-

beitszeitregelungen, Urlaubsregelungen, sozialen Absicherungen zwischen Arbeitgebern und Gewerkschaften läßt die beiden Systemlogiken der ökonomischen Kalkulation und der sozialen Solidarität unmittelbar aufeinanderprallen (Alber, 1982; Allerbeck und Stork, 1980; Flora et al., 1983; Kaelble, 1983; Wehler, 1979; Mommsen und Mock, 1982).
Tarifverhandlungen finden in der Interpenetrationszone von ökonomischer Rationalität und gesellschaftlicher Solidarität statt. Sie sind das Schlachtfeld, auf dem die Interpenetration zwischen dem ökonomischen System und dem Gemeinschaftssystem in den Kämpfen zwischen Arbeitgebern und Gewerkschaften ausgetragen wird. Dabei kann sich einmal das Solidaritätsprinzip weiter in das ökonomische Handeln hineinschieben, ein anderes Mal dringt das ökonomische Prinzip weiter in das Vereinigungshandeln ein. Tarifabschlüsse sind weder rein ökonomisch noch rein solidarisch bestimmt, sondern gehen aus einer Mischung der beiden Systemlogiken hervor. Wir können sie weder dem ökonomischen System, noch dem Gemeinschaftssystem zurechnen. Der große Anteil der Tarifauseinandersetzungen am ökonomischen und solidarischen Handeln beweist wieder, wie viel gesellschaftliches Handeln nicht allein nach der Logik eines ausdifferenzierten selbstreferentiellen Subsystems geschieht, sondern durch mehrere miteinander kämpfende Systemlogiken determiniert wird. Die Arbeitgeber vertreten das ökonomische Prinzip und wollen danach ihre Zahlungen so verteilen, daß sie den größtmöglichen wirtschaftlichen Ertrag erbringen. Die Gewerkschaften vertreten das solidarische Prinzip und wollen die Zahlungen so verteilt sehen, daß die Bedürfnisse möglichst vieler Menschen in möglichst großem Umfang befriedigt werden. Ökonomischer Nutzen steht dabei gegen die Anerkennung sozialer Ansprüche. Der ökonomische Nutzen berechnet sich in Geld, soziale Ansprüche gründen in Solidaritätsrechten und erworbenen Verdiensten.

Arbeitsmarkt und Bildungsbewegung

Die Arbeiterbewegung hat in den hochentwickelten Industrieländern die Teilhabe der Arbeiterklasse am gesellschaftlichen Reichtum weitgehend gesichert. Heute sind es andere Bewegungen, die diesen Prozeß und damit das Eindringen von Solidaritätsprinzi-

pien in das ökonomische Handeln vorantreiben. Da ist zunächst die unablässige Steigerung des Bildungs- und Qualifikationsniveaus der Bevölkerung. Die Zahl von Studierenden an Universitäten ist in der Bundesrepublik zwischen 1960 und 1988 von 239 000 auf 1,104 Millionen gestiegen, an Fachhochschulen von 0 auf 343 000. Zwischen Juni 1985 und März 1987 nahmen 3,486 Millionen Erwerbspersonen an Maßnahmen der beruflichen Weiterbildung teil, bei insgesamt 27,4 Millionen Erwerbstätigen (Statistisches Jahrbuch für die Bundesrepublik Deutschland, 1989: 20, 364). Die Zahl erwerbstätiger Akademiker ist zwischen 1976 und 1985 von 1,263 Millionen auf 1,703 Millionen gewachsen (Tessaring, 1988: 4). Zwischen 1975 und 1984 hat sich in der Bundesrepublik der Anteil der 20- bis 24jährigen, die eine Hochschule besuchen, von 24,5% auf 29,4% erhöht; in Frankreich stieg dieser Anteil in derselben Zeit von 24,5% auf 30,2%, in England von 18,9% auf 22,4%, in Schweden von 28,8% auf 38,1%, in Japan von 24,6% auf 29,6%; in den USA war schon 1975 das Niveau von 57,4% erreicht worden, das sich bis 1985 bei 57,4% gehalten hat (Unesco Statistical Yearbook, 1987: 3,2; siehe auch Blossfeld, 1984; Lutz, 1983; Schneider, 1982). Dadurch drängen immer mehr Menschen in die höheren Berufspositionen hinein. Auch dieser Prozeß ist von zwei Seiten beeinflußt. Die Wirtschaft steigert das Qualifikationsprofil der Arbeitsplätze und gliedert dadurch immer breitere Schichten in höhere Qualifikationsstufen ein. Zugleich macht das herkömmliche System der taylorisierten Arbeitsteilung am Fließband immer mehr einem System vernetzter Arbeitsplätze mit eigenständigem Verantwortungsbereich Platz (Kern und Schumann, 1984). Es beanspruchen aber auch immer breitere Schichten aufgrund ihrer Ausbildung Arbeit mit höherem Qualifikationsprofil. Dadurch wird ein Druck auf die Wirtschaft ausgeübt, solche Arbeitsplätze auf höherem Qualifikationsniveau auch in immer größerem Umfang anzubieten. Mit dieser Qualifikationssteigerung steigt auch die durchschnittliche Bezahlung und damit die Teilhabe am gesellschaftlichen Reichtum. Die Unternehmen werden dadurch vor neue Probleme gestellt. Sie müssen immer mehr Mitarbeiter auf höheren Qualifikationsstufen einstellen und dadurch immer mehr Menschen einen immer weiter reichenden Zugang zum gesellschaftlichen Reichtum verschaffen.
Der Konflikt zwischen ökonomischer Rationalität und gesell-

schaftlicher Solidarität äußert sich hier in Kämpfen um das Qualifikationsprofil von Arbeitsplätzen und im Kampf gegen die steigende Akademikerarbeitslosigkeit (Starr, 1986; Schlegelmilch, 1987; Knapp, 1986; Tschesch, 1989). Die Rückwärtsgewandten sehen darin eine Rechtfertigung für das Zurückschrauben des Bildungsniveaus der Bevölkerung und für eine Verengung des Zugangs zu den Universitäten. Dieser Prozeß wird sich jedoch nicht aufhalten lassen. Das Bildungsniveau wird weiter steigen. Immer breitere Schichten der Bevölkerung werden nach Arbeit mit hohem Qualifikationsprofil verlangen. So werden immer mehr entsprechende Arbeitsplätze geschaffen werden müssen. Die ökonomische Rationalität der Unternehmen gerät dadurch unter einen erheblichen Druck, sich so zu entwickeln, daß sie diese sozialen Ansprüche langfristig auch erfüllen können. Da sie dies langsamer tun, als die Bildung in der Bevölkerung expandiert, wird die Chancengleichheit im Bildungssystem nicht bruchlos in eine solche des ökonomischen Systems umgesetzt. So erscheint Chancengleichheit stets als Illusion (Jencks et al., 1972; Bourdieu und Passeron, 1971).

Auch von denjenigen, die bisher die privilegierten Positionen besetzt hielten, werden Solidaritätsopfer verlangt. Sie müssen ihre Positionen mit einer immer größeren Zahl von Kollegen und Kolleginnen teilen und damit natürlich auch Einkommen und Prestige, eine Entwicklung, die inzwischen auch die stolzen Ärzte erfaßt hat und Wehklagen über die Ärzteschwemme hervorruft. Weiterbildungsprogramme, steigende Zulassungen zu höheren Bildungsanstalten, Fachschulen, Fachhochschulen und Universitäten tragen zu dieser ungeheuren Bildungsmobilisierung bei, die immer mehr Menschen in höhere Berufspositionen drängen läßt und eine immer weiter reichende Teilhabe am gesellschaftlichen Reichtum verlangt. Die Unternehmen selbst nehmen mit ihren Weiterbildungsprogrammen an diesem Mobilisierungsprozeß teil. Was aus der Sicht des Unternehmens als Heranziehung von qualifiziertem Nachwuchs für bisherige Positionen geplant ist, kann sich dabei auch als zunehmender Druck auf die Bereitstellung von Arbeitsplätzen auf höherem Qualifikationsniveau auswirken.

Arbeitsmarkt und Frauenbewegung: Vom Kochtopf zur beruflichen Gleichstellung und Selbstverwirklichung

Eine neue Stufe der Inklusion gesellschaftlicher Gruppen in den Arbeitsmarkt und den gesellschaftlichen Reichtum wurde durch die Frauenbewegung erreicht. Frauen drängen in bisher unbekanntem Ausmaß auf den Arbeitsmarkt und fordern ihren Anteil an den verfügbaren Arbeitsplätzen (Müller, Willms und Handl, 1983). Die Zahl erwerbstätiger Frauen ist in der Bundesrepublik zwischen 1970 und 1988 von 9,510 Millionen auf 10,607 Millionen bei etwa gleichbleibender Zahl der weiblichen Bevölkerung von 31,784 Millionen gestiegen. Sie wird in Zukunft noch deutlicher steigen (Statistisches Jahrbuch für die Bundesrepublik Deutschland, 1989: 20). In den Vereinigten Staaten, wo diese Entwicklung früher einsetzte als in der Bundesrepublik, ist z.B. unter den weißen Paaren zwischen 1940 und 1980 der Anteil der verheirateten Frauen, die von ihrem Partner wirtschaftlich zu 100% abhängig sind, von 83,7% auf 30,6% zurückgegangen, bei den nicht-weißen Paaren von 68,5% auf 27,1% (Sorensen und McLanahan, 1987: 669). Die technische Ausstattung der Haushalte befreit die Frauen von bisher notwendiger Hausarbeit. Die gesteigerte Wahrnehmung ihrer individuellen Rechte läßt sie nach einem selbst erworbenen beruflichen Status streben. Sie verbleiben in größerer Zahl auch nach der Heirat im Berufsleben oder kehren in das Berufsleben zurück, nachdem die Kinder unabhängiger geworden sind (Brose und Wohlrab-Sahr, 1986). Das gelingt nicht allen in gleicher Weise. Viele Frauen tun sich sehr schwer bei diesem Prozeß der Wiedereingliederung in das Arbeitsleben, aber der Trend der Mobilisierung wird anhalten. Weiterbildungsprogrammen kommt in diesem Zusammenhang eine immer größere Bedeutung zu. Mit der sozialen Mobilisierung der Frauen und ihrer Inklusion in den Arbeitsmarkt werden sie auch immer häufiger den Männern bislang angestammte privilegierte Positionen streitig machen. Die Männer werden sich darauf einrichten müssen, ihre beruflichen Positionen immer mehr mit Kolleginnen zu teilen. Das geht natürlich nicht ohne Kämpfe ab. Frauen und Männer kämpfen um Quotenregelungen. Frauen erkämpfen sich durch Gerichtsbeschluß den Zutritt zu höheren beruflichen Positionen. Auch hierbei handelt es sich um ein Geschehen, das zwischen ökonomischer Rationalität und gesellschaftlicher Solidarität abläuft. Die Frauen erheben ihre berechtigten Ansprüche auf Teilhabe an Arbeitsplätzen und gesellschaftlichem Reichtum. Auf die Unternehmen wird ein Druck ausgeübt, solche Arbeitsplätze zu schaffen und bereitzuhalten. Unternehmen werden gegebenenfalls durch Gerichtsbeschluß gezwungen, Frauen neue Berufe und Positionen zu öffnen, die ihnen bislang verschlossen waren. Ökonomische Gründe, nämlich daß Frauen häufiger als Männer eine berufliche Position aufgeben, um in den Haushalt zurückzukehren, und damit für Unternehmen Investitionskosten in berufliche Karrieren verursachen, die nicht in gleichem Maß wieder in Erträge umgemünzt werden wie bei Männern, können bei der Besetzung von Positionen nicht mehr offen ins Feld geführt werden.

In der Bundesrepublik hat sich Daimler-Benz an die Spitze einer neuen Koordination von Berufsleben, Familienleben und Kindererziehung gesetzt und hat damit die Gewerkschaften links überholt. Das Unternehmen bietet Arbeitnehmerinnen die Chance, für sieben Jahre zur Erziehung eines Kindes und zehn Jahre zur Erziehung von zwei Kindern auszuscheiden und nach dieser Zeit wieder auf einen gleichwertigen Arbeitsplatz zurückzukehren. Die Wiedereingliederung soll durch zwischenzeitliche Aushilfe, Weiterbildung und spezielle Rückkehrprogramme erleichtert werden. Das Unternehmen sichert sich dadurch Arbeitskräfte im voraus für eine Zeit vermuteter Engpässe auf dem Arbeitsmarkt und gewinnt durch diesen Solidaritätsbeitrag an Reputation, die wiederum in loyale Mitarbeit umgesetzt werden kann. Der Unternehmensleitung ist offensichtlich klar, daß loyale Mitarbeit durch Reputation, basierend auf eigenen Solidaritätsbeiträgen, besser gesichert werden kann als durch eine rein marktmäßige Strategie der Deckung des Arbeitskräftebedarfs. Durch Geld wird zwar nach wie vor das Interesse an Arbeitsplätzen geweckt, durch Reputation wird jedoch die loyale und engagierte Mitarbeit, die Solidarität des Mitarbeiters mit dem Betrieb gewährleistet.

Das Entscheidende dabei ist die Tatsache, daß Reputation anders erworben wird als Geld und ebenso anders wirkt. Das Geld für die Löhne und Gehälter erwirtschaftet sich das Unternehmen auf dem Markt, die Reputation zur Sicherung von loyaler und engagierter Mitarbeit muß das Unternehmen durch eigene Solidaritätsbeiträge erwerben. Das Unternehmen muß sich als ein verläßlicher Arbeitgeber erweisen, der seine Solidarität mit dem Arbeitnehmer auch genügend unter Beweis stellen muß. Die fürsorgliche Karriereplanung gehört heute ebenso zu dieser Verpflichtung wie die flexible Koordination von Berufs- und Familienleben. Durch solche Solidaritätsbeweise baut das Unternehmen eine generalisierte Reputation als fürsorglicher Arbeitgeber auf. Diese generalisierte Reputation erweitert seine Möglichkeiten, loyale und engagierte Mitarbeit auf längere Sicht zu sichern, unabhängig von Ort, Zeit und Person und ohne in jedem Einzelfall auf jeden Wunsch von Mitarbeitern und Mitarbeiterinnen eingehen zu müssen. Eine gute Kapitaldecke an Reputation schützt vor allzu schnell eintretender Zahlungsunfähigkeit in Sachen Solidarität. Ein bei seinen Mitarbeitern hoch reputiertes Unternehmen kann mit bloßen Worten besonderen Einsatz und Solidaritätsopfer verlangen, ohne dafür sofort zahlen zu müssen. Wo wenig Reputation vorhanden ist oder zu viel Reputation schon verbraucht wurde, wird die Sache teurer. Es müssen mehr konkrete Solidaritätsbeiträge von Unternehmen erbracht werden.

Auch die Wirkung der eingesetzten Reputation ist anders als diejenige der ausgezahlten Löhne und Gehälter. Mit ihrem Lohn oder Gehalt können die Mitarbeiter und Mitarbeiterinnen machen, was sie wollen. Eingesetzte Reputation bindet sie dagegen enger an den Betrieb und verpflichtet sie fester zur loyalen und engagierten Kooperation. Ihr Gehalt gibt ihnen Freiheit, die Reputation und die Solidarität des Unternehmens nimmt ihnen Freiheit, aber vermittelt dafür Sicherheit.

So wird auch hier in den Arbeitskämpfen der Frauen eine neue ökonomisch-solidarische Interpenetrationszone geschaffen, wo die Prinzipien der ökonomischen Rationalität und der gesellschaftlichen Solidarität miteinander im Kampf liegen und die betriebliche Personalpolitik deshalb nicht allein nach ökonomischen Kriterien abläuft. Gewiß ist der ökonomische Ertrag das primäre Kriterium für das Unternehmen, das ihm durch den Markt aufgezwungen wird. Völlige Mißachtung dieses Kriteriums würde das Unternehmen in den Konkurs gehen lassen. Wie weit dieses Kriterium tatsächlich das Handeln bestimmen kann, hängt jedoch davon ab, wie die Auseinandersetzungen zwischen ökonomischer Rationalität und gesellschaftlicher Solidarität ablaufen und wie weit Kriterien der gesellschaftlichen Solidarität in das ökonomische Handeln hineingreifen. Da gibt es keine klaren Systemgrenzen, sondern weite Spielräume von Handeln, das durch Kompromisse zwischen ökonomischen und solidarischen Kriterien bestimmt wird.

Diesen ganzen Vorgang bekommt man überhaupt nicht in den Griff, wenn man Wirtschaft und gesellschaftliche Gemeinschaften als selbstreferentielle Systeme im wechselseitigen System/Umwelt-Verhältnis begreift. Die Ansprüche der Frauen auf Gleichstellung sind nicht einfach Umweltdaten, mit denen die auf dem Markt operierenden Unternehmen rechnen müssen. Sie sind vielmehr Teil von unmittelbaren Auseinandersetzungen zwischen Arbeitgebern und Frauen, in denen die Arbeitgeber ökonomische Kriterien ins Feld führen, während die Frauen Kriterien der gesellschaftlichen Solidarität einbringen und beide letztlich immer wieder Kompromisse aushandeln müssen, die zwischen diesen beiden Kriterien vermitteln. Was wirklich geschieht, hängt dann weniger davon ab, was in der Umwelt der Unternehmen artikuliert wird und wie geschickt sie darauf nach ökonomischen Kriterien reagieren, als vielmehr von dem Aushandlungsgeschick beider Parteien, und zwar auf den Ebenen des Tausches, der Machtpolitik, der Vereinigung und der Kommunikation. Eine System/Umwelt-Theorie ist völlig blind für diese Aushandlungsprozesse in den Interpenetrationszonen der gesellschaftlichen Subsysteme. Ganz wesentlich hängt es davon ab, daß die Frauen Solidaritäten erzeugen und Reputation mobilisieren können, um ihre wirtschaftlichen Ansprüche mit dem entsprechenden Nachdruck geltend machen zu können und um in der Tat für ihre wirtschaftlichen Leistungen entsprechende wirtschaftliche Ressourcen erhalten zu können. Die Unternehmen müssen Erträge erwirtschaften, die es ihnen ermöglichen, das Geld aufzuwenden, das unter den Bedingungen steigender Ansprüche notwendig ist, um andere für ihre Zwecke zu interessieren und um ihre Belegschaft zu Unterstützung und Kooperation zu bewegen.

Arbeitszeit: Die neue Flexibilität

Das Hereinströmen immer größerer Teile der Bevölkerung in den Arbeitsmarkt verlangt auch neue Formen der Koordination des ökonomischen Erwerbslebens mit den Pflichten des Alltagslebens in Familien und Partnerschaften. Das traditionell vorherrschende Modell – der Mann voll im Erwerbsleben, die Frau voll im Haushalt (Beck-Gernsheim, 1985) – verliert immer mehr seine Leitfunktion. Wenn Männer und Frauen zusammen am Erwerbsleben teilhaben wollen, dann müssen neue Formen der Arbeitsteilung in Beruf, Familie und Partnerschaft gefunden werden. Erwerbsarbeitszeit, Haushaltsarbeitszeit und Freizeit müssen neu koordiniert werden (Brose und Wohlrab-Sahr, 1986). Ihre Koordination verlangt mehr Flexibilität auf beiden Seiten. Betriebe können nicht mehr auf die volle wöchentliche Arbeitszeit ihrer Mitarbeiter und Mitarbeiterinnen rechnen. Teilzeitbeschäftigung, gleitende und variable Arbeitszeit greifen immer mehr um sich. Hinzu kommt die ständige Verkürzung der wöchentlichen Arbeitszeit und die ständige Ausweitung der Urlaubszeit. So muß die Zahl der Mitarbeiter und Mitarbeiterinnen immer mehr wachsen, um dieselbe Arbeitszeit und dieselbe Zahl von Arbeitsplätzen auszufüllen, wie sie zuvor von einer kleineren Belegschaft ausgefüllt wurden. Das schafft weit mehr Koordinationsprobleme, als dies bislang bei einer Belegschaft mit Vollzeitbeschäftigten bei gleicher Arbeitszeit der Fall war. Auch hier dringen Erfordernisse der Koordination von Solidaritäten im partnerschaftlichen Alltagsleben in das ökonomische Erwerbsleben ein. Von den Betrieben wird immer mehr Rücksichtnahme auf den Zeitrhythmus des Alltagslebens ihrer Mitarbeiter und Mitarbeiterinnen verlangt (Offe, Hinrichs und Wiesenthal, 1982; Kutsch und Vilmar, 1983). Wir entfernen uns immer mehr von einem rein ökonomisch motivierten Diktat der Arbeitszeit. Die wachsende Zahl von Einpersonenhaushalten trägt hier indessen zur Entspannung bei. Sie füllen die entstehenden Lücken in den Zeitplänen ihrer durch Familie, Kinder und Partnerschaften gebundenen Arbeitskollegen und -kolleginnen (Gehrmann, 1987; Herder-Dorneich, 1984).

Diese Flexibilisierung der Arbeitszeiten hat indessen auch den Betrieben neue Chancen eröffnet, vom üblichen Fünftagerhythmus abzuweichen und die Betriebszeit weiter auszudehnen.

Samstagsarbeit und Sonntagsarbeit stehen auf dem Programm, sehr zum Leidwesen der Kirchen und Gewerkschaften, die für die Erhaltung des heiligen Sonntags für Gott und Familie kämpfen. Für die Betriebe ist es andererseits eine Chance, mit der gewachsenen Flexibilität ihrer Belegschaft zu einer größeren Auslastung von Produktionsanlagen und Verkaufsflächen zu gelangen (Dombois und Osterland, 1982). Unterstützung erhalten sie von denjenigen Teilen der Belegschaft, die sich daraus eine noch größere Flexibilität der Arbeitszeit und damit eine freiere Disposition über die eigene Zeit erhoffen.

Arbeitseinkommen und Konsum:
Der Kult des gehobenen Konsums

Eine andere Erscheinung gesteigerter Inklusion der Bevölkerung in den ökonomischen Reichtum der Gesellschaft ist das ständige Anwachsen des Konsumniveaus. Die Steigerung des Konsums erreicht Jahr für Jahr neue Höhen und heizt sich selbst immer weiter an. Um nur ein Beispiel zu nennen: Die Durchschnittsfamilie der Bundesrepublik mit zwei Kindern und mittlerem Einkommen gab 1964 im Jahr 88,14 DM für Speisen in Gaststätten und Restaurants aus, 1985 waren es 728,76 DM. Für Freizeitgüter wendete sie 1964 insgesamt 850 DM auf, 1985 insgesamt 4009 DM (Spiegel-Dokumentation 1947-1987: 76, 77). Konsum macht durstig nach weiterem Konsum, wird zur Droge für einen immer größeren Teil der Bevölkerung bis an die Grenzen der ökonomischen Leistungsfähigkeit, die dadurch gesteigert wird, aber auch zusammenbrechen kann, wenn der ökonomisch vertretbare Kreditrahmen gesprengt wird. Immer mehr Menschen erfüllen sich immer mehr Konsumwünsche durch Kreditaufnahme, die sie einerseits zu weiteren ökonomischen Leistungen verpflichtet, aber auch ihre Leistungsfähigkeit in vermehrtem Maße übersteigen kann. Die Vorreiter dieser Entwicklung sind die Vereinigten Staaten, wo die private und die staatliche Verschuldung inzwischen schwindelnde Höhen erreicht hat. Aber die anderen Länder ziehen nach. Auch in der Bundesrepublik ist die Verschuldung von Bürger und Staat stetig gestiegen. Die Kredite der Kreditinstitute an Unternehmen und Privatpersonen sind in der Bundesrepublik zwischen 1971 und 1988 von 490 Milliarden DM auf 1,790 Billionen DM angewachsen (Statistisches Jahrbuch für die Bundesrepublik Deutschland, 1979: 301; 1989: 302). Die monatlichen Verbrauchsausgaben privater 4-Personen-Arbeitnehmerhaushalte mit mittlerem Einkommen sind zwischen 1974 und 1988 von 1600,12 DM auf 3308,72 DM gestiegen (Statistisches Jahrbuch für die Bundesrepublik Deutschland, 1979: 437; 1989: 463). Die laufenden monatlichen Aufwendungen für die Kraftfahrzeughaltung sind pro Haushalt mit Kraftfahrzeug zwischen 1975 und 1988 von 179,50 DM auf 282,27 DM nach oben gegangen (Statistisches Jahrbuch für die Bundesrepublik Deutschland, 1979: 441; 1989: 468). Die Zahl von Insolvenzen pro Jahr ist zwischen 1960 und 1985 von 2958 auf 18 876 gestiegen und bis 1988 leicht auf 15 936 gefallen (Statistisches Jahrbuch für die Bundesrepublik Deutschland, 1989: 125). Die Verschuldung der öffentlichen Haushalte ist zwischen 1960 und 1988 von 52,8 Milliarden DM auf 897,5 Milliarden DM gewachsen (Statistisches Jahrbuch für die Bundesrepublik Deutschland, 1989: 440).

Arbeitsmarkt und Arbeitslosigkeit

Das Hereinströmen immer größerer Teile der Bevölkerung in den Arbeitsmarkt übt schließlich einen gesteigerten Druck auf die Beschäftigungschancen aus. So ist etwa die Zahl von Arbeitsplätzen und Beschäftigten in den vergangenen zehn Jahren weltweit ständig gestiegen. In den USA wurden dabei besonders hohe Zuwachsraten erzielt. In der Bundesrepublik waren die Zuwachsraten zwar deutlich geringer, aber auch hier wurde inzwischen der höchste, jemals erreichte Beschäftigungsstand gemeldet. Auf der anderen Seite ist jedoch gerade in der Bundesrepublik die Zahl von rund zwei Millionen Arbeitslosen zu einem Dauerproblem geworden. Die Zahl der Erwerbstätigen ist in der Bundesrepublik zwischen 1970 und 1988 von 26,452 Millionen auf 27,366 Millionen gestiegen. Die Zahl der Arbeitslosen stieg von 149 000 auf 2,242 Millionen (Statistisches Jahrbuch für die Bundesrepublik Deutschland, 1989: 30).
Wie ist diese Situation zu erklären? Am wenigsten plausibel ist wohl die von Soziologen im Chor gesungene These, daß die Arbeitsgesellschaft einen Wendepunkt erreicht habe und durch Rationalisierungsmaßnahmen immer mehr Arbeitsplätze vernichte.

Dagegen sprechen schlicht die hohen Zuwachsraten in Arbeitsplätzen und Beschäftigten. Wesentlich plausibler erscheint die Erklärung aus der sozialen Mobilisierung der Weltbevölkerung, die in immer größerem Umfang in den Arbeitsmarkt hineinströmt und dadurch einen außerordentlich gesteigerten Druck auf den Arbeitsmarkt ausübt. Dies ist sicherlich der Hauptfaktor, der für die lange andauernden Schwierigkeiten verantwortlich zu machen ist, die Arbeitslosenzahl zu senken. Unterstützt wird dieser Trend durch die ständig steigende Qualifikation der Arbeitssuchenden, die es den weniger Qualifizierten um so schwerer macht, sich gegen die Konkurrenz ihrer Mitbewerber zu behaupten. In der Bundesrepublik ist der Hauptschulabschluß inzwischen zum Stigma der Minderqualifikation und zur Vorstufe drohender Arbeitslosigkeit geworden. Die gesteigerte Qualifikation der Arbeitssuchenden schafft allerdings auch immer wieder Über- und Fehlqualifikationen, die von dem vorhandenen Arbeitsangebot nicht absorbiert werden können. Akademikerarbeitslosigkeit ist die Folgeerscheinung. Begleitet wird der Trend weiterhin von einer wachsenden Beschleunigung des technologischen Wandels, die herkömmliche Berufsqualifikationen immer schneller veralten läßt und deshalb all jene mit Arbeitslosigkeit bedroht, die sich auf neue Qualifikationsanforderungen nicht einstellen können. Auch die Sicherheiten des Wohlfahrtsstaates tragen ihren Teil zur Arbeitslosigkeit bei. Sie haben Arbeitslosigkeit entschärft und erträglich gemacht und dadurch den Druck auf den Arbeitssuchenden gesenkt, mit allen verfügbaren Mitteln Arbeit zu bekommen. Schließlich haben die wohlfahrtsstaatlichen Arbeitsplatzsicherungen die Betriebe vorsichtig werden lassen; sie scheuen die mit dem Arbeitsplatz verbundenen Sozialkosten und Risiken, Arbeitnehmer bei mangelndem Bedarf nicht mehr loszuwerden.

Das Zusammenwirken dieser Faktoren wird die Arbeitslosenzahlen weiterhin zu einem Dauerthema machen. Erfolge werden nur sehr schwer zu erzielen sein. Von den genannten Ursachen wird sich keine beseitigen lassen. Die Ursachen kommen aus der Expansion sozialer Ansprüche auf Teilhabe am ökonomischen Reichtum der Gesellschaft und ihrem Hineingreifen in das ökonomische System und aus der Entwicklungsdynamik des ökonomischen Systems selbst. Die einzige Chance besteht im Aufbau weiterer Beschäftigungschancen und weiterer Qualifikationen, die jedoch selbst immer wieder Arbeitslosigkeit durch technologischen Wandel und durch Unter-, Über- und Fehlqualifikation erzeugen werden. Es scheint so, daß eine bestimmte Quote der Arbeitslosigkeit zur Dauererscheinung einer Gesellschaft wird, die sowohl die Expansion des ökonomischen Systems als auch die Expansion von Solidarität auf die Spitze treibt. Einzelne Maßnahmen werden ständig mit diesem Trend zu kämpfen haben und immer nur vorübergehend Linderung verschaffen können (Althoff, 1982; Bonß und Heinze, 1984; Altmann et al., 1986; Beck, Brater und Daheim, 1980; Buck, 1985; Matthes, 1983; Dierkes und Strümpel, 1985; Mertens, 1984).

Weltwirtschaft und internationale Solidarität

Eine weitere Stufe der Inklusion immer größerer Menschenmassen in die Teilhabe am gesellschaftlichen Reichtum wird heute also auf der internationalen Ebene erreicht. Die Klassenkämpfe verlagern sich mehr und mehr auf die Auseinandersetzung zwischen den reichen hochentwickelten Industrieländern und den armen Entwicklungsländern (Wallerstein, 1979; 1984). Die letzteren beanspruchen in wachsendem Maße ihren Anteil am international produzierten Wohlstand. Dieser Prozeß wird wieder von zwei Seiten vorangetrieben. Die hochentwickelten Industrieländer suchen die Kooperation der Entwicklungsländer. Das erste Konzept dafür war der Kolonialismus. In demselben Prozeß der Kolonialisierung wurde jedoch auch die soziale Mobilisierung der kolonisierten Länder in Gang gesetzt, die schließlich zu den Befreiungskämpfen und zur Entkolonialisierung geführt, aber nicht die Kooperation von Industrie- und Entwicklungsländern beseitigt hat. Der Prozeß wird weiterhin von beiden Seiten fortgesetzt. Die Industrieländer entfalten die Industrie weltweit durch Kooperation mit den Entwicklungsländern, die letzteren kämpfen um ihre Teilhabe an dem dabei weltweit produzierten Wohlstand. Sie dienen den reichen Industrieländern als Rohstofflieferanten, Billiglohnländer und Absatzmärkte, beanspruchen aber in zunehmendem Maße ihren Anteil. Ihre Bewegung ist die Arbeiterbewegung der heutigen Zeit. Je erfolgreicher sie agieren, nämlich Solidaritäten erzeugen und Reputation für ihre Ansprüche auf entsprechende Ausgleichszahlungen mobilisieren können, um so

mehr treiben auch sie den Prozeß der solidarischen Vereinigung in Sphären hinein, die bislang das Terrain rein ökonomischen Handelns waren. Das letztere wird immer weiter aus seinen ursprünglichen Territorien verdrängt und muß sich auf immer kleinere Bastionen des Marktverhaltens zurückziehen. Dafür bauen sich neue Interpenetrationszonen auf, in denen die Schlachten um Ökonomie und Solidarität geschlagen werden und wechselnde Sieger, in zunehmendem Maße aber Kompromisse hervorgehen (Gaworra, 1983).
Die Inklusion der Entwicklungsländer in den ökonomischen Prozeß hat nicht nur diese der ökonomischen Rationalität unterworfen, sondern auch die ökonomische Rationalität mit einem neuen Schub von Ansprüchen konfrontiert, die befriedigt sein wollen. Von beiden Seiten wird der Prozeß gesteigert. Er hat inzwischen ein Ausmaß erreicht, das ganz neue Probleme stellt. Während sich die Teilhabe der Arbeiterschichten am wirtschaftlichen Wohlstand in den Industrieländern relativ langsam vollzog, erzeugt der große Wohlstand der Industrieländer zusammen mit der unabweisbaren Solidaritätsforderung, daß alle Menschen einen Anspruch auf einen Anteil daran haben, einen großen Druck, die Entwicklung in viel kürzerer Zeit nachzuholen. Die Ansprüche orientieren sich immer mehr an dem Niveau der hochentwickelten Industrieländer. Die letzteren sind indessen nicht bereit, ihren Wohlstand ohne Gegenleistung mit der ganzen Menschheit zu teilen. So verbleiben Kredite als hauptsächliches Mittel für die Entwicklungsländer, durch größere Investitionen ihre zukünftige Leistungsfähigkeit zu steigern. Sie kommen jedoch mit dem Tempo der Industrieländer nicht mit, bleiben auf dem Status der Unterentwicklung. Die riesenhafte Verschuldung der Entwicklungsländer ist heute das wohl größte Problem der Weltwirtschaft. Lösungen für dieses Problem zeichnen sich nicht ab. Man wird an einem wie auch immer offen oder uneingestanden gewährten Schuldenerlaß kaum vorbeikommen. Dieses Problem ist erst durch das Zusammenspiel von ökonomischer Mobilisierung und sozialen Inklusionsprozessen auf internationaler Ebene entstanden und kann auch nur in diesem Zusammenspiel gelöst werden. Zum Vergleich: Die Kosten je geleisteter Arbeitsstunde betrugen 1984 in der Bundesrepublik 31,72 DM, in Portugal nur 5,07 DM, der durchschnittliche Bruttostundenverdienst lag 1987 in der Bundesrepublik bei 17,70 DM, in Portugal bei 4,05 DM,

das Bruttosozialprodukt je Einwohner belief sich 1987 in der Bundesrepublik je Einwohner auf 14 460 US $, in den USA auf 18 430 US $, in Portugal auf 2890 US $, in Polen auf 1920 US $, in Äthiopien auf 120 US $, in Brasilien auf 2020 US $, in Japan auf 15 770 US $, in Südkorea auf 2690 US $, in Indien auf 300 US $. Der Schuldenstand aufgrund ausgezahlter Beträge im Rahmen der Entwicklungshilfe betrug 1986 in Brasilien 115,4 Milliarden US $, in Mexiko 109,6 Milliarden US $, in Argentinien 55 Milliarden US $, in Nigeria 25,1 Milliarden US $, in den 20 höchst verschuldeten Entwicklungsländern insgesamt 783,3 Milliarden US $. Die Gesamtverschuldung aller Entwicklungsländer lag 1986 bei 2,158 Billionen US $. Die staatlichen Leistungen an Entwicklungsländer ergaben 1987 insgesamt 43,496 Milliarden US $, davon aus der Bundesrepublik 5,841 Milliarden, aus Frankreich 8,631 Milliarden, aus Großbritannien und Nordirland 2,078 Milliarden, aus den USA 7,165 Milliarden, aus Japan 5,647 Milliarden (Statistisches Jahrbuch für die Bundesrepublik Deutschland, 1989: 650, 682, 685).

Das Problem für die Entwicklungsländer ist, Reputation als zuverlässige Partner zu gewinnen. Das Problem der Industrieländer ist, ihre Erträge so zu sichern, daß ein immer größerer Spielraum bleibt, um auch die Entwicklungsländer immer mehr an ihrem Wohlstand teilhaben zu lassen. Das stellt hohe Ansprüche an wirtschaftliche Produktivität. Immer größere Erträge müssen durch immer geringeren Aufwand erwirtschaftet werden. So wird das ökonomische Handeln durch Prinzipien der internationalen Solidarität unter Druck gesetzt. Sie greifen immer tiefer in das ökonomische Handeln hinein. Die Folge dieses Prozesses ist schließlich genau jene unaufhaltsame Ausbeutung der Ressourcen der Erde, über die wir in den reichen Industrieländern klagen und die wir etwas voreilig allein der Profitgier einer unablässig expandierenden Industrie zuschreiben. Wo keine Massen nach Wohlstand streben, expandiert auch keine Industrie, also ist die Expansion der Industrie genau ein Interpenetrationsprodukt von ökonomischer Rationalität und gesellschaftlicher Solidarität, von ökonomischer Ressourcenmobilisierung und sozialer Menschenmobilisierung. Daß es immer enger wird auf unserem Planeten, er immer mehr ausgebeutet und verunstaltet wird, wir immer großflächigere Risiken erzeugen, ist nicht allein einer selbstexpandierenden Ökonomie geschuldet, sondern auch und gerade einer

immer mehr expandierenden gesellschaftlichen Solidarität. Solange Wohlstand noch eine Sache einer kleinen privilegierten Schicht ausgewählter Länder war, entstanden daraus auch noch keine großen Lasten und Risiken. Der Wohlstand wird erst zur Last als weltweites Massenphänomen, unter der Bedingung der totalen Inklusion der gesamten Weltbevölkerung in den erwirtschafteten Reichtum (Glinz, 1986). Um nur einige Indikatoren für die weltweite ökonomische Verflechtung und die weltweite Steigerung der wirtschaftlichen Produktion und des wirtschaftlichen Austausches zu nennen: In der Bundesrepublik wurde der Wert eingeführter Waren zwischen 1960 und 1988 von 42,723 Milliarden DM auf 439,768 Milliarden DM gesteigert, der Wert ausgeführter Waren von 47,946 Milliarden DM auf 567,750 Milliarden DM. Im gesamten Welthandel ist der Wert eingeführter Waren zwischen 1968 und 1988 in Millionen DM von 999 520 auf 5 195 000 gestiegen, der Wert ausgeführter Waren von 957 040 auf 4 998 000 (Statistisches Jahrbuch für die Bundesrepublik Deutschland, 1989: 24, 675).
Sollen wir aus diesem Dilemma den Rückzug in das verlorene Paradies der nationalen und internationalen Zweiklassengesellschaft antreten? Sollen wir den aufsteigenden Schichten und Ländern sagen: »Ihr dürft nicht, weil daran die Erde kaputtgeht«? Sollen wir ihnen sagen: »Ihr müßt arm bleiben, damit wir bessere Luft atmen können«? Oder sollen wir der Bevölkerung der reichen Länder sagen: »Ihr müßt arm werden, damit die anderen nicht nach demselben Wohlstand streben«? Sollen wir also den Rückmarsch in die Steinzeit predigen, damit keine weitere Massenmobilisierung mehr eintritt? Kaum jemand wird diese Fragen mit einem Ja beantworten. Der Weltgesellschaft wird deshalb nichts anderes übrigbleiben, als die Flucht nach vorn anzutreten, nämlich eine noch größere Steigerung ihrer ökonomischen Produktivität auf ein Niveau, das jetzt noch höheren Ansprüchen gerecht werden muß, nämlich nicht nur den Ansprüchen der Weltbevölkerung auf materiellen Wohlstand, sondern zugleich den Ansprüchen der reichen Bevölkerung auf die Reinheit von Luft, Wasser und Erde. Der Schlüssel dafür liegt allein im wissenschaftlich-technischen Fortschritt, der indessen stets neue Risiken erzeugt. Diese Entwicklung wird aus dem Dilemma der Gefahrenbeseitigung unter gleichzeitiger Gefahrenerzeugung nicht herauskommen. Auch ökologische Technologie wird nicht risikolos

sein. Je größer die Leistungsfähigkeit einer Technologie, um so vielfältiger werden ihre Risikozonen sein. Zugleich wird auch das Wissen wachsen, das uns auf neue Risiken erst aufmerksam macht.

Zwischen Nützlichkeit und Solidarität

Die weltweite Massenmobilisierung und die ökologischen Ansprüche zusammen sind es, die uns heute einen ungeheuerlich gewachsenen Druck auf die Steigerung der Leistungsfähigkeit von Ökonomie und Technologie bescheren. Die heute gut florierende Katastrophenliteratur schweigt leider zu diesem Dilemma, in dem die Moderne heute steckt. Sie macht es sich lieber leicht und brandmarkt die Eigendynamik der ökonomisch-technischen Rationalität als verantwortliche Ursache der uns heute umgebenden Gefahren. Man redet nach dem Motto, daß Böses nur aus Bösem folgen kann, verschließt die Augen vor den tieferen Ursachen und heimst dafür den Beifall der einfacheren Geister ein. Daß es indessen auch die moralisch guten Seiten der Moderne sind, die Böses erzeugen, kommt da nicht in den Sinn. Man müßte Dinge aussprechen, die man sich nicht eingestehen will und die auch weniger ungeteilten Beifall finden. Man müßte z. B. sagen, daß die zunehmende Inklusion immer breiterer gesellschaftlicher Schichten und einer immer größeren Zahl von Entwicklungsländern in den wirtschaftlichen Reichtum dafür sorgt, daß es auf diesem Planeten so eng und stickig wird. Man müßte auch sagen, daß gewachsene Ökologieansprüche einen immer rasanteren wissenschaftlich-technischen Fortschritt erfordern, der um so mehr Risiken erzeugt, je schneller er vorankommt. Wer angesichts dieser wirklichen und viel fundamentaleren Dilemmata der Moderne auf dem Klavier der Angstgefühle spielt, die nach einem einfachen Dingfestmachen des Verursachers verlangen, und dies noch mit der großen Attitüde der moralischen Entrüstung und Verantwortung tut, mag zwar den Beängstigten aus dem Herzen sprechen, klärt sie aber nicht wirklich auf. Der Appell an Gefühle ist kein Ersatz für nüchterne Analyse. Moralische Entrüstung ist kein Ersatz für moralische Verantwortung, die nicht verklären darf, sondern aufklären muß. Heute kleiden sich die modernen Geistheiler in das Gewand des Aufklärers. Wer die

Katastrophen der Risikogesellschaft als Produkte des industriell-technischen Fortschritts beschwört, ohne zureichend den Anteil der sozialen Inklusionsprozesse und auch des zukünftig wirkenden ökologischen Drucks auf diesen Fortschritt an der Risikoproduktion zureichend aufzuschlüsseln, dem verschließen sich die tieferen Wurzeln der Widersprüche der Moderne. Er fügt den populären Katastrophenprophetien noch eine soziologische hinzu, verfehlt aber die Aufgabe der soziologischen Aufklärung.

Zur Aufklärung gehört schließlich, den Finger auf eine weitere Konsequenz des gesellschaftlichen und weltweiten Inklusionsprozesses zu legen: er produziert ständig neue Randgruppen. Die Bevölkerung gerät nämlich in einen gesteigerten Wettbewerb der Ansprüche. Soweit dann die Inklusionsanforderungen die ökonomischen Möglichkeiten, die Ansprüche zu befriedigen, übersteigen, werden stets diejenigen an den Rand gedrängt werden, die sich nicht so gut artikulieren können, nicht so viel Solidarität und Reputation mobilisieren können wie die anderen. Und dies ist tendenziell der Fall, da es für einmal mobilisierte Ansprüche kein Halten gibt. Randgruppen, die im Schatten leben, sind das paradoxe Produkt einer Gesellschaft, die gerade darauf angelegt ist, allen Bevölkerungsgruppen Zugang zu ihrem Reichtum zu verschaffen. Dies ist nicht allein die Folge der uneingeschränkten ökonomischen Konkurrenz einer sogenannten Ellbogengesellschaft, sondern auch die Konsequenz einer Öffnung der Gesellschaft für alle gesellschaftlichen Gruppen. In der traditionellen Klassengesellschaft gibt es keine Randgruppen, sondern niedrigere und höhere Klassen. In der klassenlosen Gesellschaft erfolgt die Differenzierung in ein breites Zentrum derjenigen, die es schaffen, und eine Peripherie derjenigen, die es nicht schaffen können oder wollen (vgl. Balsen, Nokielski, Rössel und Winkel, 1984; Beck, 1986; Bellmann, Gerlach und Hübler, 1984; Berger, 1986; Bolte und Hradil, 1984; Bonß und Heinze, 1984; Bourdieu und Passeron, 1971; Haller und Müller, 1983; Handl, Mayer und Müller, 1977; Heinze, Hohn, Hinrichs und Olk, 1981; Hondrich, 1982, 1984; Kreckel, 1983; Lepsius, 1979; Pappi, 1979; Wiegand und Zapf, 1982).

5.4 Die Dialektik von Diskurs und Solidarität

Kulturelle Kommunikation und solidarisches Gruppenleben expandieren beide, machen sich auf einem immer größer werdenden Terrain des gesellschaftlichen Handelns die Herrschaft streitig und durchdringen sich gegenseitig. Die kulturelle Kommunikation mit ihrer Dynamik der Wissensentwicklung und -generalisierung löst die Partikularismen der Alltagswelt solidarischer Gruppen auf und unterwirft sie einer universellen, einheitlichen Kultur von Religion, Moral, Ästhetik und Wissenschaft. In der umgekehrten Richtung wachsen die Ansprüche immer größerer Teile der Bevölkerung auf Teilhabe an der Kultur: Massenbildung und Massenkommunikation lösen die elitäre Kultur ab.

5.4.1 Der Diskurs der Solidarität: Die kulturelle Universalisierung und die Vereinheitlichung partikularer Lebenswelten

Ein weiteres Feld der fortschreitenden gegenseitigen Durchdringung gesellschaftlicher Subsysteme baut sich im Verhältnis zwischen kulturellen Diskursen und gesellschaftlichen Gemeinschaften auf. Kulturelle Diskurse dringen immer tiefer in das Gemeinschaftshandeln und die Solidaritäten gesellschaftlicher Gruppen und in die Alltagswelt der Gewohnheiten ein. Es findet eine außerordentliche kulturelle Mobilisierung der Bevölkerung statt, die einen wesentlichen Beitrag dazu leistet, daß die herkömmlichen Differenzierungen zwischen Klassen, Schichten und Gruppen aufgehoben werden.

Die Vereinheitlichung der Lebenswelten

Da ist zunächst die kulturelle Durchdringung der Klassen, Schichten und Gruppen durch die Expansion des Bildungssystems (Lutz, 1983). Immer breitere Schichten werden durch eine universelle Bildung in Sprache, Literatur, Kunst und Wissenschaft erfaßt. Damit einher geht auch eine Vermittlung universalistischer Prinzipien der Ethik (Parsons und Platt, 1973). Mit der

Anhebung des Bildungsniveaus findet eine Steigerung der moralischen Urteilskraft der Bevölkerung statt. Breitere Kreise der Bevölkerung erreichen höhere Stufen der Moralität. Folgt man einer Einteilung von Lawrence Kohlberg, dann wachsen immer mehr Menschen über die präkonventionelle Stufe des utilitaristischen Gebens und Nehmens und die konventionelle Stufe der legalistischen Einhaltung der Ordnung hinaus und erreichen die postkonventionelle Stufe der Begründung des Handelns durch universelle Prinzipien (Kohlberg, 1969). Dadurch werden partikulare Solidaritäten und unreflektierte Gewohnheiten des Handelns durchbrochen. Es zählt nicht mehr die Herkunft und bloße Zugehörigkeit, um sich der Solidarität anderer zu versichern, sondern allein die Begründbarkeit des solidarischen Handelns im Lichte universeller Prinzipien. Für eine partikularistische Moral des Einstehens für die eigene Gruppe und der Unterwerfung unter den Gruppenzwang ist da kein Platz mehr. Ähnliches gilt für Sinnfragen, Wissen und ästhetische Lebensstile. Die herkömmlichen Gruppen verlieren ihren Einfluß auf das Individuum. An deren Stelle treten kulturelle Instanzen: Theologien statt Bibelgemeinden, Wissenschaft statt Erfahrung der Verwandten, Ästhetik statt angestammter Lebensstil.

Es findet auf diesem Wege der kulturellen Durchdringung aller Gesellschaften eine außerordentliche Angleichung des kulturellen Horizontes der Bevölkerung statt. Die Kulturen, d. h. die Sinndeutungen, die moralischen Regeln, die ästhetischen Lebensstile und das Wissen der Klassen, Schichten und Gruppen lösen sich in einer universellen Kultur auf, die heute globale Maßstäbe erreicht hat. Der dabei auftretende Konflikt liegt auf der Hand: Keine Klasse, Schicht, religiöse, ethnische, sprachliche, regionale Gruppe kann sich heute vor diesem kulturellen Nivellierungsprozeß retten. Verlust an traditioneller Identität ist der Preis, der für eine allgemeine Steigerung der kulturellen Bildung der Weltbevölkerung zu zahlen ist. Die Aufsteiger aus den unteren Schichten der nationalen Gesellschaften und aus den Entwicklungsländern bilden die Avantgarde in diesem Entwicklungsprozeß. Sie sind die Vorreiter für eine Entwicklung, die eines Tages die ganze Welt mit einer einheitlichen Kultur überziehen wird. Das universell begründbare theologische, ethische, ästhetische und wissenschaftliche Wissen erhebt seinen Gültigkeitsanspruch gegenüber jedermann und jeder Gruppe auf der ganzen Welt.

Die Macht, mit der dieser kulturelle Universalisierungsschub in die alten Reservate von Klassen, Schichten, Volksstämmen und anderen Gruppen eindringt, provoziert natürlich Gegenbewegungen. Der Widerstand der Bauern gegen die Anforderungen der Schule an ihre zur Landarbeit einzusetzenden Kinder in den ersten Phasen der Bildungsexpansion war der Anfang solcher Kämpfe partikularer Gruppen gegen die universalistische Aufklärung und Nivellierung. Der Siegeszug des kulturellen Universalismus gegen den Gruppenpartikularismus hat solche Widerstände mehr und mehr auf die Ebene der Traditionspflege partikularer kultureller Milieus zurückgedrängt. Sie halten die Erinnerung an alte Gruppenidentitäten in einer Zeit fest, in der diese längst aus dem Repertoire eines universalistisch durchdrungenen Alltagslebens verschwunden sind. Härter werden die Auseinandersetzungen dort, wo der Sieg des kulturellen Universalismus mit der Herrschaft einer gesellschaftlichen Gruppe über andere Gruppen einhergeht, was in mehr oder weniger ausgeprägter Form überall vorzufinden ist. Je eklatanter diese Verbindung von kulturellem Universalismus und Gruppenherrschaft auftritt, um so heftiger werden die Auseinandersetzungen um kulturelle Identitäten. Separatistenbewegungen und blutige Kämpfe zwischen der herrschenden und der unterdrückten Kultur sind dann die Erscheinungsformen dieses Konfliktes zwischen kulturellem Universalismus und solidarischem Gruppenpartikularismus (Brass, 1985; Lahusen, 1989). Die Herrschaft des kulturellen Universalismus ist auf dem Rücken unzähliger unterlegener gesellschaftlicher Gruppen, Nationen und Volksstämme errichtet worden, die das Pech hatten, daß ihre kulturelle Identität nicht universalisiert und als allgemeinverbindliche Kultur etabliert wurde. Die damit verbundenen Konflikte äußern sich in den verschiedensten Formen. Sie reichen von der Unterlegenheit der Dialektsprechenden gegenüber den Sprechern der Hochsprache, der Unterlegenheit der Nationen mit nichtenglischer Muttersprache gegenüber den Nationen mit englischer Muttersprache in einer Zeit, in der die englische Sprache zur internationalen Verkehrssprache geworden ist, bis zur Unterdrückung religiöser, sprachlicher und regionaler Gruppen, von kleinen Reibereien bis zu blutigen Kämpfen. Der Aufstand gegen den Imperialismus der universalistischen Kultur ist stets auch ein Aufstand unterlegener gegen siegreiche Gruppen. Heute haben diese Aufstände einen internationalen Maßstab erreicht. Der Siegeszug der westlichen Kultur produziert auf der ganzen Welt Widerstände. Der Islam ist dabei zur mächtigsten Gegenbewegung gegen die moderne westliche Kultur geworden.

Im Alltagshandeln äußert sich der Konflikt zwischen dem Eindringen der universalistischen Kultur und der Bewährung althergebrachter Strukturen des Wissens und Handelns in der Auflösung traditioneller Sozialmilieus und in den Kämpfen, die diese Auflösung begleiten. Immer mehr Menschen erwerben höhere Bildungsabschlüsse und machen damit den ersten Schritt zum Verlassen ihres angestammten Milieus. Ein ursprünglich festgefügtes und von Selbstbewußtsein getragenes Arbeitermilieu verkommt in diesem Entwicklungsprozeß zum Sammelbecken der Zurückgebliebenen und Hoffnungslosen. Dies geschieht zur Zeit mit den Arbeitermilieus in England und auch im Ruhrgebiet (Mooser, 1983, 1984). Derselbe Prozeß hat in den USA zum Auszug der schwarzen Aufsteiger aus den schwarzen Ghettos geführt und eine hoffnungslose Kultur der Armut zurückgelassen, die von der unvollständigen Mutter-Kind-Familie, Kriminalität und Drogenkonsum beherrscht wird. Auch in der Gegenkultur der Jugendlichen dieser Armutsbezirke äußert sich der Konflikt zwischen dem kulturellen Universalismus des Zentrums und dem kulturellen Partikularismus der Peripherie. Die Jugendlichen bauen eine Gegenkultur gegen die herrschende universalistische Kultur auf, die ihnen keine Chance gibt, in ihr zum Erfolg zu kommen. Der Siegeszug des kulturellen Universalismus produziert seine eigene Gegenkultur in den Zurückgebliebenen, die das Tempo der kulturellen Entwicklung nicht mithalten können (Cohen und Short, 1974; Yinger, 1960).

Ein weiteres soziales Milieu, das durch die kulturelle Universalisierung des Alltagslebens aufgelöst wird, ist das Familienleben mit seiner traditionellen Struktur der Arbeitsteilung und Herrschaft. Die Frauen nehmen in zunehmendem Maße ihre Rechte auf Gleichstellung wahr und bringen den traditionellen Haushaltsplan durcheinander. Männer müssen Herrschaftspositionen räumen und können sich der Solidarität ihrer Frauen und Kinder nur noch mit guten Argumenten versichern. Die althergebrachte Autoritätsstellung ist verloren. Dagegen leisten nicht wenige Männer Widerstand. Das Leben wird ja durchaus schwieriger für sie, aber sie werden die kulturell nicht begründbaren Bastionen räumen müssen und ebenso wie ihre Frauen anpacken müssen, den Alltag zu meistern. Die Männer mit Kinderwagen am Sonntagmorgen sind da nur kleine Vorboten, denn offensichtlich lassen sie die Frau noch das Sonntagsessen zubereiten. Sie sind zwar schon weiter als ihre Brüder beim Frühschoppen, aber noch nicht so weit wie die Avantgarde männlicher Spitzenköche, die es inzwischen gibt und die genauso über das Lob der Gäste beim gemeinsamen Abendessen strahlt wie früher die Hausfrau. Der Frühschoppen als partikularistische männliche Sonntagskultur wird indessen nur überleben können, wenn sich ihre Träger mit den Frauen über einen entsprechenden Ausgleich einigen können. Die Frauen dürfen sich dann gemeinsam zum Nachmittagskaffee treffen, was in ländlichen Gegenden bislang undenkbar schien (Berger und Berger, 1983; Brose und Wohlrab-Sahr, 1986; Buchholz et al., 1984; Gilligan, 1984; Glick, 1984; Imhof, 1981; Institut für Demoskopie Allensbach, 1985; Jurreit, 1979; Ostner und Piper, 1986; Rerrich, 1983, 1986; Rubin, 1983; Schulz, 1983).

Eine neue Konfliktfront baut sich im Prozeß der europäischen Einigung auf. Wir fiebern heute (1989) der Etablierung des EG-Binnenmarktes 1992 entgegen. Die Wirtschaft rüstet sich für den gesamteuropäischen Konkurrenzkampf. Die Politiker feiern diese Entwicklung als einen großen Schritt in die Richtung der europäischen Einheit. Vergessen wird dabei in der Regel, daß diese Entwicklung auf Kosten der Eigenständigkeit regionaler Kulturen und Milieus vonstatten geht, die in ihrer Identität durch die sich ausbreitende Einheitskultur zerstört werden. Das wird neue Konflikte hervorrufen. Regionale Gruppen, Milieus und Kulturen werden sich in wachsendem Maße gegen die Überlagerung durch die universalistische Einheitskultur zur Wehr setzen. Die sich ausbreitende Einheitskultur wird natürlich durch die führenden Länder und durch die EG-Elite in Brüssel definiert. Vereinheitlichung und Zentralisierung spielen sich dabei gegenseitig in die Hände. Auf der Strecke bleiben die regionalen Kulturen. (Diese These entnehme ich einem Vortrag von Rainer M. Lepsius, gehalten bei einer Tagung der Sektion *Soziologische Theorien* der Deutschen Gesellschaft für Soziologie am 13.10.1989 in Heidelberg.)

Die Ästhetisierung des Alltagslebens

Die kulturelle Durchdringung der Alltagswelt erreicht immer mehr die ästhetische Dimension. Nachdem sich die moderne Kunst einmal von den Fesseln der Alltagswelt befreit hat und autonom geworden ist, nach ihren eigenen ästhetischen Kriterien verfährt, und die Künstler ein eigenes Milieu bilden, expandiert sie nun und greift wieder in die Alltagswelt ein. Es gibt eine immer größere Zahl von Künstlern und Kunstdarbietungen in Galerien, Museen, öffentlichen Plätzen, Banken und Geschäftszentren. Die Massenmedien verbreiten sie in immer größerem Umfang und dringen selbst mit neuen Kunstformen wie der Videokunst oder Medienkunst immer tiefer in die Alltagswelt ein. Die Reproduktionen von Kunstwerken erreichen immer größere Auflagen und füllen die Interieurabteilungen der Kaufhäuser und Möbelzentren. Dabei haben die Kandinskys, Kirchners, Klees, Dalis, Picassos, Lichtensteins und Warhols den Kitsch der röhrenden Hirsche abgelöst. Sie zieren die Wohnstuben und sind den Weg von der Avantgarde zur Konvention gegangen, ein Teil der normalen Lebenswelt geworden. Auch den öffentlichen Raum hat die moderne Kunst inzwischen erobert. Die Zeiten der Bürgerproteste gegen eine unverstandene Kunst sind einer unbefragten, manchmal unbeachteten und gleichgültigen Hinnahme gewichen.

Die Alltagswelt hat sich auf diesem Wege der ästhetischen Durchdringung mächtig geändert. Der Mief des konventionellen Lebensstils differenzierter Klassen und Schichten wird in zunehmendem Maße von der Lust der individuellen Differenzierung in Aussehen, Kleidung und Lebensgewohnheiten verdrängt. Die Avantgarde wird immer schneller in den Alltag übernommen und hat Mühe, schnell genug etwas Neues zu erfinden, bevor man von den massenhaften Nachahmern eingeholt wird. Kunst strebt stets zum Einzigartigen; je mehr sie Teil des Alltagslebens wird, um so mehr wird die Suche nach Unterscheidung von den anderen, nach auffallender Individualität zum Alltäglichen und verändert so die der Lebenswelt innewohnende Konformität. Die herkömmliche Konformität sozialer Milieus äußert sich nur noch in modischen Trends. Die Avantgarde wandelt sich vom einst unverstandenen Nonkonformisten zum Trendsetter für immer breitere Schichten der Bevölkerung. Josef Beuys hat diese Entwicklung auf den Begriff gebracht: »Jeder ist ein Künstler«.

Auch die in den vergangenen Jahren enorm gewachsene Alternativszene ist ein Ausdruck der Auflösung traditioneller Formen des Alltagslebens durch die Expansion des kulturellen Experimentierens mit neuen Lebensformen, Lebensstilen, Formen der individuellen Expression und Selbstverwirklichung. Dem aus der Betonung von Selbstverwirklichung und Lebensstil folgenden ästhetischen Subjektivismus dieser Szene stehen traditionelle Konzepte des moralischen Universalismus in der Regel ratlos gegenüber (vgl. Brand, Büsser und Rucht, 1987; Brand, 1985).
Da ist mehr Willkür als moralischer Universalismus erkennbar. In der Perspektive einer universalistischen Moral verliert man aus den Augen, daß im Subjektivismus der Alternativbewegungen eine neue Stufe des modernen Individualismus zum Ausdruck kommt, auf der es in der Tat um die Selbstverwirklichung des Individuums jenseits allen gesellschaftlichen, auch des moralischen Zwangs geht. Hier steht nicht mehr länger der moralische Individualismus im Sinne von Selbstverantwortung im Zentrum. Es macht sich vielmehr ein Individualismus breit, der die ästhetische Dimension ins Blickfeld rückt. Moralische Fragen der Lebensform werden durch ästhetische Fragen des Lebensstils verdrängt. In dieser Hinsicht stehen die subjektivistischen Teile der Alternativbewegungen in einem Zusammenhang mit einer Ästhetisierung des Lebens, die immer mehr gesellschaftliche Bereiche und Gruppen erfaßt. Zusammen mit der Auflösung althergebrachter Strukturen und der damit einhergehenden Individualisierung des Lebens ergibt sich daraus eine bislang unbekannte Ausbreitung eines Subjektivismus, der sich nicht ohne weiteres unter moralische Gebote zwingen läßt. Die Bereicherung des Lebens und die Kreativität, die von diesen Entwicklungen für die Gesellschaft insgesamt ausgehen, würden durch den schweren Schleier des moralischen Universalismus erstickt, wenn man an sie die Maßstäbe diskursiver Begründung (Habermas, 1981) anlegen würde.

Die Mode: Ästhetik der Moderne

Die Mode wird zum paradigmatischen Ausdruck des modernen Lebens (Simmel, 1908b, 1923). Die schnelle Abfolge der Moden widerspiegelt das Tempo des modernen Lebens. Dieses Tempo nimmt immer mehr zu. Während wir die Mode in der Rückschau noch in Dekaden einzuteilen gewohnt sind und von der Mode der 20er, der 50er oder 60er Jahre sprechen, wird man dies in Zukunft immer weniger tun können. Schon für die 80er Jahre ist kaum noch ein einheitlicher Stil auszumachen, weil die Abfolge der Moden immer rasanter vor sich geht und eine Pluralität von Stilen in Konkurrenz zueinander steht. Diese Entwicklung wird durch die Globalisierung der Mode auf einem immer mehr zusammenwachsenden Weltmarkt noch beschleunigt.

Hier durchdringen sich Bedürfnisse der ästhetischen Differenzierung, der sozialen Statusgewinnung und -sicherung und des ökonomischen Gewinns gegenseitig und tragen zur Beschleunigung des Tempos der Modeabfolgen bei. Der Produzent muß die Grenzen des Absatzes seiner Produkte, die durch die Sättigung seiner Kundschaft gesetzt werden, dadurch überwinden, daß er durch neue Produkte neue Kaufanreize schafft. Da bei der Kleidung eine Sättigung besonders schnell erreicht wird, besteht auch ein besonderer Anlaß, für neue Kaufanreize zu sorgen. Der Konsument ist nicht mehr Mitglied einer festgefügten Gruppe, die ihm Status durch bloße Mitgliedschaft verleiht und zugleich eine stabile Kleiderordnung vorschreibt. Er ist auf sich allein gestellt und gewinnt Status nur durch individuelle Bewährung in der Konkurrenz mit anderen, um in diesem Wettrennen um sozialen Status die Nase vorn zu haben. Darin liegen die sozialen Ursachen für individuelle Differenzierung. Hinzu tritt die gesellschaftliche Ausbreitung ästhetischer Bedürfnisse in alle Bevölkerungsschichten hinein. Die massenhafte Verwirklichung der Aufklärung macht es zu einem verbindlichen kulturellen Wert, einen individuellen Lebensstil zu entwickeln. Zu diesem Lebensstil gehört auch, wie man sich kleidet. Die Ästhetik der Kleidung ist in der Moderne nicht mehr Ausdruck einer verbindlich definierten Kleiderordnung für soziale Stände und Schichten, sondern Ausdruck einer mehr oder weniger gelungenen Ästhetik der individuellen Selbstdarstellung. Zusammen mit dem Wettlauf um die Gewinnung von sozialem Status entsteht so ein Wettlauf um ästheti-

sche Differenzierung. Um wirklich individuell zu sein, muß man auch hier schneller, besser und anders sein als die anderen.
Die Spitze wird durch die Avantgarde gebildet. Sie experimentiert ständig und ist deshalb den anderen stets voraus. Dahinter kommen die Trendis. Sie machen jede einmal aufgekommene Mode mit, um ja nicht den abfahrenden Zug zu verpassen. Schließlich läuft die Masse der Konformisten hinterher. Sie legt die langen Röcke oder die Hosen mit weitem Schlag ab, weil sie niemand mehr sehen kann. Die Masse sichert Status durch Konformität mit dem etablierten Trend. Die Trendis gewinnen Status, weil sie schneller die Zeichen der Zeit erkennen. Die Avantgarde hat Status, weil sie den anderen stets voraus ist. Die Abfolge und die soziale Ausbreitung der Moden zeigen so beispielhaft, wie sich ökonomisches Erfolgsstreben, kulturelle Massenaufklärung und soziale Statusgewinnung und -sicherung bei der Beschleunigung des Tempos des modernen Lebens gegenseitig in die Hände spielen. Es ist nicht der ökonomische Wettbewerb allein, der diese Wirkung entfaltet, sondern der ökonomische Wettbewerb zusammen mit der allgemeinverbindlichen Durchsetzung von Individualität als Wert an sich und der Statusgewinnung und -sicherung für jeden einzelnen als ein voll- und gleichwertiges Mitglied der Gesellschaft. Ökonomisches Gewinnstreben, Individualismus und gleiche Rechte für alle wirken so in der Produktion des modernen Lebens zusammmen. Ökonomisierung, kulturelle Individualisierung und soziale Inklusion sind gleichermaßen Grundpfeiler der Moderne.

Zwischen Solidarität und Wahrheit

Streit ist angesagt und wird zur Normalerscheinung einer Alltagswelt, in der nichts mehr sicher gilt, weder religiöse Sinndeutungen, noch moralische Urteile, noch ästhetischer Geschmack, noch Wissen. Tradionelle Lebensauffassungen, moralische Regeln, Eßgewohnheiten, Kleiderordnungen und Erfahrungen verlieren ihre Geltung, werden aber durch keine neuen Gewohnheiten mit gleicher Festigkeit ersetzt. Alltagshandeln wandelt sich von festgefügten Gewohnheiten zu einem variablen Verhalten, das von Fall zu Fall nach guten Gründen gewählt wird. Das führt erhebliche Begründungszwänge in das Alltagsleben ein. Lebenspartner können sich nicht mehr auf eine feste Ordnung unbefragter Selbstverständlichkeiten verlassen. Selbst das traditionelle Sonntagsessen wird vom Disput über Kalorien, Vitamine, Kohlehydrate und Becquerel erfaßt. Der Konflikt zwischen Gewohnheit und Wahrheit, Gemeinschaftssystem und Kultursystem kommt im Streit um die richtige Ernährung zum Ausdruck. Das Handeln des Menschen wird aus den sakralen Zonen selbstreferentieller Systeme in die profanen Zonen ihrer Interpenetration gezerrt. Das wissenschaftliche Wissen der Ernährungsforscher muß sich auf die Niederungen des Alltags herablassen, die Eßgewohnheiten der Familie werden auf die Höhen des wissenschaftlichen Disputs heraufgezogen. Was dabei herauskommt, ist ein Alltagshandeln, das ständig Kompromisse zwischen liebgewordenen Gewohnheiten und neuen wissenschaftlichen Erkenntnissen schließen muß. Alltagshandeln als autopoietisches System der Herrschaft des Gewohnten wird in die hintersten Reservate der kleinen Laster verdrängt, die sich gegen jedes Besserwissen behaupten können. Von unbefragten Gewohnheiten sind sie allerdings zu fraglichen Lastern geworden.

5.4.2 Die Solidarität des Diskurses: Von der Elitenkultur zur Massenkultur

Die Durchdringung des kulturellen Diskurses durch die gesellschaftlichen Vereinigungen von Klassen, Schichten und Gruppen ist als ein kultureller Inklusionsprozeß zu begreifen.

Massenbildung

Die moderne Gesellschaft ist mit dem Anspruch angetreten, daß alle Menschen zur Vernunft fähig und deshalb durch Aufklärung aus ihrer Unmündigkeit zu befreien seien. Damit hat sie die Inklusion aller Menschen in einen umfassenden Bildungsprozeß zum Programm erhoben. Dieser Bildungsprozeß währt nun mehr als zweihundert Jahre. Er hat die Bevölkerung nur schrittweise aus der Unmündigkeit befreit. Die Differenzierung der Gesellschaft in Klassen und Schichten hat auch den Zugang zur Bildung in verschiedene Bildungsstufen differenziert. Das Bildungsprogramm der modernen Gesellschaft hat jedoch von zwei Seiten einen bis heute nicht abgeschlossenen Prozeß der kulturellen Mobilisierung in Gang gesetzt. Dieses Programm ist nämlich nicht vollendet, solange nicht jede menschliche Ressource für eine umfassende Ausbreitung der Bildung mobilisiert worden ist. Mündigkeit für alle bedeutet Bildung für alle; und es gibt keine Grenzen, an denen dieses Programm haltmachen sollte. Wer dem Ruf der Aufklärung nicht folgt, gilt nicht als vollmündiger Bürger, also wird Bildung zum verbindlichen Zwang für alle. So ist die grenzenlose Ausbreitung und Verlängerung der Bildung ein im Ursprung der Moderne angelegtes Programm.

Wo Bildung zu einem so hoch bewerteten Gut gemacht wird, wachsen aber auch von der Seite der sozialen Klassen, Schichten und Gruppen die Ansprüche auf Teilhabe an diesem Gut. Die Klassen, Schichten und Gruppen drängen dementsprechend zunehmend tiefer in das Bildungssystem hinein. Immer mehr Menschen erwerben immer höhere Bildungsabschlüsse. Die rasante Entwicklung des Wissens zwingt dabei immer mehr zur Bildung als Dauereinrichtung für das ganze Leben. Lebenslanges Lernen wird zur Selbstverständlichkeit für alle. Weiterbildungsprogramme werden zu einem immer umfangreicheren Bestandteil des Bildungssystems. Dieser Prozeß wird vorangetrieben, einerseits vom kulturellen Programm der Moderne, das Mündigkeit von allen verlangt, andererseits vom Statusstreben der Menschen, das sich im Bildungserwerb entlädt. Die Durchdringung des kulturellen Diskurses durch eine wachsende Menschenmasse stellt ganz andere Anforderungen an den kulturellen Diskurs, als dies für eine Gesellschaft gilt, in der Kultur die Sache einer privilegierten Elite bleibt. Wir haben heute ein Entwicklungsniveau erreicht, auf dem ein höherer Bildungsabschluß über die Sekundarstufe hinaus für alle in naher Zukunft absehbar ist. Für das Bildungssystem erfordert dies eine ständige Steigerung seiner Bildungsleistungen. Dabei steht es vor dem Dilemma, immer mehr und sich immer rascher entwickelndes Wissen an eine immer größere Masse von Menschen heranbringen zu müssen. Fehlleistungen und Konflikte können da nicht ausbleiben. Sie äußern sich z. B. in der verbreiteten Klage von Lehrern und besorgten Eltern aus den höheren Schichten, daß der Massenansturm auf die höheren Bildungsanstalten das Niveau des Unterrichts gesenkt habe. Die deutschen Universitäten haben kaum etwas von ihrer Atti-

tüde aufgegeben, zukünftige Wissenschaftler für die Forschung auszubilden, obwohl nur noch ein kleiner Teil ihrer Absolventen in der Forschung tätig wird. Sie haben sich bis heute als nicht fähig erwiesen, durch eine Reform ihres Bildungsprogramms den veränderten Verhältnissen gerecht zu werden. Der Konflikt zwischen ihrem wissenschaftlichen Wahrheitsanspruch und den Ansprüchen immer breiterer Schichten auf kulturelle Inklusion, d. h. auf Teilhabe an den kulturellen Gütern äußert sich in überlangen Studienzeiten von durchschnittlich 13 bis 14 Semestern, obwohl es nur 8 bis 9 sein dürften. Verärgerung auf allen Seiten und regelmäßig aufflackernder Protest der Studenten sind die unvermeidliche Folge. Die wissenschaftliche Lebenswelt und die Lebenswelt wissenschaftsfremder sozialer Gruppen prallen immer unmittelbarer, häufiger und umfassender aufeinander. Die Wahrung der Wissenschaftlichkeit wird da nicht selten mit Schweigen im Saale erkauft. Als es die Professoren noch mit einer auserwählten Schar von Studierenden zu tun hatten, die schon von Kindesbeinen an in die wissenschaftliche Lebenswelt hineinwuchsen, war es leicht möglich, den Lehrdiskurs als Forschungsdiskurs zu führen, Forschung und Lehre in eine Einheit zu bringen, Lernen als forschendes Lernen und Forschen als lehrendes Forschen zu begreifen. Der wissenschaftliche Diskurs mußte in der Lehre keine Kompromisse eingehen.
Die Inklusion immer breiterer Schichten und größerer Massen von Studenten in die Universitätsausbildung hat dieser Reinheit der wissenschaftlichen Lehre ein Ende gesetzt. Die Universitätslehre wird immer weiter aus dem reinen Wissenschaftsdiskurs herausgezogen und in Berührung mit der praktischen Lebenswelt der sozialen Gruppen gebracht. Konflikte bleiben da nicht aus. Die Professoren widersetzen sich so weit es geht den Einbrüchen in die Wissenschaftlichkeit ihrer Lehre, die Studenten und gesellschaftlichen Gruppen tragen ihre Ansprüche auf Verständlichkeit, didaktische Aufbereitung und praktische Anwendbarkeit in die Universitäten hinein. Diese Anforderungen wachsen mit der Inklusion einer immer größeren Masse von Studenten in die Hochschulbildung. Hochschuldidaktik, der Einsatz neuer Lehrmethoden und praktische Anwendung auf die lebensweltlichen Probleme der Studenten rücken immer mehr in den Vordergrund. Obwohl sich die deutschen Universitäten immer gegen diese Entwicklung gesträubt haben, wird sie nicht aufzuhalten sein. Der Lehrdiskurs

wird tatsächlich in der Interpenetrationszone von Wissenschaft und Praxis stattfinden. Die Entwicklung dorthin ist jedoch durch anomische Erscheinungen gekennzeichnet. Die alte Wissenschaftlichkeit verliert ihre Verbindlichkeit, die neue Praxisnähe hat sie sich noch nicht erkämpft. Mißverständnisse und Verärgerung auf beiden Seiten sind deshalb an der Tagesordnung.

Rücksichtnahme auf Partizipationsansprüche breiterer Schichten an der Universitätsausbildung zwingt zu Verständlichkeit, zur Übersetzung des wissenschaftlichen Diskurses in vereinfachtes Lehrbuchwissen. Solidarität mit jedermann/frau öffnet die Hochschulen; die hereinströmenden Ansprüche auf Teilnahme am wissenschaftlichen Diskurs verlangen Verständlichkeit in Form von didaktisch aufbereitetem Lehrbuchwissen. Dieses Stiefkind einer bislang auf Forschung eingeschworenen Universität wird in Zukunft immer mehr Pflege beanspruchen. Ein Vergleich mit den auf diesem Gebiet viel weiter vorangeschrittenen amerikanischen Universitäten zeigt, daß es da noch viel Nachholbedarf für die deutschen Universitäten gibt. Die überlangen Studienzeiten in der Bundesrepublik sind zu einem wesentlichen Teil auf die mangelnde Einstellung der Universitäten auf die neue Situation zurückzuführen. Sie leben noch in der Fiktion vergangener Zeiten. Die Studenten bezahlen dafür die Zeche. Was erforderlich ist, das ist keine blinde Anpassung an die neue Situation, sondern eine aktive Auseinandersetzung mit den neuen Anforderungen, um neue Studiengänge und Lehrmethoden zu entwickeln, die dem wissenschaftlichen Diskurs neue Chancen geben, in immer breitere Schichten der Bevölkerung hineinzuwirken. Dadurch würde die Wissenschaftlichkeit nicht der Massenausbildung geopfert, sondern unter den Bedingungen der Massenausbildung neu organisiert. Die amerikanischen Universitäten sind für diese neuen Anforderungen durch die Differenzierung des Vorgraduiertenstudiums von vier Jahren und des erst daran anschließenden Graduiertenstudiums besser gerüstet als die deutschen Universitäten, denen das allein eingerichtete Graduiertenstudium unter der Hand zum Vorgraduiertenstudium umdefiniert zu werden droht, ohne über ein eigens eingerichtetes Graduiertenstudium zu verfügen. Durch die Einrichtung beider Ebenen des Studiums und ihre Verzahnung durch ein einheitliches Lehrpersonal kann man besser zwischen Wissenschaftlichkeit und Ansprüchen der kulturellen Inklusion vermitteln. Es wird eine neue Ebene ihrer Interpenetration erreicht, auf der die Wissenschaftlichkeit und die kulturelle Inklusion zugleich expandieren können, ohne daß die Expansion der einen Seite vollkommen zu Lasten der anderen Seite ginge, d. h. es herrscht unter diesen Bedingungen keine Nullsummenkonstanz. Es kann auf der einen Seite der Erkenntnisfortschritt auf einer immer breiteren Basis der Mobilisierung menschlicher Intelligenz vorangetrieben werden. Auf der anderen Seite können sich immer mehr Menschen auf der Basis eines gleichen Bildungsniveaus verständigen (Parsons und Platt, 1973).

Massenkommunikation

Die Inklusion immer größerer Teile der Bevölkerung in die höhere Bildung einschließlich der Universitätsbildung ist nur ein Teil des gesamten Prozesses der Inklusion immer breiterer Schichten in den kulturellen Diskurs. Die von den französischen Aufklärern des 18. Jahrhunderts verfaßte Enzyklopädie war der Anfang einer Umsetzung des kulturellen Diskurses in Massenaufklärung. Dazu gehört auch die in diese Zeit fallende Entwicklung der Zeitschriften und der Lesezirkel. Die Beschäftigung mit Kunst, Literatur, Moral, Wissenschaft und Religion ist zu einem wesentlichen Teil der neuen bürgerlichen Lebensweise geworden. Die Kultur wird aus der Exklusivität des höfischen Lebens in die Mitte des bürgerlichen Lebens gerissen. Es findet eine enorme Expansion der Zahl von Menschen statt, die an der Kultur teilhaben. Die Lesung und die Darbietung von Kunst im höfischen Kreis werden durch bürgerliche Lesezirkel, städtische Theater und Konzerthallen erweitert. Während die ersteren nur geladenen Gästen zugänglich waren, sind die letzteren offen für jedermann. Gewiß wird damit die Kultur noch keine Sache der einfachen Leute, aber es ist der Anfang eines umwälzenden Prozesses der Inklusion immer größerer Massen in die Teilhabe an den kulturellen Gütern gemacht.

Die massenhafte Verbreitung kultureller Erzeugnisse nimmt ihren Anfang in der Aufklärung. Zeitschriften sprießen aus dem Boden und erfassen größere Leserkreise. Bücher erreichen immer größere Auflagen. Der Zeitschrift gesellt sich die Wochen- und Tagespresse hinzu. Es entsteht die bürgerliche Öffentlichkeit als ein diskutierender Kreis mündiger Bürger. Mit dieser Inklusion der bürgerlichen Schichten in das kulturelle Geschehen und der damit einhergehenden massenhaften Verbreitung kultureller Erzeugnisse setzt indessen auch schon die Kritik an der entstehenden Massenkultur ein. Es wird gesehen, daß der Autor und Künstler den unmittelbaren Kontakt zum Publikum verliert, zwischen beiden keine gegenseitige Verständigung und Befruchtung stattfinden kann. Daraus entwickeln sich zwei gegensätzliche Positionen: Autoren und Künstler, die auf sich selbst und ihre Kollegen bezogen sind, und solche, die für die Masse produzieren. Kunst und Massenkultur differenzieren sich auseinander. Diese Differenzierung haben all diejenigen forciert, die davon ausgehen, daß zwischen den Qualitätsansprüchen von Literatur und Kunst und dem Geschmack der Massen keine Vermittlung möglich ist. Kunst und Unterhaltung werden in dieser Sichtweise jeweils eigene Herrschaftsbereiche zugewiesen. Allerdings ist diese Differenzierung nicht durchgehend aufrechterhalten worden. Es haben sich ebenso eine Kunst und eine Literatur entwickelt, die ein immer breiteres Publikum erfassen, immer größere Auflagenzahlen erreichen, ohne damit kulturelle Qualitätsmaßstäbe aufzugeben.

Diese Entwicklung ist Teil des immer größere Massen erfassenden kulturellen Inklusionsprozesses. Er hat mit der Entwicklung neuer Medien immer größere Dimensionen erreicht. Wochen- und Tagespresse haben zunächst alle lesekundigen Bürger erfaßt. Mit dem Radio und dem Fernsehen werden alle Hör- und/oder Sehfähigen in den Kommunikationsprozeß einbezogen. Sie erlauben es, immer mehr Information immer schneller und besser faßbar zu verbreiten. Erst durch diese Medien ist der öffentliche Diskurs wirklich universell geworden (Snow, 1986; Dominick, 1983; Kiefer, 1987; Blau, 1986). Allerdings kann er nicht mehr in der Form der diskutierenden Bürger in den Lesezirkeln und öffentlichen Versammlungen geführt werden. Es ist nicht mehr der öffentliche Diskurs in einer idealen Sprechsituation. Ein Weg zurück zu dieser idealen Sprechsituation könnte nur über die Ausschließung der Massen und die Eingrenzung des Diskurses auf wenige Gebildete führen. Der »Strukturwandel der Öffentlichkeit« (Habermas, 1968) von der diskutierenden Bürgergesellschaft zum kulturellen Massenkonsum ist im Prozeß der Inklusion immer breiterer Schichten in den Diskurs selbst angelegt. Es ist die logische Fortsetzung des Diskurses auf einer neuen Ebene der Inklusion der gesamten Bevölkerung. Damit gewinnen natürlich neue Kriterien die Oberhand, die von den Massen an den Diskurs herangetragen werden und die Wahrheits- und Qualitätskriterien in den Hintergrund drängen. Es tritt eine Differenzierung von Produzenten und Konsumenten ein; die Zuhörer und Zuschauer werden zu einem anonymen Massenpublikum. Die massenwirksame Darstellung wird wichtiger als der Inhalt, Vereinfachung und dramatisierende Verzerrung werden zu strategischen Mitteln der Erzeugung von Aufmerksamkeit.

Alle diese neuen Elemente der Massenkommunikation werden zum Anlaß für eine mit jedem Entwicklungsschub immer wieder neu vorgetragene Kritik an der Massenkommunikation (Löwenthal, 1972; Benjamin, 1973; Gans, 1974; Claeys, 1986). Ihr Tenor ist meist: »Zurück zur ursprünglichen reinen Aneignung von Kultur«. Man will aus Massenkonsumenten dieselben individuellen Kulturmenschen machen, die einmal die Elite eines aufgeklärten Bürgertums gebildet hatten. Diese Kritik an der Massenkommunikation hat mit den ersten Zeitschriften der Aufklärung begonnen und ist auf allen neuen Entwicklungsstufen wiederholt worden. Heute ist es das Fernsehen, dem man die Verantwortung für eine zunehmende Verkümmerung der Kultur des Menschen zuschreibt (Postman, 1982, 1985; Rieseberg und Martin-Newe, 1988; Schulz, 1989). Man klagt darüber, daß die Menschen immer weniger Bücher lesen und Gespräche führen und sich statt dessen von einer Maschinerie der Massenunterhaltung berieseln lassen. Das Rezept heißt: »Zurück zum Buch und zum Gespräch im kleinen Kreis«. Oder man gefällt sich in der Verkündung des totalen Sinnverlusts, der Ersetzung gesellschaftlichen Lebens durch die massenmediale Simulation von Realität (Baudrillard, 1975, 1977, 1979, 1981, 1983a, 1983b). Diese Standard gewordene Kritik an der Massenkommunikation hat indessen von Anfang an übersehen, daß sie mit dem kulturellen Reinheitsgebot zugleich den elitären Charakter einer vergangenen Kultur beschwört. Die Maßstäbe, die sie an Kultur anlegt, sind stets diejenigen einer untergegangenen Elite weniger Kulturmenschen. Die großen Massen haben in diesen zurückersehnten Zeiten gar keinen Anteil an der Kultur gehabt.

Wer diese elitären Kulturformen nicht mehr haben will, der muß den Anforderungen einer massenhaften Kulturkommunikation ganz anders in die Augen sehen, sich nämlich Gedanken darüber machen, wie die stets erweiterten Möglichkeiten neuer Medien

genutzt werden können, um immer breiteren Schichten der Bevölkerung die Teilhabe an der Kultur zu ermöglichen. Das kann gewiß nicht durch ein Zurückbeordern in die Lesestube geschehen. Der Umfang der kulturellen Erzeugnisse wächst ungeheuerlich. Kultur ist heute außerdem Weltkultur und überschreitet alle nationalen Grenzen. Sie soll zudem allen zugänglich sein. Das stellt ganz andere Anforderungen der Vermittlung von Kultur. Die Telekommunikation wird dabei die zentrale Rolle spielen. Sie erlaubt es, im Vergleich zu allen anderen Formen der Kommunikation die größte Menge von Informationen in der kürzesten Zeit an die größtmögliche Menge von Menschen zu vermitteln. Die Vermittlung von Informationen ist hier im Vergleich zu allen anderen Formen der Kommunikation unabhängiger von Ort, Zeit und Personen.
Auf diesem Gebiet werden heute die Kämpfe zwischen Kultur als Qualitätserzeugnis und Kultur als Massenerzeugnis ausgetragen. Die Protagonisten der Qualitätskultur kämpfen gegen die Verwässerung, Nivellierung und Entleerung der Kultur durch die immer weiter um sich greifende Telekommunikation. Die Protagonisten der Massenkultur kämpfen gegen den elitären Charakter der alten Qualitätskultur. Der Kampf um die Öffnung der Massenkommunikation für private Rundfunk- und Fernsehsender ist in der Bundesrepublik in der jüngsten Vergangenheit der Schauplatz dieser Auseinandersetzungen gewesen. Der Prozeß der kulturellen Inklusion kann indessen die Telekommunikation kaum in der Hand einer ausgewählten Elite öffentlich-rechtlicher Rundfunkredakteure lassen, die um die Konkurrenz neuer Kollegen fürchten. Ihnen fällt in dem erweiterten System der Telekommunikation allerdings eine besondere Aufgabe zu, nämlich aufgrund ihrer größeren Unabhängigkeit von Einschaltquoten die kulturellen Standards mit besonderem Engagement zu vertreten. Mit der Erweiterung des gesamten Systems der Telekommunikation bieten sich jedoch viel mehr Chancen, immer mehr Menschen in den Prozeß der Massenkommunikation einzubeziehen und dabei auch immer mehr kulturellen Erzeugnissen eine immer schnellere und breitere Übermittlung zu eröffnen. Die Aufnahmekapazität des Telekommunikationssystems für kulturelle Erzeugnisse wird viel größer: Nachrichten, Berichte, Dokumentationen, Kommentare, Moderationen, Diskussionen, Theaterstücke, Konzerte und andere künstlerische Darbietungen können

in viel größerer Zahl eingespeist werden. Das schafft zugleich einer viel größeren Zahl von Kulturproduzenten Beschäftigungsfelder und Möglichkeiten, ihre Botschaft zu verbreiten. Viel mehr Kulturproduzenten als zuvor können Kultur in der Tat zum Beruf machen. Kultur wird auf diesem Wege zu einer der größten Wachstumsbranchen. Das bedeutet einerseits Kommerzialisierung und Vermassung, bietet aber andererseits viel größere Chancen als je zuvor, immer mehr Menschen als Produzenten und Konsumenten in den Prozeß der kulturellen Entwicklung einzubeziehen. Auch neue, für massenhafte und kurzlebigere Verbreitung geeignete Kunstformen entwickeln sich: Videokunst, Medienkunst, Multimediakunst (Booth, 1982; Hanson, 1987; Blody, 1987; Kaiser, 1988).

Kultur wird auf diesem Wege ein immer breiter wirksamer Bestandteil der gesellschaftlichen Entwicklung überhaupt. Die Telekommunikation muß dabei nicht notwendigerweise die anderen Kommunikationsformen auslöschen; sie kann diese vielmehr selbst in ihren Sog der Entwicklung ziehen. Sie braucht eine wachsende Masse von Talenten, die sich zunächst in den unmittelbaren Formen der Kommunikation schulen müssen, in der Bezirkszeitung, der Stadtillustrierten, dem Zimmertheater, der kleinen Galerie, dem lokalen Diskussionskreis, in der lokalen Podiumsdiskussion. Sie alle können mit der Aussicht auf weitere Erfolge mit breiteren Beschäftigungsmöglichkeiten ihrer Protagonisten florieren. Außerdem wächst mit der Breitenwirkung der kulturellen Telekommunikation der Anteil der Bevölkerung, der für kulturelle Darbietungen interessiert werden kann. Mit der Telekommunikation wächst auch der Geschmack an der unmittelbaren Kommunikation. So ist es auch mit den Gesprächskreisen. Die Telekommunikation ist der Hauptlieferant von Gesprächstoff, der über die private Lebenswelt hinausreicht und dadurch den Diskussionshorizont des Gesprächskreises öffnet, ihn aus dem Stammtischniveau gerade herausziehen kann.

Diese Entwicklung der Massenkommunikation wird die Anforderungen einer Qualitätskultur und die Ansprüche auf Inklusion immer größerer Massen in die kulturelle Kommunikation immer wieder neu in Konflikt miteinander bringen. Die Kämpfe werden nicht aufhören. Sie sind indessen auch nötig, damit keine Seite von der anderen vollständig einverleibt werden kann und vielmehr beide durch eine immer tiefere Interpenetration expandieren können. Nur so kann die Qualitätskultur von dem verbreiterten Potential von Talenten profitieren und Verständigung zwischen einer immer größeren Masse von Menschen unabhängig von Ort, Zeit, Person und Herkunft zustande gebracht werden. Kultur und gesellschaftliche Vereinigung expandieren so zugleich und überwinden dabei Bedingungen der Nullsummenkonstanz. Die Entwicklung der Massenkommunikation muß nicht zu Lasten der Qualitätskultur gehen, die Entwicklung der Qualitätskultur nicht zu Lasten der Massenkommunikation.

Zwischen Wahrheit und Solidarität

Das ganze Geschehen spielt sich indessen auf einem Feld ab, das nicht mehr eindeutig einem selbstreferentiellen System zugeordnet werden kann, weder dem reinen Diskurs unter den Bedingungen einer idealen Sprechsituation noch der gesellschaftlichen Vereinigung von solidarischen Gruppen. Massenkommunikation überschreitet die Grenzen des Diskurses, weil sie mehr Menschen als der reine Diskurs einbezieht, und sie überschreitet die Grenzen solidarischer Gruppen, weil sie letztlich alle Menschen in einen Kommunikationszusammenhang einschließt. Sowohl Qualitätskriterien des kulturellen Diskurses als auch Inklusionskriterien der gesellschaftlichen Vereinigung werden in der Massenkommunikation wirksam. Sie liegen in einem unaufhörlichen Kampf miteinander. Und es ist dieser Kampf der Gegensätze, der die Moderne auf die Beine gebracht hat, ihre Entwicklung bestimmt und sie zu neuen Entwicklungsstufen vorantreibt.
Eine wesentliche Voraussetzung für diese Leistungssteigerung aus Interpenetration ist ein Gleichgewicht zwischen kulturellen Standards und gesellschaftlicher Inklusion. Wo sie aus dem Gleichgewicht geraten, droht die Struktur sozialer Solidaritäten durch diskursive Überforderung zusammenzubrechen, oder die Kultur stirbt an den Erfordernissen der Masseninklusion.

Exkurs:
Vom Elfenbeinturm zum multidisziplinären Kommunikationszentrum: Die neue Universität

Die Universitäten stehen heute vor großen Problemen. Einer zunehmenden Zahl ihrer Studenten droht die Arbeitslosigkeit. Es wird aber auch zunehmend geklagt, daß sie ihrer Aufgabe, international erfolgreich Forschung zu betreiben, nicht genügend gerecht werden. Anscheinend sind die Universitäten für die Ausbildung der großen Masse ihrer Studenten zu wissenschaftlich und für das Vorantreiben der Forschung zu wenig wissenschaftlich organisiert. Das gegenwärtige Universitätsstudium ist offensichtlich nicht mehr dazu geeignet, beide Funktionen zugleich zu erfüllen. Es ist aber gerade eine wesentliche Aufgabe der Universität, beide Funktionen unter einem Dach zu vereinigen, um die gegenseitige Durchdringung von wissenschaftlicher Reflexion und gesellschaftlicher Praxis zu fördern. Es müssen deshalb neue Lösungen gefunden werden. Ich will hier zeigen, daß die Universität durch ihr eigenes Selbstverständnis gehindert wird, solche neuen Lösungen zu finden. Sie wird zerrissen zwischen innerer Idealisierung und äußerer Instrumentalisierung, d. h. zwischen ihrem eigenen Streben nach reiner Wissenschaft und den von außen herangetragenen praktischen Interessen. Ich will hier aber auch deutlich machen, durch welche Veränderungen sich Chancen zur Lösung der angezeigten Probleme bieten.

Die Idee der deutschen Universität

An den deutschen Universitäten ist seit ihrer Reform zu Beginn des 19. Jahrhunderts immer die reine Wissenschaft vor jeder angewandten Form der wissenschaftlichen Forschung bevorzugt worden (Ringer, 1969; Schelsky, 1971; Ben-David, 1971: 108-138). Auch der Vertiefung der Bildung in *einer* wissenschaftlichen Disziplin ist vor jeder »oberflächlichen« Kombination von Teilen verschiedener Disziplinen ein Vorrang eingeräumt worden. Am Ende der Ausbildung steht ein kleines »Werk«: Die Staatsexamens-, die Magister-, die Diplomarbeit, die Dissertation. Bildung durch Wissenschaft sollte stets in die Tiefe gehen und sich nicht der Vermittlung von kleinen Wissenspaketen hingeben. Die Universität sollte kein Warenhaus sein, in dem sich jeder nach Belieben bedienen kann. Vor allem sollte die Universität aber eine Stätte der Einsamkeit und Freiheit der Lehrenden, Forschenden und Lernenden sein. Dazu brauchte sie die Isolierung von der Gesellschaft unter der Obhut des Staates. Das war der Sinn des Bündnisses zwischen den Universitätsreformern des deutschen Idealismus und dem preußischen Staat bei der Neugründung der Berliner Universität im Jahre 1810.

Es ist ein Beweis für die Kontinuität ihres Denkens, daß die Universität bis heute der damals formulierten, Humboldt zugeschriebenen Idee verpflichtet geblieben ist. Es ist aber genau diese Idee, die es ihr stets schwer gemacht hat, auf neue Anforderungen mit entsprechenden inneren Reformen zu reagieren.

Das hat stets die Staatsaufsicht auf den Plan gerufen und zu einer gegenseitigen Verärgerung geführt. Die Universitäten fühlen sich von den Ministerien gegängelt, die Ministerien sehen sich in ihrem Reformbemühen mißverstanden und im Stich gelassen. Die Universitäten können die Anforderungen von außen nicht bewältigen, weil sie nicht genügend Selbstverantwortung besitzen. Die Ministerien können die Universitäten nicht auf die veränderten Situationen einstellen, weil sie zu weit von den Problemen selbst entfernt sind, Reformen zu lange dauern, unnötig politisch umkämpft sind, in Gesetzesform gegossen werden müssen und so gerade zur Verstärkung der Starrheit der Universitätsausbildung beitragen.

Die Zerrissenheit der Universität

Die Universität wird heute zerrissen zwischen einer äußeren, mit den wachsenden Anforderungen stets drohenden Instrumentalisierung im Sinne der einseitigen Vereinnahmung für gesellschaftliche und individuelle Interessen und ihrer inneren Tendenz zur Idealisierung im Sinne der reinen Wissenschaft. Man kann diese Zerrissenheit noch genauer fassen: Die äußere Instrumentalisierung droht durch die Ansprüche ökonomischer Erfordernisse, politischer und individueller Zwecksetzungen und gruppenspezifischer Statussicherung. Letzteres ergibt sich z. B., wenn Berufsgruppen die Universitätsausbildung als Instrument zur Sicherung eines herausgehobenen gesellschaftlichen Rangs benutzen. In diesem Sinn ist die Universität also Gefahren der ökonomischen, politischen und gruppenspezifischen Instrumentalisierung ausgesetzt. Auch ihre Idealisierung kann in drei unterschiedlichen Richtungen erfolgen: Die Dominanz der reinen Wissenschaft führt zur Verwissenschaftlichung, die Dominanz der intellektuellen Reflexion zur Intellektualisierung, die Dominanz moralischen Räsonierens zur Moralisierung (siehe Diagramm 1).

Es fehlt die unmittelbare Abstimmung zwischen der Universität und den ökonomischen, politischen, gruppenspezifischen und individuellen Interessen. Weil die Vermittlung zwischen der inneren Idealisierung und der äußeren Instrumentalisierung nicht in der unmittelbaren Abstimmung zwischen der Universität und den gesellschaftlichen und individuellen Interessenten erfolgt, sondern durch die Staatsaufsicht verwaltet wird, hat die Universität nicht diejenige Flexibilität entwickeln können, die notwendig wäre, um sich immer wieder neu an wechselnde Situationen anzupassen. Sie ist zu stark auf die Idee der reinen Wissenschaft und der Vermittlung einer besonderen Tiefe des Wissens fixiert geblieben. Das hat im Verein mit dem Zwang zur stärkeren Reglementierung von Studiengängen im Zuge des Massenandrangs an die Universitäten in den sechziger und siebziger Jahren zu jener Starrheit der Ausbildung geführt, die sich in den katastrophalen Verhältnissen auf dem Arbeitsmarkt für Hochschulabsolventen auswirkt, die heute allseits beklagt werden. Während 1973 insgesamt 5551 Hochschulabsolventen arbeitslos waren, war diese Zahl im Jahre 1984 auf 79 076 gestiegen (Starr, 1986; vgl. Schlegelmilch, 1987; Knapp, 1986; Tschesch, 1989). Die Philosophische Fakultät hat das in den vergangenen Jahren besonders erfahren müssen. War sie ursprünglich zu mehr als 80% mit der Ausbildung zukünftiger Lehrer beschäftigt, so hat sich das Bild innerhalb von zwei bis drei Jahren vollkommen umgekehrt. Jetzt (im Jahre 1989) bildet sie kaum noch Lehrer aus und zu über 80% Magister der Künste, von denen man nicht weiß, was sie einmal tun sollen.

Ich will hier aber ausdrücklich betonen, daß ich nicht nur von einem Problem der Philosophischen Fakultät spreche. Der Mathematiker, der in seinem Berufsleben Firmen bei der Einführung eines Dokumentationssystems auf computergesteuerter Basis *berät*, also selbst nicht diese Programme entwirft, sondern sie in

Firmen neu einrichtet, wird zwar vom Arbeitsmarkt angenommen, ob er aber mit einer rein mathematisch-naturwissenschaftlichen Ausbildung für diese Arbeit angemessen qualifiziert ist, bezweifle ich. Überdies zeigen sich auch für die Absolventen der Naturwissenschaften wie für die Absolventen von nahezu allen klassischen Disziplinen zunehmend Probleme auf dem Arbeitsmarkt.

Neue Chancen durch neue Studiengänge

Es böten sich der Universität durchaus Chancen, sich mit neuen Ausbildungsmodellen besser zu behaupten. Die Schwierigkeiten der Hochschulabsolventen auf dem Arbeitsmarkt liegen in allererster Linie an ihrer geringen Flexibilität, die eine Folge der starren, auf Tiefe angelegten Studiengänge ist. Die nicht vermittelbaren Lehrer sind davon nur die Spitze des Eisbergs. Der Arbeitsmarkt verlangt heute jedoch immer mehr die Fähigkeit, verschiedenes Wissen in neuartiger Weise zu kombinieren, was sich in dem Erfolg der kombinierten Studiengänge, etwa der Wirtschaftsinformatiker, Wirtschaftsingenieure und Biochemiker beweist. Aber auch Anpassungsfähigkeit im Sinne des stets neuen Hinzulernens ist gefordert. Also kann und soll es gar keine ein für allemal abgeschlossene, »tiefe« Ausbildung geben.

Um den genannten Anforderungen gerecht zu werden, müßte es eine viel größere Wahlfreiheit im Zusammenstellen sehr vieler verschiedener Studienelemente aus *allen* Fachbereichen geben, wie das z. B. im amerikanischen Vorgraduierten-Studium im College, auch in den Colleges der Volluniversitäten, möglich ist. Eine Kombination von Elementen aus Medizin, Biochemie, Statistik, Informatik, Sozialwissenschaft und Geisteswissenschaft müßte dabei der Normalfall werden. Das geht gewiß nur auf Kosten der Tiefe, an der man sich bisher festgeklammert hat. Für diese Tiefe besteht aber eben kein Bedarf in großem Umfang. Praktisch heißt das: Wir benötigen ein Vorgraduierten-Studium, das auf die freie Kombination verschiedenster Studienelemente aus den verschiedensten Fachbereichen und nicht auf Tiefe angelegt ist.

Erst nach einem Vorgraduierten-Studium kann und muß ein in die Tiefe gehendes wissenschaftliches Fachstudium folgen. Es ist ja besonders tragisch, daß die Universität auch diese Funktion nicht mehr zureichend erfüllen kann, was die zunehmend öffentlich artikulierten Zweifel an der Qualität der Forschung zum Ausdruck bringen. Für den Arbeitsmarkt ist die Universität zu wissenschaftlich, für die Wissenschaft hat sie angesichts der Massenausbildung nicht genügend Kapazitäten frei. Es fehlt völlig die Ausbildung zum Wissenschaftler in einem eigenen Promotionsstudiengang.

Für die Geistes- und Sozialwissenschaften ergeben sich aus einer Veränderung der Ausbildung im vorgeschlagenen Sinne völlig neue Chancen, nicht nur eine begrenzte geisteswissenschaftliche Bildungsschicht hervorzubringen – die im übrigen recht isoliert in der Gesellschaft dasteht –, sondern in alle gesellschaftlichen Bereiche hineinzuwirken. Kulturelles Wissen und ein Verständnis sozialer Zusammenhänge werden in Verbindung mit praktischen Tätigkeiten immer mehr Bedeutung erlangen. Sich über den Sinn und die gesellschaftlichen Konsequenzen des eigenen Tuns zu vergewissern wird immer mehr ein selbstverständlicher Teil jeder praktischen Tätigkeit werden. Das ist die Form, in der die Geistes- und Sozialwissenschaften allein eine Zukunft haben können, und es ist eine Form, die sie weit mehr als bislang in die Gesellschaft hineinführt und nicht von ihr entfremdet, wie das in der Vergangenheit geschehen ist. Ihre Bedeutung für die Gesellschaft wird so gerade zunehmen.

Die Universitäten müssen also die wissenschaftliche und intellektuelle Reflexion als ihr ureigenstes Prinzip mit einer flexiblen Ausbildung zur Anpassungsfähigkeit auf einem sich rasch wandelnden Arbeitsmarkt verbinden. Auf diese Weise vermitteln sie kulturell reflektiertes und zugleich praktisch anpassungsfähiges Wissen, und nur so können sie zur gegenseitigen Durchdringung von Kultur und alltäglicher gesellschaftlicher Praxis beitragen, eine Aufgabe, die ihnen in allererster Linie zufällt.

Es ist aber nicht nur die flexible Reaktion auf den Arbeitsmarkt, die gefordert ist, wenn die Universitäten diese Funktion erfüllen sollen. Sie müssen sich auch auf gesteigerte Anforderungen an die Fähigkeit zu rational begründeter Entscheidung und zu individueller Selbstverwirklichung einstellen. Dazu ist es notwendig, daß in der Ausbildung nicht nur rein wissenschaftliches Wissen vermittelt wird, sondern auch die Anwendung dieses Wissens zu praktischen Problemlösungen, die das Individuum bewegen, eingeübt sowie der kulturelle Sinn und die gesellschaftlichen Konsequenzen solcher Problemlösungen reflektiert werden. Hierzu ist die Zusammenarbeit unterschiedlicher Disziplinen in ein und derselben Studieneinheit und das Einbringen praktischer Probleme und der Probleme der Studierenden erforderlich. Praktische Studieninhalte müssen Eingang in die Universitätsausbildung finden.

Hier liegt ein wesentlicher Teil der Aufgaben der Universität, den man sträflich vernachlässigt, wenn man das hier diskutierte Problem nur als ein arbeitsmarktpolitisches Problem begreift. Das wesentlich weiter reichende Problem betrifft die gegenseitige Durchdringung von Kultur und Gesellschaft, zu der die Universität einen wesentlichen Beitrag zu leisten hat. Der gegenwärtige Protest gegen die verselbständigte, unkontrollierte Technologisierung der Gesellschaft ist ein Zeichen der mangelnden gegenseitigen Durchdringung von kultureller Reflexion und technologischer Entwicklung. Dieses Problem läßt sich nur bewältigen, wenn es genügend Leute gibt, die sowohl etwas von Naturwissenschaft und Technik als auch etwas von der Reflexion über die grundlegenden Wertideen unserer Kultur und über die sozialen Konsequenzen des technologischen Fortschritts verstehen. Es kommt weniger darauf an, daß die kulturelle Bildung genau das richtige Wissen vermittelt, um die praktischen Probleme zu lösen, als vielmehr darauf, daß die Verständigung und die Konsensbildung über die Problemlösungen erleichtert wird, wenn die beteiligten Experten und Interessenten über einen gemeinsamen kulturellen Hintergrund verfügen und nicht einander fremd und verständnislos gegenüberstehen. Der Gegensatz zwischen den Geistes- und den Naturwissenschaften hat in Deutschland stets die Verständigung über die kulturellen Aspekte der technologischen Entwicklung erschwert. Ihre gegenseitige Durchdringung in der Universitätsausbildung würde den Konflikt zwischen blinder Technologiekritik und blinder Technologieapologetik abbauen.

Eine weitere, nicht allein mit arbeitsmarktpolitischen Begriffen faßbare Anforderung, auf welche die Universitäten reagieren müssen, um die gegenseitige Durchdringung von Kultur und gesellschaftlicher Praxis zu fördern, ist die gesteigerte Notwendigkeit von Kooperation, Kommunikation und freier Assoziation in einer Gesellschaft, in der immer mehr Probleme nur durch die Einbeziehung verschiedener Gruppen und Individuen und nur durch deren gegenseitige Abstimmung, Verständigung und Zusammenarbeit gelöst werden können. Das heißt, daß die Ausbildung Chancen für die Einübung von Kommunikation und Zusammenarbeit über verschiedene Disziplinen hinweg und in Bereiche der Praxis hinein bieten muß. Projektarbeit und Praktika müssen zu einem festen Bestandteil der Ausbildung werden. Hier muß die Einübung von Kommunikation und Kooperation mit der intellektuellen und wissenschaftlichen Reflexion gepaart werden, wodurch praktische Zusammenarbeit an übergreifenden kulturellen Ideen orientiert wird und die kulturellen Ideen zu einem gemeinsamen Bestandteil der Überzeugungen verschiedener Gruppen und Individuen werden können. Was die Universität in diesem Teil der Ausbildung vermitteln muß, ist die Fähigkeit zu rational geleiteter Assoziation und Zusammenarbeit. Im allgemeinen geht es hier um einen Beitrag zur Integration der Gesellschaft. Während die Universität bisher nur eine besondere Akademikerschicht ausgebildet hat, wird es in Zukunft auch darum gehen, in einem Vorgraduierten-Studium eine gemeinsame kulturelle Basis breiter gesellschaftlicher Gruppen und Schichten zu schaffen. Das dabei auftretende Qualifikationsproblem wird in den USA, wo rund 50% eines Altersjahrgangs eine Collegeausbildung erhalten, durch die im Wettbewerb ausgetragene Qualifikationsabstufung der Colleges und Universitäten gelöst. Voraussetzung hierfür ist auch eine zumindest in formaler Hinsicht einheitliche Schulbildung, beispielsweise eine 12jährige Gesamtschule mit differenzierten Grund- und Leistungskursen, die von allen Jugendlichen besucht wird. Auf diese Weise werden sowohl alle Begabungsreserven ausgeschöpft als auch Beiträge zur Integration der gesellschaftlichen Gruppen und Schichten geleistet. Das Beispiel der USA zeigt, daß man mit einem solchen System sowohl die Chancengleichheit als auch den Leistungswettbewerb und damit Spitzenleistungen fördern kann. Unser dreigliedriges Schulsystem gewährleistet beides nicht in genügendem Maße. Hier geht es um die Steigerung der kulturellen Bildung der gesamten Bevölkerung und auf dieser Basis um die Förderung besonderer Leistungen. Das ist keine Frage der Verfügbarkeit von Arbeitsplätzen für Hochschulabsolventen nach unserem bisherigen Verständnis, sondern eine davon völlig unabhängige Frage der Anhebung des kulturellen Niveaus der Gesellschaft insgesamt, eine Entwicklung, die seit der Aufklärung im Programm unserer modernen Gesellschaften angelegt ist und auch auf Dauer gar nicht aufgehalten werden kann. Es kommt aber darauf an, dafür die richtigen Lösungen zu finden. Unser gegenwärtiges Schul- und Hochschulsystem ist für diese Aufgabe nicht angemessen gerüstet.

Die Universität als Zentrum der gegenseitigen Durchdringung von Kultur und Gesellschaft

Die Universität muß also in vier Richtungen ihre Ausbildung verändern. Die rein wissenschaftliche und tiefgehende Ausbildung muß in einem Graduierten-Studium, in einem neu einzurichtenden Promotionsstudiengang auf einem höheren Niveau als bisher neu organisiert werden. Wenn man die intensive Betreuung der Studenten in einem amerikanischen Promotionsstudiengang mit der völlig unorganisierten Promotion an unseren Universitäten vergleicht, dann weiß man, warum die Vereinigten Staaten auf vielen Gebieten der Wissenschaft erfolgreicher sind als der ganze Rest der Welt. Dort arbeitet ein Professor in einem Seminar mit oft nicht mehr als 5 Studenten von Woche zu Woche zusammen, was in der Tat forschendes Lernen ermöglicht. Unsere Kombination von aufzehrender Massenausbildung, die nicht mehr wissenschaftlich genug sein kann, und völliger Unorganisiertheit der Ausbildung zukünftiger Wissenschaftler kann uns für die Zukunft unserer Forschung nur schwarz sehen lassen. Hinzu kommt noch die lähmende Wirkung der fast aussichtslosen Chancen des wissenschaftlichen Nachwuchses. Ein viel offenerer Wettbewerb zwischen Professoren und zwischen Hochschulen sowie ein Abbau der Verbeamtung der Hochschullehrer könnten hier für mehr Durchlässigkeit und damit für eine größere Leistungsbereitschaft sorgen.
Neben der aufgezeigten Einrichtung von Promotionsstudiengängen hat die Universität aber auch die Funktion zu erfüllen, die gegenseitige Durchdringung von Kultur und gesellschaftlicher Praxis zu fördern. Das kann sie nur durch eine wesentlich flexiblere Gestaltung ihrer Massenausbildung erreichen, die in drei Richtungen Qualifikationen vermitteln muß: rationale Anpassungsfähigkeit für sich rasch wandelnde Arbeitsanforderungen,

die Fähigkeit zu rational reflektierter Entscheidung und Selbstverwirklichung in praktischen und individuellen Problemstellungen und die Fähigkeit zu rationaler Assoziation und Zusammenarbeit. Jedesmal muß dabei die intellektuelle und wissenschaftliche Reflexion mit der Anpassung an praktische Anforderungen zusammenkommen. Das ist eine Aufgabe, die nicht an andere Institutionen delegiert werden kann, weil es ja gerade zunehmend darauf ankommt, die praktischen Tätigkeiten an die kulturell-wissenschaftliche Reflexion anzuschließen und nicht beide gegenseitig zu isolieren. Das heißt aber: Die Universität muß sich öffnen: für den Wandel der Arbeitsbedingungen, für die praktischen und individuellen Problemstellungen und für neue Formen der Zusammenarbeit. Nur soweit sie das tut, kann sie den Konflikt zwischen innerer Idealisierung und äußerer Instrumentalisierung in eine gegenseitige Durchdringung von Kultur und Gesellschaft umwandeln und die Entfremdung ihrer Absolventen, der akademischen Bildungsschicht, von der Wirtschaft, der Politik und den nicht-akademischen gesellschaftlichen Gruppen abbauen.

Die Universitätsausbildung muß im dargelegten Sinn als ein Zentrum der gegenseitigen Durchdringung von Kultur und Gesellschaft betrachtet werden. Im einzelnen muß die Universitätsausbildung die unterschiedlichen Formen des Wissens und der Praxis aus den anderen kulturellen und gesellschaftlichen Kontexten in sich hineinziehen: aus der intellektuellen Diskussion die Orientierung an übergreifenden kulturellen Ideen, aus der Wissenschaft den raschen Fortschritt der Forschung, aus der öffentlichen Konsensbildung die sich dort herausschälenden gemeinsam getragenen Überzeugungen, aus der Wirtschaft den Wandel der Arbeitsbedingungen, aus der kollektiven und individuellen Zweckverfolgung die kollektiven und individuellen Problemstellungen, aus den gesellschaftlichen Gruppen die Orientierung an Kommunikation und Zusammenarbeit. Die Universitäten müssen aus ihrem Elfenbeinturm heraustreten und zu multidisziplinären Kommunikationszentren der Gesellschaft werden.

Die Universitäten werden die Funktion der Vermittlung zwischen Kultur und Gesellschaft um so besser erfüllen und sich um so flexibler auf neue Situationen einstellen könne, je mehr sie für sich selbst verantwortlich und dem offenen Wettbewerb um finanzielle Unterstützung und Studenten ausgesetzt sind. Wenn sie selbstverantwortlich sind, können sie ohne eine Steigerung der

Flexibilität ihres Ausbildungsangebots und ohne die dargestellte Verknüpfung unterschiedlicher Ausbildungsfunktionen gar nicht überleben.

Exkurs:
Vom Lesezirkel zur Multimediashow:
Die Stadt und die Dynamik
der kulturellen Erneuerung

Stadt und Kultur gehören zusammen wie zwei Seiten einer Medaille. Die Kultur ist immer so gut wie das städtische Leben. Wo kein städtisches Leben pulsiert, kann auch keine interessante Kultur entstehen. Das Umgekehrte gilt aber auch. Man könnte eine berühmte Formulierung Immanuel Kants abwandeln und sagen: Städtisches Leben ohne Kultur ist blind, Kultur ohne städtisches Leben ist leer.
Damit will ich sagen, daß die Menschen in der Stadt die Kultur brauchen, um zu wissen, was sie tun, die Kultur aber das Publikum braucht, um zu wissen, womit sie sich beschäftigen soll. Kultur vermittelt Sinn, der allerdings inhaltsleer bleibt, wenn er nicht auf den Boden des wirklichen Lebens heruntergeholt wird. Eingebannt zu sein in die Zwänge des Alltagshandelns macht den Menschen blind, wenn er nicht immer wieder durch Reflexion über die Sinngrundlagen seines Handelns daraus herausgezogen wird.

Die Stadt der Renaissance

Große kulturelle Innovationen haben in unserer westlichen Kultur immer mit einer Blüte der Städte oder zumindest ganz besonderer Städte zu tun gehabt, die dann eine Führungsfunktion übernommen haben. Das zeigt schon die erste große Erneuerung der westlichen Kultur im späten Mittelalter und in der frühen Neuzeit: die Renaissance des 15. und 16. Jahrhunderts (Santillana, 1959; Knowles, 1962). Sie ist ohne das Aufblühen insbesondere der Städte Italiens nicht denkbar. Was ist es aber, was diese Städte zu den ersten Erneuerern unserer Kultur gemacht hat? Eine Antwort auf diese Frage kann uns schon erste Hinweise darauf geben,

was eine Stadt haben muß, um zu einem kulturellen Kristallisationspunkt zu werden.
Um diese Frage zu beantworten, ist es hilfreich, hervorzuheben, was die mittelalterliche Stadt des Westens von den Städten der orientalischen Hochkulturen Chinas und Indiens unterscheidet. Die letzteren waren stets nur Plätze des Handels und Verkehrs und Verwaltungseinheiten der zentralen Herrschaft. Die eigentliche Heimat des Stadtbewohners war das Dorf, wo seine Familie und Sippe verwurzelt war, mit der er auch den religiösen Ahnenkult teilte. Dorthin war er gemeinschaftlich und kulturell verbunden. Mit den anderen Bewohnern der Stadt band ihn nichts zusammen. Die Stadtbewohner waren füreinander Fremde, die sich nur gelegentlich zu geschäftlichen und verwaltungsdienstlichen Zwecken trafen. Es gab keine Stadtbürgerschaft als eine Gemeinschaft mit gemeinsamen politischen Angelegenheiten, gemeinsamem Recht und gemeinsamer Kultur (Weber, 1922/1976: 294; 1920/1972a: 276-277, 290-298, 378-390; 1920/1972b: 35-41, 86-89).
Die mittelalterlichen Städte des Westens, ganz besonders die italienischen Städte, haben nun genau diese Eigenschaften entwickelt, die den orientalischen Städten fehlte. Sie bildeten eine selbständige politische Gemeinde, einen eigenen Wehrverband, eine Schwurgemeinschaft mit einem gemeinsamen Recht und gemeinsamem christlichem Abendmahl. Die Stadtbürgerschaft wurde geboren als eine Gemeinschaft von Bürgern mit gleichen Rechten, die untereinander von Gleich zu Gleich verkehrten, und dies war eine ganz entscheidende Bedingung für die vielfältige Befruchtung der Kultur, eine Initialzündung für ihre Erneuerung. Zunächst einmal hat die Stadt als eine Stätte der freien Vereinigung im Vergleich zu allen anderen Formen des Zusammenlebens im Dorf und am Hofe und in den verwalteten Städten eine Vielzahl neuer Bürger angezogen, die sich von der Grundherrschaft eines Herrn befreien und/oder in der Stadt ihr Glück versuchen wollten. Das ergab eine Vielfalt von neugierigen, aktiven und aufstrebenden Bürgern. Als Stadtgenossen hatten sie auch keine Schranken zwischen sich, wie dies für die sippen-, kasten- und standesmäßig getrennten Bewohner der orientalischen Städte und für die ständische Gesellschaft der Grundherrschaften in Europa galt. Die Städte bildeten eine heterogene Einheit. Ihre Bürger konnten sich frei vereinigen, frei miteinander sprechen, voneinan-

der lernen, sich gegenseitig beeinflussen und gemeinsame Unternehmen gründen. Dabei kamen sehr unterschiedliche Leute mit sehr unterschiedlichen Fähigkeiten und Orientierungen zusammen: Kaufleute, Patrizier, Magistratsbeamte, Handwerker, Techniker, Künstler und Gelehrte haben sich in kulturellen und wissenschaftlichen Vereinigungen zusammengeschlossen. Dies war die Geburtsstunde der Renaissance-Kultur. Eine Vielfalt von Fähigkeiten konnte sich gegenseitig durchdringen und befruchten. Der Gelehrte vermittelte das theoretische Wissen der klassischen Texte und das Streben nach Wahrheit, nach allgemeiner Gültigkeit. Die Handwerker, Techniker, Kaufleute und Künstler steuerten ihr praktisches Wissen bei. Die Künstler strebten danach, beides in sich zu vereinigen. Nur so sind die großartigen Leistungen eines Leonardo da Vinci zu verstehen. Sie sind Ausdruck einer einzigartigen Verbindung von handwerklich-technischem Können, theoretischem Wissen und künstlerischer Ausdruckskraft mit einem Anspruch auf ewige Gültigkeit (Klötzer, 1983; siehe hierzu auch die entsprechenden Abschnitte über die mittelalterliche Stadt in Webers Studie zur Stadt, Weber, 1922/1976: 727-814).

Neben dieser gegenseitigen Befruchtung haben die kulturellen Gemeinschaften aber auch eine enorme Rolle bei der Verflechtung von Künstler und Publikum gespielt. Sie waren auch Vereinigungen von Experten und Laien. So war zumindest eine führende Schicht des Publikums aufs engste mit dem Entstehungsprozeß der Kultur verbunden und konnte in dieser Rolle eine Vermittlungsfunktion in bezug auf das weitere Publikum wahrnehmen. Die Kulturträger waren untereinander in enger Verbindung und mit dem Laienpublikum verflochten. Die Befruchtung erfolgte dementsprechend zwischen den Kulturträgern und zwischen Kulturträgern und Publikum (zur Entstehung eines Kunstmarktes im Florenz des 15. und im Rom des 16. Jahrhunderts vgl. Gironard, 1987: Kap. 6). Erneuerung braucht den Anstoß durch Überraschung. Diese kann wiederum nur eintreten, wo sich einander Unbekanntes begegnet. Erneuerung bedarf aber auch der Verbreitung im Publikum, um sich überhaupt etablieren zu können. Diese beiden Voraussetzungen für kulturelle Erneuerung wurden von den italienischen Städten des Mittelalters aufs hervorragendste erfüllt. Die Erneuerung unserer westlichen Kultur durch die Renaissance ist deshalb nicht zufällig diesen Städten zu verdanken. Und umgekehrt wurde das städtische Leben durch die Kultur der Renaissance natürlich reichhaltig mit Ausdruck, Identität und Sinn versehen. Mit dieser Kultur hatten diese Städte eine Gestalt bekommen, die wir noch heute in ihrer Kunst und Architektur bewundern können. Das Leben dieser Städte hat eine für immer bleibende Bedeutung erhalten, die es weit über die alltäglichen Geschäfte, die einmal abgewickelt wurden, hinaushebt (für eine genauere Analyse der Entwicklungsgeschichte der modernen Kultur siehe Münch, 1986a, Bd. I: 61-179).

Die Stadt der Moderne, die Aufklärung und die kulturelle Erneuerung

Es waren abermals die Städte und die besondere Art ihres Lebens, die eine entscheidende Rolle bei einer weiteren Erneuerung der westlichen Kultur gespielt haben: Die Aufklärung und die Moderne sind durch sie maßgeblich hervorgebracht worden. Auch dabei haben einige Städte eine führende, auf andere Städte ausstrahlende Funktion übernommen. London bildete das erste Zentrum der frühen Aufklärung im 17. Jahrhundert. Es folgt die in Paris konzentrierte Blüte der Aufklärung im 18. Jahrhundert. Berlin wird im 19. Jahrhundert zu einer wichtigen Stätte der Spätaufklärung. Diese Städte haben über die Phasen hinaus, in denen sie eine führende Stellung in der kulturellen Erneuerung eingenommen hatten, bis heute zumindest einen Teil dieses Glanzes bewahrt. Die einmal geschaffene Kultur gibt dem entsprechenden städtischen Leben eine langwährende Kontinuität. Diese Städte haben auch in diesem Jahrhundert noch Zeiten der besonderen kulturellen Kristallisation erlebt, z. B. Berlin in den zwanziger Jahren, Paris in den zwanziger, dreißiger und fünfziger Jahren. Inzwischen ist aber eine andere Stadt in das Zentrum der kulturellen Erneuerung gerückt: New York. Sie ist die Stadt der heutigen Moderne schlechthin. Meine Frage ist nun, welche Eigenschaften diese Städte zu ihrer jeweiligen Blütezeit und über diese hinaus zu Zentren der kulturellen Erneuerung gemacht haben. Wir werden sehen, daß sie alle auf ihre eigene Art ähnliche Voraussetzungen geschaffen haben, wie die italienischen Städte des späten Mittelalters.

London

London wird im 17. Jahrhundert zum ersten Kristallisationspunkt der Aufklärung und der aus ihr hervorgehenden Moderne. Noch zu Ende des 16. Jahrhunderts findet Shakespeares revolutionäre Erneuerung des Schauspiels statt. Newton und Boyle führen die revolutionäre Entwicklung der Naturwissenschaften an. Hobbes und Locke erneuern die Philosophie und Gesellschaftstheorie. Die Puritaner verändern die kirchliche Lehre. Das Bürgertum weist zusammen mit der Aristokratie die Monarchie in ihre Schranken und etabliert die Herrschaft des Parlaments und des Common Law (Krey, 1985: 74-176; Hill, 1967). Die Landwirtschaft wird weiter kommerzialisiert, Handel und Manufakturen breiten sich aus. Disponibles Privateigentum und Privatvertrag werden zu den Säulen der wirtschaftlichen Entwicklung. Die Revolution erfaßt die ganze Kultur und Gesellschaft: Schauspiel, Wissenschaft, Philosophie und Gesellschaftstheorie, Politik, Recht und Wirtschaft.

London wird zum Zentrum der kulturellen und gesellschaftlichen Erneuerung, weil hier alles zusammenläuft und sich gegenseitig befruchten kann. Die Stadt ist eine Vereinigung, die Menschen der verschiedensten Art und mit den verschiedensten Interessen zusammenbringt: Künstler, Philosophen, Wissenschaftler, Kirchenleute, Finanzmakler, Geschäftsleute, Techniker, Aristokraten und Bürger. Und es sind wieder ungewöhnliche Vereinigungen, die hier eine große Rolle spielen. Bürgerliche Geschäftsleute und aristokratische Grundbesitzer vereinigen sich in gemeinsamen wirtschaftlichen Unternehmungen, sie kämpfen gemeinsam erfolgreich gegen die Herrschaft der Monarchie. Wissenschaftliche Gesellschaften schließen Leute der verschiedensten Art und Herkunft ein und werden zum fruchtbaren Boden der Revolution der Wissenschaft, Philosophie, Gesellschaftstheorie und Technik (Cardwell, 1957; Mountford, 1966). Die Gentlemen's Clubs werden zu Zentren der Kommunikation zwischen Gentlemen mit den unterschiedlichsten Berufen und Interessen. Die Kaffeehäuser bilden weitere Orte der freien Zusammenkunft. Es sind diese Vereinigungen von Bürgern mit den verschiedensten Berufen, Interessen und Spezialkenntnissen, denen man eine besondere zündende Wirkung auf die kulturelle Erneuerung zuschreiben kann. Sie sind Orte, an denen überraschende Erfahrungen gemacht werden und an denen sich Neues ausbreiten kann, weil es nicht auf den Kreis von Spezialisten begrenzt bleibt, sondern im Kern schon alle Bereiche von Kultur und Gesellschaft erreicht. Die verschiedenartigen Mitglieder der wissenschaftlichen Gemeinschaften und der Clubs wirken als Übermittler der kulturellen Erzeugnisse in das weitere Publikum hinein (Ben-David, 1971: 66-90). Publikumsgemeinschaften von Kulturkonsumenten und Kulturproduzenten üben eine weitere bedeutsame Funktion der Verflechtung von Kultur und Gesellschaft aus.

Wieder ist es also eine besondere Verbindung der wechselseitigen Befruchtung von Leuten der verschiedensten Art mit der Verflechtung in das Publikum hinein, der man eine entscheidende Bedeutung für die herausragende Rolle Londons bei den im 17. Jahrhundert stattfindenden kulturellen und gesellschaftlichen Revolutionen zuschreiben kann. In der weiteren Entwicklung ist dies noch durch eine weitere Vergrößerung der Vielfalt verstärkt worden. Die Kolonialisierung und später der Zustrom von Menschen aus den Kolonien haben die kulturelle Vielfalt Londons vervielfacht und ein noch größeres Potential der wechselseitigen Befruchtung geschaffen (Holmes, 1982; 1978; Watson, 1977; Street-Porter, 1984). Die dabei auftretenden Reibungen produzieren mehr Funken, sprich: Ideen, die wiederum in der wechselseitigen Kommunikation schneller zünden und sich schneller ausbreiten und schließlich wie ein Flächenbrand die ganze Kultur und Gesellschaft erfassen. Die in dieser Zeit entstandene frühmoderne Kultur hat London bis heute eine führende Stellung erhalten und zusammen mit den Vereinigungen der wissenschaftlichen Gesellschaften, Clubs und Publikumsgemeinschaften eine für die Kulturentwicklung wesentliche Infrastruktur geschaffen. Ganz wesentlich ist dabei auch geblieben, daß in diesem Milieu der Kulturschaffende immer wieder daran erinnert wird, daß er für ein Publikum arbeitet, dessen Aufmerksamkeit es zu gewinnen gilt und dessen Geschmack man vorsichtig formen, aber nicht ignorieren kann.

In diesem Milieu entsteht vor allem eine Kultur, die vom Publikum getragen wird, eine gemeinsam geteilte, in einem Common sense verwurzelte Kultur. Diese Orientierung am Publikum wird noch dadurch verstärkt, daß die Kulturschaffenden ihre Arbeit nicht auf staatliche Subventionierung gründen können. Das Publikum spielt die erste Geige. Das führt in der Regel zu einer sehr engen Beziehung zwischen Künstler und Publikum, wie es z. B. im Konzert demonstriert wird, das maßgeblich von Publikumsgemeinschaften getragen wird, die Künstler und Publikum miteinander ins Gespräch bringen. Am auffallendsten ist die Verflechtung von Künstler und Publikum jedoch im Theater (Wokker, 1984; Hobson, 1984; in bezug auf die Hinwendung zum Publikum siehe Hinchliffe, 1974: Kap. 8 und 9; über die Rolle des Schauspielers in der Gesellschaft und in bezug auf das Publikum siehe Sanderson, 1984). London quillt deshalb über an gut besuchten Theatern, weil hier im Sinne Shakespeares für das Publikum gespielt wird. Zusammen mit der in London nach wie vor zusammenströmenden Vielfalt von Menschen, ergibt sich daraus auch eine Vielfalt des kulturellen Angebots. Das Theater ist nur ein Ausdruck davon. Restaurants der verschiedensten Nationalitäten und die Differenzierung von Szenen und ihre wechselseitige Befruchtung sind ein anderer Ausdruck davon. Die Übernahme der Punk-Szene in das weitere kulturelle Repertoire ist ein ausgezeichnetes Beispiel dafür.

Paris

Im 18. Jahrhundert verlagert sich das Zentrum der Aufklärung nach Paris. Es ist das Zeitalter der radikalen französischen Aufklärer, die gegen die geistige Vormundschaft der Kirche und die politische Herrschaft der Monarchie mobilmachen, das Zeitalter der Voltaires, Diderots, Rousseaus und Montesquieus. Diese Intellektuellen zeichnet aus, daß sie zwar spezielle Begabungen in Prosa, Drama, Philosophie oder Wissenschaft haben, ihr Interesse und ihre Tätigkeit aber keineswegs auf Spezialgebiete beschränkt bleiben. Auch für die journalistische und enzyklopädische Arbeit sind sie sich nicht zu schade. Jede spezielle Arbeit, sei es ein literarisches Werk selbst oder eine philosophische, naturwissenschaftliche, enzyklopädische oder journalistische Veröffentlichung, ist davon geprägt, daß sie von verschiedenen, sonst oft weit voneinander entfernt liegenden Quellen gespeist wird und bewußt einem Publikum dargeboten wird. Alle Publikationen haben einen ausgeprägt literarischen Charakter, der das Publikum in seinen Bann schlagen will (von Jan, 1967: 101 f., insbesondere zur Rolle des literarischen Essays).

Wir haben also wieder eine besondere Konzentration unterschiedlicher Spezialisten und ihre Verflechtung mit dem Publikum, wodurch die Stadt, die diese Leute alle zusammenbringt, zum Kristallisationspunkt einer weiteren kulturellen Revolution wird, die aufs engste mit der politischen Revolution von 1789 verknüpft ist. Auch hier sind es ganz besondere Einrichtungen, die diese Verdichtung des gesellschaftlichen Verkehrs mit ihrer unmittelbaren Konfrontation gegensätzlichster Charaktere und Berufe fördern: die Salons (Picard, 1943; von Falke, 1977; Lepenies, 1969: 55-76), deren Tradition in den Cafés bis in die heutigen Tage fortgesetzt wird, und die Akademien (Dutourd, 1985; Boine, 1986; Yates, 1947/1988: Kap. XII). Hinzu tritt die Zentralisation des französischen Staates, die von der absoluten Monarchie etabliert und von allen nachfolgenden Regimen fortgesetzt wurde. Das konzentriert die Macht und mit ihr das gesellschaftliche und kulturelle Leben in Paris. So wird die Stadt zu einem Verdichtungskern der gegensätzlichsten Einflüsse, die sich später im Zuge der Einwanderung aus den Kolonien und der Zuwanderung von Intellektuellen und Künstlern aus der ganzen Welt noch vervielfacht haben.

Kulturproduktion ist hier auch eine Sache des Machtspiels und der öffentlichen Inszenierung, weil es darauf ankommt, in dem Kampf um die Gunst des Publikums die privilegierten Plätze einnehmen zu können. Man muß Eingang in die richtigen Positionen der Kulturadministration des Staates und in die Akademien finden (Boine, 1986: Kap. 1), um bestimmte kulturelle Neuerungen durchsetzen zu können. Man muß aber auch den Beifall des Publikums finden, um sich auf eine gewisse Dauer halten zu können. Dazu kommt es auf die öffentliche Inszenierung einer kulturellen Darbietung an, sei es ein neues Theaterstück, ein öffentlicher Vortrag, ein Roman, eine wissenschaftliche Publikation, ein Konzert oder eine Kunstausstellung. Um hier Erfolg zu haben, muß man am richtigen Platz, d. h. an einem reputierten Platz – zu dem zugelassen zu werden, man die entsprechende Macht mobilisieren muß – eine öffentlichkeitswirksame Darstellung bieten. Anderenfalls hat man in diesem Kulturbetrieb keine Chance. Die Salons und Cafés sind die Übungsplätze dieser Kunst der Darstellung. Um die Cafés herum sind die Künstlerviertel gruppiert, die Künstler aus der ganzen Welt angezogen und damit die Vielfalt der Talente, die Heterogenität der

Szene erheblich gesteigert haben. Sie bilden das spezifische Milieu, in dem der Kulturschaffende lernt, seine Produkte ausdrucksstark darzubieten, anderenfalls geht er in diesem Kampf um Aufmerksamkeit unter. Wer sich auf diesem Exerzierfeld bewährt, hat sich so viel Darstellungskunst erworben, um Zugang zu den zentralen, mächtigen Institutionen der Kultur zu finden und sich dort durchzusetzen: die berühmten Theater, Verlagshäuser, Zeitungen, Ausstellungsstätten, bis hin zu den machtvollen Akademien.

Die Stadt bietet insofern durch die Anziehung der gegensätzlichsten Charaktere nicht nur eine ungeheure Vielfalt von Anregungen und gegenseitigen Befruchtungen und mit ihren Vereinigungsstätten in Salons, Cafés und Akademien nicht nur Vermittlungsstätten zwischen den Kulturschaffenden und dem Publikum, sondern auch eine harte Auslese derjenigen, welche auch die Stärke haben, um sich durchzusetzen. Das formal eingerichtete System der Concours bei der Zulassung zu den Elitehochschulen (Suleiman, 1978; Birnbaum et al., 1978), den Grandes écoles, findet seine informelle Entsprechung in dem harten Kampf um die erstrangigen Plätze der Darbietung der Kultur für das Publikum. Die wenigen berühmten Sieger in diesem Kampf erheben sich immer über ein ganzes Heer geschlagener und ganz gescheiterter kulturschaffender Existenzen. Während London gewähren läßt, was sich irgendwie bewährt, verdient gemacht hat und sein Publikum findet, geht es in Paris viel mehr um die Rangordnung in der Kulturdarbietung. Ein kleines Beispiel dafür bietet schon ein Blick in die Museen. In London koexistieren zahllose Museen mit zahllosen Überschneidungen, ohne jede systematische Ordnung. In Paris sind die Ränge, Kompetenzen und Gebiete zwischen den Museen klar abgegrenzt. Vor allem aber nimmt der Staat gegenüber privaten Sammlern ganz besondere Privilegien wahr: Einbehaltung von Gemälden, die dem Zoll vorgelegt werden, zum in den Papieren angegebenen Preis, Vorkaufsrechte bei Auktionen, die erst innerhalb von 14 Tagen nach der Auktion realisiert werden müssen (Duret-Robert, 1985; Cogniat und Hillairet, 1967). Überhaupt bietet der Kampf zwischen den Museumsdirektoren um die Gemälde einen guten Anschauungsunterricht für das in die Kultur unmittelbar eingeflochtene Machtspiel. Die Folge dieser engen Verknüpfung von öffentlichem Darstellungsvermögen und Durchsetzungskraft ist eine klare Rangordnung der kulturellen Produkte, die Qualität bei gleichzeitiger Publikumswirksamkeit garantiert. Revolutionäre Umbrüche und modische Strömungen sind ebenso kennzeichnend für dieses Milieu.

Wieder ist es also eine Konzentration von gegensätzlichen Charakteren und Spezialkenntnissen und ihre Verflechtung mit einem breiteren Publikum, die eine Stadt zu einem Kristallisationszentrum der kulturellen Erneuerung haben werden lassen. Die dabei geschaffene Kultur und die entsprechende Infrastruktur machen Paris noch heute zu einem der herausragenden Plätze der kulturellen Erneuerung. Es ist ein Platz, der ausdrucksstarke und durchsetzungsfähige, machtvoll inszenierte Kultur hervorbringt. In London regieren die friedliche Koexistenz und die kompromißförmige Verteilung der Reputation zwischen gewiß verschiedenartigen und verschiedenrangigen Gesellschaften, Clubs und Publikumsgemeinschaften und von entsprechend verschiedenartigen und verschiedenrangigen kulturellen Produkten. In Paris herrscht der Kampf um die erstrangigen Plätze und um die Gunst des Publikums.

Berlin

Im letzten Drittel des 18. Jahrhunderts erfaßt die Aufklärung die deutsche Kultur und bringt diese in der weiteren Entwicklung im 19. Jahrhundert in eine führende Stellung. Hierhin verlagert sich das Zentrum der Spätaufklärung. Die deutsche Klassik erlangt eine herausragende Stellung in Philosophie, Literatur und Musik. Kant, Goethe, Schiller, Beethoven werden zu Gründern einer Kultur mit Weltgeltung. Berlin wird zu einem Zentrum dieser Entwicklung. Die Stadt hat zwar nicht die Macht von Paris, alles an sich zu ziehen, was Bedeutung erlangen will, aber sie bildet einen Knotenpunkt des kulturellen Verkehrs, an dem sich die kulturelle Erneuerung verdichtet, in Reibung gerät, zündet und Verbreitung im Publikum findet. Die Stadt setzt Maßstäbe (McClelland, 1980: Teil II; Böhme und Sundermann, 1981). Auch für diese kulturelle Erneuerung können wir besondere Entwicklungen des städtischen Lebens verantwortlich machen. Zwar liegen die Ursprünge der deutschen Klassik noch in einer Zeit, in der das höfische Leben noch einen wesentlichen Anteil an ihrer Herausbildung hatte, doch wird die Monokultur des höfischen

Lebens langsam durch das städtische Leben verdrängt, das die Vereinigung des Vielfältigen zu seinem Prinzip macht. Ohne diese gesellschaftliche Veränderung ist die Dynamik der weiteren Entwicklung nicht denkbar. Die Stadt ist nicht nur ein Umschlagplatz des ökonomischen Verkehrs, sondern ein Anziehungspunkt des gesellschaftlichen Lebens, der Kommunikation und der Schaffung und Aneignung von Kultur. Sie bietet damit ein breites Experimentierfeld für Kulturschaffende, ein breites Angebot für Kulturkonsumenten und Stätten der Begegnung zwischen Kulturschaffenden und Kulturkonsumenten der verschiedensten Art. Das fördert zunächst einmal das Entstehen von Neuem, bietet Überraschungen, läßt Ideen zur Zündung kommen und setzt sie einem Selektionsprozeß in der Konkurrenz um die Gunst des Publikums aus. Es genügt nicht nur, zündende Ideen zu haben, sie müssen sich auch in diesem Selektionsprozeß bewähren, um fester Bestandteil der Kultur zu werden. Auch in Berlin finden wir besondere Einrichtungen, die diese Entwicklung fördern: die Lesezirkel und Lesegesellschaften, die allenthalben aus dem Boden sprießen (Wild, 1980: 122 ff.; Kaiser, 1979: 39-47). Sie bilden das Pendant zu den Londoner Clubs und Kaffeehäusern und zu den Pariser Salons und Cafés. Auch sie vereinigen Leute der verschiedensten Art mit den verschiedensten Berufen, Spezialkenntnissen und Charakteren. Sie bringen Kulturschaffende der verschiedensten Sparten zusammen und vereinigen diese auch mit dem breitgefächerten Publikum.

Die Lesegesellschaften formen allerdings die Kultur, ihre Produzenten und Konsumenten in anderer Weise als Clubs, Salons und Cafés. In ihnen wird mehr gearbeitet, es wird mehr das Denken und das Begründen von Thesen, das Auslegen von Texten, das Herausfinden ihres Sinns, die Bildung eines Konsensus im Diskurs gefördert als die Unterhaltung und Verständigung über den Common sense in einem Londoner Club oder die freie Konversation und Selbstdarstellung in einem Pariser Salon oder Café. Es ist natürlich, daß sowohl Kulturschaffende als auch Publikum in einem solchen Kontext nach tieferen Gründen für eine Erscheinung suchen und sich nur solche Kulturprodukte behaupten können, die solche Aufschlüsse vermitteln. Dies sind dann die Eigenschaften der sich in diesem Kontext entfaltenden Kultur geworden. Einmal geschaffen, hat sie sich dann jeweils ihr Publikum gesucht. Die Lesezirkel selbst haben sich in diese Richtung entwickelt. Von einer anfänglich gemischten Zusammensetzung sind sie mehr und mehr zu einer Domäne des reinen Bildungsbürgertums geworden. Die anfängliche Vielfalt hat sich wieder mehr in die Richtung einer bildungsbürgerlichen Monokultur zurückentwickelt (Holborn, 1973; Schelsky, 1971: 41-132; Ringer, 1969: 14-42, 81-127). Sie ist ein Zeichen der mangelnden Verflechtung von Kultur und städtischem Leben, die sich in der weiteren Entwicklung immer mehr nachteilig bemerkbar gemacht hat. Kultur und städtisches Leben entwickeln sich auseinander. Das ist ein erster Ansatzpunkt für die später noch zu formulierende Kritik an der gegenwärtigen Lage.

Die skizzierte Entwicklung zur bildungsbürgerlichen Monokultur ist paradoxerweise durch eine Innovation gefördert worden, die einem weiteren Gebiet der Kultur Weltgeltung verschafft hat: die Neugründung der Berliner Universität durch Wilhelm von Humboldt im Jahre 1810. Sie macht Berlin zum Vorreiter der wissenschaftlichen Erneuerung (McClelland, 1980; Ringer, 1969; Schelsky, 1971). Ihr Prinzip ist die Bildung des Menschen durch Wissenschaft und die enge Verknüpfung von Forschung und Lehre. Die Studenten sollen unmittelbar in den Prozeß des Forschens einbezogen werden. Die Universität soll nicht einfach angesammeltes Wissen – das Althergebrachte – lehren, sondern die Erneuerung des Wissens. Damit wird eine bisher nicht dagewesene Dynamik entfaltet, die Deutschland im 19. Jahrhundert und bis in dieses Jahrhundert hinein an die Spitze der wissenschaftlichen Entwicklung bringt. Das hat jedoch auch zu einer starken Verwissenschaftlichung des Geisteslebens geführt, die auch ihre negativen Seiten hat. Die hier entstandene und nur hier gepflegte Geisteswissenschaft ist der Ort hervorragender wissenschaftlicher Leistungen. Ihr fehlt allerdings die leichte Verständigung mit ihrem Untersuchungsgegenstand selbst, der Literatur und der Kunst, welche die angelsächsischen Liberal Arts und die französischen Lettres auszeichnet. Was dort aus gegenseitiger Befruchtung hervorgeht, ist hier völlig unmöglich. Literatur und Kunst können sich aufgrund des Erfolges der deutschen Geisteswissenschaft nur außerhalb ihrer, außerhalb der Universität entwickeln. Dies und die von ihren Gründern gewünschte Abschirmung der Universität von den partikularen Interessen der Gesellschaft haben zu einer besonderen wechselseitigen Abgrenzung von Kunst, Literatur und Wissenschaft geführt (Schelsky, 1971: 102-132,

226-266). Sie können sich nicht wechselseitig befruchten. Das macht sich ganz besonders bemerkbar, wo es um die Ausbildung von Kulturschaffenden geht: Theaterregisseure, Filmemacher, Schriftsteller, Literaturübersetzer, Moderatoren, Journalisten, Lektoren. Hier versagt die Bildung durch Wissenschaft. Dies sind allerdings Berufe, die heute immer größere Bedeutung erlangen. Daß wir dafür keine adäquate Ausbildung haben, ist eine wesentliche Ursache der gegenwärtigen kulturellen Misere. Die Herausbildung einer bildungsbürgerlichen Monokultur ist eine zweite wesentliche Ursache. Sie haben zu einer Situation geführt, in der sich Kulturschaffende untereinander sowie Kulturschaffende und Publikum nichts mehr zu sagen haben. Erneuerung und Verbreitung der Kultur sind da nur schwer möglich.

Gewiß hat Berlin auch in diesem Jahrhundert nochmals eine besondere Blütezeit erlebt. In den zwanziger und dreißiger Jahren ist die Stadt zu einem Anziehungspunkt von Schriftstellern, Künstlern, Architekten, Theaterleuten und Filmemachern geworden. Auch heute hat die Stadt auf diesen Gebieten noch eine Vorrangstellung. Ein wesentlicher Grund dafür ist die Verdichtung von Kommunikationsnetzen in der Stadt und die Tatsache, daß das städtische Leben hier nach wie vor eine gewisse Anziehungskraft auf verschiedenste Charaktere ausübt (Schwarz, 1985/86). Allerdings erfaßt diese kulturelle Dynamik meist nur bestimmte Spezialgebiete der Kultur und nur ein Spezialpublikum. Es fehlt die breite Erfassung der ganzen Kultur und des Publikums. Das liegt an der oben dargelegten doppelten Abgrenzung, die sich auch hier, wenn auch abgeschwächt, bemerkbar macht: der Abgrenzung zwischen den Kulturschaffenden und ihrer Abgrenzung vom Publikum.

Die Öffnung der Mauer zwischen Ost und West am 9. November 1989 ist ein historisches Ereignis, das Berlin erneut in den Mittelpunkt der gegenseitigen Durchdringung der unterschiedlichsten Menschen und Kulturen rücken wird. Berlin befindet sich heute am Anfang eines neuen Aufstiegs zu einer der führenden Kulturmetropolen der Welt. Die Stadt wird neben Investoren auch Künstler aus aller Welt anziehen und zu einem fruchtbaren Zusammenspiel bringen. Kulturszene, Publikum und Kulturmarkt können wieder neu zu einem brodelnden Kessel der Kreativität zusammenwachsen.

New York

In diesem Jahrhundert ist eine andere Stadt in einem ganz anderen Land zur führenden Metropole der kulturellen Erneuerung geworden: New York (Rockwell, 1987). Unsere Frage ist wieder, welche Eigenschaften diese Stadt zum Zentrum der kulturellen Entwicklung gemacht haben. New York ist zum Synonym für Weltkultur schlechthin geworden. Was in der Kultur Erfolg haben will, drängt heute hierhin und wird hier von einem vielschichtigen, gierigen, unersättlichen Publikum, von Produzenten, Promotoren, Werbeagenten, Kulturkritikern, Galeristen, Theatermanagern, Verlegern und Investoren gesucht. Künstler suchen sich untereinander: Schauspieler und Tänzer suchen Regisseure, Regisseure suchen Autoren, Autoren suchen Regisseure. Dies ist ein riesiger Umschlagplatz für Weltkultur, ein Experimentierfeld, ein vielschichtiger Markt, der horizontal breit gestreut ist und vertikal ausliest, was mehr oder weniger dauerhaft Erfolg hat (für die Musik als ein Beispiel vgl. Schwartz, 1987). Erfolg äußert sich hier vor allem im Dollarumsatz, der mit der Kultur gemacht wird. Da ist zunächst der Broadway, der Weltmaßstäbe für Musical und Schauspiel setzt. Es gibt aber auch unzählige Off-Broadway-Theater, die ein breites künstlerisches Erprobungsfeld bieten, in dem sich die Talente von Drehbuchautoren, Regisseuren, Schauspielern und Tänzern entfalten und bewähren und sich dann als reif oder nicht reif für den Aufstieg zum Broadway erweisen müssen. Diese Vielfalt von Bühnen setzt sich schier endlos fort (Marx, 1986). Was an einem Off-Broadway-Theater keinen Platz findet, sucht den ersten Erfolg in einem Theater Off-Off-Broadway. Hier ist die Grundlage für die ungeheure Innovationsrate in Theaterstücken und Musicals zu suchen, die New York in diese Vorrangstellung gebracht hat. Das Musical ist gewiß der ureigenste Beitrag New Yorks zur Weltkultur (Mates, 1987; Raney, 1987). Was sich hier erfolgreich durchsetzt, startet dann um die ganze Welt. Es ist aber zugleich Ausdruck für den Mechanismus, der die Kulturproduktion in dieser Stadt vorantreibt: das Zusammenströmen unzähliger und unterschiedlichster Talente auf einem horizontal und vertikal äußerst vielschichtigen Markt. Das Verfahren ist dasselbe in darstellender Kunst, Literatur, Musik und Wissenschaft.

Nach dem Zweiten Weltkrieg ist New York zum Weltzentrum

der dynamischen Entwicklung der bildenden Kunst geworden. Informelle Abstraktion, Pop-Art und Graffiti haben von hier aus ihren Siegeszug um die Welt gestartet. Mit dieser Entwicklung verbinden sich Namen wie Jasper Johns, Ellsworth Kelly, Franz Kline, Roy Lichtenstein, Morris Louis, Jackson Pollock, Robert Rauschenberg, Mark Rothko, Frank Stella, Andy Warhol und Keith Harings. Heute ist es die Graffiti-Kunst, die in New York zum Erfolg gebracht wurde. Die Graffiti-Künstler konkurrieren zuerst untereinander auf der Straße, bevor sie von kleinen Galerien entdeckt und ausgestellt werden, konkurrieren dann auf der Ebene der kleinen Galerien, um im einen oder anderen Fall den Sprung in die teureren Galerien zu schaffen. So wird Graffiti zum Welterfolg. Der Vorteil für den Künstler besteht darin, daß der Erfolg in der Stadt mit dem Welterfolg gleichzusetzen ist. Man wird in ein und derselben Stadt vom Straßenkünstler zum Weltstar.

In der Musik ist es nicht anders. Auch hier ist die Straße ein erster Anfang. Rap ist von New Yorks Straßen seinen Erfolgsweg in die Rundfunk- und Fernsehstationen und Konzerthallen der ganzen Welt angetreten. Auch die Literatur kann auf der Straße beginnen. Sie wird im Selbstdruck hergestellt und auf der Straße verteilt, verkauft sich zu kleinen Jobs an Zeitschriften, Zeitungen, Rundfunk- und Fernsehstationen. Ein junger Schriftsteller lernt hier vor allem, Reportagen zu schreiben, mit wachen Augen zu schildern, was passiert. Wer Schriftsteller werden will, kann hier nicht die Welt von der entrückten Perspektive des Hinterzimmers betrachten. Er muß sie erleben und erlebnishaft schildern, um die Aufmerksamkeit eines schnellesenden Publikums zu erlangen. Wie soll es anders sein, der Weg führt hier über das breite Experimentierfeld kleinerer Reportagen bei kleinen Publikationsorganen zu den mittleren und schließlich zu den Toporganen. So ist auch der Weg bei den Verlagen vorgezeichnet.

Natürlich muß nicht jede künstlerische Tätigkeit auf der Straße beginnen, aber sie beginnt immer auf der Ebene der zahllosen Bühnen, die New York dafür bereithält, und sie zielt auf die Spitze. Das gilt für den jungen Geiger ebenso wie für den Popmusiker. Der eine fängt bei den zahllosen kleinen Kammerkonzerten an und will zur Met, der andere in irgendeinem Nightclub und will einmal im Central Park 200 000 Leute unterhalten. Beide streben danach, von einem Produzenten entdeckt zu werden.

Selbst Bildung und Wissenschaft sind in derselben Weise organisiert. Um die Columbia University schart sich eine Unzahl von Universitäten, Colleges und speziellen Graduate Schools unterschiedlichster Ausrichtung und unterschiedlichsten Rangs. Der Weg des Erfolgs führt hier zu der einen Universität an der Spitze. Natürlich schaffen das nur wenige. Aber diejenigen, die es schaffen, produzieren hervorragende Wissenschaft mit Weltgeltung (Wilson, 1942/1976: 157-214; Ben-David, 1972: 25-47; Reif, 1961). Auch in Theater, Musical, Literatur, Film, Fernsehen und Musik ist das so. Die wenigen Erfolgreichen können nur erfolgreich sein, weil sie sich über viel Minderwertiges und Mittelmäßiges erheben, das aber auf einem breitgefächerten Markt natürlich auch in nicht geringem Umfang vorhanden ist. Vor allem kommen auf einen großen Erfolg unzählige Flops.

Die gigantische Architektur der Wolkenkratzer ist ein weiteres Beispiel dieser Wettbewerbskultur. Die großartigsten Schöpfungen erheben sich majestätisch über die vielen mittelmäßigen und schlechten Bauwerke. Sie setzen aber die Maßstäbe für die weitere Entwicklung.

Es dürfte inzwischen deutlich geworden sein, welche Eigenschaften New York zum heutigen Zentrum der kulturellen Entwicklung der Welt gemacht haben: Die Stadt ist der Treffpunkt einer großen Masse von Talenten der verschiedensten Art, die alle auf ihren Bühnen den Erfolg suchen. Und die Stadt stellt diese Bühnen in einer sonst nirgendwo erreichten Zahl sowie horizontalen und vertikalen Vielschichtigkeit bereit. Sie ist ein Weltkulturmarkt. Diese Eigenschaft unterstreicht sie noch dadurch, daß sie mit ihren Einwanderern die ganze Welt in sich aufgenommen hat. Sie ist die Welt im Kleinformat, die alle Erdteile, Rassen, Ethnien, Nationalitäten und Kulturen in sich vereinigt (siehe hierzu Glazer und Moynihan, 1970; Gordon, 1964; Mindel und Habenstein, 1976). Das steigert natürlich die Vielfalt der kulturellen Inspirationen weit über diejenige jeder anderen Stadt hinaus. Die Stadt ist keine Gemeinschaft von Menschen, die das gleiche Schicksal teilen, sondern ein Treffpunkt von Menschen mit völlig verschiedenen Biographien, die aber ein Ziel teilen: es zu schaffen, die Herausforderung dieser Stadt anzunehmen (Sartorius, 1986; Hamill, 1981). In diesem Sinn hat New York ins Extreme gesteigert, was die Stadt einmal vom ländlichen und höfischen Leben unterschieden hat: Heterogenität statt Homogenität. Heterogenität ist aber die Initialzündung für kulturelle Erneuerung. Da sich in New York niemals eine feste Gemeinschaft etabliert hat, sondern immer wieder neue Wellen von Erfolgsuchenden in die Stadt strömen, ist die permanente kulturelle Revolution zu ihrem Prinzip geworden. Keine besondere Strömung kennzeichnet ihren Beitrag zur Weltkultur, sondern das Hervorbringen immer wieder neuer Strömungen.

Die Stadt hält aber auch die Einrichtungen bereit, die notwendig sind, um einen solchen Weltmarkt der Kultur zu managen: Bühnen von der Straße über kleine und mittlere Etablissements bis zu den ganz großen Bühnen, vor allem aber auch Manager, die diesen Betrieb mit professionellem Know-how und unternehmerischer Zielstrebigkeit organisieren: Promotoren, Agenten, Produzenten aller Schattierungen und Kaliber und Investoren, die mit Kultur Gewinne machen wollen. Kulturentwicklung ist hier eine Sache des risikofreudigen und dennoch treffsicheren Managements. Die Leute, die diese Stadt bevölkern, bringen außerdem eine Eigenschaft mit, welche die Kommunikation und damit die Anregung und Verbreitung der Kultur erleichtert. Sie scheuen sich nicht vor dem Fremden, sondern suchen es, sonst wären sie nicht nach New York gekommen. Sie können das, was kulturelle Anregung und Verbreitung braucht, und sie tun dies in der diesem Weltmarkt angemessenen Form: Assoziationen suchen, sich schnell assoziieren (Smith, 1975; Smith und Freedman, 1972). Man trifft sich bei allerlei öffentlichen und privaten Meetings, bei der Cocktailparty, bei einer Vernissage und verabredet sich zum Power Breakfast, Lunch oder Dinner, je nach Wichtigkeit, alles Gelegenheiten, bei denen man kurzfristig wichtige, anregende und karrierefördernde Leute treffen kann. Ohne diese Infrastruktur der kurzfristigen Assoziation könnte ein so dynamischer, schnellebiger Kulturbetrieb nicht gedeihen. Sie bilden das aktuelle Pendant zu den älteren Assoziationsformen, die wir in London, Paris und Berlin kennengelernt haben: Clubs, Kaffeehäuser, Publikumsgemeinschaften, Salons, Cafés und Lesegesellschaften. Während die letzeren allerdings einer vergangenen Epoche angehören und nur noch schwer als Relikte in unsere Zeit herüberzuretten sind, bilden die kurzfristigen Assoziationen die für die heutige kulturelle Erneuerung offenbar notwendigen und auch möglichen Infrastrukturen.

Natürlich hat New York auch seine Künstlermilieus, in denen die verschiedensten Talente zusammentreffen. Sie sind jedoch selbst der Dynamik des Markterfolgs unterworfen. Die Geschichte So-Hos zeigt das. Einmal entdeckt, wird das ganze Viertel zum Markterfolg, und damit steigen natürlich die Preise. Für viele Künstler und kleine Galeristen werden die Mieten unbezahlbar. So ziehen sie nach East Village. Dort setzt jetzt aber derselbe Prozeß ein. Viele Künstler und kleine Galeristen werden wieder woanders hinziehen müssen. Schon zeichnen sich neue Künstlerkolonien in Hoboken und Jersey City ab. Dieser Prozeß setzt sich endlos fort und liegt in der Logik des Systems selbst, zu dem auch die Künstler ihren Beitrag leisten: auch sie suchen letztlich den Erfolg und die Herausforderung dieser Stadt. Wer eine Kultur sucht, die, in sich gekehrt, ein Leben für sich in Ruhe und Abgeschiedenheit führt, findet sie in dieser aufregenden und erregenden Stadt nicht. Auch bildungsbürgerlicher Geschmack wird dort nicht gut bedient. Die Stadt ist eine Provokation, erheischt Zustimmung und Ablehnung zugleich, vereinigt das Glanzvolle und das Elende auf engstem Raum. Es ist indessen gerade die Provokation durch Gegensätze, die in New York Kreativität erzeugt. Wo alles perfekt und sauber organisiert ist, bleibt wenig Raum für Kreativität.

Die Stadt der Gegenwart und die Misere ihrer Kultur

Nach diesem Eintauchen in die Gründe, die London, Paris, Berlin und New York nacheinander zu Zentren der kulturellen Erneuerung gemacht haben, fällt es schwer, wieder aufzutauchen und der Realität von Kultur in den Städten der bundesrepublikanischen Gegenwart ins Auge zu sehen. Bei allen Bestrebungen der Erneuerung, die sich in der jüngsten Zeit regen, bleibt da doch fast nur gähnende Langeweile übrig. Man hat den Eindruck, daß wir auf der Stelle treten und sich nichts bewegt. Es fehlt jede Dynamik. Die großen Kultureinrichtungen – die städtischen Bühnen, Konzerthallen, Museen und Universitäten – vertrauen auf die Qualität der Klassiker oder klassischen Moderne. Neues erstarrt vor der Erhabenheit einer alles beherrschenden Klassik oder klassischen Moderne oder bleibt im Antragsverfahren bei den Kulturbehörden stecken. Experimentierfreudiges Talent und

dynamischer Unternehmergeist werden so im Keime erstickt, bevor daraus ansehnliche Pflanzen werden können. Woran liegt es, daß der Kulturbetrieb, von wenigen Ausnahmen abgesehen – die dann auch noch höchst umstritten sind –, im großen und ganzen in anödender Langeweile erstickt? Was können wir tun, um dies zu ändern? Ich will versuchen, aus der vorausgegangenen Analyse der kulturellen Erneuerung in vier städtischen Zentren der Weltkultur Antworten auf diese Fragen abzuleiten.
Da ist zunächst die Entvölkerung der Innenstädte, die nach dem Zweiten Weltkrieg ein Ausmaß angenommen hat, das zu einer weitgehenden Verödung geführt hat (Hammann, 1988; Eversly, 1985/86; Herlyn, 1985). In den Innenstädten wird seitdem nur noch verwaltet, verkauft, aber nicht mehr gelebt. Es findet kein gesellschaftliches Leben statt, das Menschen unterschiedlichster Art zusammenführen würde. Statt dessen haben sich die Menschen in ihre Wohnbezirke am Rande und außerhalb der Stadt zurückgezogen. Ihr Verkehrskreis überschreitet kaum die Menschen, die gleicher Art sind: Familienangehörige und Berufskollegen. Da die Wohnviertel nichts anderes sind als Ansammlungen von Einfamilienhäusern und Wohnungen, ohne jegliche Einrichtung, welche die Menschen zusammenführen würde, außer im Supermarkt, findet dort auch kein gesellschaftliches Leben statt, sondern nur ein isoliertes Wohnen. Da die Bewohner dieser Viertel für nichts gemeinsam verantwortlich sind, sondern sich auf eine gut funktionierende Verwaltung verlassen können, gibt es auch keinen Grund, sich zu vereinigen. Eine gut funktionierende Verwaltung ist der Tod jedes gesellschaftlichen Lebens. Man wünscht sich, sie würde schlechter funktionieren, zu mehr Ärger Anlaß geben und Widerstand erregen. Zumindest sollte aber die Dezentralisierung der politischen und administrativen Entscheidungen so weit gehen, daß den Bürgern mehr Verantwortung für die Gestaltung ihres Zusammenlebens gegeben wird. Nur so kann eine Belebung der Viertel zustande kommen, in denen die Menschen inzwischen überwiegend wohnen. Heute haben wir die Situation, daß die Verlagerung des Wohnens von der Stadt in das Umland das gesellschaftliche Leben in der Innenstadt zerstört, aber kein neues gesellschaftliches Leben im Umland geschaffen hat. Wo keine Kommunikation des Heterogenen stattfindet, kann aber auch keine Kultur gedeihen, so viel haben wir von unserer historisch-vergleichenden Betrachtung gelernt.

Die Stadt und ihr Umland sind zu einer Ansammlung von nebeneinander existierenden Monokulturen geworden, zwischen denen Mauern errichtet sind und keine Kommunikation herrscht. Sie zerfällt in voneinander abgegrenzte, in sich geschlossene, nach ihren eigenen Gesetzen arbeitende Funktionsbereiche (Herlyn, 1985; Herterich, 1985/86). Die Stadt hat ein Rathaus, ein Verwaltungszentrum, ein Banken- und Geschäftszentrum, ein Industriegebiet, bald einen Technologiepark, Museen, ein Stadttheater, eine Oper, ein Kommödchen, eine Kunstakademie, eine Musikhochschule, Künstler, Galerien, eine Presse und eine Universität. Sie scheint also alles zu haben. Was haben diese aber miteinander zu tun? Gibt es Kommunikation zwischen ihnen? Nichts! Die Kulturschaffenden der verschiedenen Sparten sind sich untereinander ebenso fremd, wie ihnen die Leute in Wirtschaft, Politik und Verwaltung fremd sind und umgekehrt. Nicht einmal die Presse erfüllt ihre Funktion als Medium der Kommunikation. Ihre Kulturseiten sind die Sache von Spezialisten und verbreiten nichts als Langeweile. Da werden keine Ereignisse ins Zentrum gerückt, es wird kein Interesse geweckt, nichts aufgedeckt, sondern brav berichtet, möglichst kleinspaltig, meist über das Eingefahrene, immer schon Dagewesene. Es liegt aber auch daran, daß wenig kulturell Aufregendes passiert. Traditionell aufgemachte Kulturseiten und Wiederholungen der klassischen Stücke bei den großen Kultureinrichtungen stabilisieren sich gegenseitig. So lange der Kulturteil derjenige Teil der Zeitung ist, den die Leute am wenigsten lesen, kann aus der Kultur nichts werden.

Kultur wird überwiegend für ein Publikum gemacht, das längst ausgestorben ist: das klassische Bildungsbürgertum. Es war der Träger der deutschen Klassik. Im 19. Jahrhundert ist es zur gesellschaftlich führenden Schicht aufgestiegen. Theaterintendanten, Musikdirektoren, Museumsdirektoren und Professoren der Geisteswissenschaft bieten Kultur an, als ob es dieses klassische Bildungsbürgertum noch gäbe. Sie halten krampfhaft an den Übriggebliebenen fest, ignorieren, daß viele, die noch kommen, dies selten mit den Motiven und der Inbrunst tun, die das bildungsbürgerliche Publikum ausgezeichnet haben. Ihr Verhältnis zur Kultur ist ein rein äußerliches. Das krampfhafte Festhalten der Kulturschaffenden an dem Klassischen verhindert jede Anstrengung, mit neuen Angeboten ein verändertes Publikum neu zu begeistern (Schöneich, 1988; Horn, 1981: 148-150).

Das Bildungsbürgertum hat in dem Maße an Bedeutung verloren, in dem industrielle, gewerbliche und technische Schichten aufgestiegen sind und Bildungszertifikate erworben haben, die nicht mehr der klassischen Bildungsidee entsprechen. Die Leute mit einer formell klassischen Bildung schwimmen heute in diesem breiten Strom mit, bilden aber keine fest in sich zusammengefügte gesellschaftliche Gruppe, schon gar keine führende Gruppe mehr. So fehlen die sozialen Voraussetzungen, um den klassischen Geschmack des Bildungsbürgertums noch zum gesellschaftlich führenden und verbindlichen Geschmack zu machen. Andere Formen der Freizeitgestaltung als das Lesen von Büchern und der Besuch von Theater, klassischem Konzert, Museum und Vorlesung gewinnen an Legitimität. Kultur war für das Bildungsbürgertum das Prinzip der Lebensgestaltung. Das ist längst vorbei. Heute ist sie eines unter anderen Angeboten der Freizeitgestaltung und muß sich in dieser Konkurrenz behaupten. Von der verbindlichen Sache einer gesellschaftlich führenden Gemeinschaft ist sie zu einem Teil des Freizeitmarktes geworden (Kamper et al., 1987; Grabbe, 1986). Die meisten Kulturträger sehen diese Veränderung nur mit Schrecken, weinen den guten alten Zeiten nach und sehen tatenlos zu, wie sie in das Museum einer untergegangenen Epoche gestellt werden. Die klassischen Formen der Kultur werden von Videotheken und Spielotheken verdrängt.

Um sich auf einem solchen Markt behaupten zu können, fehlt den Kulturschaffenden oft jede Einsicht in und jedes Gespür für die Erfordernisse einer erfolgreichen Vermarktung ihrer Produkte. Sie wehren sich vehement dagegen, ohne zu merken, daß ihre Erzeugnisse schon längst zu Marktprodukten gemacht wurden, nur eben zu Ladenhütern. Wo sich ein Markt gesellschaftlich entwickelt, hat der einzelne nicht die Möglichkeit, daran teilzunehmen, ohne die Spielregeln des Marktes beachten zu wollen. Der Kultur fehlt die wirtschaftliche Dynamik, um sich in einem solchen Umfeld behaupten zu können: breite Experimentierfelder für Innovationen, die auch immer Flops mit sich bringen, vielfältiges Angebot statt klassischer Einheitsbrei, Management und Marktstrategien.

Der Kultur fehlt auch Führung. Die Kulturpolitik beschränkt sich in der Regel auf Kulturverwaltung und Budgetgezänke (Horn, 1981: 144-150; Sauberzweig, 1983). Sie wagt sich nicht an

Entwürfe für die Zukunft heran, gibt keine Anstöße, blockiert die wenigen innovativen Ideen mit ihrer übergroßen Vorsicht, keine Flops fördern zu wollen. Wo sich etwas bewegen soll, muß aber auch Mut zum Risiko da sein, ein unternehmerischer Geist, der etwas neues hervorbringen will. Diese Art von Zielsetzung für die kulturelle Entwicklung kann in einer Kulturbehörde gar nicht entstehen, weil ihr die entsprechenden Machtmittel fehlen. Das können nur die mächtigen Pariser Kulturbehörden oder Kulturmanager des Stils, die den New Yorker Kulturbetrieb beherrschen. So muß man leider sagen, daß unsere gut funktionierenden Kulturbehörden bei allem guten Willen und oft wider ihren Willen die Kultur zu Tode verwalten. Das hat nichts mit bösem Willen zu tun, sondern ist vielmehr durch die Struktur des Kultursystems bedingt. Die Kulturämter fördern ganz überwiegend bisher das schon Etablierte und nur sehr zaghaft das Neue. Ich will dazu eine vielsagende kleine Geschichte erzählen: Ein junger Absolvent des an der Universität Gießen neu eingerichteten Studiengangs für Dramaturgie – der übrigens typischerweise auch seine Spötter unter den reinen Wissenschaftlern hat – berichtete mir auf einer Flugreise in die Vereinigten Staaten, er habe in der Bundesrepublik verschiedenen Kulturämtern mehrfach Vorschläge für aktuelles Theater gemacht, sei aber überall auf taube Ohren gestoßen. Dagegen habe er in der Zwischenzeit einen Preis für ein in New York Off-Broadway aufgeführtes Theaterstück erhalten und nehme nun ein Engagement an der University of Texas in Dallas wahr. Offensichtlich gibt es in der Bundesrepublik für solche Talente zu wenig Bewährungschancen.

Die Stadt der Zukunft und die kulturelle Erneuerung

Was kann man tun, um die Kultur in der Stadt wieder zu beleben? Die Antwort ergibt sich aus der Umkehrung der aufgelisteten Defizite. Daran muß gearbeitet werden.
Zunächst einmal gibt es erfreuliche Entwicklungen, welche der Entvölkerung der Innenstadt entgegenwirken (Pappermann, 1985). Alternative, Singles und Yuppies ziehen wieder in einige Viertel der Innenstädte ein und erfüllen sie wieder mit gesellschaftlichem Leben. Dabei spielen die Alternativen eine Avant-

garde-Rolle, während die Yuppies in die attraktiv gewordenen Viertel nachfolgen. Die Viertel werden saniert, damit aber auch für die Alternativen zu teuer, die dann denselben Prozeß wieder an anderen Stellen einleiten (Schimmeck, 1988). Auch der Anteil der Ausländer an der Bevölkerung der Innenstadt könnte mehr als bisher in Belebung umgemünzt werden, wenn ihnen die gesellschaftliche Integration erleichtert würde. Ähnliches gilt für den Anteil der alleinstehenden älteren Menschen an der Bevölkerung der Innenstadt. Hier zeigen sich Ansätze der gesellschaftlichen Wiederbelebung der Stadt, die nachhaltig gefördert werden sollten.

Ein internationales Handelszentrum, wie es Düsseldorf ist, müßte jedoch viel mehr gesellschaftliches und kulturelles Kapital aus seinen ausländischen Gemeinden, vor allem aus dem südostasiatischen Raum schlagen. Hier ist ein Ansatzpunkt, durch den die kulturelle Heterogenität erheblich gesteigert werden könnte, die Geschäfte, Restaurants, Theater, Musik und darstellende Kunst zugleich umfassen müßte.

Die Innenstadt muß weiter attraktiv gemacht werden, auch für diejenigen, die von außerhalb hereinkommen. Das hat überhaupt nichts mit ihrer Verschönerung durch aufwendige Bauwerke und Plätze zu tun, sondern vielmehr mit Anreizen, welche die Leute in die Stadt locken. Was eine Stadt reizvoll macht, ist nicht ihre Architektur, sondern das Leben, das in ihr stattfindet. Eine architektonisch schöne Stadt kann langweilig sein, eine architektonisch häßliche Stadt kann vor Leben sprühen. Die Architekten können leider nur wenig zur Stadterneuerung beitragen. Allerdings überlassen die meisten Stadtväter in völlig falschem Glauben die Stadterneuerung den Architekten. Da stecken sie die Steuergelder in handfeste Objekte und nicht in unwägbare Experimente, leider meist mit der Konsequenz, daß das verbaute Geld zwar unübersehbares, dennoch aber totes Kapital ist, aus dem kein Leben hervorgeht (Sieverts, 1985/86; Hammann, 1988: 143). Die Menschen, die das Leben hereinbringen sollen, wurden schlicht vergessen, oder man ist eben ratlos, wie man dies bewerkstelligen soll. Man entschuldigt sich dann mit Worten wie den folgenden: »Jetzt haben wir den Leuten ein schönes Forum hingestellt, aber sie kommen nicht«. Die Antwort darauf muß lauten: »Wo nichts passiert, kommt niemand«. Die Stadt muß etwas bieten, für das es sich lohnt reinzufahren, und zwar rund um die Uhr. Es muß etwas passieren in der Stadt. Einen wesentlichen Beitrag können dazu ökonomische Anreize leisten. Und es gibt einen ganz einfachen Anreiz: Macht die Geschäfte am Abend und am Wochenende auf! Es ist doch längst nicht mehr der Fall, daß die Leute am Abend todmüde nach Hause kommen und zu nichts mehr fähig sind, als vor dem Fernseher einzuschlafen. Sie sind zwischen vier und fünf zu Hause und würden gerne die Stadt beleben, wenn da etwas geboten wäre. Die Stadt ist am Abend und an den Wochenenden doch hauptsächlich deshalb tot, weil kein Geschäft offen ist. So viele Leute, wie sie die Stadt braucht, um belebt und interessant zu sein, gehen eben doch nicht ins Museum. Dort, wo die Leute trotzdem am Sonntag in die Stadt kommen, z. B. auf die Düsseldorfer Kö, können sie uns nur leid tun. Sie sind zum stupiden window-shopping verdammt. Heute fehlt auch der anderen Seite der Düsseldorfer Innenstadt diese Vielgestaltigkeit. Die Altstadt, wo sich Kneipe an Kneipe reiht, wiederholt die Monotonie der Kö auf ihre eigene Art.

Offene Geschäfte würden die Leute etwas tun, sie ins Gespräch kommen lassen, würden außerdem das Bedürfnis nach mehr wecken: in ein Restaurant, ein Café, ins Kino, gar zu einer unterhaltsamen kulturellen Darbietung zu gehen. Die Restaurants müßten dabei allerdings von ihrem traditionellen Schema abgehen und durchgehend eine vielgestaltige, preiswerte Küche anbieten. Mövenpick's Marché im Kö-Center signalisiert den Trend. Der Zeitrhythmus unseres Alltagslebens ist inzwischen viel flexibler geworden, ohne daß sich Geschäfte und Restaurants richtig darauf eingestellt hätten. Die Restaurants bieten noch das Sonntagsmenü zwischen 12 und 14 Uhr an, ohne zu realisieren, daß die Leute am Sonntag spät aufstehen, dann entweder zu einem Brunch oder erst später zu einem warmen Essen bereit wären. Die Kultur könnte sich in diesen Markt der Freizeitaktivitäten nahtlos einfügen. So könnte die Innenstadt die Monotonie des geschlossenen Geschäfts- und Verwaltungszentrums überwinden und eine Vielfalt gewinnen, die sie anziehend machen würde. Die immense Steigerung der Zahl von Arbeitsplätzen, die sich daraus ergäbe, möchte ich hier nur am Rande erwähnen.

Die Stadt bedarf auch der politischen Belebung. Sie braucht Probleme, mit denen sich die Politik und die Leute beschäftigen können (Schwarz, 1985/86: 89-99). Es wird zu viel der gut funktionierenden Verwaltung überlassen. Wir brauchen statt dessen mehr Sand im Getriebe, mehr Reibung, mehr Konflikte, mehr Dinge, über die sich die Leute aufregen und die Köpfe heißreden, kurz: eine Mobilisierung der Bevölkerung. Es ist gar nicht so, daß es solche Probleme nicht gäbe, nur werden sie viel zu oft unter den Teppich gekehrt, bzw. es wird gewartet, bis die Verwaltung die richtige Entscheidung getroffen hat. Hier sind die Parteien gefordert, sich lautstärker zu äußern. Die Presse muß eine viel ausgeprägtere Rolle bei der Mobilisierung des Bewußtseins der Bevölkerung spielen, gerade auf lokaler Ebene. Sie muß mehr ein Diskussionsforum sein, in dem Konflikte mit unterschiedlichen Meinungen ausgetragen werden, als nur neutraler, oft langweiliger Berichterstatter.

Wir brauchen einen horizontal und vertikal vielschichtigen kulturellen Markt. Es ist falsch, nach dem reinen Qualitätsprinzip riesige Summen in die bewährte Klassik und klassische Moderne zu stecken und dagegen junge Talente verkümmern zu lassen. Ihnen muß eine Vielzahl von kleinen Bühnen verfügbar sein, auf denen sie proben und sich bewähren können. Die Stadt Köln hat z. B. mit ihrer Förderung kleiner Theater eine enorme Belebung der Theaterszene bewirkt. Was wir brauchen, ist eine Vervielfachung solcher Initiativen (Grabbe, 1986: 27; Vesper, 1981: 152; Lange, 1984). Kultur benötigt den Wettbewerb unter sich, um sich zu steigern. Auch dazu muß der kulturelle Markt erweitert werden. Die Kultur muß sich das Publikum erobern, in dem sie auf sich aufmerksam macht und marktstrategisch gemanagt wird. Es genügt nicht, gute Erzeugnisse zu haben, es bedarf auch besonderer Anstrengung, sie an das Publikum heranzubringen, wenn die Konkurrenz anderer Freizeitangebote groß ist. Die Kultur ist auf Promotoren, Produzenten und Agenten, vor allem aber auch auf Investoren angewiesen, die sie professionell organisieren, um in diesem Wettbewerb bestehen zu können. Dazu braucht sie auch entsprechend ausgebildete Leute. Mit wachsendem Kulturkonsum können die Investitionen gesteigert werden. Es können Arbeitsplätze für Kulturschaffende und Kulturvermittler vervielfacht werden. Das Problem der arbeitslosen Akademiker könnte hierbei am Rande mit gelöst werden. Sie brauchen dazu aber auch eine angemessene, nämlich bereichsüberschreitende Ausbildung. Die Universitäten müssen ihren Dünkel aufgeben und Kulturexperten ausbilden, die nicht nur die Theorien der Syntax und Semantik beherrschen, sondern auch wissen, welche Funktion und welchen Stellenwert Kultur in unserer heutigen Gesellschaft hat und wie man sie erfolgreich vermitteln kann. Auch die Presse spielt dabei eine wichtige Rolle. Sie kann nicht weiterhin ihre Kulturseiten einigen Spezialisten vorbehalten, sondern muß sich der Herausforderung stellen, ein möglichst breites Publikum für Kultur zu interessieren. Auch das bedarf der öffentlichkeitswirksamen Darstellung. Sie muß Kultur als Ereignis, nicht als eine Sammlung klassischer und moderner Texte darstellen. Dazu gehört auch eine professionell gemachte Kritik des kulturellen Angebots (Silbermann und Hänseroth, 1989).

Gemessen an der Tatsache, daß der Anteil der Bevölkerung mit mittleren und höheren Bildungsabschlüssen ständig gewachsen ist, muß man die ausbleibende Belebung der Kultur um so kritischer der mangelnden Fähigkeit der Kulturschaffenden und der Kulturvermittler zuschreiben, sich nicht genügend um die Aufmerksamkeit dieses Publikums zu bemühen. Hier sind die Hebel der Veränderung anzusetzen.

Unter den Kulturredakteuren in der Provinz finden sich die hartnäckigsten Verfechter der alten Ordnung, in der die Kultur noch eine beschauliche Sache eines in sich gekehrten Bildungsbürgertums war. Sie rufen nach Ruhe in einem immer hektischer sich entfaltenden Kulturbetrieb, wenden sich gegen die Hetze, mit der eine Kunstmesse die andere jagt, und plädieren für das langsame Wachsen zarter Kunstpflänzchen, abgeschottet von den verführerischen Trends des expandierenden Kunstmarktes, und für die eindeutige Trennung des Wertvollen von der Masse minderwertiger Angebote. Sie glauben, Kunst sei durch ihre eigenen Gesetze bestimmt, und sehen diese vor allem durch Ruhe und Abgeschiedenheit der Kultur vom Lärm der Profit- und Machtinteressen verwirklicht. Diese Stimmen aus der Vergangenheit äußern sich etwa so:

Das Mittelmaß regiert, unerbittlich, oft niederschmetternd. Und der Massengeschmack triumphiert in den elektronischen Medien; da kann jedermann jeden Abend im Meer der Beliebigkeiten baden. Wo aber bleibt die Minorität, die so klein ja gar nicht ist?

Der Kulturbegriff ist in den beiden vergangenen Jahrzehnten derart erweitert worden, daß er sich vor lauter Volkstümlichkeit selbst auflöste. Doch Kultur ist ihrem Wesen nach elitär. (Kill, 1990)

An diesen Stimmen geht der Zug der Zeit vorbei. Ihnen bleibt nur die Rolle der wehklagenden Repräsentanten der Vergangenheit, die von einer dynamisch wachsenden Gegenwart überrollt werden. Daß eine Demokratisierung des Kunstbetriebes vielen Nachwuchskünstlern eine Chance gibt, die sie vorher nie hatten, vielen Schichten die Begegnung mit der Kunst ermöglicht, die vorher davon ausgeschlossen waren, will ihnen nicht in den Sinn. Daß der Wettbewerb der vielen jungen Nachwuchstalente das isolierte Dasein einer winzig kleinen Gruppe von Berufenen verdrängt, paßt nicht in ihr Bild von Kunst. Daß die Expansion des Kunstmarktes einer viel größeren Zahl von Künstlern als jemals zuvor eine Chance gibt, sich zu bewähren, wird schlicht übersehen. Überhaupt nicht erkannt wird, daß auch Kunst ihre Leistung nur steigern kann, wenn es genügend Wettbewerb unter den Künstlern gibt, und zwar sowohl um die Zustimmung der Kunstkritiker als auch um den Geldbeutel der Kunstliebhaber. Auch der Kunstkritiker kann besser die Spreu vom Weizen trennen, wenn er aus einer genügend großen Zahl konkurrierender Kunstwerke auswählen kann. Was wirklich hochrangig ist, läßt sich in der Regel erst im Vergleich sagen.

Auch in der Kunst kann Spitzenleistung nur auf der Basis von Chancengleichheit und Wettbewerb entstehen. Diese Gesetze gelten in der Kunst ebenso wie in Wirtschaft, Politik, Sport und Wissenschaft. Gewiß können zarte Pflanzen im scharfen Wettbewerb oft zertreten werden, bevor sie zum Blühen kommen. Gewiß bedarf die schöpferische Kraft stets des Rückzugs aus der Zerstreuung durch die Hektik des Alltagslebens. Diese Gesetze gelten aber ebenso für alle Funktionsbereiche der Gesellschaft. Wenn sie für die Kunst in besonderer Weise reklamiert werden, dann kann dies nur heißen, daß es neben, aber nicht statt Chancengleichheit und Wettbewerb um die Gunst von Künstlerkollegen, Kunstkritikern, Publikum, Sponsoren und Investoren auch eine breite Förderung von Nachwuchskünstlern geben muß, die ihnen eine Entwicklung unabhängig von kurzfristigem Erfolgszwang ermöglicht, bis sich herausstellt, ob sie tatsächlich erfolgreiche künstlerische Arbeit leisten und auf eigenen Beinen stehen können oder nicht. Die Finanzierung der Kunst über breite Förderprogramme von öffentlichen und privaten Sponsoren und über einen expandierenden Kunstmarkt ist allemal besser als die Finanzierung durch die Sozialhilfe. Sie ist besser für die öffentlichen Haushalte, für das Budget der Steuerzahler und für das Selbstwertgefühl der Künstler selbst.

»Wenn doch endlich wieder Ruhe einkehrte«, überschreibt ein Feuilleton-Redakteur der *Rheinischen Post* einen Bericht zu einem Symposium über Stadt und Kultur, beklagt sich übet die zunehmende Hektik im Kulturbetrieb und plädiert für eine Rückkehr zum »Wesentlichen«, das nur aus innerer Ruhe entstehen könne (Müller, 1988). Der Ruf nach Ruhe für die Kunst hat in Deutschland überdies eine fatale Geschichte. In der Idee der Lutherischen Innerlichkeit wurzelnd, vom deutschen Idealismus im 19. Jahrhundert säkularisiert und vom Bildungsbürgertum in das 20. Jahrhundert hineingetragen, hat dieser Ruf jene Einstellungen repräsentiert, die in der Entfaltung der Zivilisation von Demokratie und Wirtschaftsleben mit ihren scharfen Auseinandersetzungen in der Weimarer Republik nur eine Gefahr für die deutsche Kultur sahen und nichts anderes im Sinn hatten, als in einer ruhigen Nische der reinen Kunst und Wissenschaft dienen zu können. Solche Einstellungen waren ungeeignet, engagierten Widerstand gegen den Nationalsozialismus zu stärken, vielmehr waren es Einstellungen, die selbst noch im Nationalsozialismus ein Nischenleben für die Kultur möglich machten. Die Haltung der Innerlichkeit war nie zur öffentlichen Auseinandersetzung geeignet, weil sie Kultur nur in der Zurückgezogenheit von der Öffentlichkeit gedeihen sah. Der Künstler tendiert ohnehin zum Rückzug, er holt sich seine Ruhe meist selbst, da braucht ihm nicht auch noch von den Kulturkritikern Ruhe verordnet zu werden. Gerade in Deutschland müssen die Gewichte viel mehr auf die Seite von offenem Wettbewerb und öffentlicher Auseinandersetzung gelegt werden, um gegen die traditionellen Kräfte der Innerlichkeit und des Rückzugs von der Gesellschaft ein Gegengewicht zu schaffen und so erst zu einem Gleichgewicht zu kommen.

Der Kulturbetrieb braucht schließlich Kommunikation zwischen den einzelnen Sparten und über seine Grenzen hinaus (Hamman, 1986; Sieverts, 1985/86). Die Mauern zwischen den isolierten kulturellen und gesellschaftlichen Funktionsbereichen müssen eingerissen werden. Es müssen Gelegenheiten der Begegnung zwischen Fremden geschaffen werden. Nur so kann Reibung entstehen, können Funken zünden und in die verschiedensten Bereiche überspringen. Das kann nicht mehr in Clubs, Salons, Cafés und

Lesegesellschaften geschehen, aber in kurzfristigen Begegnungen, aus denen wechselseitige Anregungen und zeitweilige gemeinsame Projekte hervorgehen. Bei jeder Art von Veranstaltung eines Funktionsbereichs muß gezielt versucht werden, Teilnehmer aus anderen Funktionsbereichen zu gewinnen. Die einzelnen Kultursparten müssen sich ständig der Öffentlichkeit präsentieren, dabei Leute aus anderen Bereichen anziehen und mit ihnen ins Gespräch kommen. Kulturbehörden müssen gemischte Beratungs- und Planungskommittees, die Presse muß gemischte Diskussionsrunden einrichten.

Im allgemeinen kann man sagen, daß wir aufgrund der geschilderten Umstrukturierung des Verhältnisses zwischen Stadt und Kultur von der Aneignung der Kultur als Lebensprinzip einer gesellschaftlich führenden Gemeinschaft der Bildungsbürger zum Kulturkonsum als Marktverhalten nicht die alten Zeiten wiederbeleben können und auch nicht die älteren Infrastrukturen: Clubs, Publikumsgemeinschaften, Salons, Cafés und Lesegesellschaften können nicht beliebig eingeführt werden, wo sie nicht in langer Tradition gewachsen sind. So bleibt nur das Modell New Yorks im Kleinformat übrig, so wenig das vielen von uns schmecken will. Daß uns dies nicht schmecken will, ist allerdings mit eine Ursache für die kulturelle Langeweile, über die wir uns auch beklagen. Das Modell New Yorks zeigt auf jeden Fall, daß Kultur und Markt nicht wie Feuer und Wasser sind, entgegen der bei uns traditionell vorherrschenden Meinung. Im Gegenteil, die Dynamik der kulturellen Erneuerung ist auf die Dynamik des Marktes, auf Heterogenität und Wettbewerb, angewiesen.

Wir mögen uns gegen diese Entwicklung wehren. Das wird aber nicht verhindern, daß die Marktkräfte noch mehr als bisher die Kultur durch Videotheken und Spielhallen und andere Freizeiteinrichtungen wegspülen werden. Was nützt es uns zu sagen, der Markt möge keine Kultur, so müsse sie der Staat in seine Obhut nehmen, wenn sich nur wenige für die vom Staat verwaltete Kultur interessieren. Das ist nichts als eine Musealisierung der Kultur, der jeder Funke der Erneuerung und Weiterentwicklung fehlt. Solange sich die Vermittler unserer Kultur in den Kulturredaktionen über Projekte wie André Hellers Luna-Park nur die bildungsbürgerliche Nase rümpfen können, haben sie nicht begriffen, daß sie mit dieser Haltung nur noch das Museum einer untergegangenen Epoche bevölkern können. Das mag für sie persönlich noch ganz komfortabel sein, ist aber der Tod jeder kulturellen Erneuerung. Wenn sich die Kultur behaupten und entwickeln will, dann kann sie es nur, wenn sie sich mit den angemessenen Methoden an dem Spiel beteiligt, das gesellschaftlich längst im Gange ist. An diesem Spiel aktiv teilzunehmen bedeutet, die Kultur in die Gesellschaft hineinzutragen, die Gesellschaft zu dem zu machen, wovon gegenwärtig nur gesprochen wird: zu einer Kulturgesellschaft. Das ist eine große Chance für all diejenigen, die Kulturarbeit betreiben.

5.5 Die Dialektik von Diskurs und Politik

Kulturelle Kommunikation und die politische Gestaltung der Gesellschaft expandieren beide, machen sich auf einem immer größer werdenden Terrain des gesellschaftlichen Handelns die Herrschaft streitig und durchdringen sich gegenseitig. Die kulturelle Kommunikation setzt das politische Handeln unter immer weiter reichende religiöse, moralische, ästhetische und wissenschaftliche Rechtfertigungszwänge. Die politische Gestaltung der Gesellschaft macht die Kulturentwicklung immer mehr zum Gegenstand politischer Kämpfe.

5.5.1 Der Diskurs der Politik: Politik als öffentliche Kommunikation

Ein großer Teil des politischen Handelns ist heute öffentliche Kommunikation. Das bedeutet, daß Diskurse immer weiter in ein Terrain vorstoßen, das einmal durch die »stille« Politik der Ministerialbürokratie und der Kabinettssäle, aber auch durch die einfache Durchsetzung der Mehrheit in den Parlamenten besetzt war. Die Entmachtung des Parlaments durch die Ministerialbürokratie ist schon lange festgestellt worden. Die Entmachtung von Parlament, Ministerialbürokratie und Regierung durch den öffentlichen Diskurs ist eine Entwicklung, die erst jetzt in aller Schärfe hervortritt. Politisches Handeln ist außerordentlich abhängig geworden von der öffentlichen Stimmungslage und vom Verlauf des öffentlichen Diskurses (Kevenhörster, 1984).

Politischer Diskurs

Sinnfragen, moralische Standards, wissenschaftliches Wissen und ästhetische Kriterien werden zu einem immer wichtigeren Bestandteil des politischen Handelns. Kirchen und andere religiöse Gemeinschaften geben heute zwar keine Wahlempfehlungen mehr, dafür nehmen sie jedoch um so engagierter Stellung zu aktuellen politischen Themen. Friedenssicherung, Umweltschutz, Bewahrung der Schöpfung, Arbeitslosigkeit und Drogenkonsum sind ihre Themen, und sie greifen mit ihrer Stellungnahme mitten in den politischen Diskurs ein. Ihre Perspektive ist der Sinn unserer gesellschaftlichen Existenz überhaupt, und sie versuchen Antworten auf die Frage zu finden, wie unter heutigen Bedingungen menschliches Leben in der Gesellschaft noch einen Sinn haben kann. Sie sehen diese Frage immer mehr im Zusammenhang mit der politischen Gestaltung der Gesellschaft, weil ja in dieser Gestaltung entschieden wird, welche Art von Sinn im menschlichen Leben noch möglich ist. Sie sehen Sinn durch politische Entscheidungen tangiert und nehmen demgemäß darauf Einfluß. Politik wird so in wachsendem Maße ein Ringen um Sinn und ist nicht einfach eine Sache des Mehrheitsentscheides. Sie wird dadurch auch einem anderen Zeithorizont unterworfen als ihrem bislang vorherrschenden Horizont von Wahlperioden. Politischen Entscheidungen wird eine immer weiter reichende Vorausschau abverlangt, die weit über die kurze Zeitspanne einer Legislaturperiode hinausreicht. Die politische Diskussion über Fragen der Ökologie wird heute immer mehr durch Voraussagen bestimmt, die weit in die Zukunft reichen und das Leben späterer Generationen betreffen.

Auch von moralischen Diskursen wird das politische Handeln immer mehr erfaßt. Die ständige Beobachtung durch die Massenmedien sorgt dafür, daß sich die Politik in wachsendem Maße den bohrenden Fragen einer kritischen Öffentlichkeit stellen muß. Journalisten lernen, wie sie ausweichend antwortende Politiker doch noch zu präzisieren Auskünften zwingen können. Das Frage-und-Antwort-Spiel der Pressekonferenzen der Regierungschefs und der Ausschüsse des Parlaments wird zu einem immer wichtigeren Bestandteil des politischen Geschehens. In den Vereinigten Staaten haben die Pressekonferenzen des Präsidenten und der Senatsausschüsse schon seit langem den Plenardebatten in Senat und Repräsentantenhaus in der Öffentlichkeitswirksamkeit den Rang abgelaufen. Diese Entmachtung der Parlamente bedeutet indessen nicht die Verlagerung des politischen Geschehens hinter die verschlossenen Türen von Ausschüssen, Kabinettssälen und Ministerbüros, sondern vielmehr ein Hineinziehen in die öffentliche Kommunikation. Das Hineinziehen des politischen Handelns in den öffentlichen Diskurs setzt dieses immer mehr unter Rechtfertigungszwang. Bloßes Ausspielen von Mehrheitsmacht ist unter diesen Bedingungen nicht mehr ohne weiteres möglich. Das gilt natürlich vor allem für die amerikanischen Verhältnisse, wo der Präsident häufig nicht über eine Mehrheit im Kongreß verfügt. Aber auch dort, wo diese Mehrheit gesichert ist, hat die öffentliche Rechtfertigung der Politik im Lichte der kritischen Massenmedien eine immer größere Bedeutung erlangt. Sie ist das Feld, auf dem nicht nur Regierung und Opposition miteinander kämpfen, sondern auch die verschiedenen Gruppierungen der regierenden Mehrheit. Koalitionsstreitigkeiten werden mit Vorliebe an den Wochenenden in Fernduellen über die Massenmedien ausgetragen. Krampfhafte Versuche, solche Streitigkeiten aus der Öffentlichkeit herauszunehmen und hinter die verschlossenen Türen interner Gesprächsrunden zu verbannen, bleiben in der Regel erfolglos, weil der Druck der Öffentlichkeit ein zu verlockendes Instrument des politischen Spiels geworden ist. Der öffentliche Rechtfertigungszwang wird so zum strategischen Instrument, das demjenigen Vorteile verschafft, der geschickt damit umzugehen versteht. Ronald Reagan hat es z. B. ganz besonders gut verstanden, mit den Massenmedien umzugehen. Seine positive Darstellung in den Massenmedien hat wesentlich seine Politik getragen.

Die Verallgemeinerung der Werte

Das Eindringen der öffentlichen Kommunikation in das politische Handeln macht auch vor moralischen Fragen nicht halt. Moralische Diskurse schreiten fort, in dem sie moralische Standards und kulturelle Werte in ihrem Bedeutungsgehalt immer weiter ausschöpfen und ausdehnen. Die Menschenrechte und Bürgerrechte sind zu den allgemeinverbindlichen Standards der modernen Kultur geworden. Mit dem Fortschreiten moralischer Diskurse werden sie immer mehr verallgemeinert, d. h. immer mehr Menschen sollen sie garantiert und auf immer mehr Sachverhalte sollen sie angewendet werden. Die Wertgeneralisierung ist es, die moralische Diskurse, moralische Standards und kulturelle Werte immer tiefer in alle gesellschaftlichen Bereiche eindringen läßt. Ursprünglich galten die Bürger- und Menschenrechte nur für eine ausgewählte Schicht freier Bürger freier Nationen. Die Logik moralischer Diskurse läßt jedoch solche Einschränkungen von Rechten als nicht verallgemeinerungsfähig und damit als nicht gültig erscheinen. Je mehr solche Diskurse geführt werden, um so mehr werden sie die Illegitimität der Vorenthaltung allgemeiner Rechte aufzeigen und um so mehr werden Sie ungerechtfertigte Einschränkungen allgemeiner Rechte aufspüren.

Mit der enormen Expansion von Diskursen, die wir heute erleben, greift auch ihre Logik der Wertgeneralisierung immer tiefer in alle gesellschaftlichen Bereiche ein. Immer mehr Sachverhalte werden weltweit an den moralischen Maßstäben der Bürger- und Menschenrechte gemessen. Dieser Prozeß erfaßt auch maßgeblich die Politik. Er läßt sich innergesellschaftlich schon an der ständigen Steigerung von Klagen vor dem Verfassungsgericht ablesen, international an der ständig ansteigenden Zahl der öffentlichen Brandmarkungen von Menschenrechtsverletzungen durch Amnesty International. Innergesellschaftlich haben die Verfassungsgerichte dadurch eine wachsende Bedeutung im politischen Geschehen erhalten. Das führende Beispiel dafür ist die Rolle, die der Supreme Court im politischen System der Vereinigten Staaten spielt. Er ist zum Zentrum der Auseinandersetzung um die Bürgerrechte für die Schwarzen und andere benachteiligte Gruppen geworden. Inzwischen sind es die Frauen, die mit Hilfe der Gerichte bis hin zum Supreme Court ihre Rechte erkämpfen. An den Urteilen des Supreme Court zur Rassendiskriminierung läßt sich ablesen, wie die Logik des Diskurses zu einer Generalisierung des Bedeutungsgehalts allgemeiner Rechte führt. Das Gericht hielt lange Zeit getrennte, aber gleiche öffentliche Leistungen, z. B. getrennte Waggons in der Eisenbahn und getrennte Schulen, für Schwarze und Weiße für verfassungskonform (Plessy v. Ferguson, 1896; Cumming v. Richmond County Board of Education, 1899). Dabei wurde der Begriff »gleiche öffentliche Leistung« zunächst sehr großzügig interpretiert und ließ eine extreme materielle Ungleichheit zu. Es dauerte bis 1950, bis die

Qualität gleicher, aber getrennter Leistungen strenger gedeutet wurde (Mc Laurin v. Oklahoma State Regents for Higher Education). Die entscheidende Wende kam jedoch im Urteil zu Brown v. Board of Education of Topeka im Jahre 1954. Jetzt wurde die Öffnung der weißen Schulen für Schwarze erzwungen. Die weitere Entwicklung hat schließlich dahin geführt, daß rassisch gemischte öffentliche Schulen von den Gerichten verbindlich vorgeschrieben wurden und das umstrittene System des »School-Busing« eingeführt wurde. Kinder werden mit dem Schulbus so auf die Schulen verteilt, daß sich auch dort eine gemischtrassige Zusammensetzung ergibt, wo dies aufgrund der Nachbarschaftsverhältnisse nicht der Fall wäre.

Nach den Schwarzen sind es die Frauen, die mit der Logik der diskursiven Generalisierung vor Gericht ihre Gleichstellung durchsetzen. Die Auseinandersetzung um die Abtreibung ist zu einem Dauerbrenner der öffentlichen Diskussion geworden. Sowohl in den Vereinigten Staaten als auch in der Bundesrepublik drängt die Bewegung gegen die Abtreibung auf eine Rücknahme der jeweils von den obersten Gerichten bestätigten Fristenlösung der Abtreibung. Die Bewegung, die diese Lösung erkämpft hatte, stemmt sich mit aller Macht dieser Entwicklung entgegen. Beide Seiten bekämpfen sich aufs heftigste mit allen Mitteln der öffentlichen Brandmarkung des Gegners.

Ein weiteres Feld, auf dem immer mehr Gerichte für moralisch begründete Rechte der Bürger in Anspruch genommen werden, ist die Gefährdung des menschlichen Lebens durch den Bau von Industrieanlagen und die von der Industrie produzierten Schadstoffe. Genehmigungsverfahren, die früher reibungslos abliefen, sind heute langwierige Prozesse, in denen sich ökonomische Interessenten und politisch Verantwortliche so umfassend rechtfertigen müssen wie niemals zuvor. Immer mehr Gerichtsverfahren gegen entsprechende Verletzungen von individuellen Rechten durch Industrie und Staat werden geführt. Im Jahre 1967 wurden bei den Verwaltungsgerichten der 1. Instanz im ganzen Bundesgebiet 47 269 Neuzugänge registriert, 46 795 wurden erledigt, 42 881 waren am Jahresende noch anhängig. Im Jahre 1981 gab es 132 580 Neuzugänge, 123 423 wurden erledigt, 151 221 waren am Jahresende noch anhängig (Statistisches Jahrbuch für die Bundesrepublik Deutschland, 1970: 99, 100; 1987: 341, 342). Der erste Senat des Bundesverfassungsgerichtes hatte 1967 insgesamt 1313 anhängige Verfahren, der zweite Senat 1120; 1984 waren es 2920 bzw. 2429. Auch in diesen Verfahren ist eine immer weiter reichende Auslegung allgemeiner Bürgerrechte zu erkennen. Diskursiv begründete Rechte dringen insofern immer tiefer in ursprüngliche Domänen des politisch-administrativen Handelns ein. Die Politik wird auf ein immer kleineres Reservat zurückgedrängt. Weite Felder des ursprünglich politisch-administrativen Handelns werden durch Diskurse besetzt.

Die Verwissenschaftlichung der Politik

Auch die Expansion der Wissenschaft trägt zur kommunikativen Durchdringung des politisch-administrativen Handelns bei. Das Fortschreiten der Wissenschaft läßt Wissensbestände immer schneller veralten. Durch die ständige Veröffentlichung ihrer Ergebnisse erscheint eine Politik, die nicht ständig von der Wissenschaft informiert wird, schnell als nicht auf der Höhe der Zeit befindlich. Das bloße Mitschwimmen auf dem Strome sprudelnder Erkenntnisse verlangt von der Politik einen immer umfassenderen Gebrauch wissenschaftlicher Beratung. Die Zeiten, in denen die Minister mit ihren Beraterstäben dieses Spiel noch in der eigenen Hand hatten, sind jedoch inzwischen vorbei. Die wissenschaftlichen Quellen sprudeln allenthalben und setzen mit ihrer Informationsflut einen selbständigen, wissenschaftlich infiltrierten politischen Diskurs in Gang, der die Politik in Zugzwang bringt. Die Kontrolle über den wissenschaftlich-politischen Diskurs ist den Beraterstäben entglitten und zu einer Sache des öffentlichen Disputs konkurrierender Experten geworden, in den Politiker hineingezogen werden und der von Journalisten angeheizt und moderiert wird. Die atemberaubende Geschwindigkeit, mit der sich das wissenschaftliche Wissen entwickelt und die gestrigen Wahrheiten zu den heutigen Irrtümern stempelt, bringt eine bislang ungeahnte Dynamik in den politischen Entscheidungsprozeß hinein. Die Novellierungen müssen schon auf den Weg gebracht werden, bevor die Gesetze zur Verabschiedung kommen.

Die Zahl von Kommissionen, die zur wissenschaftlichen Beratung der Politik eingerichtet werden, wächst angesichts dieser Dynamik ständig. Hier steht immer mehr die langfristige Planung politischer Maßnahmen im Vordergrund. Die dabei auftretenden Kommunikationsprobleme zwischen Politikern und Wissenschaftlern werden selbst immer häufiger zum Gegenstand von Untersuchungen gemacht. Die feste Einrichtung längerfristiger Kooperation von Wissenschaftlern unterschiedlicher Disziplinen und die regelmäßige Koordination der hierbei geforderten interdisziplinären Forschung mit den Fragestellungen der Politik durch eigene Koordinationsstellen gehören zu den wichtigsten Bausteinen des wachsenden Hineingreifens der Wissenschaft in den politischen Entscheidungsprozeß (Lompe, 1981: 39-54).

Zwischen Macht und Wahrheit

Die diskursive Durchdringung des politischen Entscheidungsprozesses bringt ein breites Feld der Interpenetration von Diskurs und Politik hervor, wo zuvor die Systemgrenzen noch klarer gezogen waren. Die Expansion von Diskursen läßt die Logik der Generalisierung von Sinnfragen, Werten und moralischen Standards, der Wissensentwicklung durch Irrtumsbeseitigung und der Beschleunigung des Wissenswandels immer tiefer in ursprünglich politisch-administratives Terrain eindringen. Es expandieren religiös-politische, moralisch-politische und wissenschaftlich-politische Diskurse und bilden diese eine breite Interpenetrationszone, wo diskursive Kriterien des besseren Arguments und politische Kriterien des Entscheidens bei Unsicherheit, unter Zeitdruck und bei konfligierenden Zielsetzungen politischer Akteure unmittelbar aufeinandertreffen und auch im Kampf miteinander liegen. Die Sprache der Systemdifferenzierung ist völlig inadäquat, um dieses Phänomen zu erfassen. Natürlich gibt es eine eigene Systemlogik, einen eigenen Code des politischen Entscheidens, nämlich eine Sache mit Mehrheit durchzusetzen, obwohl es Alternativen gäbe. Ebenso gibt es eine eigene Systemlogik, einen eigenen Code des Diskurses, nämlich über eine Sache Einigung zu erzielen auf der Basis des besseren Arguments. Es ist jedoch historisch völlig kontingent, wieviel und welches Terrain des gesellschaftlichen Geschehens tatsächlich von der Logik eines bestimmten Subsystems besetzt wird. Dies ist historisch völlig offen und unterliegt einem ständigen Kampf zwischen den Subsystemen. Was in einer Gesellschaft durch Märkte geregelt wird, das kann in einer anderen

Gesellschaft politisch entschieden werden. Was in einer Gesellschaft politisch durchgesetzt wird, kann in einer anderen Gesellschaft der diskursiven Verständigung vorbehalten sein. Ein Vergleich zwischen den westlichen Gesellschaften mit kapitalistischer Ökonomie und demokratischer Politik und den ehemaligen sozialistischen Gesellschaften mit Planwirtschaft und Parteidiktatur macht dies sofort deutlich. Aber selbst innerhalb der westlichen Gesellschaft der Moderne ist eine erhebliche Bandbreite der Varianz sowohl zwischen den Gesellschaften als auch in historischer Perspektive festzustellen.
Der historische Trend geht indessen in die Richtung der Expansion der Subsysteme, so daß sie alle einen immer größeren Teil des gesellschaftlichen Handelns erfassen und sich aus Platzgründen zwangsläufig immer mehr gegenseitig überlagern müssen. Politisches Handeln ist dann immer weniger ein autopoietisch regulierter Prozeß, der die Ergebnisse von Diskursen als Umweltdaten beobachtet und dann nach eigenen Kriterien des Mehrheitsentscheides verarbeitet, sondern ein Prozeß, der das politische Handeln aus seinem Reservat herauslockt und unmittelbar in die Logik des Diskurses hineinzieht, der sich einem vollständigen Hineinziehen allerdings zur Wehr setzt und seine eigenen Kriterien in den Diskurs einbringt. Politiker werden gezwungen, an religiös-, moralisch- und wissenschaftlich-politischen Diskursen teilzunehmen. Ein immer größerer Teil des politischen Handelns selbst findet auf diesem diskursiven Feld statt. Das heißt auch, daß hier mit harten Bandagen gestritten wird und nicht allein die Suche nach der Wahrheit, sondern auch die Durchsetzung des eigenen Standpunktes im Vordergrund steht. Argumente werden als Geschütze gegen den Gegner aufgefahren. So entsteht ein Gemisch aus diskursiver Wahrheitssuche und politischer Durchsetzung des eigenen Standpunktes. Was stattfindet, ist weder reiner Diskurs noch reine Politik. Das Ergebnis dieses Prozesses wird nämlich davon bestimmt, wer mehr argumentative Macht mobilisieren kann *und* wessen Standpunkt durch die besseren Argumente begründet werden kann. Es geht um die Durchsetzung von Standpunkten; das ist politisch. Es kann sich aber nur ein Standpunkt durchsetzen, der mit den besseren Argumenten abgestützt wird; das ist diskursiv. Die Struktur des Gerichtsverfahrens im angelsächsischen Recht entspricht genau dieser Verflechtung des Streites zwischen partikularen Standpunkten mit der Begründung

durch verallgemeinerungsfähige Argumente. Ein Urteil muß begründet sein; das ist diskursiv. Es ist jedoch eine kollektiv verbindliche Entscheidung; das ist politisch. Die Veröffentlichung abweichender Minderheitsvoten – wie etwa im amerikanischen Supreme Court – und die Revisionsmöglichkeit eröffnen jedoch Chancen auf die Fortsetzung des Verfahrens; das ist wieder diskursiv.

Die immer breitere Erfassung des politischen Geschehens durch Diskurse führt zu einer Entmachtung der Politik. Sie wird auf ein immer kleineres Reservat zurückgedrängt. Was politisch geschieht, das richtet sich zu einem immer geringeren Umfang allein nach einfacher Mehrheitslage und immer mehr nach dem Verlauf diskursiver Verfahren und ihrer Verflechtung mit politischen Kämpfen zwischen unterschiedlichen politischen Standpunkten (Guggenberger und Offe, 1984)

Die Entscheidung fällt nicht im Mehrheitsbeschluß des Parlaments, sondern in den Vorfeldern, in der Interpenetrationszone von Diskurs und Politik, wo Kompromisse zwischen moralischen Standards und politischem Entscheidungszwang gebildet werden müssen. Mit der gegenseitigen Durchdringung von Diskursen und Politik werden indessen die Leistungen beider Systeme gesteigert. Diskurse expandieren und greifen immer tiefer in politisches Handeln ein. Umgekehrt expandiert aber auch das politische Handeln und wirkt tiefer in das kulturelle Geschehen hinein. Wo allerdings das Gleichgewicht zwischen beiden Seiten fehlt, löst sich Politik im endlosen Diskurs auf, oder der Diskurs stirbt am politischen Entscheidungszwang.

5.5.2 Die Politik des Diskurses:
Kulturentwicklung als politische Gestaltung und politischer Kampf

Das Hineinwirken des politischen Handelns in das kulturelle Geschehen ist die andere Seite der gegenseitigen Durchdringung von Diskursen und Politik. Die politische Mobilisierung, die heute immer weiter gesteigert wird, unterwirft immer mehr gesellschaftliche Bereiche der politischen Gestaltung und der damit einhergehenden politischen Auseinandersetzung. Das gilt auch für die Gestaltung der Kultur. Die überkommene Kultur wird nicht mehr fraglos überliefert. Es wird um sie gestritten und in sie eingegriffen. Dieses Eingreifen der Politik in die Kultur geht weit über das hinaus, was uns bislang als Kulturpolitik, im einzelnen als Schul-, Hochschul-, Wissenschafts- und Kunstpolitik bekannt war (Schuchardt und Nägeli, 1985; Heckel, 1987; Brüse, 1988).

Kulturpolitik

Die Kulturdezernate der Kommunen, die Kultus- und Wissenschaftsministerien der Länder gehörten einmal zu den ruhigsten Bereichen der politischen Verwaltung. Sie haben nicht mehr getan als den akkumulierten Kulturbestand mehr oder weniger gut verwaltet. Im allgemeinen haben sie den Kulturinstitutionen ihren Freiraum gelassen und sie so ihrer Selbstbestimmung überlassen. Schulen, Hochschulen, Forschungseinrichtungen, Museen und Theater haben sich aus sich selbst heraus, aus ihren inneren Diskursen heraus entwickelt und haben sich so als zentrale Institutionen der Entwicklung eines unangetasteten Kultur- und Wissensbestandes verstanden.
Mit diesen ruhigen Zeiten ist es jetzt endgültig vorbei. Was mit und in diesen Kulturinstitutionen geschieht, ist heute zu einem heiß umkämpften Politikum geworden. Kultur-, Hochschul- und Wissenschaftspolitik haben sich zu strategischen Zentren der Zukunftsplanung der Gesellschaft gewandelt. Das bedeutet, daß ihre Entwicklung nicht mehr ihnen selbst überlassen wird, sondern immer mehr in die Hand der politischen Gestaltung genommen wird. Der Ausbau und die Unterhaltung dieser Institutionen verschlingen immer größere Summen. Die Planungsstäbe in den Kommunen und Ministerien werden immer größer und machen Kultur immer mehr zu einer Sache der langfristigen politischen Planung. Die Kommunen haben erkannt, daß der Ausbau kultureller Einrichtungen zu einem der wichtigsten Standortfaktoren bei der Entscheidung von Unternehmen und Führungskräften über ihre Niederlassung geworden ist. Es werden kulturelle Großprojekte in immer größeren Dimensionen geplant und verwirklicht.
Kultur ist heute immer weniger eine Sache der Bewahrung eines traditionellen Bestandes als vielmehr eine Sache der Entwicklung, die der Planung und Gestaltung bedarf. Die gleichzeitig stattfin-

dende politische Mobilisierung der interessierten Gruppen macht indessen die Kulturplanung auch immer mehr zum Gegenstand harter Auseinandersetzungen und öffentlicher Kontroversen. Über Theater, Museen, Schulen, Hochschulen, Forschungseinrichtungen, Kunstausstellungen, Stadtarchitektur, Landschaftsgestaltung, Rundfunk- und Fernsehgestaltung entbrennen heute beinahe genauso häufig öffentliche Kämpfe wie um den Bau von Industrieanlagen. Medizinische Forschungslaboratorien werden zum Angriffsziel politischer Aktionsgruppen, wenn Tierschützer die Fortführung von Tierexperimenten verhindern wollen.

Unter diesen Bedingungen der politischen Planung und Gestaltung der Kulturentwicklung und der damit einhergehenden politischen Kämpfe um unsere kulturelle Zukunft hängt die Erhaltung und Fortführung von Kultur- und Wissensbeständen nicht mehr einfach von ihrer Einbettung in ein überliefertes Kulturmuster und der darin begründeten Legitimität ab, sondern immer mehr auch davon, wie gut sich ihre Repräsentanten in den politischen Auseinandersetzungen um die Gestaltung der kulturellen Zukunft durchsetzen können. Kultur- und Wissensbestände, die politisch nicht schlagkräftig organisiert sind, haben nichts zu sagen und sind vom Untergang bedroht. Kulturentwicklung wird so zum Machtspiel im Felde kultureller Diskurse. Was bislang seine selbstlegitimierte kulturelle Bedeutsamkeit hatte, weil es auf eine etablierte Tradition zurückblicken konnte, sieht sich jetzt einer wachsenden Zahl von Konkurrenten gegenüber, die alle auf den Thron der Kultur wollen, und wird in den Strudel politischer Kämpfe gerissen. Kultur- und Wissensbestände verlieren schon deshalb ihre unbefragte Legitimität, weil die Zahl von Alternativen steigt. Diese Steigerung der kulturellen Vielfalt wird durch die beschleunigte Kulturentwicklung und durch die Globalisierung des kulturellen Lebens erzeugt. Heute sind uns nahezu alle Kultur- und Wissensbestände der Welt präsent. Welche von diesen man weiterhin fördern und vorantreiben möchte, wird dann eine Sache der Entscheidung zwischen Alternativen, die persönlich Konflikte erzeugt und politisch heiß umkämpft ist. Die Ökologiebewegung stellt uns z. B. das Thema, ob wir unsere moderne westliche Kultur des Eingreifens in die Welt durch eine asiatische Kultur der Ruhe ersetzen wollen. Ein bislang selbstlegitimierter Kulturbestand wird so zur Frage der politischen Entscheidung und der damit verbundenen politischen Kämpfe.

Zwischen Wahrheit und Macht

Wir befinden uns mittendrin in einem modernen Kulturkampf. Es ist eine Eigenart dieses Kulturkampfes, daß er weder als reiner Diskurs noch als reiner Machtkampf geführt wird, sondern Elemente aus beiden Systemlogiken unmittelbar miteinander konfrontiert. Es werden partikulare Standpunkte eingenommen, und es wird versucht, sie gegen andere Standpunkte durchzusetzen; das ist politisch. Der Kampf muß jedoch mit verallgemeinerungsfähigen Argumenten geführt werden; das ist diskursiv. Was dabei stattfindet, ist ein kulturpolitischer Diskurs, in dem immer wieder neue Kompromisse zwischen der Verallgemeinerungsfähigkeit und der politischen Durchsetzbarkeit von Kultur- und Wissensbeständen gebildet werden müssen. Kulturpolitik hat ein Feld eingenommen, das bislang mehr von den selbsttragenden Diskursen kultureller Institutionen besetzt war, und hat eine breitere Interpenetrationszone von Kultur und Politik geschaffen, die viel kulturelles und politisches Geschehen aus der Eigenlogik des kulturellen und politischen Handelns herauszieht, unmittelbar miteinander konfrontiert und in gegenseitige Überlagerung bringt. Politische Kontroversen sind nicht Umweltdaten, auf die kulturelle Diskurse reagieren, sondern unmittelbarer Bestandteil kultureller Diskurse, in welche Wissenschaftler, Künstler, Moralphilosophen und Theologen unmittelbar und aktiv in dieser Rolle eingreifen, um die Logik des Diskurses gegen die Logik des politischen Kampfes geltend zu machen. Kulturplanung und -entwicklung wird so von zwei Seiten geformt, von diskursiver Generalisierung und von politischer Durchsetzung. Beide Seiten liegen im ständigen Kampf miteinander und steigern sich gegenseitig durch Interpenetration. Politische Kulturplanung setzt Kultur unter diskursive Zwänge. Kultur- und Wissensbestände müssen ständig neu begründet werden, um weitere Förderung zu erhalten. Das erzwingt eine ständige Steigerung der kulturellen Leistungen. Politische Gestaltung muß immer wieder neu im Lichte konfligierender Kultur- und Wissensentwicklungen behauptet und durchgesetzt werden. Bei fehlendem Gleichgewicht zwischen beiden Systemen droht allerdings Politik in Palaver und Diskurs in Machtspielen aufgelöst zu werden.

5.6 Die Dialektik von Politik und Solidarität

Die politische Gestaltung der Gesellschaft und das solidarische Gruppenleben expandieren beide, machen sich die Herrschaft auf einem immer größer werdenden Terrain des gesellschaftlichen Handelns streitig und durchdringen sich gegenseitig. Die Ansprüche der Bürger auf Beteiligung am politischen Entscheidungsprozeß gehen immer mehr über den bloßen Wahlakt hinaus. Bürgerinitiativen werden zu einem immer gewichtigeren Bestandteil des politischen Geschehens und schmälern die Souveränität von Regierung, Parlament und Verwaltung. In der umgekehrten Richtung greift die Gesellschaftspolitik immer tiefer in gewachsene Gruppensolidaritäten ein und macht das Gruppenleben zum Gegenstand politischer Kämpfe.

5.6.1 Die Solidarität der Politik: Von der Souveränität der Regierungen, Parlamente und Verwaltungen zur Politik der Bürgerbeteiligung

Die Politik wird in zunehmendem Maße von der sozialen Mobilisierung der Bevölkerung erfaßt. Politische Entscheidungsverfahren schließen immer häufiger und immer mehr interessierte und betroffene Gruppen ein. In der Bundesrepublik haben inzwischen immer mehr Bürger gelernt, ihre politischen Rechte nicht nur bei der Abgabe ihrer Wahlstimme wahrzunehmen, sondern in immer vielfältigeren Formen der Bürgerbeteiligung. Die Entfaltung der studentischen Protestbewegung in den sechziger Jahren war der Anfang einer politischen Mobilisierung, die in zahllosen Bürgerinitiativen, in der Friedens- und Umweltbewegung eine kontinuierliche Fortsetzung erfahren hat. Während die Ende der fünfziger Jahre von Almond und Verba (1963) durchgeführte Civic Culture-Studie für die Bundesrepublik in der Institutionalisierung der Bürgerinitiative als Form der politischen Teilnahme noch einen großen Abstand zu den auf diesem Gebiet führenden Vereinigten Staaten aufwies, haben sich die Verhältnisse seitdem beträchtlich geändert. Heute sind Berichte über Demonstrationen, Besetzungen von Häusern und Industrieanlagen, Protestver-

sammlungen und andere Initiativen spontaner Aktionsgruppen zum festen Bestandteil der täglichen Berichterstattung der Massenmedien geworden. Dabei kommt es weniger auf die Zahl der tatsächlich aktiven Bürger an als vielmehr auf die wachsende Bereitschaft der Bevölkerung, solche Aktionsformen zu unterstützen, und vor allem auf die immens gewachsene Zahl spontaner Aktionen und ihre heutige Allgegenwart im politischen Geschehen. Sie sind zu einer festen Institution des politischen Entscheidungsprozesses geworden.
Mitte der siebziger Jahre hat die Bundesrepublik in der Einstellung der Bevölkerung zu konventioneller und unkonventioneller politischer Beteiligung ein Niveau erreicht, das mit demjenigen der älteren Demokratien ohne weiteres mithalten kann. In einer 1974-1976 durchgeführten Befragung äußerten in der Bundesrepublik 33% die Bereitschaft zur Anwendung konventioneller und unkonventioneller Mittel der politischen Beteiligung, 13% die Bereitschaft zur Anwendung von nur konventionellen Mitteln, 27% die Bereitschaft zur Anwendung von nur unkonventionellen Mitteln, während sich 27% gar nicht beteiligen wollten, also apolitisch blieben. In Großbritannien ergaben sich folgende Prozentzahlen in derselben Reihenfolge der Fragen: 33% konventionell und unkonventionell, 15% nur konventionell, 22% nur unkonventionell, 30% apolitisch. In den USA wurden folgende Ergebnisse ermittelt: 50% konventionell und unkonventionell, 18% nur konventionell, 20% nur unkonventionell, 12% apolitisch (Kaase, 1982: 184). Der große Anteil der US-Bürger, die sich sowohl konventionell als auch unkonventionell beteiligen wollten, zeigt, daß in den Vereinigten Staaten die Grenzen zwischen konventioneller und unkonventioneller Beteiligung nicht so scharf gezogen werden wie in Europa und diese weniger mit der Trennung von legitimen und illegitimen Mitteln politischer Partizipation zusammenfallen. Hier macht sich nach wie vor die lange Geschichte partizipatorischer Demokratie mit ihrem föderativen, dezentralisierten Aufbau bemerkbar.

Die neue politische Dynamik: Wechselwähler, neue politische Bewegungen und neue politische Parteien

Da ist zunächst die Entlassung der Bürger aus den festgefügten herkömmlichen Sozialmilieus, die Mobilisierung der Bevölkerung, die Individualisierung des Lebens und die Pluralisierung des Gruppenlebens. Mit den herkömmlichen Solidaritäten lockern sich dann auch die Solidaritäten zwischen Wählern und Parteien. Die Stammwählerschaft der politischen Parteien schrumpft und wird zum Relikt einer untergegangenen Epoche.

Alte Strukturen des politischen Systems lösen sich auf und machen einer marktförmigen Dynamik Platz. Die etablierten Parteien sehen sich in zunehmendem Maße der Dynamik konkurrierender politischer Bewegungen ausgesetzt und geraten unter Handlungsdruck (Brand, Büsser und Rucht, 1987; Roth und Rucht, 1987). Die Zahl von Wechselwählern wächst ständig und verschärft den Wettbewerb zwischen den Parteien. Politisches Handeln wird unter diesen Bedingungen ein Tauschgeschäft bei wachsender Konkurrenz von Anbietern. Vorgängige Bindungen an Parteien aufgrund der bloßen Herkunft werden durch die freie Kalkulation des politischen Verhaltens nach dem größtmöglichen Nutzen verdrängt. Das steigert die Erwartungen an die Parteien und veranlaßt sie zur Steigerung ihres Angebots, um die Konkurrenten zu übertrumpfen. Bislang bestehende Beschränkungen dieser Angebotsverbreiterung werden durch Expansionsbestrebungen auf dem politischen Markt aufgehoben. Auch für neue Parteien bieten sich jetzt vermehrt Chancen, in Marktlücken zu stoßen und Angebotsschwächen der etablierten Parteien für sich zu nutzen. Die neueste Entwicklung auf diesem Gebiet ist in der Bundesrepublik die Gründung der »Grauen«, die sich auf die Interessen der älteren Bürger spezialisieren wollen. Ihnen wird prompt per Umfrage bestätigt, daß sie gute Chancen haben, bei der nächsten Bundestagswahl die Fünfprozenthürde zu überspringen. Das wäre vor noch nicht allzu langer Zeit nicht denkbar gewesen.

Diese Öffnung des politischen Marktes hat in der Bundesrepublik in jüngster Zeit den Erfolg der Grünen und nun auch die mit Bestürzung registrierten Erfolge der rechtsradikalen Republikaner ermöglicht. Die Republikaner sind eine Partei des Ressentiments und ziehen mit ihren Sündenbock-Parolen all diejenigen an, die in der Gesellschaft der propagierten Chancengleichheit und der damit einhergehenden Verschärfung von Konkurrenz an den Rand gedrängt werden: Hilfsarbeiter, Arbeitslose, Kleinrentner. Es ist leicht zu erklären, daß sie ihre Lage mit anderen Randgruppen vergleichen – mit Ausländern, Aussiedlern und Asylanten – und auf jede anscheinende Bevorzugung der letzteren mit Ressentiment reagieren. Sie sind deshalb mit Parolen gegen ihre unmittelbaren Konkurrenten leicht zu ködern.

Je schneller sich die Gesellschaft entwickelt, um so mehr produziert sie auch Randgruppen, die mit dem Tempo der Entwicklung nicht mithalten können oder wollen. Randgruppen sind das nahezu unvermeidliche Produkt einer Gesellschaft, die alte hierarchische Differenzierungen abbaut und auf dem Wege der Angleichung von Chancen und der allgemeinen Steigerung des Wohlstands ein breites Zentrum der gesellschaftsfähigen Konkurrenten aufbaut, dadurch aber die Zukurzgekommenen erst recht als Versager abstempelt und in die Peripherie verbannt. Sie bilden ein Reservoir für Parteien, die an das Ressentiment gegen die vermeintlichen Verursacher ihrer Randposition anknüpfen. Die Mobilisierung des politischen Marktes trägt zusätzlich zu diesem Aufleben radikaler Ressentiment-Parteien bei: Sie löst die herkömmliche Stammwählerschaft mit ihrer ordnenden Funktion auf. Da es sich hierbei um eine nicht mehr umkehrbare Entwicklung der modernen Gesellschaft handelt, wird mit der marktförmigen Durchdringung des politischen Systems die Berechenbarkeit des politischen Verhaltens weiterhin abnehmen. Es wird schnelleren Wandlungen unterliegen und an den Randzonen auch anfälliger für radikale Parteien werden, die in Marktlücken hineinstoßen. Dies ist keine für die Bundesrepublik spezifische Erscheinung, sondern ein Trend in allen entwickelten Demokratien, wo das Verhältniswahlrecht oder ein gemischtes Wahlrecht – wie in der Bundesrepublik – kleinen Parteien überhaupt Zugang zu Parlamentssitzen verschafft. Wo das Mehrheitswahlrecht – wie in Großbritannien und in den USA – diesen Zugang nicht gewährt, äußern sich diese Tendenzen in außerparlamentarischen oder innerparteilichen Bewegungen. Was an den Republikanern spezifisch deutsch ist, das ist die unvermeidliche Frage nach ihrer Beziehung zu unserer nationalsozialistischen Vergangenheit. Was anderswo eine mit Achselzucken hingenommene radikale Bewegung ist, das beschwört in der Bundesrepublik die Last einer schlimmen Vergangenheit herauf und läßt sich hier nicht als »normaler« Radikalismus thematisieren.

Dezentralisierung: Die Entmachtung von Regierung, Parlament und Verwaltung

Auf dem Wege spontaner Aktionen beanspruchen Bürger immer häufiger ihren Anteil an den politischen Entscheidungsprozessen. So schreitet der Prozeß der politischen Inklusion der Bürger in das politische Handeln immer weiter voran. Politisches Entscheiden wird unter diesen Bedingungen schwieriger. Wo früher Parlamente und Verwaltungen freie Hand hatten und ihre vom Volk delegierte Macht ausspielen konnten, stoßen sie heute immer häufiger auf den Widerstand aktiver Bürger, die sich zu spontanen Aktionsgruppen zusammenfinden (Roth, 1980; Rucht, 1982; Guggenberger und Kempf, 1984). Manche sehen in dieser Entmachtung der Parlamente und Verwaltungen schon die demokratisch legitimierten Instanzen durch die Willkür einzelner Aktionsgruppen gestürzt. Sie werden lernen müssen, daß Demokratie inzwischen ein komplizierteres Verfahren ist als die einfache Souveränität gewählter Parlamente und Regierungen mit ihren Verwaltungen. Sie entwickelt sich zu dem, was im politischen System der Vereinigten Staaten als System von checks und balances schon nach den Richtlinien der Verfassung gültig ist. Während die parlamentarischen Systeme Europas nach dem Konzept der Mehrheitsherrschaft gebaut wurden, beruht das amerikanische System auf einer Reihe von Gegenkontrollen, die eine eindeutige Mehrheitsherrschaft nicht zulassen und Minderheiten schützen sollen. Natürlich können nur solche Minderheiten von diesem Schutz Gebrauch machen, die sich gut organisieren und politisch artikulieren können. Das gilt auch für die wachsende Inanspruchnahme von Widerspruchsrechten in der Bundesrepublik.

Verwaltungsverfahren bei der Durchführung politischer Maßnahmen und Verwaltungsgerichtsverfahren, die von Bürgerinitiativen gegen die Durchführung solcher Maßnahmen in Anspruch genommen werden, rücken die Auseinandersetzung zwischen

Politikern und Verwaltungsleitung auf der einen Seite und spontanen politischen Aktionsgruppen auf der anderen Seite ins Zentrum des politischen Geschehens. Einfache Mehrheitspolitik ist unter diesen Bedingungen nicht möglich (Guggenberger und Offe, 1984). Was von den Parlamenten mehrheitlich beschlossen wird, ist damit noch nicht wirklich durchgesetzt. Es müssen dann erst die Hürden von Verwaltungsverfahren und Verwaltungsgerichtsverfahren übersprungen werden. Zwischen 1967 und 1981 ist die Zahl der Neuzugänge von Klagen bei den Verwaltungsgerichten des gesamten Bundesgebietes von 47 269 auf 132 580 gestiegen (Statistisches Jahrbuch für die Bundesrepublik Deutschland, 1970: 99; 1987: 341). Die wachsende Konfrontation mit solchen Hürden wirkt schließlich in die Parlamentspolitik und in das Verwaltungshandeln hinein, die mit der Zeit die Finger von Maßnahmen lassen, bei denen unüberwindbarer Widerstand zu erwarten ist. So wird der politische Entscheidungsprozeß immer mehr von Kriterien der politischen Inklusion und von den Gesetzmäßigkeiten der Bürgerbeteiligung bestimmt, die ein ursprünglich von der einfachen Mehrheitspolitik der Parlamente und der Handlungsbefugnis der Verwaltungen besetztes Terrain einnehmen. Die reine parlamentarische Mehrheitspolitik und das reine Verwaltungshandeln werden auf ein immer kleineres Reservat unproblematischer Routineentscheidungen zurückgedrängt. Dagegen baut sich ein immer breiteres Feld der gegenseitigen Durchdringung von gesellschaftlicher Inklusion und politischer Entscheidung auf. Verwaltungsgerichte werden zu zentralen Orten der politischen Auseinandersetzung. Obwohl sie im kodifikationsrechtlichen System der Bundesrepublik nichts anderes tun sollen, als festzustellen, ob bestimmte Verwaltungsmaßnahmen dem geltenden Recht entsprechen oder nicht, geht die wirkliche Rechtssprechung doch inzwischen weiter. Sie werden durch die harten Auseinandersetzungen immer mehr von einer Instanz der Rechtsauslegung zu einer Instanz der Rechtssetzung, weil immer deutlicher wird, daß die Rechtssprechung letztlich aus den alternativen Deutungen des Rechts eine verbindliche auswählt. So findet eine erhebliche Politisierung des Verfahrens statt, die eine Verlagerung eines erheblichen Teils des politischen Geschehens in die Verwaltungsgerichte bedeutet. Je weiter die Auseinandersetzung getrieben wird, bis hin zu Verfahren vor dem Bundesverfassungsgericht, um so mehr werden die Gerichte zu Orten der politischen Auseinandersetzung. Das deutsche kodifikationsrechtliche System nähert sich dem amerikanischen System, in dem die Gerichte schon aufgrund ihrer verfassungsrechtlichen Stellung und aufgrund des Präzedenzrechts eine aktivere Rolle in den politischen Auseinandersetzungen spielen.

Diese Politisierung der Gerichtsverfahren im öffentlichen Recht bedeutet indessen nicht nur, daß das Recht als Struktur des Gemeinschaftslebens in den Strudel politischer Kämpfe gerät, sondern auch, daß der politische Entscheidungsprozeß in größerem Maße als bisher rechtlich organisiert wird und dadurch die Beteiligung von interessierten und betroffenen Bürgern vor Ort erheblich erweitert wird. Ansprüche auf Gehör und auf Berücksichtigung von Rechten greifen in größerem Umfang in den politischen Entscheidungsprozeß ein. Politiker müssen sich immer häufiger bei politischen Entscheidungen im Einzelfall der Unterstützung relevanter Gruppen versichern, und sie sind immer mehr auf die Kooperation von Interessenten und Betroffenen angewiesen, um politische Maßnahmen durchzuführen. So werden die Mobilisierung von Unterstützung und die Sicherung von Kooperation zum Erfolgskriterium der Politik. Das Ausspielen mehrheitlicher Macht ist da kaum noch möglich. Die Politik wird aus der Entscheidung mit parlamentarischen Mehrheiten herausgezogen und in die aktive Sicherung von Unterstützung und Kooperation hineingezwungen.

Zwischen Macht und Solidarität

Das entscheidende Medium der Sicherung von Unterstützung und Kooperation ist indessen nicht politische Macht, sondern Reputation, die von den am Spiel beteiligten Politikern, Interessenten und Betroffenen durch vertrauensbildende Maßnahmen erworben werden muß. Politische Unterstützung und Kooperation werden dann zu machtstützenden Elementen. So wird Macht durch Reputation gesichert. Dieses politische Geschehen spielt sich insofern nicht allein nach dem politischen Code der Verfügung über Ämter und Mehrheiten ab, sondern auch nach dem gemeinschaftlichen Code der Gewährung und Sicherung von Unterstützung, Kooperation und Solidarität. Die Beteiligung von Interessierten und Betroffenen und die Sicherung ihrer Unterstützung und Kooperation werde manchmal wichtiger als die sachliche Qualität einer Entscheidung und ihre Durchsetzung mittels Macht überhaupt. Die Erhaltung der gesellschaftlichen Solidarität setzt sich dann gegen den politischen Drang zur Lösung von Problemen durch verbindliche Entscheidung durch. Im Geflecht der Kooperationssuche bleiben manche ehrgeizigen politischen Programme stecken, weil sie zu viel Staub aufwirbeln würden. Der politische Elan gerät dann in die Fangnetze von Verwaltungsverfahren und Verwaltungsgerichtsverfahren. Solidarität siegt über Macht. Politiker klagen dann, daß der politische Entscheidungsspielraum durch Verwaltungsgerichtsverfahren zubetoniert werde und politisch nichts mehr gehe. Was hier wirklich geschieht, läßt sich weder allein in Begriffen der Macht von Mehrheiten und Ämtern in Parlamenten, Regierungen und Verwaltungen, also in Begriffen eines rein politischen Codes erklären, noch allein in Begriffen der gesellschaftlichen Solidarität und Kooperation, also in Begriffen eines reinen Kooperationscodes. Die Erhaltung der gesellschaftlichen Solidarität und das politische Eingreifen in die Gesellschaft durch Zielsetzung und Entscheidung liegen hier im Widerstreit. Beide Seiten haben ihre Fürsprecher und Repräsentanten.

Gewachsene Lebenszusammenhänge vermitteln Sicherheit und Geborgenheit und sichern die Wahrnehmung angestammter Rechte, wie man es gewohnt ist und unbefragt hinnimmt, unabhängig von der Gerechtigkeit solcher Lebenszusammenhänge im idealen Sinn. Politisches Handeln ist dagegen in der modernen Gesellschaft auf aktive Veränderung im Hinblick auf gesetzte Ziele eingestellt. So wird jede politische Entscheidung zum Eingriff in gewachsene Lebenszusammenhänge. Das kann in nicht wenigen Fällen auch traditionelles Unrecht beseitigen, greift aber stets in gewachsene Lebenszusammenhänge ein und ruft den Widerstand derjenigen hervor, die dadurch angestammte Sicherheiten verlieren und sich bedroht fühlen. Bürgerinitiativen bilden sich und leisten Widerstand gegen die politischen Eingriffe in ihre Lebenswelt. Politik wird als Bedrohung und als Zerstörung der gesellschaftlichen Lebenswelt und der Umwelt erfahren. Der Protest richtet sich gegen die Zerstörung von Natur und Nachbarschaften durch politische Maßnahmen, wenn gegen industrie-, verkehrs- und wohnungspolitische Baumaßnahmen gekämpft wird. Auf der anderen Seite bekommen Politiker bei dem gegebe-

nen Expansionsdrang politischer Maßnahmen zur Umgestaltung von Natur und Gesellschaft immer häufiger den Widerstand von Bürgerinitiativen zu spüren. Politik ist schon immer und wird jetzt erst recht ein Kampf gegen das Gewachsene und für eine Neugestaltung der Gesellschaft im Lichte neuer Zielsetzungen. Interessierte und Betroffene wehren sich gegen die politische Veränderung ihrer Lebenswelt, Politiker kämpfen gegen den Widerstand von Bürgerinitiativen, um die Gesellschaft auf neue Ziele hinzusteuern; oft ohne eine Garantie abgeben zu können, daß das Neue besser sein wird als das Alte.
So werde der Spielraum für die Erhaltung der gesellschaftlichen Lebenswelt und Ordnung und der Spielraum für ihre politische Umgestaltung immer wieder aufs neue ausgefochten. Es entsteht ein immer breiteres Terrain, auf dem beide Systemlogiken ineinander hineingreifen. Die Logik der gesellschaftlichen Kooperation auf der Basis angestammter Rechte durchdringt weite Teile des politischen Entscheidens, so daß der politische Entscheidungsprozeß die Souveränität der reinen Politik mit parlamentarischen Mehrheiten und entscheidungsbefugten Ämtern verliert und seine Herrschaft mit der gesellschaftlichen Inklusion, der Beteiligung und Kooperation von Bürgern und gesellschaftlichen Gruppen, teilen muß (Guggenberger und Offe, 1984; Sahner, 1984). Der größere Teil des politischen Geschehens verlagert sich aus Parlamenten, Regierungen und Verwaltungen heraus und in den Zusammenhang der Gewährung und Sicherung von Unterstützung und Kooperation hinein.
Das Pochen auf die Autonomie und Souveränität gewählter Parlamente, Regierungen und Verwaltungen im Lichte einer sich modern gebenden Theorie der funktionalen Differenzierung der Gesellschaft (Luhmann, 1985) erweist sich unter diesen Bedingungen als krampfhaftes Festhalten an Strukturen einer untergehenden Epoche. Die Politik muß sich auf schwierigere Zeiten einstellen, sie wird ihre Funktion immer nur im ständigen Wettstreit mit anderen Funktionssystemen erfüllen können, die ein immer größeres Terrain des gesellschaftlichen Handelns besetzen und sich auf diesem Terrain mit dem politischen Handeln verschränken. Es ist indessen dieser Konflikt zwischen den Funktionssystemen, der zu ihrer Interpenetration führt und die Gesellschaft der Moderne vorantreibt. Kooperation und politische Steuerung expandieren zugleich, greifen ineinander hinein und

steigern sich gegenseitig in ihren Leistungen. Die Bürgerbeteiligung setzt die Politik unter Druck, immer bessere Lösungen gesellschaftlicher Probleme zu finden, die zugleich der Unterstützung und Kooperation der Bürger sicher sein können. Die Politik setzt die gesellschaftlichen Vereinigungen unter Druck, die gesellschaftliche Kooperation unter immer wieder neuen, durch politische Entscheidungen geänderten Bedingungen zu sichern. Wo allerdings kein Gleichgewicht zwischen beiden Seiten herrscht, dort erstickt Politik im Verwaltungsgerichtsverfahren, oder gesellschaftliche Solidarität stirbt in der Machtpolitik.

Die Mobilisierung der Bürgerinitiativen ist einerseits aus der Expansion des Vereinigungsverhaltens in das politische Handeln hinein hervorgegangen, zum anderen aber auch durch die gegenläufige Expansion des politischen Handelns in die gesellschaftliche Lebenswelt hinein provoziert worden. Die Bürger treten einerseits aus der Geschlossenheit privater Lebenszusammenhänge heraus und schließen sich viel häufiger und spontaner zu Initiativgruppen mit politischen Zielsetzungen zusammen. Sie sind weniger mit der Familie, der Verwandtschaft und dem schichtenspezifischen Nachbarschaftsmilieu verbunden und werden dadurch offener für spontane Zusammenschlüsse. Sie treten aus der Privatheit heraus und in die Öffentlichkeit politischer Auseinandersetzungen hinein. Auf diesem Wege werden die Grenzen herkömmlicher Gruppen gesprengt. Es entstehen neue Vereinigungen, die aus der Enge privater Lebenskreise herausführen und viel weiter in alle Bereiche des gesellschaftlichen Handelns eindringen, also ein weiteres Terrain erfassen. Dies ist die Expansion des Vereinigungsverhaltens, die mit dem Fortschreiten der Moderne einhergeht. Zugleich fordert die Expansion politischer Eingriffe in das gesellschaftliche Leben den Widerstand von Bürgern heraus, die ihre Lebenswelt bedroht sehen. Ihre größere Offenheit für spontane Zusammenschlüsse läßt sie dann auch in stets wachsender Zahl Bürgerinitiativen gegen politische Maßnahmen bilden. Die Bürger sind aufgeschlossener für spontane Vereinigungen geworden, lassen sich bereitwilliger in öffentliche Auseinandersetzungen hineinziehen und werden durch die Expansion politischer Eingriffe häufiger zu Zusammenschlüssen veranlaßt. So bekommt das Vereinigungsverhalten selbst in wesentlichen Teilen einen politischen Charakter. Man schließt sich zu Gruppen zusammen, um mit ihrer Hilfe bestimmte Ziele politisch durchzusetzen: Gruppen, die z. B. gegen den Bau einer Autobahn, einer Landebahn für Flugzeuge, eines Kernkraftwerks, einer Entsorgungsanlage, gegen die Zerstörung eines Naturschutzgebietes oder gegen die Auflösung einer Nachbarschaft durch teure Sanierungsmaßnahmen agieren. Dies ist eine nicht mehr umzukehrende Entwicklung der Moderne, die in der Zukunft noch weiter voranschreiten wird (Roth und Rucht, 1987).

5.6.2 Die Politik der Solidarität:
Von der gewachsenen Gruppensolidarität zur gesellschaftspolitischen Auseinandersetzung um die Gestaltung des Gruppenlebens

Die Expansion politischer Eingriffe in die Lebenswelt ist wie die Expansion aller gesellschaftlichen Subsysteme in die Entwicklung der Moderne einprogrammiert. Sie wurzelt im modernen westlichen Interventionismus, der die Welt voll von Unzulänglichkeiten sieht, die einer ständigen Bearbeitung bedürfen. Diese ständige Bearbeitung der Welt heißt für die Politik stets, in gewachsene Lebenszusammenhänge einzugreifen, sie häufig sogar zu zerstören. Traditional eingefahrene soziale Beziehungen werden durch Gesetzgebung neu gestaltet. Politisch gesatztes positives Recht wird zum Ordnungsrahmen sozialer Beziehungen. Das bringt viel mehr Konflikte in die Lebenszusammenhänge hinein, als dies in einer traditional verwurzelten Lebenswelt der Fall war. Zum positiven Recht lassen sich immer Alternativen denken, zu einer herrschenden Tradition nicht. Während die Menschen in einer traditionalen Gesellschaft hinnehmen, was gegeben ist, und an angestammten Rechten nicht rühren, kämpfen sie in der modernen Gesellschaft um die Gestaltung ihrer sozialen Beziehungen. Das ist das Kennzeichen der Moderne, und wir beobachten gegenwärtig einen neuen Entwicklungsschub in diese Richtung.

Vom Klassenkampf zum Kampf der Geschlechter

Nachdem die großen Klassenkämpfe zwischen Lohnarbeit und Kapital durch den Wohlfahrtsstaat befriedet worden sind, geht es jetzt um eine größere Vielfalt von Konflikten, um die Gestaltung sozialer Beziehungen, um Konflikte zwischen Einheimischen und Hinzugezogenen, Inländern und Ausländern, Inländern und Asylanten, Inländern und Aussiedlern, Erwachsenen und Jugendlichen, Jungen und Alten, Männern und Frauen. Die soziale Lebenswelt wird auf diesem Wege in einem bislang nicht dagewesenen Ausmaß politisiert. Die gewachsenen Strukturen der Lebenswelt werden dadurch kräftig durcheinandergerüttelt. Das auffälligste Beispiel dafür ist die Beziehung zwischen Männern und Frauen im allgemeinen, Mann und Frau im besonderen. Was lange Zeit auch in der Moderne noch unbefragt hingenommen wurde, die autoritäre Herrschaft des Mannes in Familie, Berufsleben und Öffentlichkeit, ist heute zum Schlachtfeld erbitterter Kämpfe geworden (Berger und Berger, 1983; Buchholz et al., 1984; Jurreit, 1979; Schulz, 1983). Frauen rebellieren gegen ihre traditionelle Unterdrückung. Die Ehefrauen drängen auf die Durchsetzung ihrer Rechte gegen ihre Ehemänner. Umgekehrt versuchen Männer alte Privilegien zu verteidigen oder kämpfen gegen ihre eigene Unterdrückung durch Frauen, die den Spieß umdrehen und erworbene Machtpositionen für sich ausnutzen. Was früher heruntergeschluckt wurde, wird heute ausgespuckt und offen ausgetragen. Streit ist an der Tagesordnung. Er hilft in vielen Fällen, unausgesprochene Unzufriedenheit zu überwinden und zu neuen partnerschaftlichen Verhältnissen zu gelangen. In vielen Fällen läßt er sich allerdings nicht beilegen und führt zum Bruch. Die Klagen vor dem Familiengericht steigen ständig an. Das gilt ganz besonders seit Anfang der sechziger Jahre. Während in der Bundesrepublik 1960 insgesamt 49 000 gerichtliche Eheauflösungen registriert wurden, waren es 1987 insgesamt 130 000 (Statistisches Jahrbuch für die Bundesrepublik Deutschland, 1989: 20). Eltern und Kinder, Ehemänner und Ehefrauen klagen immer häufiger gegeneinander. Die Rate der Scheidungen steigt unablässig. Das Statistische Jahrbuch der Bundesrepublik (1970, 1987) meldet für 1966 insgesamt 105 755 erstinstanzliche Verfahren in Ehe-, Kindschafts- und Entmündigungssachen an den Landgerichten; für 1983 meldet es 678 989 anhängige Verfahren

bei den Familiengerichten an Amtsgerichten, 292 278 aus den Vorjahren, 386 867 Neuzugänge. Sie sind der Preis, den wir für die Befreiung aus der Fessel traditionaler und gewachsener Lebenswelten zu zahlen haben. Die Tatsache, daß diese Entwicklung erst heute in dramatischer Form sichtbar wird, beweist, wie lange wir in der Moderne noch unter traditionalen Verhältnissen gelebt haben.
Die Familie selbst und die traditionellen Geschlechtsbeziehungen verlieren ihre unbefragte Selbstverständlichkeit für das Leben in Gemeinschaft. Singles, homosexuelle Männer, lesbische Frauen, alleinerziehende Frauen oder Männer, Paare ohne Trauschein und größere Wohngemeinschaften kämpfen gegen die traditionelle Vorherrschaft der heterosexuellen Beziehung und ihre Institutionalisierung in Ehe und Familie. Das richtige Leben in der richtigen Lebensgemeinschaft wird heute nicht mehr durch die Herrschaft traditioneller Solidaritätsstrukturen bestimmt. Es ist zum Gegenstand gesellschaftspolitischer Auseinandersetzungen um gleiche Rechte für alle geworden. Um nur eine Zahl zu nennen, die etwas über die Entwicklung weg von der Familie als alleinherrschender Lebensgemeinschaft aussagt: Zwischen 1970 und 1988 ist die Zahl der Einpersonenhaushalte in der Bundesrepublik bei etwa gleichbleibender Bevölkerungsgröße von 60,651 bzw. 61,077 Millionen Menschen von 5,527 Millionen auf 9,563 Millionen gestiegen (Statistisches Jahrbuch für die Bundesrepublik Deutschland, 1989: 20).
Die Moderne gelangt erst jetzt zu ihrem wirklichen Durchbruch. Dazu gehört auch ganz wesentlich die Umstellung gewachsener Sozialbeziehungen von der traditionellen Hinnahme des Gegebenen zum Streit um die Gestaltung der sozialen Beziehungen. Diese Umstellung ist der Expansion des Politischen in die gewachsenen Lebenszusammenhänge hinein geschuldet. Die Politik erobert ein Terrain, das zuvor im festen Besitz unbefragter Solidarverhältnisse war. Gesellschaftspolitik ist das Schlagwort, unter dem die Politik immer tiefer in die Strukturen der Lebenswelt eingreift und die Beziehungen zwischen Familienmitgliedern, Generationen, Geschlechtern, Klassen, Schichten, ethnischen Gruppen, Religionsgemeinschaften, Gesunden, Behinderten und Kranken und anderen sozialen Gruppierungen zu gestalten versucht. Ein aktuelles Beispiel ist die Auseinandersetzung um die Aids-Kranken. Dadurch dringt ein erheblicher Teil der politi-

schen Systemlogik in gewachsene Sozialbeziehungen ein. Traditionale Herrschaft und gewachsene Solidarität weichen der offenen Konfliktaustragung und dem Arrangement nach politischer Machtlage. Es entsteht eine breite Interpenetrationszone von solidarischem und machtpolitischem Handeln, in der sich beide gegenseitig überlagern.
Die Nutznießer und Bewahrer der alten lebensweltlichen Strukturen beschwören und mobilisieren die gewachsenen Solidaritäten gegen die Eingriffe der Politik. Männer beschwören die Bedeutung eines geordneten Familienlebens für die Kinder und die ganze Gesellschaft, um ihre Frauen zur Beibehaltung alter Muster der Arbeitsteilung zu überreden. Frauen schließen sich zu politischen Aktionsgruppen zusammen, um mit geballter Macht ihre Rechte besser durchsetzen zu können. Immer sind zwei gegensätzliche Systemlogiken am Werk: Erhaltung lebensweltlicher Solidaritätsstrukturen gegen Neugestaltung der Gesellschaft nach neuen Zielsetzungen. Solidarität gegen Macht. Was wirklich geschieht in diesem gesellschaftspolitischen Kontext, ist ein mehr oder weniger gleichgewichtiger Kompromiß zwischen diesen beiden Systemlogiken. Die gewachsenen Solidaritätsstrukturen legen die Rahmenbedingungen für das politisch Machbare fest. Gesetze können nur so weit soziale Beziehungen verändern, wie sich die gewachsenen Solidaritätsstrukturen auch dafür öffnen. Das gilt ganz besonders für Maßnahmen der Gesellschaftspolitik, da die alltäglichen Beziehungen zwischen Männern und Frauen, Eltern und Kindern, Weißen und Schwarzen oft dem Auge der Gesetzesorgane verborgen bleiben. Jede neue gesellschaftspolitische Maßnahme braucht ihre Zeit, um wirklich Eingang in die Strukturen der Lebenswelt zu finden. Umgekehrt drängt jedoch die mobilisierbare Macht die Strukturen der Lebenswelt auf das Maß des absolut Festen zurück. Sie fällt an jeder schwachen Stelle in diese Strukturen ein, um sie zu verändern. Alltägliches Handeln in sozialen Beziehungen wird so durch vorhandene Solidaritätsstrukturen und mobilisierte politische Macht zugleich bestimmt. Es ist weder reines Solidaritätsverhalten noch reine Machtpolitik, sondern ein Gemisch aus beidem.

Zwischen Solidarität und Macht

Die Interpenetration von Solidaritätsverhalten und Machtpolitik in der Gesellschaftspolitik steigert die Leistungen beider Subsysteme. Das Eindringen der Gesellschaftspolitik in die Solidaritätsbeziehungen setzt diese unter Druck und zwingt zur Einübung in komplexere Formen der Solidarität. Wenn Männer und Frauen weiterhin in geordneten Beziehungen zusammenleben wollen, dann müssen sie neue Formen der Solidarität entwickeln, die es beiden Seiten erlauben, Konflikte um ihre Rechte auszutragen, ohne den Zusammenhalt der Partnerschaft zu gefährden. Gesellschaftspolitik zwingt auch zur Einübung in Solidaritäten, die herkömmliche Gruppengrenzen überschreiten und bislang ausgegrenzte Gruppen dadurch einschließen, daß ihnen gesetzlich ein gleichrangiger Status gegeben wird. Wir werden durch Gesetze gezwungen, solidarischer mit Frauen, Kindern, Randgruppen, Ausländern, Asylanten und Aussiedlern umzugehen, weil uns die Gesetze das offene Zusammenleben mit diesen Gruppen aufzwingen. So veranlassen politische Eingriffe in gewachsene Solidaritätsstrukturen die Entwicklung neuer, komplexerer Formen der Solidarität. Umgekehrt ist es die politische Mobilisierung der Bürger, die den politischen Entscheidungsprozeß unter Druck setzt, die Verbindlichkeit politischer Entscheidungen immer besser durch Unterstützung und Kooperation abzusichern. Wo indessen kein Gleichgewicht zwischen beiden Seiten besteht, bleibt die Politik in den Fesseln der Bürgerbeteiligung stecken, oder die Bürgerbeteiligung endet im Aufbauen politischer Feindbilder.

Kapitel 6
Die Dynamik der Entwicklung

Die gesellschaftlichen Subsysteme schieben sich immer weiter ineinander hinein. Es bilden sich immer breitere Zonen der Interpenetration zwischen Diskursen, Märkten, Vereinigungen und politischen Entscheidungsverfahren, in denen sich ein immer größerer Teil des gesellschaftlichen Geschehens abspielt. Gleichzeitig entsteht eine immer engere Verflechtung der gesellschaftlichen Subsysteme durch Vernetzung, Kommunikation, Aushandeln und Kompromißbildung.

Die »neue Unübersichtlichkeit«: Aufhebung traditioneller Differenzen

»Vernetzung« bedeutet, daß die Zahl der sozialen Beziehungen wächst, die über jeweilige Systemgrenzen hinausreichen. Pluralistisch zusammengesetzte Ausschüsse und daraus hervorgehende Partnerschaften treiben diese Vernetzung voran.
»Kommunikation« bedeutet, daß die Zahl von systemüberschreitenden Diskursen wächst. Public Relations und Fernsehkommunikation sind die eklatantesten Beispiele dieser wachsenden systemübergreifenden Kommunikation.
»Aushandeln« bedeutet, daß immer häufiger Handeln über Systemgrenzen hinweg koordiniert werden muß und der wechselseitigen Abstimmung bedarf. Unternehmen, moralische Bewegungen, politische Aktionsgruppen, Parteien und Behörden sitzen immer häufiger an einem Tisch, um in konkreten Fällen ihre Interessen zum Ausgleich zu bringen.
»Kompromißbildung« bedeutet, daß unter diesen Bedingungen der pluralistischen Zusammensetzung die Entscheidungen immer nur durch Kompromiß zustande kommen können.
Das gesellschaftliche Geschehen spielt sich heute immer mehr in diesen Zonen der intersystemischen Vernetzung, Kommunikation, Aushandlung und Kompromißbildung auf nationaler und

internationaler Ebene ab, wo sich die Systemgrenzen verwischen und die Kriterien der Entscheidungsbildung nicht mehr nach der Logik eines bestimmten Systems ausgerichtet sind. In den Verfahren selbst vermischen sich zudem kommunikative Verständigung, Solidaritätsbildung, Interessenausgleich und Kompromißbildung in einem Konglomerat von sich überlagernden Handlungsorientierungen. Diese Verfahren in den Interpenetrationszonen ziehen die Akteure aus der Logik einzelner Systeme heraus und unterwerfen sie einer Gemengelage unterschiedlicher Systemlogiken.

Um in dieser Gemengelage erfolgreich zu sein, müssen die Akteure unterschiedliche Fähigkeiten miteinander vereinigen. Kommunikationsfähigkeit und öffentliche Selbstdarstellung, die Fähigkeit zur Vereinigung mit anderen, Aushandlungsgeschick und Aktionsfähigkeit müssen Hand in Hand gehen. Öffentliche Diskurse, pluralistische Vereinigung, Marktwettbewerb und kompromißförmige Entscheidungsverfahren sind die ineinandergeschobenen Zonen der Interpenetration, in denen die Systeme der Kultur, der gesellschaftlichen Vereinigungen, der wirtschaftlichen Transaktionen und der politischen Entscheidung aufeinandertreffen. Da sich das gesellschaftliche Geschehen immer mehr in diesen Interpenetrationszonen abspielt, wird immer mehr nach einer komplexen Gemengelage unterschiedlicher Systemlogiken und immer weniger nach einer eindeutig definierbaren Systemlogik gehandelt.

Die gesellschaftliche Realität hat in der dargelegten Hinsicht die Theorie der Systemdifferenzierung längst überholt. Nach dieser Theorie besteht die heutige moderne Gesellschaft aus einem Gefüge von in sich geschlossenen, selbstreferentiellen Subsystemen, die alle nach einer eigenen Systemlogik funktionieren und zueinander in einem System-/Umweltverhältnis stehen (Luhmann, 1984, 1985, 1988). Intersystemische Kommunikation heißt in dieser Sprache, beobachten, was in der Umwelt passiert, um dies nach den systemeigenen Kriterien zu verarbeiten. Das politische System beobachtet z. B. die moralischen Positionen moralischer Bewegungen, um diese aber intern allein nach dem Kriterium der verbindlichen Entscheidbarkeit auf der Basis des Machterhalts in politische Entscheidungen umzusetzen. Ebenso beobachtet das Wirtschaftssystem solche Entwicklungen, um seinerseits diese Information in systemeigene Prozesse der ökonomischen Alloka-

tion von Ressourcen und Präferenzen umzumünzen. Etwas anschaulicher formuliert heißt dies, daß Politiker Kernkraftgegner nur als potentielle Gegenkraft gegen Stimmengewinn und Entscheidungsdurchsetzung und Unternehmer Umweltschützer nur als potentielle Störfaktoren bei der Gewinnmaximierung betrachten können, die sie als externe Tatsachen bei der eigenen Bestimmung des Handelns nach den eigenen Kriterien in Rechnung stellen müssen. Sie können als Politiker und Unternehmer nicht mit Kernkraftgegnern und Umweltschützern im Sinne der gegenseitigen Verständigung kommunizieren. Sie können diese nur beobachten und auf diese Beobachtungen reagieren, was die Kernkraftgegner und Umweltschützer selbst zu eigenen Beobachtungen und Reaktionen veranlaßt. Ihr Verhalten zueinander überschreitet nicht die strategische Ebene und erreicht niemals die Ebene der Verständigung suchenden Kommunikation.
Diese Beschreibung trifft allerdings längst nicht mehr die Realität. Sobald Politiker und Unternehmer in öffentliche Diskurse über Kernkraft und Umweltschutz hineingezogen werden, können sie sich nicht mehr ohne weiteres auf den Standpunkt eines strategisch handelnden Beobachters zurückziehen. Dasselbe gilt indessen auch für beteiligte Wissenschaftler, Kernkraftgegner und Umweltschützer. Die Politiker und Unternehmer können sich begründeten Argumenten zu Kernkraft und Umweltschutz nicht entziehen, ohne ihre Reputation zu verlieren. Die Wissenschaftler, Kernkraftgegner und Umweltschützer werden in demselben Diskurs gezwungen, eine Reihe weiterer Kriterien zu berücksichtigen, die ihre Position relativieren und zum Kompromiß auffordern. Auch sie können sich ohne Reputationsverlust nicht über solche im Diskurs zutage geförderten Erkenntnisse hinwegsetzen. Natürlich können alle Akteure die Ergebnisse des Diskurses wieder auf ihre systemeigenen Kriterien der Machterhaltung, der Gewinnmaximierung, der moralischen Gültigkeit und der wissenschaftlichen Wahrheit rückbeziehen. Der Schwerpunkt des gesellschaftlichen Geschehens – der politischen Entscheidung, der solidarischen Vereinigung, des wirtschaftlichen Handelns, des moralischen Urteils, der Sinnstiftung, der ästhetischen Darstellung und der wissenschaftlichen Forschung – hat sich jedoch aus den reinen Systemlogiken in die Zonen der Interpenetration verschiedener Systemlogiken verlagert. Der größte Teil des politischen, wirtschaftlichen, solidarischen, moralischen, wissenschaft-

lichen Geschehens findet in den systemübergreifenden Prozessen der Kommunikation, Vernetzung, Aushandlung und Kompromißbildung statt. Unter diesen Bedingungen hat kein Subsystem weiterhin die Autonomie, nach eigenen Kriterien zu bestimmen, was innerhalb seiner Grenzen geschieht. Die Akteure werden aus den Systemen herausgelockt, um sie als umstrukturierte Kommunikationsträger wieder hineinzulassen. Anders ausgedrückt: Was politisch, ökonomisch, moralisch oder wissenschaftlich geschieht, wird zu einem weit größeren Teil in intersystemischen Diskursen, Vernetzungen, Aushandlungen und Kompromissen programmiert als in den jeweils systemeigenen politischen, ökonomischen, moralischen und wissenschaftlichen Prozessen.

Nach Luhmanns (1984, 1985, 1988) Theorie der Systemdifferenzierung bestimmen allein die systemeigenen Kriterien der Machterhaltung, Gewinnmaximierung, moralischen Urteilsbildung und wissenschaftlichen Wahrheitsfindung, was in welcher Form Eingang in das System findet. Dies trifft jedoch längst nicht mehr die Realität. Die intersystemischen Prozesse programmieren zu einem ganz erheblichen Teil die Methoden der Machterhaltung, der Gewinnmaximierung, der moralischen Urteilsbildung und der wissenschaftlichen Wahrheitsfindung. Wenn in intersystemischen Verfahren der Projektbewilligung bestimmten Forschungsmethoden ein Vorrang vor anderen gegeben wird, dann ergibt sich daraus auch eine Spezifikation der Wahrheit, die gefunden werden kann. Wenn in ebensolchen Verfahren das Spektrum moralischer Gesichtspunkte festgelegt wird, dann spezifiziert dies auch die Qualität moralischer Urteile. Wenn dabei moralische Richtlinien für die Politik erstellt werden, dann setzt dies Bedingungen für Machterhalt. Wenn hier moralische Standards für die Wirtschaft definiert werden, dann werden dadurch die Methoden der Gewinnmaximierung bestimmt. Die systemeigenen Logiken müssen sich dann auf so abstrakte Kriterien zurückziehen, daß ihnen Handlungen nur noch zu einem winzigen Bruchteil zugeschrieben werden können. Der weitaus größere Teil der Handlungen wird dann durch eine Vielzahl unterschiedlicher, ineinander geschobener Systemlogiken geformt.

Die Gesellschaft bewegt sich immer mehr in die aufgezeigte Richtung. Die Theorie der funktionalen Systemdifferenzierung erweist sich deshalb in zunehmendem Maße als realitätsfremd. Genaugenommen ist sie der theoretische Ausdruck einer zu Ende gehenden Phase der gesellschaftlichen Entwicklung, wiewohl sie auch für diese Phase das schon vorhandene Niveau der Interpenetration und Vernetzung verkennt und eigentlich den spezifisch deutschen Weg in die Moderne zu einem allgemeinen Entwicklungsmodell verabsolutiert. Der angelsächsische Weg, insbesondere der amerikanische, kennt schon von Anfang an ein viel höheres Niveau der Interpenetration und Vernetzung gesellschaftlicher Subsysteme. In dieser Perspektive erscheint uns Luhmanns Theorie der funktionalen Systemdifferenzierung als altdeutsches Theoriegut, über das die tatsächliche Entwicklung der Gesellschaft inzwischen hinweggegangen ist. Die Theorie leugnet zwar, daß es noch ein gesellschaftliches Zentrum gäbe, und liegt damit auch richtig; sie ist jedoch so gestrickt, daß sie das politisch-administrative System zum heimlichen Zentrum macht. Dort werden nämlich die kollektiv verbindlichen Entscheidungen getroffen. Die anderen Systeme können da nur zusehen und bleiben auf das letztlich Unverbindliche, weil nicht wirklich Durchgesetzte beschränkt. Auch dieser heimliche Staatszentrismus einer aus der Sicht des Verwaltungsjuristen konstruierten Gesellschaftstheorie ist von den Realitäten überholt worden. Die Entscheidungen fallen in den intersystemischen Interpenetrationszonen, nicht im politisch-administrativen System. Dies ist die wirkliche Struktur einer Gesellschaft ohne Zentrum.

Um den aktuellen Entwicklungstrends der Gesellschaft gerecht zu werden, brauchen wir eine Gesellschaftstheorie, welche die Interpenetration gesellschaftlicher Subsysteme und die intersystemische Kommunikation, Vernetzung, Aushandlung und Kompromißbildung in den Mittelpunkt stellt. Eine solche Theorie zeigt, daß die Entwicklung der Moderne und ihre großen Entwicklungsschübe immer schon auf solchen Prozessen beruhten und nicht allein auf der funktionalen Systemdifferenzierung. Sie macht auch deutlich, daß nur weitere Entwicklungen in dieser Richtung das Potential der Verarbeitung immer komplexerer Probleme steigern können. Nur auf diesem Wege des systematischen Ausbaus eines Netzwerkes von interpenetrierenden Subsystemen erreicht die Gesellschaft höhere Niveaus der Abarbeitung derjenigen Paradoxien, die der Moderne schon bei ihrer Geburt in die Wiege gelegt worden waren. Interpenetration von Subsystemen, intersystemische Kommunikation, Vernetzung, Aushandlung und Kompromißbildung sind diejenigen Strategien, mit denen es allein gelingen kann, das linear-kausale Denken und das interventionistische Handeln in einem ganzheitlichen Netzwerk aufzuheben. Dies ist der Weg der zukünftigen Moderne, die vieles in sich aufnehmen wird, was heute vorschnell als postmodern bezeichnet wird. Bei näherem Hinsehen ist es jedoch erst der richtige Aufbruch in die Moderne, der uns nun bevorsteht. Subtilere Formen der individuellen Selbstverwirklichung werden sich mit subtileren Formen der pluralistischen Vereinigung, der demokratischen Entscheidungsfindung, der ökonomischen Ressourcenallokation, des kulturellen Diskurses und der ästhetischen Stilbildung verbinden. Die alten Strukturen werden immer komplexeren und flexibleren Formen des gesellschaftlichen Lebens weichen.

Ganz besonders wird sich die Persönlichkeit der Menschen ändern und ändern müssen, die in dieser vielschichtigen Welt leben werden. Die herkömmliche Heranbildung von Berufsspezialisten wird sich erheblich in die Richtung einer neuen Vielseitigkeit entwickeln müssen. Das bedeutet vor allem die Überschreitung etablierter Disziplingrenzen in der Hochschulbildung, die ohnehin immer mehr Menschen erfassen wird. Immer mehr Menschen werden eine immer längere, bis in die Hochschulen hineinreichende Bildung erfahren. Und diese Bildung wird immer häufiger herkömmliche Disziplingrenzen überschreiten. Wir sind heute dabei, Disziplinen in neuen integrierten Studiengängen zusammenzubringen, die sich lange Zeit wie Feuer und Wasser verhalten haben. Geistes-, Sozial-, Wirtschafts- und Naturwissenschaften arbeiten immer häufiger in gemeinsamen Forschungsprojekten und Ausbildungsgängen zusammen. Dadurch bauen sie genau diejenige interdisziplinäre Vernetzung auf, die uns auf ein neues Niveau des holistischen Denkens führt und jenen ganzheitlichen Persönlichkeitstypus hervorbringt, der einmal von Marx von der kommunistischen Gesellschaft erhofft wurde und heute von den Managern der Wirtschaftsunternehmen gefordert wird. Zusammen mit der rapide wachsenden internationalen Verflechtung und Globalisierung unseres Lebens wird aus den aufgezeigten Entwicklungen ein Menschentyp hervorgehen, der überall auf der Welt zu Hause ist, für den sich der Flug von Frankfurt nach New York kaum noch von der Fahrt von Bad Soden nach Frankfurt unterscheidet. Der neue Mensch ist Individualist und Moralist, Lokaler und Kosmopolit, Ästhet und Ökonom, Grübler und Ma-

cher zugleich. Er lebt in einer Welt, in der sich Ökonomie, Politik, Kultur und gesellschaftliche Vereinigungen in einer eigentümlichen Weise wechselseitig durchdringen und vernetzen, Gesellschaft und Natur zu einem ökologischen Gleichgewicht streben, jedoch ohne es je zu erreichen.
Die herkömmlichen Verbände machen einem vielschichtigen Gemenge pluralistischer und voluntaristischer Vereinigungen Platz. Es ist kein Zufall, daß sie – allen voran die katholische Kirche und die Gewerkschaften – zu den zähesten Verfechtern einer untergehenden Epoche geworden sind und sich krampfhaft gegen ihre Auflösung wehren. Sie marschieren gegen Geburtenregelung, Abtreibung, Sonntagsarbeit, Abschaffung der gesetzlich geregelten Ladenschlußzeiten oder Flexibilisierung der Arbeitszeit und tun dies in einer vormundschaftlichen Wahrnehmung der Rechte ihrer Mitglieder. Diese nehmen jedoch mehr und mehr ihre Rechte selbst in die Hand und graben den altertümlichen Verbänden das Wasser ab.
Die Zukunft gehört einem offeneren System, in dem ein ästhetischer Ökoliberalismus zu einem neuen Deutungsmuster des gesellschaftlichen Lebens aufsteigt. Ein hervorstechendes Merkmal dieser Öffnung der Gesellschaft ist die »neue Unübersichtlichkeit« (Habermas, 1987), das Zusammenbrechen herkömmlicher Kategorien, Schablonen, Ideologien und Verhaltensweisen, die auf die säuberliche Differenzierung von Standpunkten ausgelegt waren. Die Differenzierungen in links und rechts, Lohnarbeiter und Kapitalist, Sozialismus und Liberalismus, progressiv und konservativ, Plan und Markt, öffentlich und privat, Kultur und Zivilisation, Geist und Natur, Kunst und Unterhaltung, Kultur und Konsum, hohe Kultur und Massenkultur, Kultur und Markt, Moral und Markt, Individualismus und Solidarität, Ökonomie und Ökologie und andere mehr greifen nicht mehr und werden von einem vielschichtigen Durcheinander verschiedenster Standpunkte und einer Vielfalt verschiedenster Kombinationen verdrängt. Alte Reserviertheiten verlieren sich. Künstler, Moralisten und Wissenschaftler drängen im Zeitalter der Mediengesellschaft und der Verkabelung auf einen immer breiter gefächerten und schärfer umkämpften Kulturmarkt. Unternehmer und Politiker sehen sich immer mehr als Teilnehmer eines immer umfassenderen, öffentlichen Diskurses.
Diese Entwicklung hat zu einer erheblichen Rehabilitierung des

Marktes als des wichtigsten Mechanismus der Allokation von Ressourcen und Präferenzen auch im Bereich der Kultur geführt, dies aber zusammen mit einer gleichzeitigen Expansion öffentlicher Diskurse, vielfältiger Vereinigungen und politischer Entscheidungsverfahren. Es ist heute möglich, zugleich für eine Abschaffung gesetzlich festgeschriebener Ladenschlußzeiten wie auch für die kommunale Unterstützung von Alternativtheatern und Künstlerateliers einzutreten, für eine Flexibilisierung der Arbeitszeit, aber für scharfe Arbeits- und Umweltschutzbestimmungen, für Kultursponsoring und Kulturmanagement, aber auch für eine einheitliche Sekundarschule, für ökonomischen Wettbewerb, aber auch für mehr Chancengleichheit und Sorge um diejenigen, die es nicht schaffen. Die alten Ideologien sind tot. Die Zukunft wird viel komplexere Kombinationen von Standpunkten und einen viel rascheren Wandel von Auffassungen hervorbringen. Indizien dafür sind die stetige Zunahme von Wechselwählern, der Mitgliederschwund bei den alten Verbänden und die freiere Kombination von Mitgliedschaften in unterschiedlichen Vereinigungen.

Die Revolution in Osteuropa hat das Ihrige zu der beschriebenen Öffnung der Gesellschaften beigetragen. Gorbatschows (1987) Politik der Glasnost und Perestrojka hat zu einer enormen Rehabilitierung der Legitimität von Grundeinrichtungen der westlichen Gesellschaften und ihrer spezifischen Kombination beigetragen. Die Verbindung von Markt, Demokratie, öffentlichem Diskurs und pluralistischer Vereinigung gilt heute letztlich auch für die Länder Osteuropas als ein Ziel, auf das sie, wenn auch auf ihre Weise, hinarbeiten wollen. Ähnliches gilt trotz der aktuellen Niederschlagung der studentischen Bewegung für mehr Demokratie langfristig auch für die Entwicklung in China. Der Marxismus ist tot. Ökoliberalismus auf der Basis der westlichen Einrichtungen von Märkten, Diskursen, Demokratie und pluralistischen Vereinigungen ist das Programm der zukunftsorientierten Bewegungen.

Die Öffnung Osteuropas wird die Tendenzen der Globalisierung mit ihrer Steigerung der Interdependenzen noch weiter vorantreiben. Derselbe Effekt wird auch von der Etablierung des gemeinsamen Binnenmarktes durch die Europäische Gemeinschaft ausgehen. Internationale Verflechtung und Globalisierung, Interpenetration, globale Kommunikation, Vernetzung, Aushandlung und Kompromißbildung werden bisher nicht erahnte Ausmaße erreichen. Aufgrund ihrer Fähigkeit, alle Winkel der Erde zugleich zu erreichen, wird Kommunikation die Führung in diesem Prozeß übernehmen. Mit ihr werden die Kommunikatoren und die Medien der weltweiten Massenkommunikation eine immer größere Bedeutung erlangen.

Die Expansion der Systeme

Was ist der treibende Mechanismus, der die Gesellschaft zu einer immer umfassenderen und feinmaschigeren Interpenetration ihrer Subsysteme zwingt? Es ist derselbe Interventionismus, den wir schon als Wurzel der paradoxen Entwicklung der Moderne erkannt haben. Der Widerspruch zwischen unseren Ideen und der Wirklichkeit treibt uns, das individuelle und gesellschaftliche Handeln immer weiter zu vervollkommen. Dieser innere Antrieb zur ständigen Steigerung der Leistungen erfaßt jede Art des Handelns und jedes daraus gebildete gesellschaftliche Subsystem. Es gibt in unserer Kultur keine eingebaute Bremse für die Mobilisierung und Allokation von Ressourcen über Märkte und wirtschaftliches Handeln, keine Bremse für das Verlangen nach Rechtfertigung und Begründung im Lichte universeller Ideen über Diskurse und kommunikatives Handeln, keine Bremse für Vereinigung, um maximale Unterstützung zu gewinnen, keine Bremse für die Bearbeitung und Lösung von kollektiven Problemen in kollektiven Entscheidungen. Es gibt keine Bremsen für den immer weiterreichenden Ausbau von Intervention in die Welt zur Bewältigung von Problemen, das immer weitere Vorantreiben von Rationalität, Individualität und Universalismus.

Märkte, Diskurse, Vereinigungen und Entscheidungsverfahren haben alle eine Tendenz zur Steigerung ihrer Leistungen eingebaut, einen Stachel, der sie zwingt, zu expandieren und sich Elemente der anderen Systeme einzuverleiben. Märkte expandieren, um natürliche, kulturelle, gemeinschaftliche und politische Ressourcen zu mobilisieren. Dadurch dringen Märkte und wirtschaftliches Handeln in die Produktion von Kultur, Vereinigungen und kollektiven Entscheidungen ein. Umgekehrt verleiben sich Märkte und wirtschaftliches Handeln Elemente von Diskursen, Vereinigungen und Entscheidungsverfahren ein, um ihre Leistungen durch Begründungen, Unterstützung und kollektive Entscheidungen zu steigern.

Das politische Handeln in kollektiven Entscheidungsverfahren dringt immer tiefer in Diskurse, Vereinigungen und Märkte ein, um seine Reichweite zu erweitern. Umgekehrt verleibt es sich Diskurse, Vereinigungen und Märkte ein, um besser begründet, gestützt und finanziert zu sein.

Diskurse dringen immer tiefer in kollektive Entscheidungsverfahren, Vereinigungen und Märkte ein, um die Gültigkeit ihrer Resultate zu erweitern und gesellschaftliches Handeln umfangreicher ihren Standards zu unterstellen. Umgekehrt verleiben sie sich immer mehr Märkte, kollektive Entscheidungsverfahren und Vereinigungen ein, um ihre Leistungen durch Ressourcen, kollektive Entscheidungen und Unterstützung zu steigern.

Vereinigungen dringen immer tiefer in Märkte, Diskurse und kollektive Entscheidungsverfahren ein, um sich eine breitere Unterstützung zu sichern. Umgekehrt verleiben sie sich immer mehr Märkte, Diskurse und kollektive Entscheidungsverfahren ein, um die Qualität der Unterstützung für ihre Mitglieder zu steigern.

Diese Steigerung der Leistungen gesellschaftlicher Subsysteme durch Expansion in die anderen Systeme hinein und durch Einverleibung von Elementen der anderen Systeme ist ein sich unaufhörlich selbst vorantreibender Prozeß, der durch die Paradoxie von Problemlösung und Problemerzeugung unablässig angestachelt wird. Märkte steigern auf diesem Wege ihre Fähigkeit zur Ressorcenallokation. Sie können immer mehr Ressourcen für immer zahlreichere Präferenzen mobilisieren. Kollektive Entscheidungsverfahren steigern ihre Fähigkeit, immer mehr und weiter reichende Entscheidungen zu immer mehr und weiter reichenden Problemen kollektiv verbindlich zu treffen. Diskurse steigern ihre Fähigkeit zur Produktion gültigen Wissens. Es findet eine Generalisierung und eine Steigerung der Reichweite des kognitiven, moralischen, ästhetischen und sinnkonstitutiven Wissens statt und eine immer feinere Kontrolle des gesellschaftlichen Handelns durch dieses Wissen. Vereinigungen steigern ihre Fähigkeit zur Inklusion immer breiterer Schichten der Bevölkerung und der Vermittlung von Unterstützung auf immer breiterer Basis.

Mit der Expansion der Märkte, Diskurse, Entscheidungsverfahren und Vereinigungen werden auch schnell die Grenzen einzelner Gesellschaften überschritten. Der Prozeß erfaßt ein ganzes System zusammenhängender Gesellschaften und schließlich die ganze Welt. Auch in dieser Richtung der Expansion gibt es kein Halten. Es ist deshalb eine zwangsläufige Konsequenz dieser Entwicklung, daß die moderne westliche Kultur die Herrschaft über die ganze Welt angetreten hat. Dies ist ein Vorgang, der weit über die uns geläufige ökonomische Expansion des Westens hinausgeht. Er erfaßt ebenso die politische, kulturelle und gemeinschaftliche Expansion. Heute haben wir ein Niveau dieser Entwicklung erreicht, das man als wachsende Globalisierung des menschlichen Handelns bezeichnen kann. Unser Handeln hat immer mehr weltumspannende Konsequenzen, und immer weiter entfernte Vorgänge bestimmen unser eigenes Handeln. Mit dieser Globalisierung geht eine Steigerung der Interdependenzen des Handelns einher. Die Konsequenzen und Rückwirkungen eines Handlungsaktes werden immer vielfältiger. Die gesteigerten Interdependenzen des menschlichen Handelns vermehren die paradoxen Effekte unseres Eingreifens in die Welt. Vermehrung der Paradoxien wirkt ihrerseits als noch schärferer Stachel für die Steigerung unserer Problemlösungsfähigkeiten. Diese Paradoxie des Interventionismus wird uns zusammen mit den Paradoxien des Rationalismus, Individualismus und Universalismus in Atem halten, solange es unsere moderne Kultur gibt.

Obwohl einige Kritiker schon das Ende der Moderne angesagt und andere die Postmoderne eingeläutet haben, steht die Moderne eigentlich erst am Anfang ihres vollen Durchbruchs, nachdem sie nun immer mehr die Relikte der traditionalen Gesellschaft abgestreift hat. Die feste Einbindung in Klassenstrukturen, Verbände und Systeme macht jener Offenheit und Vielschichtigkeit Platz, die in den Theorien der Moderne von Weber, Durkheim und ganz besonders Simmel schon längst angekündigt worden waren und die uns mitgegebenen Paradoxien auch erst voll zum Ausbrechen bringen. Diese werden wir nicht auflösen können, wir werden nur lernen können, subtilere Formen ihrer Produktion und Bearbeitung zu entwickeln.

Die Moderne ist noch bis in die beißendste Kritik des Fortschritts hinein zum Fortschritt verdammt. Die moderne Kritik am Fortschritt will nichts anderes als Fortschritt, nur eben einen anderen Fortschritt als den bisherigen. Der jetzt angestrebte ökologische Umbau der Gesellschaft setzt gerade neue ehrgeizige Ziele für den gesellschaftlichen Fortschritt. Was bislang übersehen wurde, soll jetzt in das Zentrum der Arbeit am Fortschritt gerückt werden. Damit wächst der Bedarf an wirtschaftlichen Gütern und Dienstleistungen, an politischen Entscheidungen, an weitverzweigter Kooperation und Solidarität und an kultureller Aufklärung und Legitimation unablässig und von allen Seiten, von wirtschaftlicher, politischer, gemeinschaftlicher und kultureller Seite. Durch diesen ständig steigenden Bedarf wird die Expansion von Wirtschaft, Politik, gesellschaftlichen Vereinigungen und kulturellen Diskursen immer wieder neu angetrieben. Dieser äußere Antrieb trifft mit dem inneren Antrieb der Expansion zusammen. Die wirtschaftliche Expansion wird von innen durch Gewinnerwartungen und Konkurrenzdruck angetrieben, die politische Expansion durch Machtstreben und Machtkampf, die Expansion von Vereinigungen durch Sicherheitsstreben und den Wettbewerb um Kooperation, Solidarität und Loyalität, die kulturelle Expansion durch Sinnsuche, Ordnungssuche, Expressionsbedürfnis, Wissensdurst, Legitimationsbedarf und Kritik.

Dieser von außen und innen kommende Antrieb zur ökonomischen, politischen, gemeinschaftlichen und kulturellen Expansion steigert auch ständig den Bedarf an Geld, politischer Macht, Reputation und Sprache, um wirtschaftliche Güter und Dienstleistungen, politische Entscheidungen, Kooperation und kulturelle Symbolisierungen hervorzubringen. So wird auch die Menge der im Umlauf befindlichen Kommunikationsmedien ständig vergrößert. Immer mehr Geld, politische Macht, Reputation und Sprache werden in Umlauf gebracht. Inflationäre Tendenzen mit ihrer oft fatalen Folge des Zusammenbruchs der gesellschaftlichen Ordnung können da nicht ausbleiben.

Produzenten und Konsumenten suchen nicht nur Geld, um Güter und Dienste zu kaufen, sondern auch politische Macht, um wirtschafts- und technologiepolitische Entscheidungen durchzusetzen, Reputation, um wirtschaftliche Kooperation zu sichern, und Sprache, um Investitionen zu begründen oder zu kritisieren. Regierungen, Parteien, Verbände und politische Aktionsgruppen suchen nicht nur politische Macht, um politische Entscheidungen durchzusetzen, sondern auch Geld, um sie zu finanzieren, Reputation, um politische Kooperation zu erreichen, und Sprache, um Entscheidungen zu rechtfertigen oder zu kritisieren. Gesellschaftliche Vereinigungen, Verbände, Vereine und andere Gruppen sichern nicht nur Reputation, um Kooperation, Solidarität und Loyalität zu sichern, sondern auch Geld, um ihre Maßnahmen zu finanzieren, politische Macht, um gesellschaftspolitische Programme durchzusetzen, und Sprache, um ihren Status in der Gesellschaft und ihre Maßnahmen zu rechtfertigen sowie andere zu kritisieren. Intellektuelle, Wissenschaftler und Experten suchen nicht nur Sprache, um kulturelle Erzeugnisse – Sinnstiftungen, Normen, Kunst und wissenschaftliche Erkenntnisse – zu begründen und zu kritisieren, sondern auch Geld, um ihr Vorantreiben zu finanzieren, politische Macht, um sie in der Gesellschaft durchzusetzen, und Reputation, um Unterstützung dafür zu bekommen.

Auch die Produktion der Kommunikationsmedien entspricht diesem Bild der Verschränkung von gesellschaftlichen Subsystemen. Geld wird nicht nur durch Geldinvestition und entsprechende Gewinne sowie durch wirtschaftliche Leistungen vermehrt, sondern auch durch den Einsatz von politischer Macht via Steuergesetze, von Reputation via Wohlfahrtszahlungen und von Sprache via Kulturstiftung. Politische Macht wird nicht nur durch die Investition von politischer Macht in Gesetzgebungsverfahren und durch politische Entscheidungen gesteigert, sondern auch durch Geld via Geldinvestitionen in den Aufbau politischer Organisationen, durch Reputation via Eintritt in politische Ämter und durch Sprache via Rechtfertigung von Machtpositionen. Reputation wird nicht nur durch die Investition von Reputation in Kooperationsprojekten und durch Solidaritätsakte vermehrt, sondern auch durch Geld via solidaritätsbildende Zahlungen, durch politische Macht via solidaritätsbildende Entscheidungen und durch Sprache via Legitimation von Status und Gruppenhandeln. Sprache wird nicht nur durch Investition von Sprache in kulturelle Projekte und durch konkrete Sinnstiftungen, Normen, Expressionen und Kognitionen vermehrt, sondern auch durch Geld via Investition in Öffentlichkeitsarbeit, politische Macht via Ämter für Öffentlichkeitsarbeit und Reputation via Mobilisierung von Fürsprechern für die eigene Sache.

Geld, politische Macht, Reputation und Sprache bleiben in ihrem Umlauf immer weniger auf ihr Ausgangssystem beschränkt und dringen immer tiefer in die anderen Systeme hinein. Dieser Prozeß erfaßt alle Medien und Systeme und nicht nur die einseitige Kolonialisierung der Lebenswelt gesellschaftlicher Gruppen durch Macht und Geld (Habermas, 1981: 489-547). Geld dringt in Politik, Gruppenleben und Kultur ein, politische Macht in Ökonomie, Gruppenleben und Kultur, Reputation in Ökonomie, Politik und Kultur, Sprache in Ökonomie, Gruppenleben und Politik. Die Konsequenz dieser Entwicklung ist keine eindeutige Herrschaft der »Systeme« der Wirtschaft und Politik über die Lebenswelt und die Kultur, sondern eine vielschichtige Gemengelage mit vielfältigen Konflikten, aber auch Chancen der Stabilisierung eines komplexeren Gefüges gesellschaftlicher Subsysteme auf einem neuen Niveau der gesellschaftlichen Entwicklung.

Die immer weiter gesteigerte Vermehrung von Geld, politischer Macht, Reputation und Sprache und ihre Verschränkung ist zunächst eine wesentliche Voraussetzung der weiteren Expansion der gesellschaftlichen Subsysteme und damit der gleichzeitigen Steigerung ihrer gegensätzlichen Leistungen für die Gesellschaft: wirtschaftliches Wachstum, politische Zielverwirklichung, weitverzweigte Kooperation und Solidarität und kulturelle Identitätsbildung. Wirtschaftliches, politisches, solidarisches und kulturelles Handeln wird auf einem höchst komplexen Niveau durch generalisierte Kommunikationsmedien koordiniert, die untereinander in einer höchst sensiblen Beziehung der inneren und äußeren Produktion stehen. Mit der Entwicklung von derart sensiblen Instrumenten der Koordination von wirtschaftlichem, politischem, solidarischem und kulturellem Handeln ist es der modernen Gesellschaft gelungen, Gegensätze auf einem höchst komplexen Niveau miteinander zu vereinigen. Ein so komplexes Gefüge mit einem so sensiblen Instrumentarium der Koordination gesellschaftlichen Handelns ist natürlich auch viel störungsanfälliger als einfachere Gesellschaftssysteme. Krisen und Zusammenbrüche sind an der Tagesordnung. Sie äußern sich in Inflationen von Geld, politischer Macht, Reputation und Sprache, in Rezessionen, Depressionen und Zusammenbrüchen des wirtschaftlichen, politischen, solidarischen und kommunikativen Handelns. Eine Stabilisierung der Gesellschaft auf diesem Entwicklungsniveau ist nur möglich durch den gezielten Aufbau von Institutionen, deren Aufgabe in der Organisation des Transfers der Leistungen der gesellschaftlichen Subsysteme liegt und in denen sich die Ströme von Geld, politischer Macht, Reputation und Sprache kreuzen: Vermittlungsorgane. Nur so können die Ströme von Geld, politischer Macht, Reputation und Sprache in geregelter Weise miteinander koordiniert und inflationäre Tendenzen unter Kontrolle gehalten werden. Der Austausch, die Vernetzung, die Kommunikation und die Interpenetration der gesellschaftlichen Subsysteme können dann auf einem höheren Niveau der Entwicklung stabilisiert werden.

Die mobilisierte Gesellschaft

Die Expansion der gesellschaftlichen Subsysteme bestimmt die Hauptlinie des sozialen Wandels in den modernen Gesellschaften. Dieser Wandel vollzieht sich per se nicht reibungslos, da die ungebremste Expansion der Subsysteme zwangsläufig Gegensätze aufeinanderprallen läßt, gegensätzliche Codes, Strukturen, Prozesse, Handlungsorientierungen und Funktionen des gesellschaftlichen Handelns (Münch, 1982, 1984, 1986a, 1986b):
Ökonomie: Individualismus, Märkte, Tausch, Geld, Nutzenmaximierung und die ökonomische Allokation von Ressourcen und Präferenzen nach Leistung.
Politik: Instrumenteller Aktivismus (Interventionismus), Herrschaft, Konflikt, politische Macht, Zielverwirklichung und kollektive Entscheidung nach Mehrheit.
Gemeinschaft: Universalismus, Vereinigungen, Kooperation, Reputation, Konformität zu Normen und Solidarität nach Bedürftigkeit.
Kultur: Rationalismus, Diskurs, Kommunikation, Sprache, Konsistenz zu Ideen und Wahrheit nach kritischer Prüfung.
Je mehr diese gesellschaftlichen Subsysteme expandieren, um so mehr müssen sie auf einem begrenzten Terrain des gesellschaftlichen Handelns aufeinanderprallen. Sie können dann nur weiter expandieren, indem sie sich ineinander hineinschieben und gegenseitig überlagern. Der Gegensatz der Systemlogiken auf demselben Terrain des gesellschaftlichen Handelns sorgt dann regelmäßig für Verwirrung, Irritation und Konflikt. Die Interferenzen der gesellschaftlichen Subsysteme äußern sich im Konflikt zwischen Menschen, die als Träger bestimmter Rollen auch bestimmten Systemen, Codes und Handlungsorientierungen verpflichtet sind.
Die Expansion der gesellschaftlichen Subsysteme bringt immer

wieder tiefgreifende soziale Umbrüche mit sich, die dadurch zustande kommen, daß gesellschaftliches Handeln, das bislang von Code, Struktur, Prozessen, Handlungsorientierungen und Funktionen eines Subsystems geleitet war, immer mehr auch von den Codes, Strukturen, Prozessen, Handlungsorientierungen und Funktionen anderer Subsysteme überlagert und mitbestimmt wird. So entsteht immer mehr ein vielschichtigeres Gemenge von sich gegenseitig durchdringenden Subsystemen, mit breiten Interpenetrationszonen, auf denen sich die Konflikte um die weitere gesellschaftliche Entwicklung abspielen.

Die Expansion der gesellschaftlichen Subsysteme bedeutet eine ungeheure Mobilisierung der Gesellschaft, die in einen immer rascher sich vollziehenden konfliktreichen Wandel hineingezogen wird. Wir erleben dabei eine immer weiter greifende ökonomische, politische, soziale und kulturelle Mobilisierung der Gesellschaft, die ihren Antrieb aus dem grenzenlosen Bedarf, grenzenlosen Streben und ihrem paradoxen Verlauf schöpft.

Die ökonomische Mobilisierung der Gesellschaft

Die ökonomische Mobilisierung der Gesellschaft produziert einen immer größeren gesellschaftlichen Wohlstand, zugleich aber auch immer neue Knappheit, und zwar durch den Verbrauch von Ressourcen und die grenzenlose Artikulation von Präferenzen.

Das Eindringen der ökonomischen Mobilisierung der Gesellschaft in die anderen gesellschaftlichen Subsysteme führt zu tiefgreifenden Umwälzungen:

Die ökonomische Mobilisierung der Politik zerbricht die Souveränität der politischen Instanzen und errichtet eine Herrschaft der ökonomische Sachzwänge und eine Herrschaft der Finanzen über die politische Programmatik. Der Konflikt spielt sich hier zwischen politischen Programmatikern und ökonomischen Pragmatikern, Löwen und Füchsen, ab.

Die ökonomische Mobilisierung des Gemeinschaftslebens zerstört traditionelle Solidargemeinschaften und ersetzt sie durch einen Markt der interessengeleiteten, beliebig wählbaren und abwählbaren Vereinigung. Der Konflikt wird hier zwischen den Wahrern traditionaler Solidaritäten und den ökonomischen Aufsteigern ausgetragen.

Die ökonomische Mobilisierung der Kultur löst die herkömmlichen Formen der gelehrten und ungestörten Suche nach der Wahrheit auf und überlagert sie durch die Kommerzialisierung der Kultur auf einem expandierenden Kulturmarkt, der Religion, Moral, Kunst und Wissenschaft den Prozessen einer funktionierenden Kulturindustrie unterwirft. Der Konflikt herrscht hier zwischen den Gralshütern der Wahrheit und den industriellen Kulturproduzenten und Kulturmanagern.

Die politische Mobilisierung der Gesellschaft

Die politische Mobilisierung der Gesellschaft erzeugt eine immer weiter reichende programmatische Umgestaltung der Gesellschaft nach politischen Zielsetzungen, zugleich aber auch immer neue Defizite der Gestaltbarkeit, weil Gestaltung immer neuen Gestaltungsbedarf weckt.

Die politische Mobilisierung der Ökonomie bricht das rein ökonomisch denkende Investitionsverhalten der Unternehmen auf und setzt an dessen Stelle eine durchgreifende Politisierung ökonomischer Investitionen in der modernen Technologiepolitik. Die Konfliktfronten verlaufen hier zwischen Industriemanagern auf der einen Seite und Regierungen, Parteien, Verbänden sowie politischen Aktionsgruppen auf der anderen Seite.

Die politische Mobilisierung des Gemeinschaftslebens löst die traditionellen Herrschaftsstrukturen innerhalb der Solidargemeinschaften und zwischen ihnen auf. An deren Stelle tritt der offene gesellschaftspolitische Konflikt um die Gestaltung der sozialen Beziehungen innerhalb der Gruppen und zwischen ihnen. Diese Politisierung des Gemeinschaftshandelns ruft den Konflikt zwischen den Hütern der traditionellen Ordnung und den politischen Umgestaltern des sozialen Lebens hervor.

Die politische Mobilisierung der Kultur beendet die innere Ruhe der herkömmlichen kulturellen Institutionen von Museen, Theatern und Akademien und setzt sie der zielgerichteten politischen Gestaltung durch Kulturpolitik aus. Dieser Wandel wird begleitet vom Konflikt zwischen den kulturellen Bewahrern des in sich ruhenden kulturellen Erbes und den politischen Programmatikern einer durchschlagenden politischen Gestaltung der kulturellen Entwicklung.

Die solidarische Mobilisierung der Gesellschaft

Die solidarische Mobilisierung der Gesellschaft bringt eine immer weiter verzweigte Kooperation und Inklusion gesellschaftlicher Gruppen in eine globale Weltgesellschaft hervor, zugleich aber immer wieder neue Ausgrenzungen, die denselben Inklusionsprozeß in Gang halten.

Die solidarische Mobilisierung der Ökonomie wirkt der ökonomischen Allokation von Ressourcen und Präferenzen allein nach Leistung entgegen und durchsetzt das ökonomische Handeln mit Elementen einer immer weiter greifenden Solidarität, die immer mehr Teile der Weltbevölkerung in die Teilhabe am Wohlstand einschließt. Diese Entwicklung geht einher mit dem Konflikt zwischen den leistungsorientierten Industriemanagern und den Solidarität verlangenden Sprechern benachteiligter Gruppen.

Die solidarische Mobilisierung der Politik zersetzt die traditionelle Mehrheitspolitik von Regierung und Parlamentsmehrheit durch ein vielfältiges Gewirr von Bürgerinitiativen und politischen Aktionsgruppen, die einen immer breiteren Raum im politischen Geschehen einnehmen. Diese Entwicklung ist vom Konflikt zwischen den traditionellen Verfechtern der Mehrheitspolitik und den politischen Aktivisten der Bürgerinitiativen und Aktionsgruppen geprägt.

Die solidarische Mobilisierung der Kultur bricht in die abgeschiedene Welt eines in sich ruhenden Bildungsbürgertums ein und macht die Kultur zu einer Sache der Massen. Die hohe Kultur einer gesellschaftlichen Elite wird so durch eine Massenkultur verdrängt, die immer breitere Schichten mit Bildung, Wissen, Informationen, Moral und Kunst versorgt. Der daraus hervorgehende Konflikt konfrontiert die Hüter der elitären Kultur mit den Protagonisten einer massenhaften Versorgung der Bevölkerung mit Kulturgütern.

Die kulturelle Mobilisierung
der Gesellschaft

Die kulturelle Mobilisierung der Gesellschaft führt zu einer immer umfassenderen und tiefgreifenderen Akkumulation von Sinnstiftung, Moral, Kunst und Wissenschaft, die allerdings stets neue Fragen aufwirft. Diese Fragen halten den kulturellen Akkumulationsprozeß in Gang.

Die kulturelle Mobilisierung der Ökonomie beendet die Zeiten kurzfristiger Nutzenmaximierung als Prinzip des ökonomischen Handelns und setzt dieses immer mehr unter den Druck sinnhafter, moralischer, ästhetischer und wissenschaftlicher Anforderungen. Das ökonomische Handeln soll von einer immer weiter in die Zukunft vorausdenkenden und -planenden Vernunft geleitet sein. Ökonomie soll ihren Sinn in einer umfassenden Ökologie beweisen, soll moralischen Standards genügen, soll ästhetische Kriterien erfüllen und sich stets auf der Höhe der neuesten wissenschaftlichen und technischen Entwicklungen befinden. Diese kommunikative Umstrukturierung der Ökonomie drängt den Markt an den Rand und räumt der ökonomischen Kommunikation einen immer breiteren Raum ein. Der daraus hervorgehende Konflikt wird zwischen den traditionellen Verfechtern der Nutzenkalkulation und den Umweltschützern, Moralisten, Künstlern, Zukunftsforschern und Wissenschaftlern ausgefochten, die sich immer mehr auf dem Felde der Ökonomie breitmachen.

Die kulturelle Mobilisierung der Politik verdrängt die traditionelle Mehrheitspolitik von Regierung und Parlamentsmehrheit und verlangt immer umfassender die diskursive und weit in die Zukunft vorausschauende Begründung politischer Maßnahmen im Lichte der kulturellen Werte. Der politische Diskurs greift immer mehr in das politische Geschehen ein und macht den Erfolg politischer Maßnahmen vom Verlauf der öffentlichen Debatte abhängig. Politik wird immer mehr in der öffentlichen Kommunikation in Versammlungen, Presse, Rundfunk und Fernsehen gemacht. Der hieraus entstehende Konflikt läßt die Verfechter der alten Kabinetts- und Mehrheitspolitik und die neuen Verfechter einer sinnstiftenden, moralisierenden, expressiven und wissenschaftlichen Politik aufeinanderprallen.

Die kulturelle Mobilisierung des Gemeinschaftslebens zersetzt die gewachsenen Strukturen traditioneller Sozialmilieus und unterwirft sie der vereinheitlichenden und zugleich individuelle Spielräume öffnenden Tendenz einer universellen Kultur. Die Alltagswelt gerät durch Begründungszwänge im Lichte einer universellen Sinnstiftung, Moral und Wissenschaft und durch die ästhetischen Eskapaden einer freien Entfaltung der Kunst durcheinander. Sie verliert ihre herkömmliche Wärme und Berechenbarkeit. Hier entwickelt sich ein Konflikt zwischen den Bewahrern der traditionellen Sozialmilieus und den modernen Aufklärern in Religion, Moral, Kunst und Wissenschaft.

Gleichgewichtige und ungleichgewichtige Mobilisierung der Gesellschaft

Die Entfesselung der gesellschaftlichen Subsysteme und die entsprechende ökonomische, politische, soziale und kulturelle Mobilisierung der modernen Gesellschaften der Gegenwart verlaufen mehr oder weniger gleichgewichtig oder ungleichgewichtig. Ohne gleichzeitige und gleichgewichtige Mobilisierung aller gesellschaftlichen Subsysteme verläuft die gesellschaftliche Entwicklung als einseitige Ökonomisierung, Politisierung, Solidarisierung oder Kulturalisierung (Versinnlichung, Moralisierung, Ästhetisierung oder Verwissenschaftlichung) der Gesellschaft. Die Ökonomisierung der Gesellschaft führt dann zur vollkommenen Kommerzialisierung der Kultur, zur Auflösung der letzten Reste gesellschaftlicher Solidarität in der utilitaristischen Interessenvereinigung und zur ungebrochenen Herrschaft der ökonomischen Sachzwänge. Die Politisierung der Gesellschaft führt zur totalen Herrschaft der Politik und des Machtspiels über Wirtschaft, Gemeinschaftshandeln und Kultur. Die Solidarisierung der Gesellschaft führt zum Auspressen der Ökonomie durch die gesellschaftlichen Ansprüche, zum Einschnüren jedes Leistungswettbewerbs und damit zu ökonomischer Stagnation und Depression, zur totalen Fesselung jeglicher politischer Gestaltungsmöglichkeit und zur Eindämmung der kulturellen Entwicklung. Die Kulturalisierung der Gesellschaft in Gestalt der religiösen Versinnlichung, Moralisierung, Ästhetisierung und Verwissenschaftlichung zerstört völlig die gewachsenen Lebenswelten von Gruppen und sozialen Milieus, paralysiert Politik durch Dauerreflexion und hebt ökonomisches Handeln in sinnstiftender, moralischer oder wissenschaftlicher Reflexion oder in ästhetischer Expression auf.

Wenn die modernen Gesellschaften der Gefahr einer Unterwerfung unter die einseitige Herrschaft der Ökonomisierung, Politisierung, Solidarisierung oder Kulturalisierung entgehen wollen, dann müssen sie Gegenkontrollen durch die gleichzeitige Mobilisierung in allen Dimensionen aufbauen. Diese gleichzeitige Mobilisierung von Ökonomie, Politik, solidarischer Vereinigung und kultureller Kommunikation, auf die wir uns in der Tat immer mehr zubewegen, birgt jedoch die Gefahr inflationärer Entwicklungen, unbewältigbarer Spannungen und unversöhnlicher Konflikte in sich. Diese Gefahr kann nur durch den Aufbau von Institutionen bewältigt werden, die auf die Vermittlung zwischen den gegensätzlichen Systemlogiken und auf die geregelte Abarbeitung der dabei auftretenden Konflikte spezialisiert sind.

Tendenziell hat die Modernisierung in den führenden Gesellschaften alle Dimensionen der gesellschaftlichen Mobilisierung erfaßt, jedoch mit unterschiedlichen Gewichtungsverhältnissen. Wenn man England, die Vereinigten Staaten von Amerika, Frankreich und Deutschland miteinander vergleicht, dann kann man die im folgenden skizzierten Gewichtungsverhältnisse feststellen. Weitergehende Interessen müssen an andere Stellen verwiesen werden (Münch, 1986a): In England hat die ökonomische Mobilisierung am frühesten eingesetzt, ist dort aber auch am wirksamsten durch die Stabilisierung gesellschaftlicher Solidarität unter Kontrolle gehalten worden bis hin zu einer weitreichenden Sozialisierung, die seit dem Ende des Zweiten Weltkrieges die ökonomische Dynamik immer mehr eingeschnürt hat. Mit Margret Thatcher kam die Revitalisierung der Ökonomie und zugleich die tendenzielle Aufhebung der gesellschaftlichen Solidarität durch eine weitreichende Ökonomisierung der sozialen Beziehungen. Die kulturelle und die politische Mobilisierung sind in England immer im Schatten der Verflechtung von Ökonomie und Solidarität gestanden. Die Vermittlung zwischen den Systemen und Gruppen geschah bis zu den einschneidenden Veränderungen Margret Thatchers weitgehend durch oft langwierige Kompromißbildung zwischen Verbänden, Industrie und Regierung. Margret Thatcher hat der Mehrheitspolitik von Regierung und Parlament mehr Geltung verschafft.

In den Vereinigten Staaten liegt die Führung im Modernisierungsprozeß in der umfassenden Ökonomisierung der Gesellschaft. Die solidarische Mobilisierung der gesellschaftlichen Gruppen wirkt auf die immer wieder neue Öffnung des Zugangs zum ökonomischen Wettbewerb durch Chancengleichheit hin, ohne jedoch die differenzierenden Effekte des Marktes aufzuheben. Die kulturelle und die politische Mobilisierung werden durch den kulturellen und politischen Wettbewerb vorangetrieben und bilden so eine gleichartige Gegenkontrolle zur ökonomischen Mobilisierung. Der dezentralisierte Aufbau der Gesellschaft und das System der checks and balances haben ein besonderes Gewicht auf die Vermittlung zwischen den Subsystemen und Gruppen durch geregelte Konfliktaustragung und Wettbewerb in zahllosen Regulierungskommissionen, Kommittees und Gerichtsverfahren gelegt.

In Frankreich ist die Modernisierung durch den Widerstreit zwischen der politischen und der kulturellen Mobilisierung geprägt, während die ökonomische und die solidarische Mobilisierung lange Zeit von der Herrschaft der Tradition in Grenzen gehalten wurden. So stehen sich der demokratische Zentralismus einschließlich des technokratischen Funktionalismus der Führungselite und der technologisch hochentwickelten Großindustrie, der intellektuelle Radikalismus, der Traditionalismus des Kleingewerbes und der Kleinindustrie und die Hierarchie der Klassen und Schichten als Säulen verschiedener Welten gegenüber, die nach außen nur in der Idee der Grande nation und nach innen nur durch die Vorherrschaft des politischen Zentralismus vereint sind. Die Vermittlung zwischen den Systemen und Gruppen geschieht durch die Institutionen des zentralisierten Herrschaftssystems. Es bleibt abzuwarten, ob die neue Politik der Dezentralisierung daran etwas ändern wird.

In Deutschland ist die Modernisierung verspätet durch die besondere Allianz zwischen dem Staat, der kulturellen Elite und der Großindustrie in Bewegung gesetzt worden, also unter der Führung einer staatlich gelenkten politischen Mobilisierung, in deren Schatten die kulturelle, ökonomische und solidarische Mobilisierung erfolgte. Universität und Wissenschaft, Großindustrie und Wohlfahrtsstaat sind weniger von selbständigen Bewegungen aufgebaut worden als durch die Leitung des Staates. Die Vermittlung zwischen den Systemen und Gruppen geschieht dementsprechend durch Herrschaft und ein systematisch aufgebautes Rechtssystem mit kodifiziertem Recht, viel weniger durch Konfliktaustragung und Wettbewerb. Die Entwicklung nach dem Zweiten Weltkrieg hat diese staatliche Leitung der Modernisierung jedoch aufgebrochen und einer weiterreichenden eigenständigen ökonomischen, kulturellen und solidarischen Mobilisierung Platz geschaffen, die viel mehr als bisher Konfliktaustragung, freie Vereinigung, Wettbewerb und Diskurs in den Mittelpunkt der Vermittlung zwischen Subsystemen und Gruppen stellt.

Wege in die Zukunft

Die immer weiter gesteigerte ökonomische, politische, soziale und kulturelle Mobilisierung der Gesellschaft und die damit einhergehenden Konflikte werden sich nur insoweit produktiv in umfassendere Leistungen des ökonomischen Wohlstands, der politischen Gestaltung, der gesellschaftlichen Solidarität und der kulturellen Identitätsbildung umsetzen lassen, wenn es gelingt, vermittelnde Institutionen für den Austausch der Leistungen *und* für die geregelte Abarbeitung der Konflikte aufzubauen:

Ökonomie und Politik
Institutionen der staatlichen Haushalts- und Finanzökonomie müssen gleichgewichtig politische Zielverwirklichung mit ökonomischer Nutzenmaximierung vermitteln.
Institutionen der Wirtschafts- und Technologiepolitik müssen gleichgewichtig ökonomische Nutzenmaximierung mit politischer Zielverwirklichung vermitteln.

Ökonomie und Gemeinschaft
Institutionen der interessengeleiteten Vereinigung müssen gesellschaftliche Solidarität gleichgewichtig mit ökonomischer Nutzenmaximierung vermitteln.
Institutionen der wirtschaftlichen Vereinigung müssen ökonomische Nutzenmaximierung gleichgewichtig mit gesellschaftlicher Solidarität vermitteln.

Ökonomie und Kultur
Institutionen des Kulturmarktes müssen kulturelle Identitätsbildung gleichgewichtig mit ökonomischer Nutzenmaximierung vermitteln.
Institutionen des wirtschaftlichen Diskurses müssen gleichgewichtig ökonomische Nutzenmaximierung mit kultureller Identitätsbildung vermitteln.

Kultur und Politik
Institutionen des politischen Diskurses müssen gleichgewichtig politische Zielverwirklichung mit kultureller Identitätsbildung vermitteln.
Institutionen der Kulturpolitik müssen gleichgewichtig kulturelle Identitätsbildung mit politischer Zielverwirklichung vermitteln.

Kultur und Gemeinschaft
Institutionen des öffentlichen Diskurses müssen gleichgewichtig gesellschaftliche Solidarität mit kultureller Identitätsbildung vermitteln.
Institutionen der kulturellen Vereinigung müssen gleichgewichtig kulturelle Identitätsbildung mit gesellschaftlicher Solidarität vermitteln.

Politik und Gemeinschaft
Institutionen der politischen Vereinigung müssen gleichgewichtig politische Zielverwirklichung mit gesellschaftlicher Solidarität vermitteln.
Institutionen der Gesellschaftspolitik müssen gleichgewichtig gesellschaftliche Solidarität mit politischer Zielverwirklichung vermitteln.

Der gezielte Aufbau von vermittelnden Institutionen dieser Art wird die Aufgabe der Zukunft sein.
Der modernen Weltgesellschaft stehen drei Wege der zukünftigen Entwicklung offen. Entweder wird sie es schaffen, die Expansion der gesellschaftlichen Subsysteme und die damit einhergehenden Spannungen und Konflikte durch vermittelnde Institutionen zu regeln und unter Kontrolle zu halten, oder sie wird durch die ausufernden Spannungen und Konflikte explodieren, oder sie wird an der unkontrollierten Expansion einzelner Subsysteme

ohne Gegenkontrolle durch die anderen zugrunde gehen. Hoffen wir, daß die Suche nach dem ersten der drei Wege nicht völlig mißlingt und wir sowie unsere Nachkommen zumindest halbwegs dem Schicksal der Wege zwei und drei entrinnen können.

Die Moderne: Ein riskantes Unternehmen

Es ist das Kennzeichen eines neuen Entwicklungsschubes der modernen Gesellschaft, daß sie durch die Beschleunigung, Ausbreitung, Verdichtung und Globalisierung des Einsatzes symbolischer und generalisierter Medien der Kommunikation, durch ihre ständige Vermehrung im gesellschaftlichen Verkehr und ihre Zirkulation zwischen den gesellschaftlichen Subsystemen immer höhere Stufen der Produktion von Verständigung, Kooperation, politischer Entscheidung und Waren erreicht, dabei aber auch ein immer komplexeres, risikoreicheres und krisenanfälligeres Gefüge von interpenetrierenden Subsystemen des gesellschaftlichen Handelns bildet. Die Risiken des gesellschaftlichen Fortschritts äußern sich nicht nur in ökonomischen und technologischen Katastrophen, sondern ebenso in religiösen, moralischen, ästhetischen, wissenschaftlichen, interpersonellen, therapeutischen, assoziativen und politischen Katastrophen. Der Explosivität von Chemie und Kernkraft korrespondiert die Explosivität der umfassenden gesellschaftlichen Kommunikation.

Die Moderne ist ein äußerst riskantes Unternehmen, ist Risiko an sich, die moderne Gesellschaft eine äußerst riskante und komplexe Konstruktion auf der Grundlage von Widersprüchen, die ihre besondere Dynamik, damit aber auch ihr besonderes Risiko ausmachen. Sorgen wir dafür, daß das Verständnis für diese komplexe Struktur der Moderne wächst. Katastrophenprophetie angesichts der Risiken, welche die Moderne mit ihrer Entscheidung für Aufklärung, Freiheit, Demokratie, Humanität und rationale Gestaltung der Welt eingegangen ist, hilft da wenig. Sie weckt allein die Bedürfnisse nach der einfacheren Lösung des totalen Überwachungsstaates, selbst dort noch, wo sie davor warnt. Das von ihr geweckte Bedürfnis nach totaler Sicherheit kann gar nicht anders befriedigt werden als durch den totalen Überwachungsstaat. Wo Aufklärung, Freiheit, Demokratie und die rationale Bearbeitung der Welt noch bewahrt werden, ist das Risiko, das

sie mit sich bringen, immer dabei. Es kann immer nur bestmöglich unter Kontrolle gehalten, aber nicht beseitigt werden. Sorgen wir dafür, daß das riskante Unternehmen der Moderne nicht an falschen Katastrophenprophetien und an dem von ihnen erzeugten Sicherheitstotalitarismus scheitert.
Wir müssen vor allem lernen, mit Widersprüchen zu leben, sie wohl stets zu bearbeiten, allerdings ohne Aussicht, sie jemals vollständig aufheben zu können. Moderne ist Widerspruch. Aus dem Widerspruch gewinnt sie ihre ureigenste Kraft der unablässigen Erneuerung. Dies ist die dialektische Natur der Moderne.

Exkurs:
Die dialektische Konstitution der modernen Gesellschaft

Dieser abschließende Exkurs erörtert vier unterschiedliche Theorien der Differenzierung und Rationalisierung der Gesellschaft, die in der deutschen Soziologie in den vergangenen Jahren diskutiert worden sind: Niklas Luhmanns Systemtheorie, Wolfgang Schluchters Theorie der Rationalisierung, Jürgen Habermas' Theorie des kommunikativen Handelns und die an Talcott Parsons anknüpfende Theorie des Handelns. Die Theorien von Luhmann, Schluchter und Habermas werden anhand von vier Fragen untersucht: Wie werden Differenzierung und Rationalisierung begriffen? Wie werden diese Prozesse erklärt? Welche Konsequenzen ergeben sich aus ihnen für die soziale Ordnung? Wie ist soziale Ordnung unter modernen Bedingungen möglich? Nach der Durchsicht dieser drei Theorien wird aufgezeigt, daß die neu formulierte Parsonianische Theorie des Handelns diese Fragen adäquater beantworten kann, insbesondere in der Herausarbeitung der Interpenetration differenzierter Sphären des Handelns als diejenige zentrale Eigenart der modernen westlichen Kultur, die diese von den traditionalen Kulturen unterscheidet, wie wir aus Max Webers vergleichenden historischen Studien lernen können.

Einleitung

Theoretische Debatten haben die deutsche Soziologie sowohl in ihren Anfängen zu Beginn dieses Jahrhunderts als auch nach ihrer Neubegründung nach dem Zweiten Weltkrieg gekennzeichnet. Die Debatten über eine historische und idealistische oder eine nomologische und naturalistische Sozialwissenschaft und über die Frage von Werturteilen beherrschten die Herausbildung der Soziologie in Deutschland. Ihre Rekonstruktion nach dem Zweiten Weltkrieg sah zunächst eine kleine Debatte über die Rollentheorie und ihre Sicht des individuellen Akteurs, die zwischen Ralf Dahrendorf und Friedrich Tenbruck stattfand. Die sechziger Jahre brachten die erhitzte Kontroverse zwischen dem Neopositivismus und seinem vielfach verfeinerten Nachfolger, dem kritischen Rationalismus, auf der einen Seite und der Frankfurter Schule der Kritischen Theorie auf der anderen. Die radikale Bewegung der späten sechziger Jahre führte zu einer kurzzeitigen Vorherrschaft eines orthodoxen Marxismus, der jedoch diese Stellung nicht aufrechterhalten konnte und in den siebziger Jahren wieder einen Niedergang erlebte. Die orthodoxen Marxisten glaubten, daß sie von der »bürgerlichen« Soziologie nicht lernen können, wie die nicht-marxistische Soziologie in den späten sechziger Jahren genannt wurde. Der orthodoxe Marxismus ist in der Theorie heute aus der Diskussion ausgeschieden. Die siebziger Jahre hatten ein neues theoretisches Thema: die Diskussion zwischen Luhmann und Habermas über die Soziologie als eine Sozialtechnologie oder eine kritische Theorie der Gesellschaft.

Die achtziger Jahre wurden durch eine neue theoretische Debatte charakterisiert: wie eine Theorie der Gesellschaft aufzubauen ist, die zum Verstehen und Erklären der grundlegenden Strukturen, Wurzeln und Entwicklungen der modernen Gesellschaften beitragen soll. Die Beiträge zu dieser Diskussion kamen von Niklas Luhmanns Systemtheorie, Jürgen Habermas' Theorie des kommunikativen Handelns, Wolfgang Schluchters Interpretation von Max Webers Theorie der Rationalisierung und der Parsonianischen Theorie des Handelns. Die großen Klassiker, die zu einer umfassenden Sicht der modernen Gesellschaft beigetragen haben, werden wieder entdeckt, insbesondere Weber, Durkheim und Parsons. Sie werden als mehr oder weniger stabile Bausteine für eine Theorie der Gesellschaft und ein Verständnis der Moderne benutzt. Luhmann bildet hier eine Ausnahme. Er versteht seine Theorie als eine Revolution, die nicht mit dem Ballast der Klassiker fortfahren kann. Die anderen Beiträge sind jedoch auch nicht einfach Rekapitulationen der klassischen Theorien. Die Interpretation der Klassiker wird durch die Perspektive der rationalen theoretischen Rekonstruktion bestimmt. Die Autoren haben ihre eigene Vorstellung von einer umfassenden Sozialtheorie und greifen auf die Klassiker nur insoweit zurück, wie sie in die neue Theorie hineinpassen. Zu den Klassikern wird sowohl eine Haltung des Lernens als auch eine Haltung der Distanz eingenommen. Ein weiterer, nicht unwesentlicher Aspekt dieser Debatte ist die Konvergenz zwischen einander entgegengesetzten Positionen. Und man findet nicht dieselbe Unwilligkeit, entgegengesetzte Positionen zu verstehen, die ein Merkmal der früheren Kontroversen war. Alle wissen, daß sich die Wahrheit nicht auf einer der einander entgegengesetzten Seiten befindet, sondern daß die Annäherung an die Wahrheit nur ein langfristiges Ergebnis der wechselseitigen Kritik sein kann.

Der Ausgangspunkt der neuen Debatte ist Webers Theorie der Rationalisierung der modernen Gesellschaft und ihrer Differenzierung in Sphären, die in zunehmendem Maße von ihren eigenen inneren Gesetzen bestimmt werden (Weber, 1920/1971a, 1971b, 1920/1972a, 1920/1972b, 1922/1973, 1922/1976). Diese Theorie der Rationalisierung ist von Schluchter und Habermas mit der Theorie der funktionalen Differenzierung verknüpft worden, wie sie von Luhmann formuliert wurde. Wir können vier miteinander verflochtene Fragen unterscheiden, die von den unterschiedlichen Ansätzen in unterschiedlicher Weise beantwortet werden. Die erste Frage will wissen, was unter Differenzierung und Rationalisierung von Sphären des Handelns in modernen Gesellschaften zu verstehen ist. Die zweite Frage will wissen, wie die Prozesse der Differenzierung und Rationalisierung zu erklären sind. Die dritte Frage will wissen, welche Konsequenzen aus diesen Prozessen für die Chancen sozialer Ordnung resultieren. Die vierte Frage will wissen, wie soziale Ordnung überhaupt möglich ist unter modernen Bedingungen.

Komplexitätssteigerung und Systemdifferenzierung

In Luhmanns (1970, 1980, 1984) Systemperspektive ist die Differenzierung der Gesellschaft das Ergebnis wachsender Komplexität, die selbst von bestimmten Faktoren vorangetrieben wird: Bevölkerungswachstum, gesellschaftliche Inklusion von Gruppen und ihre soziale Teilnahme, kulturelle Wandlungen, wie z. B. der Wandel von der Legitimität zur Illegitimität von Ungleichheit. In dem Maße, in dem diese Faktoren an Bedeutung gewinnen, können Handlungsweisen und Entscheidungen nicht länger für alle Sphären des Handelns, alle Gruppen und alle Akteure Geltung beanspruchen. Sie müssen auf immer kleinere Systeme der Interaktion beschränkt werden. Religiöse Gefühlsausströmungen und intellektuelle Ideen erzeugen nur Konflikte, wenn sie unter diesen Bedingungen auf politisches Entscheiden angewendet werden. Die Wahrheitssuche ist angemessen in der Wissenschaft; in der Politik resultiert sie in der Lähmung des Entscheidens und/oder in der Unterwerfung von Entscheidungen unter unveränderbare ideologische Positionen, obwohl sie nur eine Selektion unter einer großen Anzahl von Alternativen darstellen. Das heißt nicht, daß die Ideen des Intellektuellen völlig irrelevant sind für den politischen Prozeß. Sie stellen das Material bereit, das Politiker in Übereinstimmung mit den Regeln der Politik benutzen, in dem Sinne, daß sie ihre Wahlprogramme mit großen Werten ausstatten, um Stimmen zu gewinnen.

Der Prozeß der Differenzierung steigert selbst die Komplexität und verlangt deshalb weitere Differenzierung. Es ist ein sich selbst aus sich heraus fortsetzender Prozeß. »Differenzierung« meint die wachsende Autonomie von Subsystemen der Interaktion, die ihre eigenen Regeln haben. Erklärt wird Differenzierung durch wachsende Komplexität. Dies sind Luhmanns Antworten auf die erste und die zweite Frage. Auf die dritte Frage nach den Chancen sozialer Ordnung unter diesen Bedingungen hat Luhmann eine einfache und überraschende Antwort: Differenzierung ist selbst der Weg der Ordnungsbildung in modernen Gesellschaften. Diese Ordnung wird nur durch Ansprüche auf die Bestimmung des Handelns über die Grenzen eines spezifischen Handlungssubsystems hinaus gefährdet. Wenn also z. B. Priester sich auf die Definition von Sinn in einer vollkommen autonomen Sphäre des religiösen Glaubens und Intellektuelle sich auf die

Diskussion der Gültigkeit von Ideen an sich beschränken, ist alles in Ordnung. Die differenzierte Ordnung wird erst gefährdet, sobald Priester und Intellektuelle beanspruchen, die richtigen und konkreten Antworten für politische Fragen zu haben, z. B. für die Bewältigung innerer und äußerer Konflikte, die Aufrechterhaltung des Friedens, Wohlfahrtspolitik, Umweltpolitik usw.
Die Antwort auf die vierte Frage nach der Möglichkeit sozialer Ordnung unter modernen Bedingungen schließt jede moralische Fundierung der differenzierten Ordnung aus. Die soziale Ordnung ist entmoralisiert. Luhmann müßte jedoch zumindest das Prinzip, daß jede Sphäre, die ein eigenes Problem hat, vollkommen autonom ist und sich zugleich indifferent zu den anderen Sphären verhält, als allgemeingültig für alle Sphären der Gesellschaft begreifen. Anderenfalls würde die Gesellschaft in den Konflikt zwischen Sphären und Gruppen hineinsteuern. Das Konzept der Autopoiesis ist Luhmanns neues theoretisches Instrument, um eine Theorie der differenzierten Gesellschaft zu begründen. Die Gesellschaft ist aufgeteilt in eine wachsende Zahl autopoietischer, d. h. sich selbst regulierender und organisierender Systeme, die sich gegenseitig als Umwelt behandeln, an die sie sich aktiv anpassen müssen. Das geschieht durch die Übersetzung aller Umweltereignisse in Probleme, für die es innerhalb des Systems vorbereitete Verfahren der Bewältigung gibt. Intellektuelle Ideen haben beispielsweise keine unmittelbar legitimierende Funktion für politische Verfahren und Entscheidungen. Sie können innerhalb des politischen Systems nur als Tatbestände der Umwelt aufgefaßt werden, die nach den eigenen politischen Gesetzen des effektiven Entscheidens verarbeitet werden.

Der okzidentale Prozeß der Rationalisierung

Eine Kombination von Luhmanns Differenzierungstheorie mit Webers Theorie der Rationalisierung hat Wolfgang Schluchter (1976, 1979) präsentiert. Er begreift zunächst die religiöse Evolution als einen Prozeß der Rationalisierung, in dem der Calvinismus den Höhepunkt darstellt, der zu einer vollständigen Säkularisierung des Lebens führt, in der die Religion von der Wissenschaft zerstört und ersetzt wird. In diesem Prozeß endet der Calvinismus in dem Paradox der Rationalisierung. Soweit sich der

Calvinismus in dem Bestreben nach einer vollkommenen Beherrschung der Welt nach rationalen ethischen Standards der Welt näherte, setzte er einen Prozeß der Rationalisierung der verschiedenen Sphären der Welt frei, in dem diese Sphären mehr und mehr die Oberherrschaft erlangten und ihre religiöse Wurzel zerstörten. Der Kapitalismus folgt seinen eigenen, nicht-moralischen Gesetzen und braucht nicht länger eine puritanische Ethik, die Bürokratie entwickelt eine Logik der Weltbeherrschung ohne jede ethische Kontrolle, die moderne Wissenschaft macht sich das Infragestellen von allem zum ureigensten Prinzip und läßt der Religion, die stets das »Opfer des Intellekts« erbringen muß, keinen Raum. In dieser Sicht bedeutet »Rationalisierung« – erste Frage – die Entwicklung von immer schärfer differenzierten Sphären des Lebens, die von ihren eigenen inneren Gesetzen geleitet werden. Dieser Prozeß macht die differenzierten Sphären effizienter in der Bewältigung ihrer Probleme, aber er erzeugt zugleich Wirkungen, die aus der Sicht der anderen Sphären irrational erscheinen. Ökonomie, Politik, Recht und Wissenschaft sind in sich selbst rational, aber zumindest teilweise irrational jeweils füreinander. Der Ursprung – zweite Frage – ist der Prozeß der Rationalisierung der Religion, der zur Rationalisierung einer jeden gesellschaftlichen Sphäre führt. Die Religion wird rationalisiert, sobald sie von den Regeln der intellektuellen Interpretation der Welt geleitet wird. Auf die dritte Frage – die Chancen sozialer Ordnung – gibt diese Perspektive keine ermutigende Antwort. Religion und Moral sind durch das intellektuelle Infragestellen von allem zerstört worden. Das Resultat ist die vollständige Entzauberung der Welt. Die moderne Welt läßt keine bindende moralische Ordnung zu. Sie ist aufgespalten durch den unversöhnlichen Konflikt von Werten und Sphären des Lebens.

Weber läßt uns ohne Antwort auf die vierte Frage: es ist letztlich keine bindende Ordnung möglich in modernen Gesellschaften. Schluchter versucht, dieser Sackgasse, in die Webers Denken führt, durch die Konstruktion von Webers Konzept der Verantwortungsethik als ein neues Zentrum der modernen Sozialordnung zu entgehen. Er interpretiert diese Ethik als ein Prinzip der reinen Kontingenz und kommt Luhmanns Lösung nahe, ohne zu erkennen, daß dies in seiner Weberianischen Sicht die Welt in ihren Wertkonflikten belassen würde. Das Prinzip »Alles geht« bliebe allein übrig. Ohne irgendeine Priorität bestimmter ethischer Prinzipien vor anderen Prinzipien ist Macht das einzige Mittel, das Handlungsregeln noch Durchsetzungskraft verleihen kann. Deshalb ist ohne eine konsensuelle Basis der Hobbessche Kampf aller gegen alle das Schicksal der modernen Gesellschaft. Wie wir wissen, hat Weber diese Sicht der Politik in seinen politischen Schriften nie völlig überwunden. Zusammengefaßt gesagt, ist Ordnung nach Schluchters Argumentationslogik nur möglich, wenn es eine vollständig einseitige Verteilung der Macht gibt. Dies ist jedoch eine rein faktische Ordnung ohne jede ethische und konsensuelle Qualität.

Von der kognitiv-instrumentellen zur kommunikativen Rationalisierung

Habermas (1981) beginnt mit Schluchters Interpretation von Webers Rationalisierungstheorie und versucht, deren negative Antwort auf die Frage der Möglichkeit sozialer Ordnung unter modernen Bedingungen mit einer Theorie der kommunikativen Rationalität zu umgehen. Er begreift Rationalisierung – erste Frage – ebenfalls als einen Prozeß der wachsenden Autonomie von Handlungssphären, der – zweite Frage – durch eine innere Logik der intellektuellen Rationalisierung der Religion vorangetrieben wird und zunächst die kulturelle Rationalisierung von Wissenschaft, Kunst und Moraltheorie und deren Differenzierung von ihrem religiösen Ursprung hervorbringt. Im nächsten Schritt setzt diese kulturelle Rationalisierung die gesellschaftliche Rationalisierung des Kapitalismus, der Bürokratie und des Rechtssystems frei. Das Ergebnis dieser Entwicklung ist die Differenzierung der technisch rationalisierten Systeme vom kommunikativen Handeln im Kontext der kulturellen Lebenswelt. Der tatsächliche Prozeß der Rationalisierung des Okzidents hat Systeme zur Herrschaft gebracht, die in zunehmendem Maße auch die Kontexte der kulturellen Lebenswelt dominieren. Das heißt, daß die Welt zunehmend ökonomisiert, bürokratisiert und verrechtlicht wird. Die Lebenswelt wird durch die Systeme kolonisiert und unterdrückt. Es herrscht eine Ordnung in den modernen Gesellschaften – dritte Frage –, aber eine Ordnung, die nur auf einer naturalistischen Systemintegration beruht und der jede Sozialintegration durch die kulturelle Lebenswelt fehlt.

Habermas zeigt jedoch – vierte Frage – einen Weg auf, der aus dem Dilemma der Rationalisierung herausführen soll. Die Rationalisierung der Systeme – wie sie sich im Okzident entwickelt hat –, ist selbst ein Effekt der kulturellen Rationalisierung der Lebenswelt, der nur weiter zur vollen Geltung verholfen werden muß, weil sie bislang auf die Dimension der kognitiv-instrumentellen Rationalität beschränkt geblieben ist. In dem Maße, in dem wir diese Fesseln der Rationalität sprengen, durchbrechen wir die Herrschaft der Systemrationalität. Die Lösung dieses Problems wird in Habermas' Theorie der kommunikativen Rationalität angeboten. Nach dieser Theorie ist das Verfahren eines rationalen Diskurses die Basis der Konsensbildung. Der in einem rationalen Diskurs gefundene Konsensus ist das Kriterium der Gültigkeit nicht nur von kognitiven Aussagen, sondern auch von ästhetischen Urteilen und moralischen Normen. So haben wir ein Konzept der Rationalität, das auf Konsensus basiert und Moralität einschließt. Daraus ergibt sich die Chance einer zugleich rationalen und konsensuell-moralischen Ordnung in modernen Gesellschaften, zwei Eigenschaften, die in Webers Sichtweise in völligem Widerspruch zueinander stehen.

Es muß jedoch gefragt werden, ob nicht die von Habermas für möglich gehaltene Koinzidenz von Rationalität und Moralität in der möglichen Ordnung moderner Gesellschaften auf einer Beschränkung von Rationalität durch die Grenzen einer konsensuell getragenen Lebenswelt gründet. Wir mögen in der Tat von rationalem Fortschritt nicht nur in der kognitiven Wissenschaft sprechen, sondern auch in bezug auf normative Ideen, expressive Systeme und Sinnkonstruktionen, und dies, soweit sie im Ordnen von kontingentem Handeln, in der Erzeugung von Identität in einer Mannigfaltigkeit expressiver Gefühle oder in der Konstruktion von Sinn in einer Mannigfaltigkeit von Lebenserfahrungen voranschreiten. Dieser Fortschritt baut jedoch auf einem endlosen Prozeß der Kritik auf, des Infragestellens einer jeden Aussage, wodurch immer nur Dissensus entstehen kann und kein Platz für Konsensus ist. An die objektive Gültigkeit moralischer Regeln können wir uns nur in diesem dissenserzeugenden Prozeß annähern; wir können sie aber nie vollständig erreichen, weil wir dann aufhören müßten, Fragen zu stellen. Die fraglose und bindende Anwendung moralischer Regeln im konkreten Alltagshandeln stützt sich jedoch im Gegensatz dazu auf einen Konsensus, der keinerlei dissenserzeugende Fragen zuläßt. Die Heimat dieses Konsensus ist die traditionell gegebene Lebenswelt einer Gemeinschaft mit fest umrissenen Grenzen des Denkens. Diese bindende Kraft moralischer Normen wird immer nur in Verbindung mit ihrer Partikularisierung erreicht. Wir haben eine konsensuelle und moralische Ordnung in diesem Fall, aber eine solche mit partikularistischem Charakter. So sind wir gefangen zwischen den beiden Extremen des Dilemmas der Rationalität von universell gültigen, aber niemals konkret konsensuell getragenen Normen und der bindenden Kraft partikularer Normen. Habermas' Lösung des Problems der Ordnung in modernen Gesellschaften unterschätzt dieses Dilemma und wird in der Versöhnung von Rationalität und Ordnung niemals wirklich seiner Bedeutung gerecht.

Differenzierung, Rationalisierung und Interpenetration

Ich will nun aufzeigen, wie man aus der Perspektive eines radikalisierten, reformulierten und teilweise veränderten Parsonianischen Ansatzes der Handlungstheorie an das Problem von Differenzierung, Rationalisierung und sozialer Ordnung unter modernen Bedingungen herangehen kann (Münch, 1982, 1984, 1986a). In dieser Sichtweise begreife ich »Differenzierung« als einen Prozeß, in dem das Handeln zunehmend über die Grenzen der Regulierung innerhalb einer geschlossenen Gemeinschaft hinausschreitet. Dieser Prozeß führt zu einer Abtrennung des ökonomischen Tausches, des politischen Machthandelns und des intellektuellen Nachdenkens über die Welt vom Gemeinschaftshandeln in wechselseitigen Beziehungen der Solidarität. Differenzierung ist ein Prozeß, der von einer geschlossenen Gemeinschaft ausgeht, in Begriffen der Handlungstheorie von einem geschlossenen System der Interaktion, das durch Normen streng geregelt ist und den Spielraum des Handelns schließt (I. Integration, Schließung). Dieser Prozeß bringt neue Systeme der Interaktion jenseits der Grenzen des Gemeinschaftshandelns hervor: ökonomischer Tausch, in Begriffen der Handlungstheorie ein System, das den Spielraum des Handelns öffnet und auf frei, nach den Nutzenerwägungen der Individuen gewähltem Handeln beruht (A. Adaptation, Öffnung); politisches Machthandeln, in Begriffen der Handlungstheorie ein System, das den Spielraum des Handelns spezifiziert und das Handeln auf spezifische Ziele ausrichtet (G. Goal attainment, Spezifikation); rationaler Diskurs als spezialisiertes, auf Argumentation aufgebautes Nachdenken über die Welt, in Begriffen der Handlungstheorie ein System, das den Spielraum des Handelns durch dessen Subsumtion unter allgemeine Ideen generalisiert (L. Latent pattern maintenance, Generalisierung).

Der Prozeß der Rationalisierung muß in dieser Perspektive in zwei Schritte unterteilt werden. Er bedeutet zunächst das Transzendieren der Grenzen des Gemeinschaftshandelns in der Richtung der Etablierung des intellektuellen Nachdenkens über die Welt um seiner selbst willen: das Entstehen des rationalen Diskurses als eine Form der Interaktion, die sich von den gemeinschaftlichen Bindungen emanzipiert hat (L). In diesem Sinne deckt der Prozeß der Rationalisierung nur eine von drei Dimensionen der Differenzierung ab. Im zweiten Schritt meint »Rationalisierung« die Durchdringung der Sphären des Handelns außerhalb des rationalen Diskurses durch das rationale Nachdenken über die Welt. Gemeinschaftsleben (I), politisches Handeln (G) und ökonomisches Handeln (A) geraten unter den Druck der Rationalisierung im Sinne der rationalen Wahl von Assoziationen, der rationalen Rechtfertigung von Entscheidungen und der rationalen Kalkulation von Chancen der Bedürfnisbefriedigung. Soweit ist – erste Frage – geklärt, was »Differenzierung« und »Rationalisierung« heißt. Im folgenden wende ich mich der zweiten Frage, der Erklärung dieser Prozesse zu.

Die Struktur der »primitiven« Gesellschaft

Was wir »primitive Gesellschaften« nennen, sind Gesellschaften, in denen das Handeln in größerem Maße als in allen anderen Gesellschaften dem Modell von Handeln nahekommt, das nur innerhalb der Grenzen einer geschlossenen Gemeinschaft stattfindet. Die Mitglieder einer solchen Gemeinschaft sind miteinander durch Beziehungen der Solidarität zwischen Gleichen und der Pietät zwischen Ungleichen (Führer und Gefolgschaft, ältere und jüngere Leute) verbunden. Jedes Handeln ist durch die gemeinsam geteilten Normen der Gemeinschaft geregelt. Abweichungen von den Normen sind Verletzungen der Gemeinschaft und rufen emotionale Reaktionen der Entrüstung und repressive Sanktionen der Gemeinschaftsmitglieder hervor. Die Mitgliedschaft in der Gemeinschaft schließt Mitgliedschaften in anderen Gemeinschaften aus. Das Handeln innerhalb der Grenzen der Gemeinschaft ist also gekennzeichnet durch die strenge Regulierung des Gemeinschaftshandelns durch gemeinsam geteilte Normen, die auf der Solidarität zwischen Gleichen und der Pietät zwischen Ungleichen gründen, durch repressive Sanktionen durchgesetzt werden und einem ethischen Partikularismus unterliegen. Magie und traditionales Recht gehören ebenso zum Gemeinschaftsleben (Diagramm 2).

Die Struktur der traditionalen Gesellschaft

Selbst wenn jede uns bekannte Gesellschaft die Grenzen einer reinen Gemeinschaft überschritten hat, können wir »Differenzierung« als einen Prozeß verstehen, der die Grenzen des Gemeinschaftslebens überschreitet. Und es ist eine charakteristische Eigenschaft von Gesellschaften, die wir als traditionale Gesellschaften über dem Entwicklungsniveau von sogenannten primitiven Gesellschaften ansiedeln, daß sie über die Grenzen des Gemeinschaftslebens in einem viel größeren Ausmaß hinausschreiten als primitive Gesellschaften. Wie kann dieser Prozeß erklärt werden? (Diagramm 3)
In Begriffen des Handelns ist es das Auftreten von Interaktionen mit Fremden außerhalb der Gemeinschaft, das zur Differenzierung von nicht-gemeinschaftlichen Sphären der Interaktion vom Gemeinschaftshandeln führt. Das gilt für alle drei genannten Dimensionen der Differenzierung. In dem Maße, in dem die Mitglieder einer Gemeinschaft in Kontakt zu Mitgliedern anderer Gemeinschaften kommen, Güter austauschen, ihre Herrschaft über ein gegebenes Territorium gegen andere Gemeinschaften zu etablieren versuchen und erkennen, daß es auch andere Formen des Nachdenkens und des Wissens über die Welt gibt als die gemeinsam geteilten (diese These verdanke ich einer Anregung Hans Norbert Fügens), in dem Maße, in dem diese Kontakte zunehmen, bilden sich ökonomischer Tausch, politisches Macht-

handeln und intellektueller Diskurs als neue Formen der Interaktion heraus, die nicht durch die Regulierungen innerhalb der Gemeinschaft erfaßt werden. Es existieren keine gemeinschaftlichen Normen für den ökonomischen Tausch mit Fremden, für politisches Machthandeln, das die Herrschaft über Fremde etabliert oder gegen eine solche Herrschaft ankämpft, und für die rein intellektuelle Kontemplation außerhalb der Grenzen des traditionellen Glaubens.
Ökonomischer Tausch ist zunächst Interaktion zwischen Fremden. Die Differenzierung von Binnen- und Außenmoral charakterisiert diese Situation. Weil die traditionalen Normen des Gemeinschaftslebens nicht auf den ökonomischen Tausch zwischen Fremden zutreffen, ist das Handeln völlig frei und kann allein der Kalkulation des individuellen Nutzens folgen. So wird der Utilitarismus zum Hauptprinzip des ökonomischen Tausches, das ihn von der Ethik der Brüderlichkeit und der Pietät innerhalb des Gemeinschaftslebens trennt. Und es ist eine Folge dieser Vorherrschaft des reinen Utilitarismus, daß die Anwendung von und die Furcht vor Täuschung stets in den ökonomischen Austausch involviert sind. Deshalb herrscht wechselseitiges Mißtrauen vor, das die Einrichtung einer gemeinsamen Regulierung des ökonomischen Tausches durch Normen behindert. Dasselbe gilt für politisches Machthandeln gegenüber Fremden. Auch hier sind die traditionalen Normen nicht anwendbar, so daß die reine Machtpolitik und eine entsprechende wechselseitige Furcht des Fremden weit verbreitet sind. In der Kommunikation mit Fremden herrscht das wechselseitige Mißverstehen. Das rein intellektuelle Nachdenken über die Welt, das aus diesem ständigen Mißverständnis hervorgeht, entfremdet sich von den traditionalen Normen der Gemeinschaft und resultiert in der Sinnsuche um ihrer selbst willen, die mit dem magisch bestimmten Glauben der gewöhnlichen Leute nichts mehr zu tun hat.
Soweit habe ich die Differenzierung des ökonomischen Tausches, des politischen Machthandelns und des intellektuellen Nachdenkens über die Welt vom Gemeinschaftsleben nicht als das Resultat der Anpassung eines Systems an eine sich wandelnde Umwelt erklärt. Ich erkläre diese Prozesse als Ergebnisse der Ausweitung der sozialen Interaktion über die Grenzen der Gemeinschaft hinaus, wodurch Formen der Interaktion zwischen Fremden entstehen, die nicht durch die Gemeinschaftsnormen reguliert werden

und deshalb ihren eigenen Prinzipien folgen: Utilitarismus, Machtpolitik und Sinnsuche. Solche Kontakte können rein zufällig auftreten, aber in dem Maße, in dem sie sich häufen, findet die Differenzierung von Sphären des Handelns statt. In diesem Sinne erkläre ich die Differenzierung der ökonomischen, politischen und intellektuellen Sphären des Handelns als nicht-intendierte Effekte der sozialen Interaktion zwischen Fremden. Diese Erklärung von Differenzierung ist eine handlungstheoretische und keine systemtheoretische.

Die Struktur der modernen Gesellschaft

Max Weber hatte eine klare Sicht auf die beschriebenen Prozesse der Differenzierung. Er hat diese Prozesse in erster Linie den *traditionalen* Gesellschaften zugeschrieben, die er an den Beispielen der orientalischen Kulturen des alten China und des alten Indien untersuchte. Im Gegensatz zur vorherrschenden soziologischen Interpretation ist Differenzierung in Webers Perspektive das definierende Kennzeichen der *traditionalen* Gesellschaften. Weber hat zugleich aufgezeigt, daß etwas völlig anderes die Herausbildung der modernen westlichen Gesellschaften kennzeichnet: die Ersetzung von Utilitarismus, Machtpolitik und reiner Sinnsuche durch regulierte Formen des ökonomischen und politischen Handelns und des intellektuellen Denkens (Diagramm 4).

Solidarität und Ökonomie

Weber sagt, daß ökonomischer Tausch in traditionalen Gesellschaften auf der vollständigen Separierung der gemeinschaftlichen Binnenmoral und der ökonomischen Außenmoral beruht:

Der freie Tausch findet zunächst nur nach außerhalb der Nachbargemeinschaft und aller persönlichen Verbände statt (Weber, 1922/1976: 383).

Was »unter Brüdern« perhorresziert ist, ist dem Fremden gegenüber erlaubt (Weber, 1920/1976: 369; siehe auch: 1924: 303-304).

Der ökonomische Tausch hat keine festen Regeln und macht das wechselseitige Mißtrauen zu einem verbreiteten Phänomen des ökonomischen Handelns. Das hat Weber insbesondere am Beispiel des alten China dargestellt, wo ein eigentümlicher Gegensatz zwischen dem traditionell gebundenen Gemeinschaftshandeln innerhalb des Sippenverbandes und dem Utilitarismus des ökonomischen Handelns zwischen Fremden vorherrschte:

Alles Gemeinschaftshandeln blieb dort durch rein persönliche, vor allem verwandtschaftliche Beziehungen und daneben durch Berufsverbrüderungen umspannt und bedingt (Weber, 1920/1972a: 528; siehe auch: 522).

Der weltbejahende Utilitarismus und die Überzeugung von dem ethischen Wert des Reichtums als universellen Mittels allseitiger sittlicher Vollendung in Verbindung mit der ungeheuren Volksdichte haben in China zwar die »Rechenhaftigkeit« und Genügsamkeit zu sonst unerhörter Intensität gesteigert (Weber, 1920/1972a: 528).

Es ist von sehr erheblicher ökonomischer Bedeutung, wenn alles Vertrauen, die Grundlage aller Geschäftsbeziehungen, immer auf Verwandtschaft oder verwandtschaftsartige rein persönliche Beziehungen gegründet blieb, wie dies in China sehr stark geschah... Die Folgen des universellen Mißtrauens, eine Konsequenz der offiziellen Alleinherrschaft der konventionellen Unaufrichtigkeit und der alleinigen Bedeutung der Wahrung des Gesichtes im Konfuzianismus, müssen ökonomisch vermutlich – denn hier gibt es keine Maßmethoden – ziemlich hoch veranschlagt werden (Weber, 1920/1972a: 523-524; siehe auch: 518, 531).

Im Gegensatz zu dieser Eigenart der traditionalen Gesellschaften ist die Überwindung der Trennung von Binnen- und Außenmoral eine Eigenschaft der modernen westlichen Kultur, die eine neue Form des regulierten ökonomischen Handelns impliziert, die Weber als »rationalen Kapitalismus« bezeichnet:

Schrankenloseste Erwerbsgier ist nicht gleich Kapitalismus, noch weniger gleich dessen »Geist«. Kapitalismus kann geradezu identisch sein mit Bändigung, mindestens mit rationaler Temperierung, dieses irrationalen Triebes (Weber, 1920/1972a: 4).

Gleichzeitig mit der Herausbildung des rationalen Kapitalismus wird das Gemeinschaftshandeln in eine Form der Assoziation transformiert, die der individuellen Entscheidung und der ökonomischen Berechnung offensteht. Assoziation beruht nicht länger nur auf askriptiven, verwandtschaftlichen Bindungen, sondern auf der freien Wahl:

An die Stelle der »geborenen« Teilnahme am Gemeinschaftshandeln des Hauses mit seinen Vorteilen und Pflichten ist also eine rationale Vergesellschaftung getreten (Weber, 1922/1976: 227; siehe weiter: 226-230; 1920/1972a: 528).

So entsteht eine Pluralität freiwillig eingegangener Assoziationen. Selbst die Familie erwirbt Merkmale der Freiwilligkeit des Eingehens von Beziehungen, der Freiheit der individuellen Entscheidung und ökonomischen Kalkulation. So haben wir eine neue Form der gemeinschaftlichen Assoziation von Individuen, die viel offener ist als naturwüchsige Gemeinschaften und einen pluralistischen Charakter besitzt. Auf der anderen Seite wird das ökonomische Handeln durch Normen reguliert. Das ist das Ergebnis der Interpenetration von Vergemeinschaftung und ökonomischem Handeln, die eine gegenseitige Umformung in den Zonen ihrer Interpenetration bedingt: freiwillige und pluralistische Assoziation und normativ reguliertes ökonomisches Handeln. Wie man in der Nachschrift zu Webers Vorlesung zur Wirtschaftsgeschichte lesen kann, wird auf diese Weise im Okzident der traditionelle Gegensatz zwischen Binnen- und Außenmoral durch rationale Formen der Vergemeinschaftung und durch normativ geregelte Formen des Erwerbstriebes ersetzt:

Ursprünglich stehen zwei verschiedene Einstellungen zum Erwerb unvermittelt nebeneinander; nach innen Gebundenheit an die Tradition, an ein Pietätsverhältnis zu den Stammes-, Sippen- und Hausgenossen unter Ausschluß hemmungslosen Erwerbs innerhalb des Kreises der durch die Pietätsbande miteinander Verbundenen: Binnenmoral – und absolute Hemmungslosigkeit des Erwerbstriebes im Verkehr nach außen, wo jeder Fremde ursprünglich Feind ist, dem gegenüber es keine ethische Schranke gibt: Außenmoral. Die Entwicklung geht nun davon aus, daß auf der einen Seite die Rechenhaftigkeit in das Innere der traditionalen Verbände eindringt und dort die alten Pietätsverhältnisse zersetzt. Sobald innerhalb einer Familiengemeinschaft abgerechnet, nicht mehr streng kommunistisch gewirtschaftet wird, ist es mit der naiven Pietät und der Zurückstellung des Erwerbstriebes vorbei. Diese Seite der Entwicklung ist besonders im Okzident eingetreten. Gleichzeitig findet Temperierung des hemmungslosen Strebens nach Gewinn bei Übernahme des Erwerbsprinzips in die Binnenwirtschaft statt. Das Ergebnis ist regulierte Wirtschaft mit einem gewissen Spielraum für den Erwerbstrieb (Weber, 1924: 303-304).

Eine Reihe von Faktoren, zu denen es in den orientalischen Kulturen keine Äquivalente gibt, haben im Okzident die Interpenetration von Gemeinschaftshandeln und ökonomischem Handeln gefördert: Die Universalisierung der christlichen Gemeinschaft hat die Fesseln des Sippenpartikularismus gesprengt. Sie bildete die universelle ideelle Grundlage für frei gewählte Formen der Assoziation (Weber, 1920/1972a: 523; 1922/1976: 746). Die Herausbildung der allgemeinen Bürgerschaft in der mittelalterlichen Stadt hat eine neue Form der freien politischen Vereinigung geschaffen. Sie steuerte die politischen Grundlagen der freien Assoziation bei (Weber, 1922/1976: 736-757). Die Entwicklung der Marktgemeinschaft in der mittelalterlichen Stadt und die entsprechende Gestaltung von Rechtsinstituten für den Tauschverkehr durch Anwälte bedeuteten eine neue Form der ökonomischen Assoziation. Sie stellten die ökonomische Grundlage der freien Assoziation dar (Weber, 1922/1976: 382-385, 397-441, 727-741, 788-792, 805).

Solidarität und Politik

Weber beschreibt auch das enorme Ausmaß der reinen Machtpolitik in traditionalen Gesellschaften, insbesondere im alten Indien. Eine definierende Eigenschaft der traditionalen Herrschaft ist in seinen Augen ihr Mangel an Berechenbarkeit (!), weil sie stets zwischen Tradition und Willkür osziliert (Weber, 1922/1976: 130, 139, 580-591; 1920/1972a: 391-395). »Willkür bricht Landrecht« ist das Prinzip traditionaler Herrschaft (Weber, 1920/1972a: 391, 437; 1922/1976: 468-482). Dieses Prinzip bedeutet, daß die Ausweitung der Herrschaft eines Fürsten über die Grenzen seiner ursprünglichen Hausmacht, z.B. eines Oikos, hinaus das traditionelle Recht der Gemeinschaften durch die Anwendung von reiner und willkürlicher Macht unter seiner Herrschaft durchbricht. Weber sagt, daß in Indien eine reine machiavellistische Machtpolitik vorherrschte:

Und wie in der hellenischen Polis der klassischen Zeit, so galt auch für die Fürsten schon des Epos und der Maurya-Epoche, erst recht aber der späteren Zeit der nackteste »Machiavellismus« in jeder Hinsicht als selbstverständlich und gänzlich unanstößig (Weber, 1920/1972b: 145; siehe weiter: 3; 1971b: 555).

Es ist also ein Kennzeichen traditionaler Gesellschaften, daß das Handeln innerhalb eng begrenzter Sippen- und Nachbarschaftsgemeinschaften durch gemeinsame Normen geregelt ist, ihm aber jegliche Regelung fehlt, sobald politisches Machthandeln diese Grenzen überschreitet. Im Kontrast zu diesem Charakter der traditionalen Politik ist es eine Eigenart der modernen westlichen Kultur, einen Typus der Herrschaft etabliert zu haben, der über die Grenzen des Gemeinschaftslebens hinausreicht und dennoch durch Normen geregelt ist. Das ist die rational-legale Herrschaft, die auf den Regeln einer Verfassung beruht, die Herrscher und Beherrschte zugleich an gemeinsame Normen bindet. Das Entstehen des Verfassungsstaates und der »Herrschaft des Rechts« in der politischen Sphäre ist im selben Maße eine spezifische Eigenart der modernen westlichen Kultur wie der rationale Kapitalismus:

> Der (sic!) »Staat« überhaupt im Sinn einer politischen Anstalt, mit rational gesatzter »Verfassung«, rational gesatztem Recht und einer an rationalen, gesatzten Regeln: »Gesetzen«, orientierten Verwaltung durch Fachbeamte, kennt, in dieser für ihn wesentlichen Kombination der entscheidenden Merkmale, ungeachtet aller anderweitigen Ansätze dazu nur der Okzident (Weber, 1920/1972a: 3-4; siehe auch: 267-268; 1922/1976: 125-130, 551-579).

Diese Eigenart der modernen politischen Herrschaft ist ebenfalls ein Resultat der Interpenetration, nämlich der Interpenetration von Gemeinschaftshandeln und politischem Handeln. In diesem Prozeß wird das politische Handeln zunehmend normativ geregelt; die Führung durch Verfassung und Recht, Konstitutionalität und Legalität, sind Teil des politischen Handelns. Auf der anderen Seite druchdringt die formale Rechtlichkeit das Gemeinschaftshandeln. Selbst in Gemeinschaften wie der Familie regeln formale Rechte und weniger die naturwüchsigen Bande die sozialen Beziehungen. Was heute unter dem Begriff der Verrechtlichung diskutiert wird, ist die Durchdringung naturwüchsiger Solidaritätsbeziehungen durch positives Recht.

Die führende Rolle in der Etablierung der Herrschaft des Rechts noch vor derjenigen des rationalen Kapitalismus hat England gespielt. Einen wesentlichen Anteil hatten daran die gemeinschaftliche Annäherung von Aristokratie und Bürgertum und ihre Kooperation in ökonomischen Unternehmungen. Man kann darin eine ökonomische Grundlage der Herrschaft des Rechts sehen (Moore, 1969: 21-61). Die Etablierung des Common Law hat die politische Herrschaft an das Recht gebunden. Das ist eine ideelle Grundlage der Herrschaft des Rechts (Little, 1970). Die Herausbildung der Staatsbürgerschaft (citizenship) als eine neue Form der universalistischen und freiwilligen Vereinigung hat eine politische Grundlage der Herrschaft des Rechts geschaffen (Marshall, 1964).

Solidarität und Diskurs

Die Begriffe, in denen Weber die Separation von Gemeinschaftsleben und intellektueller Sinnsuche in den traditionalen Gesellschaften der orientalischen Kultur beschrieben hat, findet man in der Formulierung »Trennung von intellektueller Virtuosenreligiosität und magischer Massenreligiosität« (Weber, 1922/1976: 305-308). Die Religiosität der Intellektuellen, der »Virtuosen«, als einer besonderen Statusgruppe tendierte zur Sinnsuche in hochabstrakten Begriffen um ihrer selbst willen. Das gilt insbesondere für die indischen Brahmanen und ihre Formung des Hinduismus und für die buddhistischen Intellektuellen:

Indien ist das typische Land des intellektuellen Ringens einzig und allein nach »Weltanschauung« in diesem eigentlichen Sinn des Worts: nach einem »Sinn« des Lebens in der Welt (Weber, 1920/1972b: 365).

Im Kontrast zu dieser Abstraktion der Intellektuellenreligiosität blieb die Religiosität der Massen der Magie verhaftet:

Nicht das »Wunder«, sondern der »Zauber« blieb daher die Kernsubstanz der Massenreligiosität, vor allem der Bauern und der Arbeiterschaft, aber auch des Mittelstandes (Weber, 1920/1972b: 370; siehe auch 1920/1972a: 513, 519, 527).

Das Gemeinschaftshandeln bleibt ohne rationale Formung an den Partikularismus der Brüderlichkeitsethik und Pietät der Sippen und Kasten gebunden. Die traditionale indische Gesellschaft ist zerteilt in einander fremde Sondergemeinschaften: Sippen, Kasten, lokale Gemeinden, Familien. Es existieren keine universellen Normen, die auf jedermann in derselben Weise hätten angewendet werden können:

Es gab keine universell gültige, sondern durchaus nur eine ständisch besondere private und Sozialethik (Weber, 1920/1972b: 142).

Auch hier verweist Weber auf ein Phänomen, das die moderne westliche Kultur von der traditionalen Trennung von intellektueller Abstraktion und gemeinschaftlichem Partikularismus unterscheidet. Er sagt, die orientalischen Kulturen hätten kein dem Okzident vergleichbares Konzept des Naturrechts entwickelt, das die Geltung universeller Normen für jedes menschliche Wesen behauptet:

Die Gesamtheit aller Probleme, welche im Occident das »Naturrecht« ins Leben riefen, fehlte (in Indien) eben vollständig und prinzipiell. Denn es gab schlechthin eben keinerlei »natürliche« Gleichheit der Menschheit vor irgendeiner Instanz, am allerwenigsten vor irgendeinem überweltlichen »Gott«. Dies ist die negative Seite der Sache. Und diese ist die wichtigste: sie schloß die Entstehung sozialkritischer und im naturrechtlichen Sinn »rationalistischer« Spekulationen und Abstraktionen vollständig und für immer aus und hinderte das Entstehen irgendwelcher »Menschenrechte« (Weber, 1920/1972b: 143-144, siehe auch 1920/1972a: 436-437, 553).

Dagegen ist es ein Kennzeichen des modernen okzidentalen Naturrechts, daß es Rechte eines jeden Menschen definiert (Weber, 1922/1976: 496-503). Das Naturrecht formuliert moralische Prinzipien, in denen rationale Begründung und Verwurzelung im Gemeinschaftsleben zusammengebracht werden. Diese Qualität des modernen okzidentalen Naturrechts ist das Resultat der Interpenetration von rationalem Diskurs und Gemeinschaftshandeln. Daraus gehen auf der einen Seite universelle Normen für die gemeinschaftliche Assoziation hervor, die Gültigkeit für die Assoziation zwischen jeden beliebigen Menschen beanspruchen und den gemeinschaftlichen Partikularismus durchbrechen. Auf der anderen Seite wird der rationale Diskurs auf die Formulierung grundlegender Moralprinzipien für die konkret existierende Gesellschaft ausgerichtet, so daß er mit der Gesellschaft verknüpft bleibt und vor der Abirrung in die reine Sinnsuche bewahrt wird. Eine bedeutsame Funktion für die Interpenetration von rationalem Diskurs und Gemeinschaftsleben erfüllte im Okzident die Einbindung der Intellektuellen in gesellschaftliche Vereinigungen mit praktischen Zielsetzungen. Die Einbindung der religiösen Intellektuellen in die christliche Gemeinschaft und später der Aufklärer in das Bürgertum steuerte die ideellen Grundlagen des Naturrechts bei (Weber, 1922/1976: 304-314). Die Einbindung der Juristen in die Regelung des Tauschverkehrs schuf ökonomische, ihre Einbindung in die Gestaltung der politischen Verfassungen brachte politische Grundlagen hervor (Weber, 1922/1976: 456-467, 499-503).

Die moderne gesellschaftliche Gemeinschaft

Im Prozeß der Interpenetration haben alle involvierten Teile ihren Charakter verändert. Der ökonomische Tausch, das politische Handeln und die intellektuelle Abstraktion sind mit der normativen Regulierung des Handelns verknüpft worden. Normen des vertraglich vollzogenen Tausches, Verfassungen und die Herrschaft des Rechts sowie die universalistische Moral des Naturrechts sind die Ergebnisse. Das Gemeinschaftsleben hat seine vollkommene Herrschaft über den einzelnen durch die Normen der Brüderlichkeit und Pietät und durch repressive Sanktionen verloren; und es hat seinen naturwüchsigen Partikularismus überwunden. Das Gemeinschaftsleben ist mehr und mehr auf freiwillige und pluralistische Assoziation, formale Rechte und Legalität und auf universelle Normen der Moralität gegründet worden (siehe dazu Marshall, 1964).

Den Kern der modernen gesellschaftlichen Gemeinschaft bildet die Bürgerschaft (citizenship) als eine Assoziation von Individuen. Sie ist frei gewählt und läßt eine Pluralität von spezifischeren Vereinigungen zu, und sie basiert auf Freiheits- und Gleichheitsrechten. Sie impliziert die formale Rechtlichkeit der sozialen Beziehungen und gründet auf politischen Rechten. Sie hat einen universalistischen Charakter und baut auf kulturellen Rechten auf. Die Solidarität der Bürger (citizen) wird durch diese Aspekte geformt. Sie verbindet Freiheit, formale Rechtlichkeit und Universalität miteinander. Die sozialen Rechte der Solidarität werden dadurch in ihrem Charakter mitgestaltet und unterscheiden sich deshalb von der partikularistischen Brüderlichkeit der Sippengemeinschaft. Diese komplexe Natur der modernen Bürgerschaft (citizenship) und die vielen Voraussetzungen, die sie hat, machen ihr Entstehen außerhalb der modernen westlichen Kultur unwahrscheinlich. Es ist genau diejenige Eigenschaft der Moderne, die den Entwicklungsländern am meisten fehlt, unabhängig von ihrer sonstigen ökonomischen, politischen und intellektuellen »Differenzierung«. Selbst wenn wir anerkennen, daß die Entwicklung der Bürgerschaft (citizenship), an absoluten Maßstäben gemessen, noch lange nicht weit genug vorangeschritten ist, so *ist* sie doch das unterscheidende Merkmal der Moderne. Und dieses Merkmal, zusammen mit der Regulierung der differenzierten Sphären der Ökonomie, der Politik und des Intellektualismus, kann nur dann befriedigend erklärt werden, wenn wir eine klare Sicht der Interpenetration schon differenzierter Sphären als grundlegende Wurzel haben. Und selbst wenn wir – wie Weber in seinen abschließenden Bemerkungen zur Protestantismusstudie – über das herz- und geistlose Funktionieren der modernen Systeme des Kapitalismus, der Bürokratie und des rationalisierten Rechts nach dem Niedergang des Puritanismus lamentieren, kann nicht geleugnet werden, daß die Ausweitung der Bürgerrechte, die normative Kontrolle der Ökonomie und Politik und die Entwicklung der moralischen Verbindlichkeit der Menschenrechte seit Webers Tagen in den westlichen Kerngesellschaften beträchtlich fortgeschritten sind. Das ist schlicht eine nicht zu leugnende Tatsache. Keine soziologische Theorie der Differenzierung hat bislang diese grundlegende Eigenart der modernen westlichen Kultur adäquat begriffen und erklärt.

In der aufgezeigten Perspektive ist die Konsequenz der gesellschaftlichen Differenzierung die Herausbildung von normativ unregulierten Sphären des Handelns, die zu einem Zusammenbruch der Ordnung in der differenzierten Gesellschaft insgesamt führen kann. Die Lösung dieses neuen Problems der Ordnung ist nicht die Rückkehr zum Gemeinschaftsleben, sondern die Interpenetration der differenzierten Sphären, die eine differenzierte, aber dennoch integrierte, komplexe und kontingente Ordnung hervorbringt (siehe dazu Münch, 1984).

Kulturelle und gesellschaftliche Rationalisierung

Die dargestellte Sicht von Differenzierung und Interpenetration wirft auch ein neues Licht auf den Prozeß der Rationalisierung in seinen zwei eingangs dieses Abschnitts unterschiedenen Stufen. Das Resultat ist eine neue Erklärung der Möglichkeit sozialer Ordnung unter modernen Bedingungen.

Rationalisierung ist eine Eigenschaft der modernen westlichen Kultur. Sie bedeutet auf kultureller Ebene die Annäherung an die objektive Gültigkeit (Wahrheit) von Sinnkonstruktionen, Normen, Expressionen und Kognitionen, aber nie das Erreichen der objektiven Gültigkeit. Dieser Prozeß ist nicht auf die kognitiven Wissenschaften beschränkt. Er schreitet in dem Maße fort, in dem die Kultur von Intellektuellen nach der Logik der Argumentation geformt wird. Eine unterscheidende Eigenart der jüdisch-christlichen Religion im Vergleich zu den anderen Weltreligionen ist jedoch viel weniger ihre intellektuelle Rationalisierung (die andere Wurzeln hat, nämlich den Hellenismus und die Aufklärung), sondern viel mehr die zentrale Position der aktiven *Gestaltung der Welt* nach religiös-kulturellen Ideen. Das impliziert eine Verknüpfung von kulturellen Ideen und gesellschaftlichen, profanen Sphären des Lebens, die nirgendwo sonst in demselben Ausmaß erreicht worden ist. Die religiös-kulturelle Durchdringung der Welt ist das unterscheidende Kennzeichen der Entwicklung der jüdisch-christlichen Religion. Strenggenommen hat diese kulturelle Durchdringung der Welt keine Entwicklungslogik der inneren Gesetze gesellschaftlicher Sphären freigesetzt, weil dies eine kulturfreie Ökonomisierung der Ökonomie zur rein utilitaristischen Kalkulation bedeuten würde, ebenso eine Politisierung der Politik zur reinen Machtpolitik und eine Solidarisierung der Gemeinschaft zur partikularistischen Gruppenkohäsion. Das Gegenteil ist wahr: Diese Sphären, die vor allem im alten Indien ihre Eigengesetzlichkeiten besonders entfaltet hatten, wurden dem formenden Einfluß religiös-kultureller Ideen unterworfen. Das Gemeinschaftshandeln wurde dem Druck der Universalisierung ausgesetzt, das ökonomische Handeln dem Druck der ethischen Kontrolle, das politische Handeln dem Druck der Verwirklichung universeller Werte. Aber dieser Prozeß verlief nicht auf einer Einbahnstraße. Je mehr sich die religiöse Kultur der Welt näherte, um so mehr mußte sie die Gesetze der profanen Sphären als Material nehmen, das geformt werden mußte. In diesem Prozeß vollzog sich eine gegenläufige Durchdringung der Kultur durch die Sphären der Welt (Diagramm 5).

Diskurs und Politik

Die gegenseitige Durchdringung von rationalem Denken und kollektiv-politischer Zweckverfolgung und Entscheidung thematisiert Weber unter dem Begriff der rational-ethischen Weltbeherrschung. Das bedeutet in der einen Richtung kollektive Zweckverfolgung als Wertverwirklichung und in der anderen Richtung die Selektion von Ideen und Ideeninterpretationen aufgrund gesetzter Zwecke. Die treibenden Kräfte hinter dieser Entwicklung waren die jüdisch-christliche Konzeption eines Herrschergottes und die ethische Prophetie:

Aus der Beziehung zum überweltlichen Gott und zur kreatürlich verderbten ethisch irrationalen Welt folgte dagegen die absolute Unheiligkeit der Tradition und die absolut unendliche Aufgabe immer erneuter Arbeit an der ethisch rationalen Bewältigung und Beherrschung der gegebenen Welt: die rationale Sachlichkeit des Fortschritts (Weber, 1920/1972a: 527; siehe weiter: 521, 534).

Diskurs und Ökonomie

Die gegenseitige Durchdringung von rationalem Denken und ökonomischem Handeln betrachtet Weber unter dem Begriff der methodisch-rationalen und praktisch-rationalen Lebensführung. Hier werden ökonomische Motive einer rational kalkulierenden Kontrolle unterworfen; umgekehrt werden Ideen an wechselnde Situationen und ökonomische Motive angepaßt. Die Grundlagen des ökonomischen Rationalismus in der innerweltlichen Askese des Puritanismus bilden den Hauptgegenstand von Webers Protestantismusstudie:

(...) so ist der ökonomische Rationalismus in seiner Entstehung auch von der Fähigkeit und Disposition der Menschen zu bestimmten Arten praktisch-rationaler Lebensführung überhaupt abhängig (Weber, 1920/1972a: 12; siehe weiter: 162-202, 532-534).

Diskurs und Solidarität

Die gegenseitige Durchdringung von rationalem Denken und Gemeinschaftsleben wird von Weber – wie schon gezeigt – unter dem Begriff des Naturrechts beleuchtet. In diesem Kontext werden die moralischen Normen der Gemeinschaft universalisiert und die kulturellen Ideen der Menschen- und Bürgerrechte moralisch verbindlich gemacht (Weber, 1922/1976: 496-503).

Ökonomie und Politik

Auch für die letzte, nach unserem Modell noch offene gegenseitige Durchdringung von Subsystemen des sozialen Handelns, für diejenige von Ökonomie und Politik, lassen sich bei Max Weber Formulierungen finden. So sagt er, daß der Kapitalismus auf die Berechenbarkeit des Handelns der Individuen und des Staates angewiesen sei, die u.a. durch die Gesetzgebung und Verwaltungsführung der rational-legalen Herrschaft gewährleistet werde. In der umgekehrten Richtung ist das Steueraufkommen in Geld eine Voraussetzung für eine rationale Politik. Eine Vorreiterfunktion für die Entwicklung einer berechenbaren Ordnung durch Gesetzgebung und Verwaltung erfüllte die Herausbildung der rationalen Bürokratie im Bündnis von Absolutismus und Juristenstand:

Denn der moderne rationale Betriebskapitalismus bedarf (...) auch des berechenbaren Rechts und der Verwaltung nach formalen Regeln... (Weber, 1920/1972a: 11; siehe weiter 1924: 292-293; 1971b: 322-323; 1922/1976: 181-187, 195-198, 395-440, 556-557, 562-564).

Der Prozeß der Interpenetration

Ob die aufgezeigte Entwicklung in jedem Fall zu einer balancierten Interpenetration oder zu einer Beherrschung der Kultur durch die Welt führte, ist eine Frage, die für unterschiedliche Gesellschaften in unterschiedlicher Weise zu beantworten ist. Auf jeden Fall bedeutete die Rationalisierung des modernen Okzidents weder einen bloßen Anstoß zu einer eigengesetzlichen gesellschaftlichen Rationalisierung noch eine nahtlose Übersetzung der kulturellen in gesellschaftliche Rationalisierung. Das Herzstück der okzidentalen Entwicklung ist eine Eigenart, die im Gegensatz zu einer reinen Logik der Rationalisierung und Differenzierung nach den inneren Gesetzen von Systemen des Handelns steht: Interpenetration. Der Prozeß der Interpenetration verlangt eine andere Erklärung. Nicht so sehr die Intellektualisierung der Religion ist der Ursprung dieser Entwicklung, sondern das jüdisch-christliche Hinausschreiten über die Kultur in die Welt hinein.

Diese andersartige Erklärung der okzidentalen Entwicklung führt zu einer neuen Antwort auf die Frage nach den Chancen und nach dem Charakter von Ordnung in den modernen Gesellschaften. Die Interpenetration von Subsystemen des Handelns ist ein Mittel der Integration von Sphären der Welt, die so weit voneinander entfernt sind wie der intellektuelle Diskurs, die gemeinschaftliche Solidarität, das politische Entscheiden und die ökonomische Kalkulation. Auf diese Weise entsteht eine komplexe und kontingente, aber auch äußerst konfliktreiche Ordnung, die in der Tat Rationalität und Geordnetheit verbindet, wie Habermas es intendiert, aber nicht durch die begriffliche Gleichsetzung von Rationalität und Konsensus, sondern durch deren Verknüpfung als zwei sehr verschiedene Phänomene in Zonen der Interpenetration, die zwischen ihnen liegen. Rationalität, gegründet auf der permanenten Erzeugung von Dissensus, Konsensus, basierend auf gemeinschaftlicher Solidarität, und kollektives Entscheiden müssen zum Beispiel in der öffentlichen Diskussion miteinander verknüpft werden, die von diesen unterschiedlichen Ressourcen lebt und die Funktion der Übermittlung der Produkte von einem System zum anderen erfüllt. Was kulturell gültig ist, das ist in dieser Perspektive auch gültig für das politische Handeln. In diesem Sinne kann ich Habermas folgen und Luhmanns Theorie der diskret zerteilten Systemdifferenzierung zurückweisen. Aber die gültigen kulturellen Ideen lassen verschiedene Wege der Konkretisierung offen, über die politisch entschieden werden muß. Hier muß ich Luhmann folgen und Habermas zurückweisen. Konsensus ist möglich in modernen Gesellschaften. Hier weiche ich von Weber ab und folge Habermas. Aber dieser Konsensus fußt auf Solidarität, nicht auf rationaler Diskussion. So muß ich hier meine Übereinstimmung mit Habermas einschränken. Rationalität ist auch möglich in der Entwicklung von Normen. Hier argumentiere ich mit Habermas gegen Weber. Aber diese Rationalität wird von permanentem Dissensus begleitet. In dieser Hinsicht unterscheide ich mich von Habermas und stehe auf der Seite Webers. Der Charakter, den die moderne Ordnung des Handelns nach diesem Modell erreicht, beruht auf der Kombination faktischer, normativer und voluntaristischer Merkmale. Was wir brauchen, sind nicht einfache Lösungen des Ordnungsproblems, sondern zunehmend komplexere.

Schlußbemerkungen

Die Theorien von Luhmann, Schluchter und Habermas zur Differenzierung und Rationalisierung der Gesellschaft begreifen Differenzierung nicht adäquat als einen Prozeß, der von einem Zustand der Begrenzung des Handelns durch naturwüchsige Gemeinschaftsbande ausgeht und zur Entwicklung von Sphären des Handelns jenseits der Grenzen des Gemeinschaftslebens führt. Sie verstehen Rationalisierung nicht präzise genug als einen zweistufigen Prozeß, der zunächst die Differenzierung des rationalen Diskurses vom Gemeinschaftsleben bedeutet, dann aber die Durchdringung der anderen Sphären des Handelns – des Gemeinschaftshandelns, des ökonomischen und politischen Handelns – durch den rationalen Diskurs. Die Erklärungen, die diese Theorien für die Prozesse der Differenzierung und Rationalisierung bieten, sind reine Entwicklungslogiken: eine Logik der wachsenden Komplexität der Welt und ihrer Reduktion durch Systembildung und -differenzierung, eine Logik der intellektuellen Rationalisierung oder eine Logik der Rationalisierung gesellschaftlicher Subsysteme. Die Konsequenzen, die sich im Lichte dieser Theorien aus der Differenzierung und Rationalisierung der Gesellschaft ergeben, verlaufen entweder zu reibungslos in die Richtung von Integration, wie in Luhmanns Gleichsetzung von Differenzierung und Integration, oder sie enden unvermeidlich in der Verkehrung von Rationalität zu Irrationalität, wie in Schluchters Weber-Interpretation, oder sie werden auf eine bloß faktisch gegebene Unvollständigkeit reduziert, wie in Habermas' Weber-Interpretation. Auf die Frage nach den Chancen sozialer Ordnung unter modernen Bedingungen bieten die Theorien entweder zu einfache Antworten, wie Luhmanns Theorie, oder keine Antwort, wie Schluchters Theorie, oder eine zu einseitig rationalistische, wie Habermas' Theorie. Ihnen allen ist gemeinsam, daß sie keinen Zugang zum Prozeß der Interpenetration haben, derjenigen Eigenart, durch die sich die moderne westliche Kultur von allen zuvor und außerhalb ihrer Grenzen existierenden Kulturen unterscheidet.

In der hier vorgeschlagenen Perspektive ist Differenzierung ein Prozeß der Etablierung von Sphären des Handelns außerhalb der Grenzen des Gemeinschaftslebens. Rationalisierung ist zuerst eine Dimension der Differenzierung, sodann ein Prozeß der

Durchdringung der differenzierten Sphären des Handelns durch die rationalisierte Kultur. Differenzierung muß als eine nicht-intendierte Folge der Etablierung von Interaktionen zwischen Fremden erklärt werden. Diese Interaktionen können zufällig auftreten. Das Resultat ist die Herausbildung differenzierter Sphären des Handelns, die ihren eigenen Gesetzen folgen und über keine verbindende Ordnung verfügen. Das ist nach Max Webers historisch-vergleichenden Studien genau ein Merkmal der traditionalen Gesellschaften. Die Interpenetration der differenzierten Sphären mit der Etablierung neuer verknüpfender Mechanismen ist ebenso klar von Weber als ein unterscheidendes Merkmal der modernen westlichen Kultur erkannt worden. Und ganz unabhängig von der Antwort auf die Frage, wie weit dieser Prozeß der Interpenetration fortgeschritten ist, muß dies als die einzig mögliche Lösung des Problems der Ordnung des Handelns unter modernen Bedingungen betrachtet werden. Es ist indessen eine Lösung, die sehr voraussetzungsvoll ist und viel Konflikt in sich birgt. Damit müssen wir leben.

Technischer Anhang

Theoretischer Bezugsrahmen

Jede wissenschaftliche Betrachtung versucht die Ordnung der Welt und ihre Gesetzmäßigkeiten zu erkennen. Ohne Bezugsrahmen von Grundbegriffen und Grundannahmen ist dies nicht möglich. Der Bezugsrahmen, der den Analysen in diesem Buch zugrunde liegt, soll hier in aller Kürze skizziert werden. Ich schließe zu diesem Zweck an meine Darstellung an anderer Stelle an (Münch, 1984: 29-39). Weitergehende Interessen müssen dorthin und an andere Stellen verwiesen werden (Münch, 1982; 1984: 28-70; Parsons, 1967, 1969d, 1977, 1978).

Die analytische Ordnung des Handelns

Die Ereignisse der Realität variieren von vollkommener Unvorhersagbarkeit zu vollkommener Vorhersagbarkeit. Bei der Vorhersage von Ereignissen gehen wir von Antezedenzien aus, die zur Voraussage bestimmter Konsequenzen Anlaß geben. Beide können im Grad ihrer Geordnetheit variieren, die Antezedenzien nach der Zahl von Ereignissen von niedrigster zu höchster Komplexität, die Konsequenzen nach der Zahl möglicher Folgeereignisse von niedrigster zu höchster Kontingenz. Aus der wiederholten Kreuztabellierung von niedriger und hoher Komplexität von Antezedenzien und niedriger und hoher Kontingenz von Konsequenzen können wir ein in sich beliebig differenzierbares Vierfelderschema als Bezugsrahmen zur analytischen Ordnung der Realität bilden. Es ergeben sich folgende vier Felder:
(1) Hohe Komplexität von Antezedenzien und hohe Kontingenz von Konsequenzen.
(2) Hohe Komplexität von Antezedenzien und niedrige Kontingenz von Konsequenzen.
(3) Niedrige Komplexität von Antezedenzien und hohe Kontingenz von Konsequenzen.
(4) Niedrige Komplexität von Antezedenzien und niedrige Kontingenz von Konsequenzen.

Wenn wir dieses Ordnungsschema auf menschliches Handeln anwenden, dann müssen wir davon ausgehen, daß sich hier die Relation von Antezedenzien und Konsequenzen im Verhältnis von Zeichen und daran orientierten Handlungen äußert. Die Zeichen bilden die Symbolwelt, die nach der Zahl diskreter Symbole von niedrigster zu höchster Komplexität variiert. Die Handlungen stellen die Handlungswelt dar, die nach der Zahl möglicher Handlungen von niedrigster zu höchster Kontingenz reicht. Auch diese beiden Dimensionen lassen sich zur Erstellung eines in sich differenzierten Ordnungsschemas beliebig wiederholbar kreuztabellieren. Die Grunddifferenzierung ergibt folgendes Vierfelderschema:

(1) Hohe Symbolkomplexität und hohe Handlungskontingenz.
(2) Hohe Symbolkomplexität und niedrige Handlungskontingenz.
(3) Niedrige Symbolkomplexität und hohe Handlungskontingenz.
(4) Niedrige Symbolkomplexität und niedrige Handlungskontingenz.

Systeme

Durch die wiederholte Anwendung dieses Ordnungsschemas können wir das menschliche Handeln in sich und in seiner Umwelt als einen Komplex interdependenter Subsysteme begreifen, die sich durch besondere Elemente, Strukturen und Prozesse und durch die Erfüllung spezifischer Funktionen im Gesamtsystem auszeichnen. Die Prozesse innerhalb der Systeme und die Vernetzung der Systeme werden durch zirkulierende Medien gesteuert, die in einem System beheimatet sind, aber über dessen Grenzen hinaus dessen Leistungen als Faktoren und Produkte in die anderen Systeme hineintransportieren. Für die Medien gibt es spezifische Orientierungskategorien und Bewertungsstandards, Sinnmuster und Wertstandards, Wertprinzipien und Koordinationsstandards. (Diagramm 6)

Conditio humana

Die erste Systemebene ist die Conditio humana. Sie umfaßt die folgenden vier Subsysteme:

- Das physikalisch-chemische System wird durch physikalisch-chemische Prozesse gebildet, die durch empirische Ordnungsbildung als Medium gesteuert werden. Es erfüllt die Funktion der Anpassung und Öffnung durch Bereitstellung von Ressourcen bei hoher Komplexität und hoher Kontingenz (Adaptation: A). Eine Ursache hat viele Konsequenzen, und eine Konsequenz hat viele Ursachen. Die Orientierungskategorie des Mediums ist Kausalität, der entsprechende Bewertungsstandard ist die Adäquatheit kausaler Erklärungen.
- Das organische System beruht auf organischen Prozessen, die durch Gesundheit als Medium gesteuert werden. Es erfüllt die Funktion der Zielverwirklichung und Spezifikation durch natürliche Selektion und teleonomische Organisation bei hoher Komplexität und niedriger Kontingenz (Goal attainment: G). Viele Ereignisse führen auf eine Konsequenz hin. Die Orientierungskategorie des Mediums ist Teleonomie, der Bewertungsstandard ist hier die Diagnose.
- Das telische System besteht aus den transzendentalen Bedingungen sinnhafter menschlicher Existenz, die durch transzendentale Ordnungsbildung als Medium gesteuert werden. Es erfüllt die Funktion der Bewahrung latenter Strukturen und der Generalisierung durch Sinnvermittlung bei niedriger Komplexität und hoher Kontingenz (Latent pattern maintenance: L). Die Orientierungskategorie des Mediums ist Transzendentalität, der Bewertungsstandard ist die transzendentale Argumentation.
- Das Handlungssystem basiert auf Handeln, das durch Sinn als Medium gesteuert wird. Es erfüllt die Funktion der Integration und Schließung durch Etablierung von wiederkehrenden Handlungsmustern bei niedriger Komplexität und niedriger Kontingenz (Integration: I). Ein symbolisch vermitteltes Ereignis zieht genau ein Ereignis des Handelns nach sich. Die Orientierungskategorie des Mediums ist Generativität, der Bewertungsstandard ist Verstehen.

Handlungssystem

Die zweite Systemebene ist das allgemeine Handlungssystem. Es umfaßt die folgenden vier Subsysteme:
- Das Verhaltenssystem setzt sich aus Reiz-Reaktionsverbindungen und kognitiven Schemata zusammen, die durch Intelligenz als Medium gesteuert werden. Es erfüllt die Funktion der Anpassung und der Öffnung des Handlungsspielraums durch Ressourcenmobilisierung bei hoher Symbolkomplexität und hoher Handlungskontingenz (A). Ein Reiz hat viele Wirkungen, und eine Wirkung resultiert aus vielen Reizen. Das Sinnmuster, auf das Intelligenz bezogen ist, wird durch Gründe der kognitiven Gültigkeit und Signifikanz dargestellt, Wertstandard ist die kognitive Rationalität.
- Das Persönlichkeitssystem bildet sich aus persönlichen Dispositionen, die durch persönliche Handlungskapazität gesteuert werden. Es erfüllt die Funktion der Zielverwirklichung und der Spezifikation des Handlungsraums durch Selektion bei hoher Symbolkomplexität und niedriger Handlungskontingenz (G). Die Persönlichkeit entscheidet zwischen vielen symbolisch präsenten Handlungsalternativen und legt eine Handlung fest. Das Sinnmuster für Handlungskapazität ist die Internalisierung von relevantem Sinn in die Persönlichkeit, Wertstandard ist die Zweckrationalität des Handelns.
- Das kulturelle System gründet auf Symbolen, die durch Definitionen der Situation gesteuert werden. Es erfüllt die Funktion der Bewahrung latenter Strukturen und der Generalisierung des Handlungsspielraums durch Bereitstellung von allgemeinen Ideen, die dem variierenden Handeln zugrunde liegen, bei niedriger Symbolkomplexität und hoher Handlungskontingenz (L). Eine allgemeine Idee wird in vielen Interpretationen und Handlungen verkörpert. Das Sinnmuster für Situationsdefinitionen wird durch konstitutive Sinngründe der Conditio humana geformt, Wertstandard ist die Sinnhaftigkeit des Handelns in einem kulturellen Bezugsrahmen.
- Das soziale System ist definiert durch soziales Handeln (gegenseitige Orientierung des Handelns verschiedener Akteure aneinander), das durch Einfluß gesteuert wird. Es erfüllt die Funktion der Integration und der Schließung des Handlungsspielraums durch die Etablierung von Mustern sozialen Han-

delns bei niedriger Symbolkomplexität und niedriger Handlungskontingenz (I). Eine Handlungserwartung resultiert in genau einer Handlung. Das relevante Sinnmuster ist die Institutionalisierung von Sinn in sozialen Systemen, der Wertstandard ist die sinnhafte Einheit der Identitäten der sozialen Akteure.

Soziales System

Die dritte Systemebene ist das soziale System. Es umfaßt die folgenden vier Subsysteme:
- Das ökonomische System ist durch Märkte und Tauschhandeln bei Kalkulation von Nutzen oder Gewinn bestimmt. Das ökonomische Handeln ist am Prinzip der Optimierung verschiedener Ziele orientiert. Es wird durch Geld, geregelt in einer Eigentumsordnug, gesteuert. Das ökonomische System erfüllt die Funktion der Anpassung und der Öffnung des Handlungsspielraums durch die Mobilisierung von Ressourcen und die Allokation von Ressourcen und Präferenzen nach dem Prinzip des größtmöglichen Gesamtnutzens bei hoher Symbolkomplexität und hoher Handlungskontingenz (A). Viele Quellen stellen eine Ressource bereit, und eine Ressource kann zu vielen Zwecken verwendet werden. Auf dem Markt kann Beliebiges nachgefragt werden, und mit dem Angebotenen kann Beliebiges getan werden. Das Wertprinzip des Geldes ist Nützlichkeit, der Koordinationsstandard ist die Solvenz von Wirtschaftsunternehmen.
- Das politische System umschließt Herrschaft und Konflikthandeln. Das politische Handeln ist am Prinzip der Maximierung und Realisierung eines Zieles orientiert; es wird durch politische Macht, geregelt in einer Herrschaftsordnung, gesteuert. Das politische System erfüllt die Funktion der Zielverwirklichung und der Spezifikation des Handlungsspielraumes durch die Selektion und Durchführung kollektiv verbindlicher Entscheidungen bei hoher Symbolkomplexität und niedriger Handlungskontingenz (G). Es können viele Alternativen gedacht werden, aber nur eine wird verbindlich durchgesetzt. Das Wertprinzip politischer Macht ist politische Effektivität im Sinne von Entscheidungsfähigkeit, der Koordinationsstandard ist die Akzeptanz und Befolgung von Entscheidungen.

– Das sozial-kulturelle System umschließt Diskursstruktur und Kommunikation. Das kommunikative Handeln ist am Prinzip der Konsistenz zu einer Idee orientiert. Es wird durch Sprache, geregelt in einer grammatischen Ordnung, gesteuert. Das sozial-kulturelle System erfüllt die Funktion der Bewahrung latenter Strukturen und der Generalisierung des Handlungsspielraums bei niedriger Symbolkomplexität und hoher Handlungskontingenz durch die soziale Konstruktion von Sinnmustern (L). Ein und dasselbe intersubjektiv definierte Sinnmuster ist in vielen sozialen Interpretationen und Handlungen verkörpert. Das Wertprinzip von Sprache ist die Integrität von Sinnmustern, der Koordinationsstandard ist die Konsistenz von Symbolsystemen.
– Das Gemeinschaftssystem beruht auf Vereinigung und Vereinigungshandeln. Letzteres ist am Prinzip der Konformität zu gemeinsamen Normen orientiert und wird durch Reputation, geregelt durch eine Reputationsordnung, gesteuert. Das Gemeinschaftssystem erfüllt die Funktion der Integration und der Schließung des Handlungsspielraums bei niedriger Symbolkomplexität und niedriger Handlungskontingenz durch die Sicherung von Solidarität, Zusammenhalt, Kooperation und gegenseitiger Unterstützung (I). In einer Gemeinschaft definiert eine gemeinsame Norm genau ein Handeln als verbindlich. Das Wertprinzip von Reputation ist die Solidarität der Gemeinschaftsmitglieder, der Koordinationsstandard ist der soziale Konsens.

Die Interpenetrationszonen des sozialen Systems

Wie im vorausgegangenen Abschnitt dargelegt wurde, sind die zunehmende Interpenetration von Subsystemen des Handelns und die Herausbildung von immer breiteren Interpenetrationszonen ein Kennzeichen neuer Entwicklungsschübe der Moderne. Auf der Ebene der gesellschaftlichen Subsysteme läßt sich dies so darstellen, daß sich zwischen Märkten, politischen Entscheidungsverfahren, Diskursen und gesellschaftlichen Vereinigungen neue Subsysteme als Interpenetrationszonen bilden. Diese Subsysteme lassen sich als Teile eines jeweiligen Muttersystems verstehen, die außer der Logik des Muttersystems auch die Logik der anderen

Systeme in sich hineinnehmen. Daraus ergibt sich in einem ersten Konstruktionsschritt folgendes Bild (Diagramm 7).
- Im ökonomischen System verbindet sich der durch Geld gesteuerte Wirtschaftsmarkt mit der durch Macht gesteuerten Wirtschafts- und Technologiepolitik, der durch Reputation gesteuerten wirtschaftlichen Vereinigung und dem durch Sprache gesteuerten wirtschaftlichen Diskurs.
- Im politischen System verbindet sich die durch politische Macht regulierte Herrschaft mit der durch Geld gesteuerten Haushalts- und Finanzökonomie des Staates, der durch Reputation gesteuerten politischen Vereinigung und dem durch Sprache gesteuerten politischen Diskurs.
- Im sozial-kulturellen System verbindet sich der durch Sprache gesteuerte kulturelle Diskurs mit dem durch Geld gesteuerten Kulturmarkt, der durch Macht gesteuerten Kulturpolitik und der durch Reputation gesteuerten kulturellen Vereinigung.
- Im Gemeinschaftssystem verbindet sich die durch Reputation gesteuerte gesellschaftliche Vereinigung mit der durch Macht gesteuerten Gesellschaftspolitik, dem durch Geld gesteuerten Vereinigungsmarkt und dem durch Sprache gesteuerten öffentlichen Diskurs.

Generalisierte Kommunikationsmedien

Die Etablierung von generalisierten Medien der Steuerung von Prozessen, der Koordination des Handelns, bedeutet einen enormen Entwicklungsschub der modernen Gesellschaft in der Herausbildung von höheren Niveaus der Steuerung stets komplexer werdender Handlungssysteme (Parsons, 1969a, 1969b, 1969c; Saurwein, 1988). Im sozialen Handeln wird dadurch die Handlungskoordination unabhängig von Raum, Zeit und Personen. In diesem Sinne überschreitet Geld die Grenzen des Naturaltausches. Legitime politische Macht politischer Instanzen in einer legitimen Herrschaftsordnung überschreitet die Grenzen der unmittelbaren Durchsetzung von Zielen mittels partikularer Macht gegen andere partikulare Macht kämpfender Gruppen. Universelle Sprache überschreitet die Grenzen der Verständigung durch einfachere und konkrete Zeichen. Reputation überschreitet die Grenzen einfacher Solidarität. Im einzelnen weisen diese genera-

lisierten Medien der Kommunikation die folgenden Eigenschaften auf:
(1) Sie sind symbolischer Natur und verweisen auf konkrete Gegenstände: Sprache auf Sinn und Bedeutung, die sie bei anderen auslöst; Reputation auf Unterstützung, die sie bei anderen mobilisiert; politische Macht auf kollektiv verbindliche Entscheidungen, die sie durchsetzt; Geld auf Waren, die man damit kaufen kann.
(2) Sie sind generalisiert. Sie ermöglichen das Verstehen von Sinn, die Mobilisierung von Unterstützung, die Durchsetzung kollektiv verbindlicher Entscheidungen und den Austausch von Waren unabhängig von Raum, Zeit und Personen.
(3) Jedes Medium gehorcht einer spezifischen normativen Ordnung, nach der es erworben, gebraucht und veräußert werden kann: Grammatik, Prestigeordnung, politische Ordnung und Eigentums-/Währungsordnung.
(4) Jedes Medium zirkuliert zwischen verschiedenen Aktoren. Worte wandern vom Sender zum Empfänger und übertragen Sinn. Reputation wandert durch Zertifikate vom Sender zum Empfänger. Der Schirmherr überträgt seine Reputation auf die Organisatoren einer Veranstaltung. Dadurch wird Unterstützung mobilisiert. Politische Macht wandert z. B. von der Regierung zur Administration und überträgt die Ausführung kollektiver Entscheidungen. Geld wandert vom Käufer zum Verkäufer und dient der Übertragung von Besitzrechten.
(5) Die Medien zirkulieren zwischen den Systemen und sind wesentlicher Teil ihrer Interpenetration und gegenseitigen Leistungssteigerung. Sprache ist durch diskursive Prozesse ein wesentlicher Bestandteil der Produktion von Reputation, politischer Macht und Geld. Reputation nimmt an der Produktion von Sprache, politischer Macht und Geld teil. Politische Macht ist eine Grundlage der Produktion von Geld, Reputation und Sprache. Geld ist Teil der Produktion von Sprache, politischer Macht und Reputation. Beispiele: Die Reputation des Politikers hilft bei der Mobilisierung politischer Unterstützung, die sich in Wahlstimmen und mit ihnen in politischer Macht äußern. Sprachliche Legitimationsprozesse steigern die Legitimität politischer Macht. Steuereinnahmen steigern die Macht des Staates, der nun unabhängiger ist und größere Projekte verwirklichen kann.

(6) Medien unterliegen Prozessen der Inflation und Deflation. Worte bedeuten weniger bzw. mehr, als sie sagen, von Zeitpunkt t1 zu Zeitpunkt t2. Reputation bewirkt weniger bzw. mehr Unterstützung von Zeitpunkt t1 zu Zeitpunkt t2. Politische Macht setzt mehr bzw. weniger Entscheidungen kollektiv verbindlich durch von Zeitpunkt t1 zu Zeitpunkt t2. Geld kauft weniger bzw. mehr Waren von Zeitpunkt t1 zu Zeitpunkt t2. Inflationen können zu Rezessionen und Zusammenbrüchen der Kommunikation, Vereinigung, politischen Entscheidung und wirtschaftlichen Transaktion führen.

(7) Die Medien unterliegen Konjunkturen. Aufschwung verbindet sich mit einer Beschleunigung, Ausbreitung, Verdichtung und Globalisierung der Medienzirkulation und einer Vermehrung des Medienvolumens, denen eine vermehrte Produktion von Verständigung, Vereinigung, politischem Entscheiden und Waren korrespondiert. Abschwung bedeutet Verlangsamung, Einschränkung, Lockerung, Provinzialisierung der Medienzirkulation und eine Verminderung des Medienvolumens mit entsprechendem Rückgang der Produktion von Verständigung, Vereinigung, politischem Entscheiden und Waren. Depressionen sind Zeiten geringer Produktion von Verständigung, Vereinigung, Entscheidungen und Waren. Rezessionen sind Zeiten ihres Niedergangs.

(8) Die Verteilung von Medien unterliegt keiner Nullsummenkonstanz, sofern sich die Steigerung ihres Gesamtvolumens mit einer Steigerung der Produktion von Verständigung, Vereinigung, Entscheidungen und Waren verbindet. Die Vermehrung der Verfügung für eine Person kann mit der Vermehrung für eine andere Person einhergehen.

(9) Medien unterliegen Prozessen der Kreditvergabe, können von Zentralbanken verwaltet und von Geschäftsbanken an Unternehmen zur Investition in Produktionen verliehen werden. Kirchenräte, Rundfunkräte, Berufskammern und Wissenschaftsräte sind die Zentralbanken des Kommunikationsverkehrs. Die Kirchen, Rundfunk- und Fernsehanstalten, Berufsorganisationen und Hochschulen sind dessen Banken, Pastoren, Moderatoren, Experten und Wissenschaftler dessen Unternehmer. Zentralbanken der Reputation sind die Verbandsräte, Geschäftsbanken die einzelnen Verbände, Unternehmer einzelne Verbandsfunktionäre. Zentralbank der poli-

tischen Macht ist das oberste Verfassungsgericht, Geschäftsbanken sind die Parteien, Unternehmer sind Politiker.
(10) Den Medien korrespondieren bestimmte Sicherheitsreserven auf niedrigerer Generalisierungsebene: Sprache – Tat, Reputation – Zugehörigkeit, politische Macht – physische Gewalt, Geld – Gold.
(11) Die Leistungsfähigkeit der Medien äußert sich in ihrer Fähigkeit der Umsetzung in konkrete Gegenstände: Geld in Kaufkraft, politische Macht in Durchsetzungskraft, Reputation in Vereinigungskraft, Sprache in Verständigungskraft.

Auf dem heutigen Entwicklungsniveau der modernen Gesellschaft läßt sich die Interpenetration der gesellschaftlichen Subsysteme als ein Austausch von Faktoren und Produkten darstellen, der durch die generalisierten Kommunikationsmedien gesteuert wird. Faktoren werden durch das Medium des Sendersystems transportiert und im Empfängersystem in eigene Produkte umgewandelt. Produkte werden durch das Medium des Empfängersystems transportiert und dort konsumiert (Diagramm 8).

Die Interpenetration der gesellschaftlichen Subsysteme

Zunächst beruht die Steigerung der Leistungen eines gesellschaftlichen Subsystems auf internen Prozessen. Das ökonomische System steigert die ökonomische Akkumulation im Sinne einer Steigerung des Bruttosozialproduktes durch vermehrten Einsatz von Kapital, Arbeit, Organisation und Wissen auf der Basis von Geldinvestition. Geld wird durch Geldinvestition vermehrt. Beispiel: Durch höheren Kapitaleinsatz werden höhere Gewinne erzielt.
Das politische System steigert die politische Akkumulation im Sinne einer Steigerung der kollektiv verbindlichen Entscheidungen durch vermehrten Einsatz von Macht. D. h. es werden mehr gesellschaftliche Probleme in größerem Umfang als zuvor gelöst. Zugleich wird in diesem Prozeß Macht durch die Investition vorhandener Macht weiter gesteigert. Eine Regierung kann mit Hilfe ihrer Macht Gesetze machen, die ihr helfen, ihre Macht weiter zu steigern. Beispiele: Machiavellismus, Margret Thatchers Entmachtung der britischen Gewerkschaften.
Das System der gesellschaftlichen Gruppen und Vereinigungen steigert die solidarische Akkumulation im Sinne einer Steigerung

der gesellschaftlichen Solidarität; d. h. es ist für eine immer größere Zahl von Menschen möglich, im Bedarfsfall Unterstützung zu finden. Dies geschieht durch den vermehrten Einsatz von Reputation. Beispiel: Eine Wohlfahrtsorganisation kann mit Hilfe ihrer Reputation immer umfangreichere Solidaritätsaktionen zustande bringen. Zugleich vergrößert sich damit ihre Reputation. So wird Reputation durch die Investition von vorhandener Reputation gesteigert.

Das sozial-kulturelle System steigert die kulturelle Akkumulation im Sinne einer Erweiterung sinnstiftender Ideen, moralischer Normen, ästhetischer Objekte und kognitiven Wissens durch vermehrten Einsatz von Sprache in kulturellen Diskursen. Zugleich wird auf diesem Wege die Reichhaltigkeit der Sprache vergrößert. Sprache wird erweitert durch Anwendung der schon vorhandenen Sprache auf neue Problemstellungen. Beispiel: Wissenschaftler wenden eine vorhandene Theorie auf neue Phänomene an. Die Formulierung von Sätzen über diese Phänomene bereichert die Sprache der Theorie, da diese Sätze zuvor noch nicht von der Theorie formuliert worden waren. Die Theorie wird durch einen neuen Anwendungsbereich reichhaltiger.

Soweit sind die internen Prozesse der ökonomischen, politischen, solidarischen und kulturellen Akkumulation skizziert. Sie verbinden sich mit externen Prozessen der Akkumulation in den Zonen der Interpenetration der gesellschaftlichen Subsysteme, in denen sich verschiedene Systemlogiken miteinander verschränken.

Ökonomie und Solidarität

Die *ökonomische Akkumulation* ist auf wirtschaftliche Kooperation angewiesen. Die Kooperation von Wirtschaftspartnern und Mitarbeitern ist nicht allein durch Geld zu erreichen. Sie bedarf der Sicherstellung durch die gute Reputation als Vertragspartner, Arbeitgeber oder Arbeitnehmer. Gute Reputation kann wiederum nur gesichert werden durch den Einsatz von Geld in Solidaritätsakten und Solidaritätsfonds. Solidaritätsakte kosten Geld. So wird Reputation durch Geldausgaben in Solidaritätsakten erworben, mit der man wiederum wirtschaftliche Kooperation sicherstellen kann. Langjährige Zahlungen in Form von Aufträgen, Löhnen und Gehältern, unabhängig von kurzfristigen Markt-

schwankungen, erzeugen Reputation und damit die Fähigkeit, Kooperation zu sichern.
Diese Verschränkung von Geld und Reputation findet auf einem Felde statt, das Ökonomisches mit Solidarischem verbindet, auf dem Felde der wirtschaftlichen Vereinigung. Wirtschaftliche Kooperation läßt sich als ein Faktor begreifen, der auf dem Felde der wirtschaftlichen Vereinigung durch gute Reputation aus dem solidarischen Gruppenleben in das wirtschaftliche Handeln hineintransportiert wird. Hier müssen wirtschaftliche Aktoren durch solidarisches Handeln einschließlich solidarischer Geldzahlungen Reputation – ein Produkt des Gemeinschaftshandelns – erwerben, um wirtschaftliche Kooperation zu sichern, die wiederum notwendig ist, um Kapital zu akkumulieren. So ist solidarisches, nicht nach reiner Nutzenkalkulation verlaufendes Handeln eine Voraussetzung für die Steigerung der ökonomischen Akkumulation, da Reputation gerade durch Begrenzung des Ausnutzens jeder Gewinnchance und durch kostenreiche Solidarität gewonnen wird. Reputation kann nicht rein ökonomisch gewonnen werden. Wie weit dabei die Solidarität zu einer bloßen Funktion der langfristig kalkulierten Kapitalakkumulation wird oder sich verselbständigt und die Kosten so hochschraubt, daß der Betrieb Konkurs anmelden muß, ist eine Frage der ständigen Konfliktaustragung und Ausbalancierung zwischen den Prinzipien der Nutzenmaximierung und der Solidarität. Keinesfalls ist es so, daß das konkrete ökonomische System über diejenige Geschlossenheit verfügt, die es gegenüber dysfunktionalen Übergriffen des Solidaritätsprinzips immun machen würde. Die Grenzen zwischen beiden sind völlig offen und Gegenstand permanenter Konflikte um angemessene Grenzziehungen. Ökonomisches Handeln ist immer auch und heute immer mehr wirtschaftliche Kooperation, und hier läuft die Grenze zwischen Nutzenmaximierung und Solidarität mittendurch, das eine Mal mehr nach der einen Seite, das andere Mal mehr nach der anderen Seite verschoben. In diesem Sinne läßt sich wirtschaftliches Handeln immer weniger rein ökonomisch verstehen und erklären, schon gar nicht als Teil eines in sich geschlossenen autopoietischen Systems.
Dasselbe trifft auch auf die andere Seite der Beziehung zwischen Ökonomie und Gemeinschaftshandeln zu. *Die Akkumulation von Solidarität* ist auf Güter und Dienste angewiesen, denn Hilfeleistungen geschehen in Form von Gütern und Diensten, und

diese müssen wiederum mit Geld bezahlt werden. Wohlfahrtsorganisationen müssen also Geld aufwenden, um diese Güter und Dienste – z. B. Güter in Form medizinischer Geräte und Dienste von Krankenschwestern – bezahlen zu können. Solche Güter und Dienste sind Faktoren des ökonomischen Systems, die im Gemeinschaftshandeln in solidarische Hilfe umgesetzt werden insofern, als der Betroffene dafür nicht bezahlen muß. Die Wohlfahrtsorganisation muß jedoch bezahlen. Sie hat zwei Möglichkeiten, um an das Geld zu kommen. Entweder agiert sie selbst auf dem Markt und erwirbt dadurch Geld nach ökonomischen Kriterien, oder sie setzt ihre Reputation ein, um ökonomische Aktoren zu Wohlfahrtszahlungen zu veranlassen. Hier wird Geld durch Reputation für Wohlfahrtszwecke gesammelt.

Das Feld, auf dem diese Verschränkung von Ökonomie und Solidarität stattfindet, ist der Vereinigungsmarkt. Hier werden Vereinigungen nach ökonomischem Nutzen und nach Interessenkonvergenz gebildet, um Güter und Dienstleistungen zu mobilisieren, die dann in solidarische Hilfeleistungen umgesetzt werden. Dabei ist die ökonomische Ressourcenmobilisierung nicht einfach Mittel für den Wohlfahrtszweck. Es begegnen sich hier vielmehr zwei Prinzipien, deren Grenzziehung umstritten ist und mitten durch den Vereinigungsmarkt läuft. Soweit die ökonomische Seite siegt, bekommt nur derjenige Hilfe, der selbst etwas zu bieten hat. Setzt sich die solidarische Seite durch, kann dies so weit gehen, daß die solidarische Hilfe die ökonomischen Mittel zu weit aufbraucht und dann nicht mehr vorhanden ist.

Wenn die Grenzziehung zwischen Ökonomie und Solidarität so klar wäre wie das Verhältnis zweier autopoietischer Systeme, dann gäbe es nicht ständigen Streit um die Finanzierung der Renten-, Kranken-, Invaliditäts- und Arbeitslosenversicherung. Der Konflikt zwischen Ökonomie und Solidarität prägt auch ihre Verschränkung. Er zieht sich auch durch die Versicherungen hindurch, die Hauptakteure auf dem Felde der Vermittlung von Ökonomie und Solidarität sind. Sie sind gehalten, einerseits ökonomisch rational zu handeln, um nicht Pleite zu gehen, andererseits müssen sie Hilfe gewähren, wo immer ihre Versicherungsnehmer sie brauchen. Zwischen beiden Prinzipien den richtigen Weg zu finden, ist ein schwieriger Suchprozeß. Wo die Grenzziehung erfolgt, ist umstritten und von Versicherungssystem zu Versicherungssystem verschieden. So bindet z. B. das eher ökonomisch operierende amerikanische Versicherungssystem die Versicherungsleistung viel direkter an die Leistungsfähigkeit via Prämienzahlung des Versicherungsnehmers. Gute Versicherungsleistung ist da auch teuer. Das Gegenstück dazu ist das englische Krankenversicherungssystem, das jedem kostenlose medizinische Versorgung bietet: Sie ist für jeden gleich, manche sagen auch, gleich schlecht, weil das System durch unkalkulierten Verbrauch der Ressourcen ausgehöhlt wird. Das deutsche System mit Beitragszahlung enthält zwar über den Beitrag und die Differenzierung von gesetzlichen und privaten Versicherungen ein ökonomisches Element, aber ohne eine wirksame Kontrolle über die Kosten. Die Folge ist eine Kostenexplosion, die kaum noch gedämpft werden kann und nun erste schmerzliche Einschnitte erforderlich machte.

Ökonomie und Politik

Die *ökonomische Akkumulation* ist auf wirtschafts- und technologiepolitische Entscheidungen angewiesen. Sie setzen den Rahmen und die Zielvorgabe für die wirtschaftliche und technologische Entwicklung. Ohne energiepolitische Entscheidungen kann die Energiewirtschaft nicht kalkulieren, was politisch auf sie zukommt. Sie braucht solche Entscheidungen auch als einen Antrieb, um auf die gesetzten Ziele hinarbeiten zu können. Diese Entscheidungen sind politische Faktoren, die auf politischer Macht gründen und im ökonomischen Handeln in wirtschaftliches Wachstum umgesetzt werden. Soweit ökonomische Aktoren an der Selektion wirtschafts- und technologiepolitischer Entscheidungen teilhaben wollen, müssen sie Zugang zu politischer Macht finden. Ein Teil dieser politischen Macht wird auch ökonomisch produziert, nämlich durch die Investition von Geld in politische Kampagnen, Wahlkämpfe, Bewegungen, Interessengruppen und Parteien. Reichhaltige finanzielle Ressourcen erlauben den Aufbau einer politisch schlagkräftigen Organisation. Auf diesem Wege wird Geld – ein Produkt des ökonomischen Systems – in Macht umgewandelt.

Auch die Verschränkung von Ökonomie und Politik auf dem Felde der Wirtschafts- und Technologiepolitik ist ein ständiger Kampf um die mitten durch sie hindurchgehende Grenzziehung.

Wirtschafts- und Technologiepolitik ist Ökonomie und Politik zugleich und muß einen Ausgleich zwischen der Erschlagung der Ökonomie durch Politik und der Auflösung von Politik durch Ökonomie in der ziellosen Auslieferung an die Dynamik des Marktes suchen.

Die *politische Akkumulation* braucht politische Güter und Dienstleistungen. Im modernen Leistungsstaat sind diese immer weiter expandiert. Sie können nicht einfach mit Macht durchgesetzt werden. Sie müssen auch bezahlbar sein. So muß der Staat – Bund, Länder und Kommunen – für immer mehr politisch zu verteilende Güter, wie Straßenbau, Hochschulbau und Freizeitanlagen, und für Behördendienste, wie Bau-, Liegenschafts-, Jugendamt und Polizei, immer mehr Geld aufwenden. In diesem Sinne sind Regierungen ökonomische Aktoren, die mit ihrem Geld haushalten müssen. Politische Güter und Dienste sind ökonomische Faktoren, die mit Geld bezahlt werden müssen und im politischen System in politische Leistungen umgesetzt werden.

Politische Güter und Dienste sind Ökonomie und Politik zugleich. Um die vorhandenen finanziellen Mittel bestmöglich zu nutzen, muß der Staat ökonomisch rational verfahren. Das Geld – ein Produkt des ökonomischen Systems – kann er teilweise selbst erwirtschaften, teilweise aber auch durch Macht, nämlich durch politische Zahlungen mittels Steuereintreibung aufbringen. Auch diese Verschränkung von Politik und Ökonomie ist stets Gegenstand von Konflikten auf dem Felde der Haushalts- und Finanzökonomie des Staates. Ehrgeizige politische Programme erweisen sich als Geldfresser und lassen die Wirtschaft ausbluten. Steuerverweigerung mindert die Leistungsfähigkeit des Staates.

Ökonomie und Diskurs

Die *ökonomische Akkumulation* bedarf auch der Legitimation im wirtschaftlichen Diskurs. Dies ist ein Faktor des kulturellen Diskurses, der nur über Sprache in das wirtschaftliche Handeln eingehen kann. Das heißt, das wirtschaftliche Handeln eines Unternehmens wird nur insoweit als legitim gelten, als es ihm gelingt, dieses Handeln durch gute Argumente im Lichte der geltenden kulturellen Ideen zu begründen, dies um so mehr in einer Epoche expandierender Diskurse. Solche Begründungen müssen sprach-

lich erarbeitet werden. Es muß aber auch in solche Begründungsunternehmen Geld investiert werden. Die Abteilungen für Öffentlichkeitsarbeit werden ausgebaut. Forschungsinstitute werden gegründet. Auf diesem Wege bringt sich das Unternehmen in den Besitz der notwendigen sprachlichen Mittel, um im wirtschaftlichen Legitimationsdiskurs mit Umweltschützern, Gewerkschaften und kulturellen Vereinigungen mithalten zu können.
Die Grenzlinie zwischen Ökonomie und Diskurs läuft mitten durch den wirtschaftlichen Diskurs. Er ist Ökonomie und Diskurs zugleich, nämlich ein Diskurs, der sowohl Legitimation als auch Kritik des ökonomischen Handelns hervorbringt und nach beiden Seiten ausschlagen kann. Von den Managern der Wirtschaftsunternehmen wird er auf die Seite der Ökonomie gezogen, von den Intellektuellen auf die Seite des Diskurses. Solange beide Seiten am Werke sind, ist die Legitimation des ökonomischen Handelns im wirtschaftlichen Diskurs nicht einfach der Systemlogik eines autopoietisch funktionierenden ökonomischen oder auch sozial-kulturellen Systems zu subsumieren.
So ist es auch mit der anderen Seite der Beziehung zwischen Ökonomie und Diskurs. Die *kulturelle Akkumulation* benötigt kulturelle Güter und Dienstleistungen. Sie werden auf dem Kulturmarkt verteilt, gehen als ökonomische Faktoren in das sozialkulturelle System ein und werden dort in kulturelle Sinnstiftung, moralische Normen, ästhetische Objekte oder wissenschaftliches Wissen umgesetzt. Die Wissenschaft braucht Gebäude, Apparate und Arbeitskräfte, die in Geld bezahlt werden müssen. Das ist die ökonomische Seite. Sie muß mit ihrem Geld ökonomisch haushalten, um den größtmöglichen kulturellen Nutzen zu erzielen. Das ist die Ökonomie der Kultur. Sie kann aber auch ihre Sprache einsetzen, um Geldgeber davon zu überzeugen, daß es kulturell besser begründet ist, in die Erforschung alternativer Energien mehr zu investieren als in die Beibehaltung der Kernenergie. Auf diesem Wege werden kulturelle Zahlungen – ein Produkt des ökonomischen Systems – durch Sprache veranlaßt.
Wieder tut sich hier ein Konfliktfeld auf, durch welches sich die umstrittene Grenze zwischen Kultur und Wirtschaft zieht. Das Geld ist nicht einfach ein Mittel, um kulturelle Erzeugnisse hervorzubringen. Es führt auch die Logik der ökonomischen Rationalität mit sich. Nach dieser Rationalität werden Mittel dort inve-

stiert, wo sie sich selbst wieder bezahlt machen. Dagegen sträuben sich Wissenschaften, die bei dieser Kalkulation schlecht abschneiden. Sie pochen auf den Wert ihrer Erkenntnisse an sich, unabhängig davon, ob sie sich in klingender Münze bezahlt machen. Wären Ökonomie und Wissenschaft autopoietische Systeme, dann gäbe es diesen Streit nicht.

Diskurs und Solidarität

Die *kulturelle Akkumulation* erfordert die Bindung an Ideen, Normen, Ästhetik und Wissen. Sie entwickelt sich auf dem Felde der kulturellen Vereinigung. Diese Bindung an die Kultur ist ein gemeinschaftlicher Faktor, der durch Reputation vom Gemeinschaftshandeln auf die kulturelle Kommunikation übertragen und in kulturelle Erzeugnisse umgesetzt wird. Wer mit Argumenten überzeugen will, braucht zunächst einmal Zuhörer, die mit ihrem Zuhören einen Vertrauensvorschuß gewähren. Und er braucht Zustimmende, die irgendwann einmal mit dem kritischen Infragestellen aufhören. Beides geht nicht mit Argumenten, sondern mit guter Reputation. Diese muß man durch vertrauenswürdiges Umgehen mit Worten und durch eigenes Zuhören verdienen. Man kann auch mit vertrauenserweckenden, näheschaffenden Worten Reputation gewinnen. Auf diesem Wege wird Sprache zur Mobilisierung von Reputation – ein Produkt des Gemeinschaftshandelns – eingesetzt.

Kultur und Gemeinschaft werden so auf dem Felde der kulturellen Vereinigung konfliktreich miteinander verschränkt. Ihre Grenzlinie geht durch sie hindurch und ist Gegenstand ständiger Auseinandersetzungen. Kulturelle Vereinigung ist Diskurs und Solidarität zugleich. Welche Seite von beiden sich mehr durchsetzt oder ob eine Balance gehalten werden kann, ist nicht von vornherein entschieden. Der Sprecher – Theologe, Moralist, Künstler, Wissenschaftler – kann den Hörer auf seine Seite ziehen, der Hörer aber auch den Sprecher auf die andere Seite.

Solidarische Akkumulation setzt die kulturelle Legitimation der Normen des Gruppenlebens und des Gruppenhandelns als einen kulturellen Faktor voraus, der in ein um so breiter wirkendes solidarisches Handeln umgesetzt werden kann. Diese kulturelle Legitimation des Gruppenhandelns kann nur durch Sprache geschehen. Die richtige Sprache mit legitimierender Wirkung zu finden, ist die erste Voraussetzung dafür. Durch den Einsatz von Reputation kann indessen Sprache erworben werden. Die gute Reputation gesellschaftlicher Gruppen ist es, die bewirkt, daß ihnen kulturell versierte Sprecher – Intellektuelle – ihre Sprache leihen und sich zu ihrem Sprachrohr machen. Meinungsführer setzen ihre Reputation ein, um Sprache für bestimmte gesellschaftliche Gruppen zu mobilisieren, die sie zur Legitimation von Solidarität mit ihnen einsetzen können. Ein guter Ruf schafft auch eine gute Presse, die ihrerseits das Gruppenhandeln und die Solidaritätsansprüche bestimmter gesellschaftlicher Gruppen legitimiert – oder aber auch kritisiert.

Diskurs und Solidarität verschränken sich auf dem Felde des öffentlichen Diskurses und fechten hier ihre Grenzkonflikte aus. Der Diskurs ist nicht einfach das Mittel zur Legitimation des Gruppenlebens und -handelns. Er hat sein Eigenleben und kann genauso in gnadenlose Kritik umschlagen. Wie weit es Gruppen und Meinungsführern gelingt, kritische Fragen mit Hilfe ihrer Reputation zu unterbinden, oder Intellektuelle mit ihren Fragen und ihrem Wissen die herkömmlichen Gepflogenheiten des Gruppenlebens durcheinanderwirbeln, ist eine offene Frage und hängt davon ab, wie stark beide Seiten vertreten sind. Die geregelte Kommunikation im öffentlichen Diskurs ist die Voraussetzung für ein ausgewogenes Verhältnis zwischen beiden.

Diskurs und Politik

Kulturelle Akkumulation verlangt kulturpolitische Entscheidungen als politische Faktoren, die ihrerseits in kulturelle Erzeugnisse umgesetzt werden. Kulturpolitische Entscheidungen werden mit Hilfe von politischer Macht getroffen und durchgesetzt. Ohne kulturpolitische Entscheidungen über Hochschulausbau, Museumsbau und Forschungsprogramme könnte keine zielgerichtete Kulturentwicklung betrieben werden. Wer auf diesem Gebiet etwas bewegen will, muß über politische Macht verfügen. Ein Teil dieser Macht kann durch den Einsatz von Sprache erworben werden, wenn sich z. B. Repräsentanten des Kultursystems – Universitätsrektoren, Museumsdirektoren, Theaterintendanten – durch ihre Worte in der politischen Arena Gehör ver-

schaffen und so Zugang zum Zentrum politischer Macht in Regierung und Verwaltung finden.
Kulturpolitik ist Diskurs und Politik zugleich und das Feld ständiger Grenzstreitigkeiten zwischen Kultur und Politik. Dabei ist die Politik nicht bloßes Mittel der kulturellen Akkumulation, sondern ein Partner, mit dem sich die Kultur arrangieren muß, vor dem sie sich aber auch in Acht nehmen muß, um nicht von ihm übermächtigt zu werden. Es ist dann leicht möglich, daß die politische Zielsetzung definiert, was sinnhaft, moralisch richtig, schön und wahr ist. Umgekehrt kann aber auch der Kulturpolitik die klare Zielsetzung abhanden kommen, wenn sie sich in endlose Diskurse verstrickt.
Die *politische Akkumulation* braucht die kulturelle Legitimation des politischen Handelns als einen kulturellen Faktor, der in legitime politische Entscheidungen umgesetzt wird. Dies geschieht auf dem Felde des politischen Diskurses, der mit Sprache geführt wird. Die Politik muß sich der Sprache bedienen, um ihre Entscheidungen zu begründen. Damit kann Sie Legitimation nicht beliebig zu eigenen Zwecken instrumentalisieren. Sie muß sich darauf einlassen, daß auf ihre Begründungen mit Nein und mit Fragen geantwortet wird.
Der politische Diskurs pendelt zwischen der gnadenlosen Kritik des Intellektuellen und den legitimatorischen Anstrengungen der Politiker hin und her. Dabei muß der Politiker zuerst die richtige Sprache lernen, sich z. B. grünes Vokabular aneignen, um im Diskurs mithalten zu können. Einen Teil dieser Sprache kann er sich aber auch durch politische Macht verfügbar machen, indem er Ämter – z. B. Presseämter – und Beraterstäbe aufbaut, die auf die sprachliche Vertretung der Politik im Diskurs spezialisiert sind.

Solidarität und Politik

Die *solidarische Akkumulation* benötigt gesellschaftspolitische Entscheidungen als einen politischen Faktor, der wiederum in solidarisches Gruppenhandeln umgesetzt werden kann. Dies ist das Feld der Gesellschaftspolitik. Soweit gesellschaftliche Gruppen im Konflikt mit anderen Gruppen stehen – Arbeiter, Angestellte, Beamte, Arbeitgeber, Bauern, Frauen, Männern usw. – und ihre Position in der Gesellschaft festigen wollen, können sie dies nicht allein über solidarisches Handeln tun. Dazu sind gesellschaftspolitische Entscheidungen nötig, die auf politische Macht gestützt werden müssen. Deshalb müssen sie selbst am Kampf um politische Macht teilnehmen und ihre politische Macht dabei einsetzen. Einen Teil dieser politischen Macht – z. B. in Form der Besetzung von Parlamentssitzen, Partei- und Regierungspositionen – können sie durch gute Reputation erwerben. Wem vertraut wird, dem wird auch eher eine machtvolle Position übertragen. Gesellschaftspolitik ist jedoch kein bloßes Mittel der Solidaritätssteigerung. Sie kann diesen Effekt nur haben, wenn sie selbst durch eine Basissolidarität zwischen den Gruppen in Grenzen gehalten wird. Anderenfalls zerstören die Konflikte um die Gesellschaftspolitik das ganze Gruppenleben überhaupt. Umgekehrt muß aktive Gesellschaftspolitik auch genügend in das Gruppenleben eingreifen, wenn verhärtete Herrschaftsverhältnisse, Ungleichheiten und Ungerechtigkeiten abgebaut werden sollen. Der Konflikt bricht dann möglicherweise erst auf und weckt die schlafenden Geister.

Politische Akkumulation ist ohne solidarische Kooperation als ein Faktor des Gemeinschaftshandelns nicht denkbar. Dies geschieht auf dem Felde der politischen Vereinigung und verlangt den Einsatz von Reputation. Kooperation kann durch Macht nicht erzeugt werden, sondern nur durch gute Reputation. Diese muß durch solidarisches Handeln gewonnen werden. Ein Teil davon kann auch durch den Einsatz politischer Macht erworben werden, wenn Regierungen und Verwaltungen ihre Macht benutzen, um gesellschaftspolitische Entscheidungen durchzusetzen, die Solidaritätsbeiträge leisten. Auf diesem Wege wird Reputation durch vertrauensbildenden Machteinsatz aufgebaut.

Jedes politische Handeln benötigt Kooperation, angefangen von der politischen Zusammenarbeit, um eine Gesetzesinitiative zu starten, bis zur Mitarbeit des Bürgers bei der alltäglichen Durchführung eines Gesetzes. Politische Kooperation ist Politik und Solidarität zugleich; sie ist nicht bloßes Instrument für die Politik. Beide Seiten liegen im ständigen Konflikt miteinander, wenn die einen Kooperation über alles stellen, dann aber den eingespielten Verhältnissen verhaftet bleiben und aus Furcht vor Konflikten nichts Neues wagen, die anderen dagegen etwas bewegen wollen und bereit sind, sich über den Widerstand nichtkooperierender Gruppen hinwegzusetzen. Hier steht jeweils Politik gegen

Solidarität und umgekehrt. Die geregelte Kommunikation zwischen beiden ist der einzige Weg, um ein ausgewogenes Verhältnis zwischen ihnen zu finden.

Hypothesen

Soweit haben wir das begriffliche Instrumentarium unseres Bezugsrahmens dargestellt. Es folgen nun die Grundhypothesen des theoretischen Systems auf der Ebene des sozialen Systems.

1. Funktionen

1.1 Je mehr soziales Handeln durch Diskurs, Kommunikation und Sprache geleitet ist, um so mehr wird es ein allgemeines Muster bewahren.

1.2 Je mehr soziales Handeln durch Vereinigung, Vereinigungshandeln und Reputation geleitet ist, um so mehr wird es sich zu definitiv geltenden Normen konform verhalten.

1.3 Je mehr soziales Handeln durch Herrschaft, Konflikt und Macht geleitet ist, um so mehr wird es sich in eine Richtung auf ein Ziel hin bewegen, auch unter der Bedingung der Artikulation einer Vielzahl konfligierender Ziele.

1.4 Je mehr soziales Handeln durch Märkte, Tauschhandeln und Geld geleitet ist, um so mehr wird es mit dem Wandel von Situationen variieren.

2. Interpenetration

2.1 Je mehr Sprache das gemeinschaftliche, das politische und das wirtschaftliche Handeln durchdringt, um so mehr werden sich soziale Normen und Konsens, die Ausübung von Herrschaft und das Marktverhalten in die Richtung allgemein begründeter Muster bewegen.

2.2 Je mehr Reputation den kulturellen Diskurs, das politische und das ökonomische Handeln durchdringt, um so mehr werden Ideen und Wissen, die Ausübung von Herrschaft und das Marktverhalten definitiven Normen entsprechen.

2.3 Je mehr politische Macht den kulturellen Diskurs, gemeinschaftliches und ökonomisches Handeln durchdringt, um so mehr werden Ideen und Wissen, soziale Normen und Konsens und das Marktverhalten in diejenige Richtung gezwungen werden, die durch politische Macht gestützt wird, auch gegen Widerstand.

2.4 Je mehr Geld den kulturellen Diskurs, das gemeinschaftliche und das politische Handeln durchdringt, um so mehr werden Ideen und Wissen, Normen und Konsens und die Ausübung von Herrschaft im Niveau ihrer Produktion gesteigert und an wechselnde Situationen angepaßt werden.

3. Produktion

3.1 Je mehr Sprache durch Reputation, politische Macht und Geld abgestützt wird, um so größer wird ihre Kapazität der Übermittlung von Botschaften sein.

3.2 Je mehr Reputation durch Sprache, politische Macht und Geld abgestützt wird, um so größer wird ihre Kapazität der Mobilisierung von Unterstützung und Kooperation sein.

3.3 Je mehr politische Macht durch Sprache, Reputation und Geld abgestützt wird, um so größer wird ihre Kapazität der Selektion, Durchführung und Durchsetzung kollektiv verbindlicher Entscheidungen sein.

3.4 Je mehr Geld durch Sprache, Reputation und politische Macht abgestützt wird, um so größer wird dessen Kapazität der Allokation von Ressourcen und Präferenzen sein.

4. Mediale Steuerung

4.1 Je mehr Kommunikation durch Sprache gesteuert wird, um so größer werden Zahl und Reichweite wechselseitiger Verständigungen sein.

4.2 Je mehr gesellschaftliche Vereinigung durch Reputation gesteuert wird, um so größer werden Zahl und Reichweite erzielbarer Unterstützung und Kooperation in gemeinsamen Aktionen sein.

4.3 Je mehr die Ausübung von Herrschaft durch legitime politische Macht gesteuert wird, um so größer werden Zahl und Reichweite durchgesetzter kollektiv verbindlicher Entscheidungen sein.

4.4 Je mehr der Markttausch durch Geld gesteuert wird, um so größer werden Zahl und Reichweite Allokation von Ressourcen und Präferenzen sein.

5. Dynamik und Wachstum

5.1 Je mehr die Nachfrage nach kommunikativer Verständigung, gemeinschaftlicher Unterstützung und Kooperation, kollektiv verbindlichen Entscheidungen und Waren deren Angebot vom Zeitpunkt t_0 zum Zeitpunkt t_1 übersteigt, um so mehr Einheiten von Sprache, Reputation, politischer Macht und Geld werden für dieselben Einheiten der entsprechenden Produkte eingesetzt werden müssen, d. h. um so größer wird die Rate der Inflation sein.

5.2 Je mehr das Angebot von Verständigung, Unterstützung, kollektiven Entscheidungen und Waren die Nachfrage nach ihnen vom Zeitpunkt t_0 bis zum Zeitpunkt t_1 übersteigt, um so weniger Einheiten von Sprache, Reputation, politischer Macht und Geld werden für dieselben Einheiten der entsprechenden Produkte eingesetzt werden müssen, d. h. um so größer wird die Rate der Deflation sein.

5.3 Je mehr und je schneller die umlaufenden Einheiten von Sprache, Reputation, politischer Macht und Geld ohne entsprechendes Wachstum der Produkte wachsen, um so größer wird die Rate der Inflation sein.

5.4 Je mehr der Umlauf der Einheiten von Sprache, Reputation, politischer Macht und Geld hinter dem Angebot von Produkten zurückbleibt, um so größer wird die Rate der Deflation sein.

5.5 Je mehr die umlaufende Menge der Einheiten von Sprache, Reputation, politischer Macht und Geld zusammen mit der Produktion wächst, um so größer wird das Wachstum von Verständigung, Kooperation, kollektiven Entscheidungen und Waren im gesamten System sein und die Nullsummenkonstanz überschreiten.

6. Dynamik der Kommunikation

6.1 Je länger und besser die Institutionen der gesellschaftlichen Kommunikation eingelebt sind und je mehr die Sprecher über gute Reputation verfügen, um so mehr wird Kommunikation von Verstehen begleitet sein.

6.2 Je mehr Kommunikation im gesellschaftlichen Handeln eingesetzt wird und je mehr sie von Verstehen begleitet wird, um so weiter wird der Sinn kultureller Symbolisierungen bei gleichzeitiger Zustimmung reichen.

6.3 Je mehr Kommunikation im gesellschaftlichen Handeln eingesetzt wird und je weniger sie von Verstehen begleitet wird, d. h. inflationär verläuft, um so weiter wird der Sinn von kulturellen Symbolisierungen den Möglichkeiten der Konsensbildung davoneilen.

7. Dynamik der Solidarität

7.1 Je länger und besser die Institutionen des gesellschaftlichen Gemeinschaftshandelns eingelebt sind und je mehr die Gruppenführer über gute Reputation verfügen, um so mehr wird der Einsatz von Reputation von gesellschaftlicher Kooperation begleitet sein.

7.2 Je mehr Reputation im gesellschaftlichen Handeln eingesetzt wird und je mehr sie von Kooperation begleitet wird, um so weiter wird die Entwicklung des Gemeinschaftshandelns bei gleichzeitiger Wahrung des gesellschaftlichen Zusammenhalts reichen.

7.3 Je mehr Reputation im gesellschaftlichen Handeln eingesetzt wird und je weniger sie von Kooperation begleitet wird, d. h. inflationär verläuft, um so mehr wird die Entwicklung des Gemeinschaftshandelns den Möglichkeiten der Wahrung von gesellschaftlichem Zusammenhalt davoneilen.

8. Dynamik der Politik

8.1 Je länger und besser die Institutionen der Politik eingelebt sind und je mehr die politischen Führer über gute Reputation verfügen, um so mehr wird der Einsatz von politischer Macht von der Durchsetzung politischer Entscheidungen begleitet sein.

8.2 Je mehr politische Macht im gesellschaftlichen Handeln eingesetzt wird und je mehr sie von der Durchsetzung politischer Entscheidungen begleitet wird, um so weiter werden die politischen Zielsetzungen bei gleichzeitiger Verwirklichung reichen.

8.3 Je mehr politische Macht im gesellschaftlichen Handeln eingesetzt wird und je weniger sie von der Durchsetzung politischer Entscheidungen begleitet wird, d. h. inflationär verläuft, um so mehr werden die politischen Zielsetzungen die Möglichkeiten ihrer Verwirklichung übersteigen.

9. Dynamik der Ökonomie

9.1 Je länger und besser die Institutionen der Wirtschaft eingelebt sind und je mehr die wirtschaftlichen Aktoren über Reputation verfügen, um so mehr wird Geld gleichbleibend in Güter und Dienste getauscht werden.

9.2 Je mehr Geld in Umlauf gebracht wird und je mehr Geld gleichbleibend in Güter und Dienste getauscht wird, um so mehr werden die wirtschaftlichen Wünsche bei gleichzeitiger Erfüllung steigen.

9.3 Je mehr Geld in Umlauf gebracht wird und je weniger Geld gleichbleibend in Güter und Dienste getauscht wird, d. h. inflationären Entwicklungen unterliegt, um so mehr werden die wirtschaftlichen Wünsche den Möglichkeiten ihrer Erfüllung davoneilen.

10. Kommunikation und Kommunikationszusammenbruch

10.1 Je mehr sich Kommunikation ausbreitet, um so mehr Ideen und Wissen werden produziert werden.

10.2 Je mehr Kommunikation durch universelle Diskurse globalisiert wird, um so mehr werden Ideen und Wissen verallgemeinert werden.

10.3 Je mehr Kommunikaton durch Vereinigung verdichtet wird, um so verbindlicher werden Ideen und Wissen intersubjektiv definiert werden.

10.4 Je mehr Kommunikation durch Märkte beschleunigt wird, um so schneller wird sich das Wissen wandeln.

10.5 Je mehr Kommunikation durch Herrschaft die Gesellschaft durchdringt, um so mehr wird sich das Bewußtsein des Widerspruchs zwischen Idee und Wirklichkeit verschärfen, d. h. um so mehr Probleme werden bewußt.

10.6 Je mehr Probleme bewußt werden, um so mehr wird der Druck der Veränderung wachsen und um so mehr wird die Gesellschaft nach Ideen und Wissen umgestaltet werden, um Probleme zu lösen.

10.7 Je mehr Probleme gelöst werden, um so mehr neue Probleme werden entstehen (Sisyphus-Hypothese).

10.8 Je mehr Wissen produziert wird, um so mehr und um so häufiger wird Wissen revidiert werden müssen, werden sich bisherige Wahrheiten als Irrtümer herausstellen.

10.9 Je mehr die Wissensentwicklung Irrtümern auf die Spur kommt, um so mehr wird unser Bewußtsein des Nichtwissens wachsen.

10.10 Je mehr Kommunikation ausgebreitet, globalisiert, verdichtet und beschleunigt wird und je mehr sie die Gesellschaft durchdringt, um so weitreichender, grundsätzlicher, tiefgreifender und schneller wird sich die Gesellschaft entwickeln.

10.11 Je mehr Kommunikation ausgebreitet, globalisiert, verdichtet und beschleunigt wird und je mehr sie die Gesellschaft durchdringt, aber nicht in gleichem Maße die Produktion von Verständigung gesteigert wird, um so mehr wird die Diskrepanz zwischen großen Worten und kleinen Bedeutungen (Taten) und damit die kommunikative Inflation wachsen.

10.12 Je mehr die kommunikative Inflation wächst, um so mehr wird das Vertrauen in Kommunikation sinken.
10.13 Je mehr das Vertrauen in Kommunikation sinkt, um so mehr wird Kommunikation auf kleinste Kreise beschränkt werden und zu Deflation und Rezession von Sprache führen.
10.14 Je mehr das Vertrauen in Kommunikation sinkt, um so mehr wird von strategischen Mitteln der gesellschaftlichen Auseinandersetzung Gebrauch gemacht werden.
10.15 Je mehr von strategischen Mitteln der gesellschaftlichen Auseinandersetzung Gebrauch gemacht wird, um so mehr werden die Reste der Kommunikation weiterhin zusammenbrechen.
10.16 Je mehr Aktoren Reputation einsetzen können, um so weniger inflationäre Tendenzen werden aus gesteigerter Kommunikation hervorgehen.
10.17 Je mehr die Inflation der Sprache wächst, um so mehr wird sie auch eine Inflation von Reputation, politischer Macht und Geld entzünden.

Diagramme

Diagramm 1 Die Universität zwischen Idealisierung und Instrumentalisierung

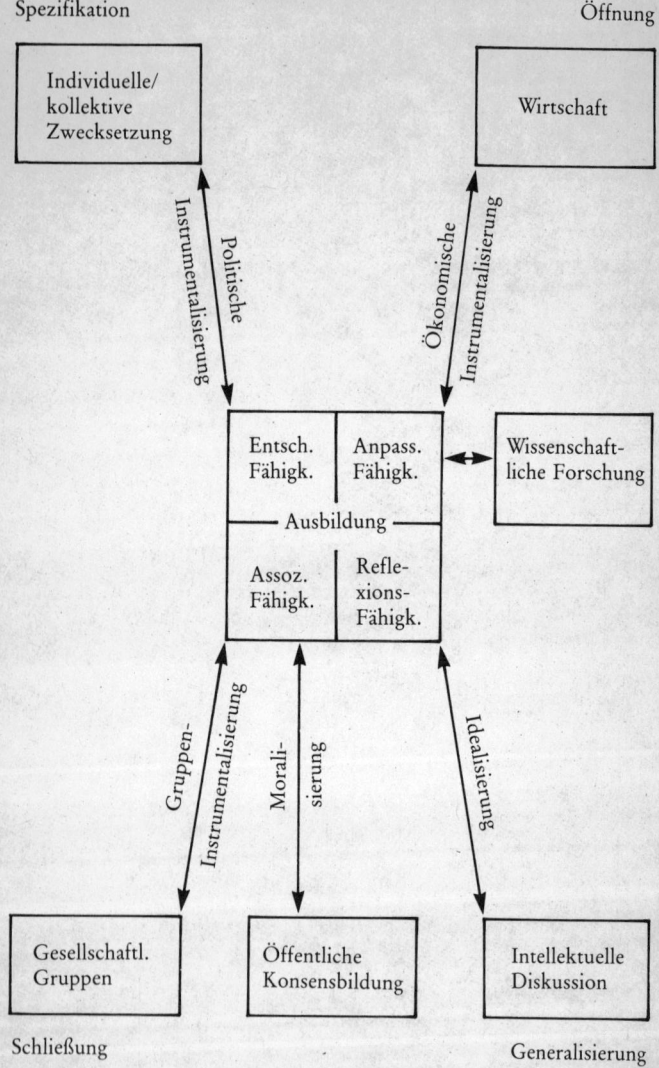

Diagramm 2 Die gemeinschaftliche Struktur der »primitiven« Gesellschaft

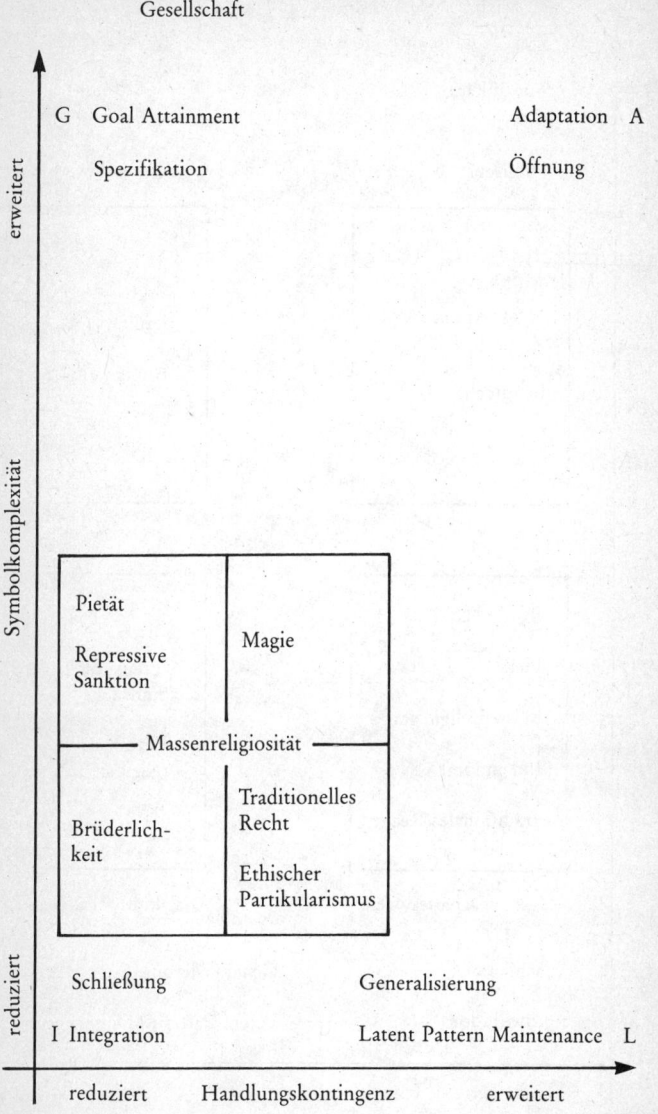

Diagramm 3 Die Differenzierung der traditionalen Gesellschaft

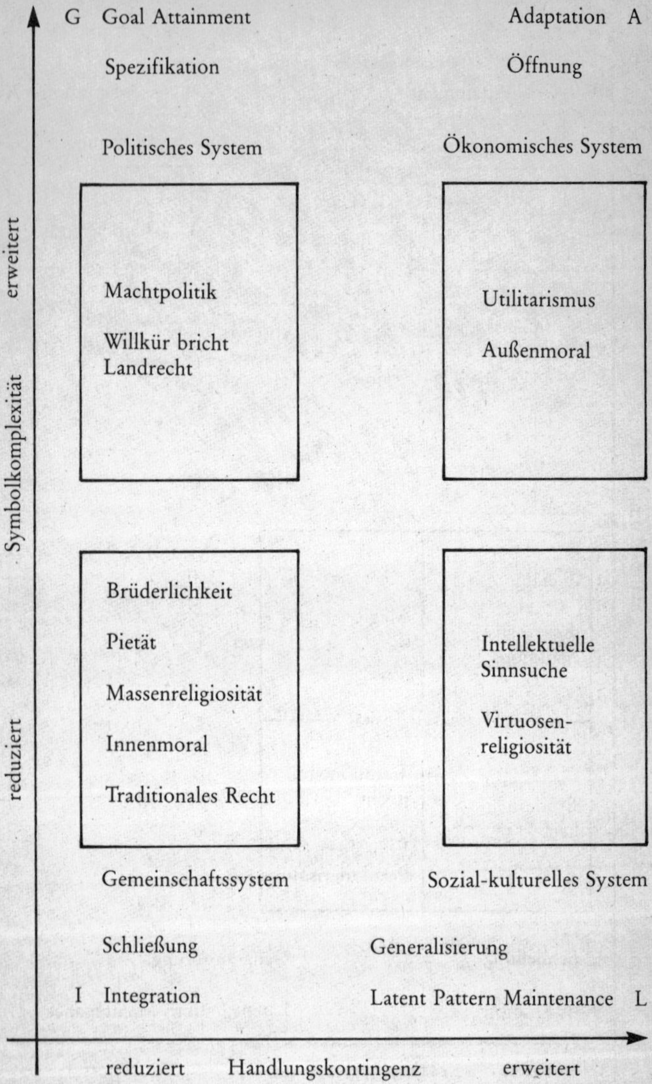

	G Goal Attainment	Adaptation A
	Spezifikation	Öffnung
	Politisches System	Ökonomisches System
erweitert	Machtpolitik Willkür bricht Landrecht	Utilitarismus Außenmoral
reduziert	Brüderlichkeit Pietät Massenreligiosität Innenmoral Traditionales Recht	Intellektuelle Sinnsuche Virtuosen-religiosität
	Gemeinschaftssystem	Sozial-kulturelles System
	Schließung	Generalisierung
	I Integration	Latent Pattern Maintenance L

Symbolkomplexität ↑

reduziert — Handlungskontingenz — erweitert →

Diagramm 4 Differenzierung, Rationalisierung und Interpenetration in der modernen Gesellschaft I

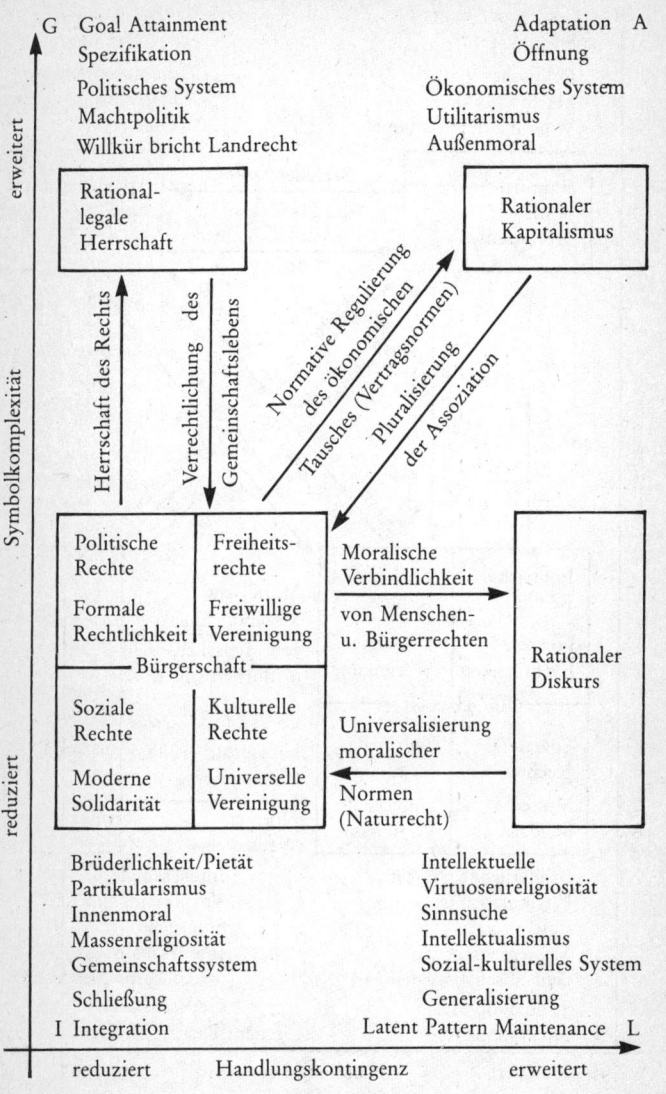

Diagramm 5 Differenzierung, Rationalisierung und Interpenetration in der modernen Gesellschaft II

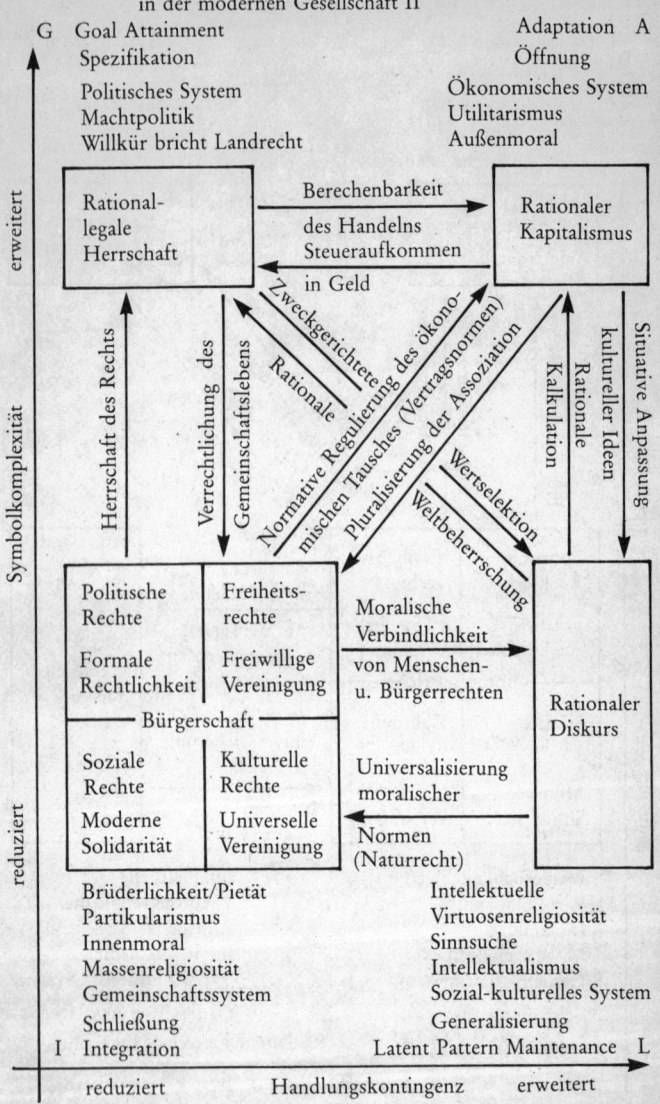

368

Diagramm 6 Die Conditio humana

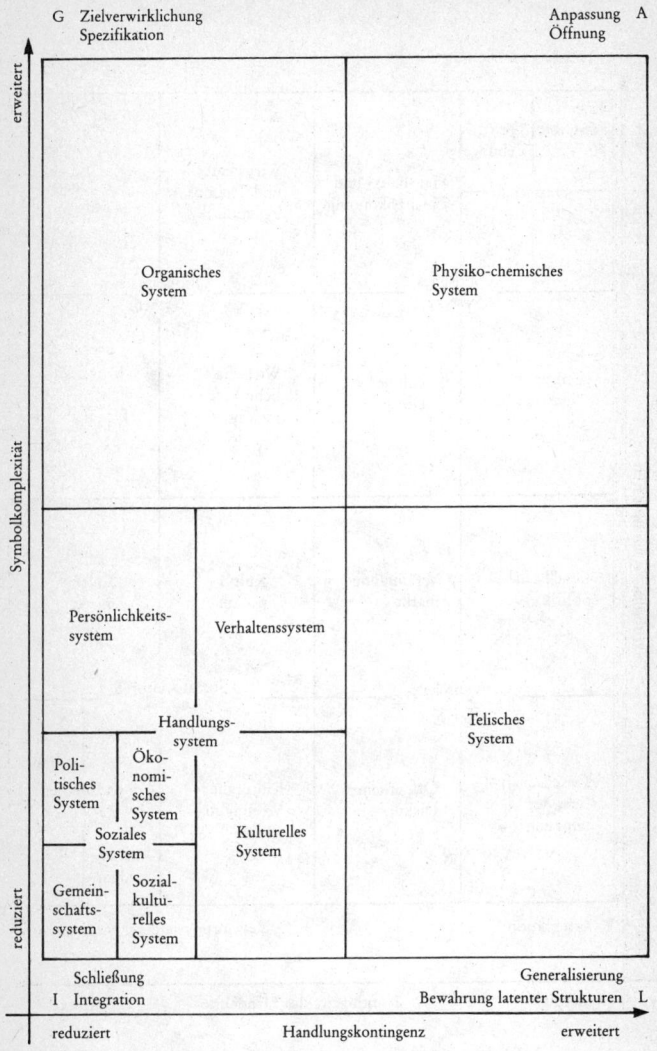

Diagramm 7 Das soziale System

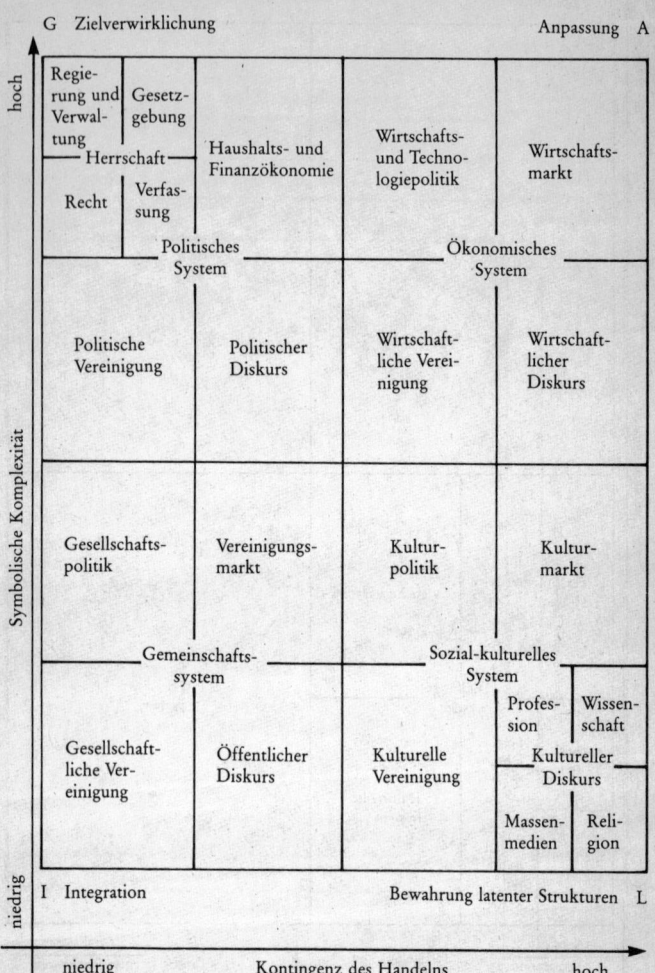

Diagramm 8 Die Interpenetration der gesellschaftlichen Subsysteme

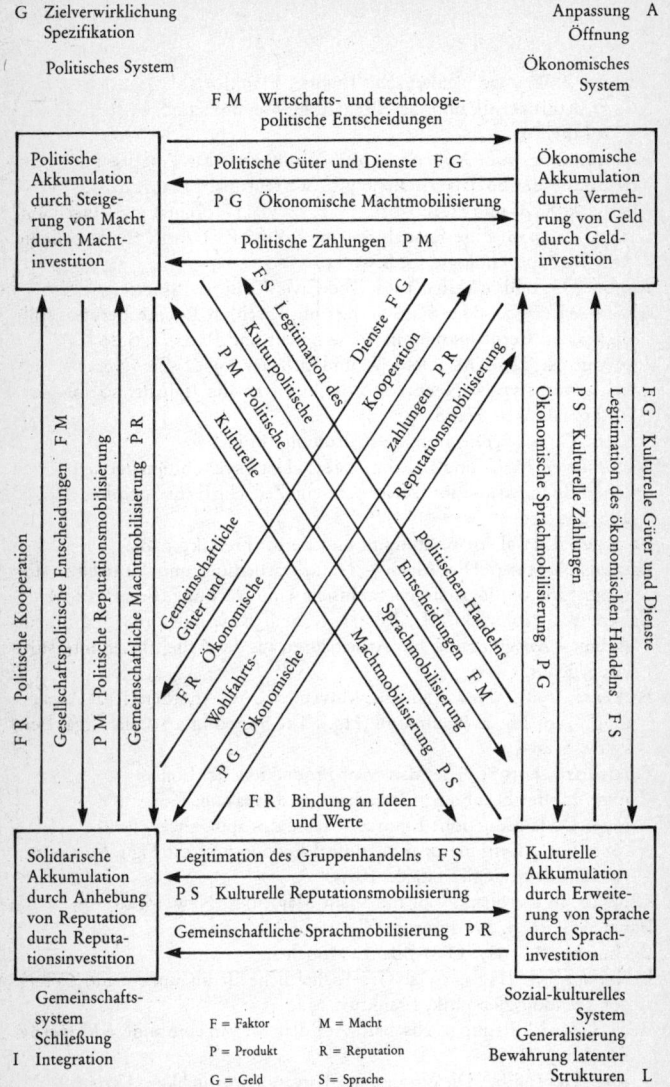

Literaturverzeichnis

Adorno, T. W. 1970. Ästhetische Theorie, Frankfurt/M.
– 1977. Kulturkritik und Gesellschaft, in: Gesammelte Schriften, Bd. 10, Frankfurt/M.
Alber, J. 1982. Vom Armenhaus zum Wohlfahrtsstaat. Analysen zur Entwicklung der Sozialversicherung in Westeuropa, Frankfurt/M.
Allerbeck, K. R. und H. R. Stork. 1980. »Soziale Mobilität in Deutschland 1833 bis 1970. Eine Reanalyse«, in: Kölner Zeitschrift für Soziologie und Sozialpsychologie 32, S. 93-110.
Almond, G. und S. Verba. 1963. The Civic Culture, Princeton.
Althoff, H. 1982. »Der Statusverlust im Anschluß an eine Berufsausbildung«, in: Berufsbildung in Wissenschaft und Praxis 5, S. 16 ff.
Altmann, N., Deiß, M., Döhl, V., und D. Sauer. 1986. »Ein ›Neuer Rationalisierungstyp‹ – Neue Anforderungen an die Industriesoziologie«, in: Soziale Welt 2/3, S. 191-207.
Anders, G. 1983. Die atomare Bedrohung, München.
Angermeyer, M. C. und L. Kühn. 1985. »Der Psychoboom auf dem deutschen Buchmarkt«, in: Österreichische Zeitschrift für Soziologie 10, 3/4, S. 250-259.
Baethge, M. et al. 1986. Studium und Beruf, Freiburg i. Br.
Bätzing, W. 1984. Die Alpen – Naturbearbeitung und Umweltzerstörung: Eine ökologisch-geographische Untersuchung, Frankfurt/M.
Balsen, W., Nokielski, H., Rössel, K. und R. Winkel. 1984. Die neue Armut – Ausgrenzung von Arbeitslosen aus der Arbeitslosenunterstützung, Köln.
Barker, E. 1985. »New Religious Movements. Yet Another Great Awakening?«, in: Ph. E. Hammond (Hg.), The Sacred in a Secular Age, Berkeley, S. 36-57.
Baudrillard, J. 1975. The Mirror of Production, St. Louis.
– 1977. L'effet beaubourg: Implosion et dissuasion, Paris.
– 1979. De la séduction: L'horizon sacré des apparences, Paris.
– 1981. For a Critique of the Political Economy of the Sign, St. Louis.
– 1983a. Les stratégies fatales, Paris.
– 1983b. In the Shadow of the Silent Majorities, New York.
Bayer AG. 1989. Presseforum: Gentechnik bei Bayer.
Bechmann, A. 1987. Öko-Bilanz, München.
Bechmann, G. (Hg.). 1984. Gesellschaftliche Bedingungen und Folgen der Technologiepolitik, Frankfurt/M.
Beck, U. 1986. Risikogesellschaft. Auf dem Weg in eine andere Moderne, Frankfurt/M.
– 1988. Gegengifte. Die organisierte Unverantwortlichkeit, Frankfurt/M.

Beck, U., Brater, M. und H.-J. Daheim. 1980. Soziologie der Arbeit und der Berufe, Reinbek.

Beck-Gernsheim, E. 1985. Das halbierte Leben. Männerwelt Beruf, Frauenwelt Familie, Frankfurt/M., 2. Auflg.

– 1986. »Von der Liebe zur Beziehung? Veränderungen im Verhältnis von Mann und Frau in der individualisierten Gesellschaft«, in: J. Berger (Hg.), Moderne oder Postmoderne, Sonderband 4 der Sozialen Welt, Göttingen, S. 209-234.

Bell, D. 1980. »The Social Framework of the Information Society«, in: T. Forrester (Hg.), The Micro-electronic Revolution, Oxford, S. 16 ff.

Bellmann, L., Gerlach, K. und O. Hübler. 1984. Lohnstruktur in der Bundesrepublik Deutschland. Zur Theorie und Empirie der Arbeitseinkommen, Frankfurt/M.

Ben-David, J. 1971. The Scientist's Role in Society. A Comparative Study, Engelwood Cliffs, New Jersey.

– 1972. American Higher Education. Directions Old and New, New York.

Benjamin, W. 1973. Das Kunstwerk im Zeitalter seiner technischen Reproduzierbarkeit, Frankfurt/M., 6. Auflg.

Berger, B. und P. L. Berger. 1983. The War over the Family, New York.

Berger, P. A. 1986. Entstrukturierte Klassengesellschaft? Klassenbildung und Strukturen sozialer Ungleichheit im historischen Wandel, Opladen.

Bergsdorf, W. 1988. Über die Macht der Kultur: Kommunikation als Gebot der Politik, Stuttgart.

Binder, J. 1934. Der deutsche Volksstaat, Tübingen.

Birnbaum, P., Barucq, C., Bellaiche, M. und A. Marié. 1978. La classe dirigeante française, Paris.

Biswas, M.R. und A.K. Biswas. 1982. »Environment and Sustained Development in the Third World. A Review of the Past Decade«, in: Third World Quarterly 4, S. 479-491.

Blau, J. R. 1986. »High Culture as Mass Culture«, in: Society 23, 4, S. 65-69.

Blody, V. 1987. Clip, Klapp, Bum. Von der visuellen Musik zum Musikvideo, Köln.

Blossfeld, H.-P. 1984. »Bildungsreform und Beschäftigung der jungen Generation im öffentlichen und privaten Sektor«, in: Soziale Welt 35, 1/2, S. 159-189.

Böhme, H. und E. Sundermann. 1981. »Aspekte preußischer Kulturpolitik zwischen reformerischem Elan und staatstragender Reaktion«, in: M. Schlenke (Hg.), Preußen, Bd. 2: Beiträge zu einer politischen Kultur, Reinbek, S. 253-270.

Böhret, C. und P. Franz. 1982. Technologiefolgenabschätzung, Frankfurt/M.

Boine, A. 1986. The Academy and French Painting in the Nineteenth Century, New Haven, 2. Auflg.

Bolte, K.M. und S. Hradil. 1984. Soziale Ungleichheit in der Bundesrepublik Deutschland, Opladen.

Bonß, W. und H. G. Heinze (Hg.). 1984. Arbeitslosigkeit in der Arbeitsgesellschaft, Frankfurt/M.

Booth, B. C. 1982. Print Culture and Video Culture, Canton, Mass.

Bopp, J. 1989. »Kopf oder Bauch. Psychotherapie im Konflikt zwischen Aufklärung und Verblendung«, in: Evangelische Kommentare 9, S. 31-34.

Borgmann-Quade, R. (Hg.) 1982. Stichwort Spendenwesen, Berlin.

Bourdieu, P. 1971. »Intellectual Field and Creative Project«, in: M. F. D. Young (Hg.), Knowledge and Control, London, S. 188 ff.

– 1979. »Symbolic Power«, in: Critique of Anthropology 13/14, S. 24 ff.

– 1986. »The Production of Belief: Contribution to an Economy of Symbolic Goods«, in: R. Collins et al. (Hg.), Media, Culture and Society, London, S. 131-163.

Bourdieu, P. und J.-C. Passeron. 1971. Die Illusion der Chancengleichheit, Stuttgart.

Boventer, H. 1984. »Fernsehen und Religion«, in: Communicatio Socialis 3, S. 179-187.

Bräutigam, H. H. und L. Mettler. 1985. Die programmierte Vererbung. Möglichkeiten und Gefahren der Gentechnologie, Hamburg.

Brand, K.-W., Büsser, D. und D. Rucht. 1983. Aufbruch in eine andere Gesellschaft. Neue soziale Bewegungen in der Bundesrepublik, Ffm.

Brand, K-W. (Hg.). 1985. Neue soziale Bewegungen in Westeuropa und den USA. Ein internationaler Vergleich, Frankfurt/M.

Brass, P. 1985. Ethnic Groups and the State, London.

Brooks, H. 1984. »The Resolution of Technically Intensive Public Policy Disputes«, in: Science, Technology, Human Values 9, 1.

Brose, H.-G. und M. Wohlrab-Sahr. 1986. »Formen individualisierter Lebensführung von Frauen – ein neues Arrangement zwischen Familie und Beruf«, in: H.-G. Brose (Hg.), Berufsbiographien im Wandel, Opladen, S. 105-145.

Browa, H. 1986. »Ursachen und Herausforderungen des technischen und sozioökonomischen Innovationsdruckes«, in: Organisationsentwicklung. Zeitschrift der Gesellschaft für Organisationsentwicklung e. V. 4.

Bruer, A. 1987. Unternehmenserfolg und Unternehmenskultur, Bonn.

Brüse, F. 1988. Kulturpolitik auf neuen Wegen. Tendenzen, Projekte, Zielgruppen, Köln.

Buchholz, W., Gmür, W., Höfer, R. und F. Straus. 1984. Lebenswelt und Familienwirklichkeit, Frankfurt/M.

Buck, B. 1985. »Berufe und neue Technologien«, in: Soziale Welt 1, S. 83-105.

Bühl, W. L. 1981. Ökologische Knappheit – Gesellschaftliche und technologische Bedingungen ihrer Bewältigung, Göttingen.
- 1986. »Soziologie und Systemökologie«, in: Soziale Welt 37, 4, S. 363-389.
Bundesminister für Jugend, Familie und Gesundheit (Hg.). 1985. Nichteheliche Lebensgemeinschaften in der Bundesrepublik Deutschland, Köln.
Capra, F. 1980. Der kosmische Reigen. Physik und östliche Mystik – Ein zeitgemäßes Weltbild, Bern.
- 1983. Wendezeit. Bausteine für ein neues Weltbild, Bern.
- 1984. Das Tao in der Physik. Die Konvergenz von westlicher Wissenschaft und östlicher Philosophie, Bern.
Cardwell, D. S. L. 1957. The Organization of Science in England, London.
Cardwell, J. D. 1984. Mass Media Christianity: Televangelism and The Great Commission, Langham.
Christian, C. G. et al. 1983. Media Ethics: Cases and Moral Reasoning, New York.
Claeys, G. 1986. »Mass Culture and World Culture: On Americanization and the Politics of Cultural Protectionism«, in: Diogenes 136, S. 70-97.
Cogniat, R. und J. Hillairet (Hg.). 1967. Die Kunstmuseen in Paris, Gütersloh.
Cohen, A. K. und J. F. Short. 1974. »Zur Erforschung delinquenter Subkulturen«, in: F. Sack und R. König (Hg.), Kriminalsoziologie, Wiesbaden, S. 372-394.
Collins, H. M. 1987. »Certainty and the Public Understanding of Science: Science on Television«, in: Social Studies of Science 17, 4, S. 689-713.
Conrad, J. 1978. Zum Stand der Risikoforschung, Frankfurt/M.
Craig, S. C. et al. 1985. »Whose Ox to Gore? A Comment on the Relationship between Political Discontent and Political Violence«, in: The Western Political Quarterly 4, S. 652-662.
Daele van den, W. 1985. Mensch nach Maß? Ethische Probleme der Genmanipulation und Gentherapie, München.
- 1986. »Technische Dynamik und gesellschaftliche Moral – Zur soziologischen Bedeutung der Gentechnologie«, in: Soziale Welt 37, 2/3, S. 149-172.
Dahrendorf, R. 1967. Gesellschaft und Demokratie in Deutschland, München.
Daweke, K. und M. Schneider. 1986. Die Mission des Mäzens, Opladen.
Deutscher Tierschutzbund e. V. 1987. Infoheft T3. 5/87, Bonn.
- 1989. Geschäftsbericht. Juni 1987 bis 1989, Bonn.
Dichtl, E., Gerke, W. und A. Kieser (Hg.). 1987. Innovation und Wettbewerbsfähigkeit, Wiesbaden.

Diekhof, R. und M. Schmidt-Klingenberg. 1989. »Wichtig ist, daß wir nicht erpreßbar sind. Interview mit Professor Ingolf Ruge über Milliarden-Subventionen für die Mikroelektronik und die Chancen der Europäer«, in: Der Spiegel 17, S. 118-130.

Dierkes, M. et al. (Hg.). 1980. Technological Risk. Its Perception and Handling in the European Community, Königstein/Ts.

Dierkes, M. und B. Strümpel (Hg.). 1985. Wenig Arbeit, aber viel zu tun, Köln.

Dietz-Will, A. 1982. »Fallstudie zum Konflikt zwischen Ökonomie und Umwelt«, in: WSI Mitteilungen 12, S. 776-778.

Diewald, M. 1989a. »Private Netzwerke«, in: Statistisches Bundesamt und Sonderforschungsbereich 3 (Hg.), Datenreport 1989, Bonn.

– 1989b. Der Wandel von Lebensformen und seine Folgen für die soziale Integration, Berlin.

Dombois, R. und M. Osterland. 1982. »Neue Formen des flexiblen Arbeitskräfteeinsatzes: Teilzeitarbeit und Leiharbeit«, in: Soziale Welt 33, 3/4, S. 466-481.

Dominick, J. R. 1983. The Dynamics of Mass Communication, Reading, Mass.

Duret-Robert, F. 1985. »Kalter Kampf um Kostbarkeiten. Hinter den Kulissen der Kunst«, in: Geo-Special: Paris 2, S. 89-99.

Durkheim, E. 1925/1973a. Erziehung, Moral und Gesellschaft, Neuwied.

– 1897/1973b. Der Selbstmord, Neuwied.

– 1924/1976. Soziologie und Philosophie, Frankfurt/M.

– 1893/1977. Über die Teilung der sozialen Arbeit, Frankfurt/M.

Dutourd, J. 1985. »Der Olymp der Genies«, in: Geo-Special: Paris 2, S. 44-45.

Ebbighausen, S. (Hg.). 1989. Anatomie des politischen Skandals, Frankfurt/M.

Eckert, R. und H. Willems. 1987. Jugendproteste im internationalen Vergleich. Forschungsbericht, vorgelegt dem BMJFFG, Bonn.

Edelman, M. J. 1976. Politik als Ritual: die symbolische Funktion staatlicher Institutionen und politischen Handelns, Frankfurt/M.

– 1977. Political Language: Words that Succeed and Policies that fail, New York.

– 1985. The Symbolic Uses of Politics, Urbana, Illinois, University of Illinois.

Edgerton, G. 1987. »The Transformation of Art and Culture in America during the Communication Revolution«, in: Journal of American Culture 1, S. 1-6.

Ege, K. 1986, »»Gott wollte, daß Reagan gewählt wird...« Das christliche Fernsehen in den USA«, in: Medium 2, S. 6-12.

Eiben, J. 1989. Von Luther zu Kant – Der deutsche Sonderweg in die Moderne, Wiesbaden.

Elliott, P. 1986. »Intellectuals, the 'Information Society' and the Disappearence of the Public Sphere«, in: R. Collins et al. (Hg.), Media, Culture and Society, London, S. 105-115.
Elschenbroich, D. 1986. Eine Nation von Einwanderern: Ethnisches Bewußtsein und Integrationspolitik in den USA, Frankfurt/M.
Erikson, R. und J. H. Goldthorpe. 1985. »Are American Rates of Social Mobility Exceptionally High?«, in: European Sociological Review 1, S. 1-22.
Evers, A. und H. Nowotny. 1987. Über den Umgang mit Unsicherheit, Frankfurt/M.
Eversly, D. 1985/86. »Der Zerfall der Städte. Die sozio-ökonomische Anatomie des Nicht-Wachstums«, in: Ästhetik und Kommunikation 61/62, S. 63-74.
Falke von, J. 1977. Der französische Salon, Bonn.
Ferguson, M. 1982. Die sanfte Verschwörung. Persönliche und gesellschaftliche Transformation im Zeitalter des Wassermanns, Basel.
Ferrarotti, F. 1988. The End of Conversation. The Impact of Mass Media on Modern Society, New York.
Fietkau, H. J. 1984. Bedingungen ökologischen Handelns, Weinheim an der Bergstraße.
Floerecke, P. 1987. »Reform und Gegenreform des Demonstrationsstrafrechts. Ansätze zur Analyse von Normsetzungsprozessen in einem turbulenten Politikfeld«, in: Kriminologisches Journal 2, S. 119-133.
Flora, P., Alber, J., Eichenberg, R., Kohl, J., Kraus, F., Pfennig, W. und Kurt Seebohm. 1983. State, Economy and Society in Western Europe 1815-1975. A Data Handbook in Two Volumes, Vol I: The Growth of Mass Democracies and Welfare States, Frankurt/M.
Foucault, M. 1977. Überwachen und Strafen, Frankfurt/M.
Frank, J. A. 1984. »La dynamique des manifestations violentes«, in: Canadian Journal of Political Science 2, S. 325-349.
Freitag, S. 1989. »Rekord-Bilanz in Sachen Skandal«, in: Rheinische Post, 20.12.1989.
Friedrichs, G., Bechmann, G. und F. Gloede. 1983. Großtechnologien in der gesellschaftlichen Kontroverse, Karlsruhe.
Gans, H. J. 1974. Popular Culture and High Culture, New York.
Gaßmann, R. 1988. Neue Süchte – Streit um ein gesellschaftliches Phänomen, Hamburg.
Gaworra, D. 1983. Zur Entwicklung der internationalen Solidarität in der Bundesrepublik, Kassel.
Gehrmann, F. (Hg.). 1987. Arbeitszeit-Flexibilisierung: tarifpolitische Erfahrungen und neue Modelle in Westdeutschland, Österreich und der Schweiz, Frankfurt/M.
Geisler, G. (Hg.). 1984. New Age – Zeugnisse der Zeitwende, Freiburg im Breisgau.

Gephart, W. 1989. Gesellschaftstheorie und Recht, Habilitationsschrift, Düsseldorf.
Gerster, J. 1988. »Illusion oder realistisches Ziel? Ausländerintegration – eine wichtige Zukunftsaufgabe«, in: Die neue Ordnung 4, S. 269 ff.
Gerum, E. 1989. »Neoinstitutionalismus, Unternehmensverfassung und Unternehmensethik«, in: Biervert B. und M. Held (Hg.), Ökonomische Theorie und Ethik, Frankfurt/M.
Gilligan, C. 1984. Die andere Stimme – Lebenskonflikte und Moral der Frau, München.
Gironard, M. 1987. Die Stadt: Menschen, Häuser, Plätze. Eine Kulturgeschichte, Frankfurt/M.
Glazer, N. und D. P. Moynihan. 1970. Beyond the Melting Pot, Cambridge, Mass., 2. Auflg.
Glick, P. C. 1984. »Marriage, Divorce, and Living Arrangements«, in: Journal of Family Issue 5, S. 7-26.
Glinz, F. N. 1986. Entwicklungsförderung am Wendepunkt, Zürich
Goffman, E. 1959. The Presentation of Self in Everyday Life, Harmondsworth.
Gordon, M. M. 1964. Assimilation in American Life. The Role of Race, Religion, and National Origins, New York.
Gorz, A. 1977. Ökologie und Politik. Beiträge zur Wachstumskrise, Reinbek.
Grabbe, J. 1986. »Kultur in der Freizeitgesellschaft«, in: Der Städtetag 1, S. 24-28.
Grabher, G. 1988. Unternehmensnetzwerke und Innovation – Veränderungen in der Arbeitsteilung zwischen Groß- und Kleinunternehmen im Zuge der Umstrukturierung der Stahlindustrie (Ruhrgebiet) und der chemischen Industrie (Rhein/Main), Berlin.
Griefahn, M. 1983. Greenpeace, Reinbek.
Gross, D. E. 1986. »The Social Construction of Historical Events through Public Dreams«, in: Symbolic Interaction 9, 2, S. 179-200.
Gruber, E. R. und S. Fassberg. 1986. New-Age-Wörterbuch, Freiburg i. Br.
Gruhl, H. 1975. Ein Planet wird geplündert. Die Schreckensbilanz unserer Politik, Frankfurt/M.
Guggenberger, B. und U. Kempf (Hg.). 1984. Bürgerinitiativen und repräsentatives System, Opladen.
Guggenberger, B. und C. Offe (Hg.). 1984. An den Grenzen der Mehrheitsdemokratie: Politik und Soziologie der Mehrheitsregel, Opladen.
Habermas, J. 1968. Strukturwandel der Öffentlichkeit, Neuwied, 3. Auflg.
– 1981. Theorie des kommunikativen Handelns, 2 Bände, Frankfurt/M.
– 1987. Die Neue Unübersichtlichkeit, Frankfurt/M.
Hack, L. 1988. Vor Vollendung der Tatsachen. Die Rolle von Wissen-

schaft und Technologie in der dritten Phase der Industriellen Revolution, Frankfurt/M.
Hadden, J. K. und A. Shupe. 1987. »Televangelism in America«, in: Social Compass 34, 1, S. 61-75.
Hahn, A. 1982. »Zur Soziologie der Beichte und anderer Formen institutionalisierter Bekenntnisse: Selbstthematisierung und Zivilisationsprozeß«, in: Kölner Zeitschrift für Soziologie und Sozialpsychologie 34, S. 407-434.
Halden, S. G. (Hg.). 1984. Risk Analysis, Institutions and Public Policy, Port Washington, New York.
Haller, M. et al. 1985. »Patterns of Career Mobility and Structural Positions in Advanced Capitalist Societies: A Comparison of Men in Austria, France and the United States«, in: American Sociological Review 50, S. 579-603.
Haller, M. und W. Müller. 1983. Beschäftigungssystem im gesellschaftlichen Wandel, Frankfurt/M.
Hamill, P. 1981. »Die Regenbogenstadt«, in: Geo-Special: New York 1, S. 8-47.
Hamman, W. 1986. »Skyline«, in: Die neue Gesellschaft/Frankfurter Hefte 12, S. 1086-1090.
Hammann, W. 1988. »Die Stadt als Bühne«, in: Ästhetik und Kommunikation 67/68, S. 139-144.
Handl, J., Mayer, K. U. und W. Müller. 1977. Klassenlagen und Sozialstruktur. Empirische Untersuchung für die Bundesrepublik Deutschland, Frankfurt/M.
Hanson, J. 1987. Understanding video. Applications, impact, and theory, Newbury Park.
Hardt, H. 1980. »Das amerikanische Beispiel: Engagement für die Öffentlichkeit«, in: W. R. Langenbucher (Hg.), Journalismus & Journalismus, München, S. 67-72.
Hartmann, H. und M. Hartmann. 1982. »Vom Elend der Experten. Zwischen Akademisierung und De-Professionalisierung«, in: Kölner Zeitschrift für Soziologie und Sozialpsychologie 34, S. 193-231.
Hauff, V. und M. Müller (Hg.). 1985. Umweltpolitik am Scheideweg, München.
Hauff von, M. 1989. Neue Selbsthilfebewegung und staatliche Sozialpolitik, Wiebaden.
Hausknecht, M. 1962. The Joiners, New York.
Heckel, E. 1987. Kulturpolitik in der Bundesrepublik von 1949 bis zur Gegenwart, Köln.
Hegel, G. W. F. 1821/1970. Grundlinien der Philosophie des Rechts. in: Werke, Bd. 7, hg. von E. Moldenhauer und K. M. Michel, Ffm.
– 1807/1964-71. Phänomenologie des Geistes, in: Sämtliche Werke, Bd. 2, hg. von H. Glockner, Stuttgart.

- 1964-71: Sämtliche Werke, hg. von H. Glockner, Stuttgart.
Heinen, E. 1987. Unternehmenskultur. Perspektiven für Wissenschaft und Praxis, München.
Heinrich, M. 1988. »Lebenshilfe geht im Sortiment am besten«, in: Buchmarkt 7, S. 152-154.
Heinze, R. G., Hohn, H.-W., Hinrichs, K. und T. Olk. 1981. »Armut und Arbeitsmarkt: Zum Zusammenhang von Klassenlagen und Verarmungsrisiken im Sozialstaat«, in: Zeitschrift für Soziologie 3, S. 219-243.
Helmke, A. 1983. Schulische Leistungsangst. Erscheinungsformen und Entstehungsbedingungen, Frankfurt/M.
Herder-Dorneich, P. (Hg.). 1984. Arbeitszeitverkürzung – pauschal oder individuell: Wege zur Flexibilisierung der Arbeitszeit, Stuttgart.
Herlyn, U. 1985. »Die Stadt als lokaler Lebenszusammenhang aus der Sicht der stadtsoziologischen Forschung«, in: Die alte Stadt 10, S. 369-386.
Herrmann, A. G. 1983. Radioaktive Abfälle. Probleme und Verantwortung, Berlin.
Herterich, F. 1985/86. »Unsere Stadt – clean, kleinkariert oder kosmopolitisch?«, in: Ästhetik und Kommunikation 61/62, S. 115-125.
Hesse, J. und H. Ch. Schrader. 1989. ›Auf einmal nicht mehr weiterwissen.‹ Telefonseelsorge – Ein Spiegel unserer Probleme, Frankfurt/M.
Hill, C. 1967. Society and Puritanism in Pre-Revolutionary England, New York, 2. Auflg.
Hinchliffe, A. P. 1974. British Theatre 1950-70, Oxford.
Hobson, H. 1984. Theatre in Britain, Boston.
Holborn, H. 1973. »Der deutsche Idealismus in sozialgeschichtlicher Beleuchtung«, in: H.-U. Wehler (Hg.), Moderne deutsche Sozialgeschichte, Köln, 4. Auflg., S. 85-108.
Holmes, C. (Hg.). 1978. Immigrants and Minorities in British Society, London.
- 1982. »The impact of immigration on British Society 1870-1980«, in: T. Barker und M. Drake (Hg.), Population and Society in Britain 1850-1980, London, S. 172-202.
Hondrich, K. O. (Hg.). 1982. Soziale Differenzierungen, Frankfurt/M.
- 1984. »Der Wert der Gleichheit und der Bedeutungswandel der Ungleichheit«, in: Soziale Welt 3, S. 267-293.
- 1989. »Skandalmärkte und Skandalkultur«, in: M. Haller et al. (Hg.), Kultur und Gesellschaft, Frankfurt/M., S. 575-586.
Horkheimer, M. 1974. Zur Kritik der instrumentellen Vernunft, Frankfurt/M.
Horkheimer, M. und T. W. Adorno, 1947/1969. Dialektik der Aufklärung, Frankfurt/M.
Horn, B. 1987. »Integration junger Ausländer im Bildungsbereich. Litera-

turauswahl zu einem politisch und pädagogisch kontrovers diskutierten Thema«, in: Buch und Bibliothek 10, S. 900-920.
Horn, W. 1981. Kulturpolitik in Düsseldorf. Situation und Neubeginn nach 1945, Opladen.
Horsfield, P. G. 1984. Religious Television. The American Experience, New York.
Hradil, S. 1983. »Die Ungleichheit der ›Sozialen Lage‹«, in: R. Kreckel (Hg.), Soziale Ungleichheiten, Soziale Welt, Sonderband 2.
Huber, J. 1982. Die verlorene Unschuld der Ökologie. Neue Technologien und superindustrielle Entwicklung, Frankfurt/M.
– 1988. »Mondraketen gegen Mütterzentren«, in: Die Zeit, 14. 10. 1988.
Huber, K. 1986. Image. Global Image, Corporate Image, Marken-Image, Produkt-Image, Landsberg.
Hurrelmann, K. und H. K. Wolf. 1986. Schulerfolg und Schulversagen. Fallanalysen von Bildungslaufbahnen, Weinheim.
Imhof, A. E. 1981. Die gewonnenen Jahre, München.
Institut »Finanzen und Steuern«. 1983. Die Wirkung der Verschuldung öffentlicher Haushalte in mittelfristiger Sicht, Institut FST. Brief 226, Bonn.
Institut für Demoskopie Allensbach. 1985. Einstellungen zu Ehe und Familie im Wandel der Zeit, Stuttgart.
Jänicke, M. 1986. Staatsversagen. Die Ohnmacht der Politik in der Industriegesellschaft, München.
Jan von, E. 1967. Französische Literaturgeschichte in Grundzügen, Heidelberg, 6. Auflg.
Jaspers, K. 1961. Die Atombombe und die Zukunft des Menschen, München.
Jencks, C., Smith, M., Acland, H., Baney, M. J., Cohen, D., Gintis, H., Heyns, B. und S. Michelson. 1972. Inequality: A Reassessment of the Effect of Family and Schooling in America, New York.
Jonas, H. 1984. Das Prinzip Verantwortung – Versuch einer Ethik für die technologische Zivilisation, Frankfurt/M.
– 1985, Technik, Medizin und Ethik. Zur Praxis des Prinzips Verantwortung, Frankfurt/M.
Jungk, R. 1977. Der Atomstaat. Vom Fortschritt in die Unmenschlichkeit, Hamburg.
Jurreit, M.-L. (Hg.). 1979. Frauenprogramm. Gegen Diskriminierung. Ein Handbuch, Reinbek.
Kaase, M. 1982. »Partizipatorische Revolution – Ende der Parteien?«, in: J. Raschke (Hg.), Bürger und Parteien, Opladen, S. 173-189.
– 1987. Politisch motivierte Gewaltanwendung junger Menschen in der Bundesrepublik Deutschland. Gutachten für das BMJFFG, Bonn.
Kaelble, H. 1983. Soziale Mobilität und Chancengleichheit im 19. und 20. Jahrhundert. Deutschland im internationalen Vergleich, Göttingen.

Kaiser, Ch. 1988. Theater zum Umblättern. Die darstellende Kunst (Theater, Kino, Fernsehen) im Zeitalter ihrer häuslichen Speicherbarkeit, Berlin.
Kaiser, G. 1979. Aufklärung. Empfindsamkeit. Sturm und Drang, München, 3. Auflg.
Kamper, D. et al. 1987. »Tendenzen der Kulturgesellschaft. Eine Diskussion«, in: Ästhetik und Kommunikation 67/68, S. 55-73.
Kant, I. 1781/1956a. Kritik der reinen Vernunft, in: Werke in sechs Bänden, Bd. II, hg. von W. Weischedel, Frankfurt/M.
– 1788/1956b. Kritik der praktischen Vernunft, in: Werke in sechs Bänden, Bd. IV, hg. von W. Weischedel, Frankfurt/M.
Kappelhoff, R. und W. Teckenberg. 1987. »Intergenerationen- und Karrieremobilität in der Bundesrepublik Deutschland und in den Vereinigten Staaten«, in: Kölner Zeitschrift für Soziologie und Sozialpsychologie 39, S. 302-329.
Keck, O. 1984. Der schnelle Brüter – Eine Fallstudie über Entscheidungsprozesse in der Großtechnologie, Frankfurt/M.
Keller, I. G. 1987. Corporate Identity – Elemente und Wirkung. Eine empirische Untersuchung zur Erfassung der internen Wirkung von Corporate Identity, Stuttgart.
Kern, H. und M. Schumann. 1984. Ende der Arbeitsteilung?, München.
Kerner, J., Maissen, T. und D. Radek. 1987. Der Rhein – die Vergiftung geht weiter, Reinbek.
Kessel, H. und W. Tischler. 1984. Umweltbewußtsein. Ökologische Wertvorstellungen in westlichen Industrienationen, Berlin.
Kevenhörster, P. 1984. Politik im elektronischen Zeitalter: politische Wirkungen der Informationstechnik, Baden-Baden.
Kiefer, M.-L. 1987. »Massenkommunikation 1964 bis 1985. Trendanalyse zur Mediennutzung und Medienbewertung«, in: Media-Perspektiven 3, S. 137 ff.
Kieffer, G. H. 1986. »What Should Society Expect from Scientists?«, in: Bulletin of Science, Technology and Society 4, S. 347-355.
Kiersch, G. und S. von Oppeln. 1982. Kernenergiekonflikt in Deutschland und Frankreich. Einstellungen zur Atomenergie in hochindustrialisierten Gesellschaften, Berlin.
– 1983. »Die Kritik an der Technik – und die Angst vor dem Atom bei Franzosen und Deutschen«, in: Dokumente, Sonderheft Januar 1983, S. 81-93.
Kill, R. 1990. »Klotzen!«, in: Rheinische Post, 24.1.1990, S. 2.
Kitschelt, H. 1984. Der ökologische Diskurs. Eine Analyse von Gesellschaftskonzeptionen in der Energiedebatte, Frankfurt/M.
Klötzer, W. 1983. »Schwerpunkte kulturellen Lebens in der mitteralterlichen Stadt, mit besonderer Berücksichtigung von Frankfurt am Main«, in: H. E. Specker (Hg.), Stadt und Kultur, Sigmaringen, S. 29-56.

Knapp, A. 1986. Arbeitslose Akademiker. Arbeitsmarktsituation und Perspektiven der Akademiker- und Lehrerarbeitslosigkeit, Regensburg.
Knowles, D. 1962. The Evolution of Medieval Thought, London.
Koch, C. 1987. »Zur Moral der Genealogie«, in: Niemandsland 3, S. 70-82.
Koch, C. und H. P. Dreitzel 1970. Texte zur Technokratiediskussion, Frankfurt/M.
Kohlberg, L. 1969. »Stage and Sequence: The Cognitive-Developmental Approach to Socialization«in: D. A. Goslin (Hg.), Handbook of Socialization Theory and Research, New York, S. 347-380.
Kol Peng, K. 1987. »Die globale Umweltkrise aus der Sicht der Entwicklungsländer«, in: epd-Entwicklungspolitik 10/11, S. 6-8.
Kranz, H. 1985. »Eugenische Utopien der Menschenzüchtung – Zur Verwissenschaftlichung des generativen Verhaltens«, in: SOWI 14, 4, S. 278-287.
Kreckel, R. (Hg.). 1983. Soziale Ungleichheiten, Soziale Welt, Sonderband 2, Göttingen.
Kreibich, R. 1986. Die Wissenschaftsgesellschaft, Frankfurt/M.
Krey, G. S. de. 1985. A Fractured Society. The Politics of London in the First Age of Party 1688-1715, Oxford.
Krohn, W. und P. Weingart 1986. »Tschernobyl – das größte anzunehmende Experiment«, in: Kursbuch 85, GAU – Die Havarie der Expertenkultur, Berlin, S. 1-25.
Küchler, M. 1982. »Staats-, Parteien- oder Politikverdrossenheit?«, in: J. Raschke (Hg.), Bürger und Parteien, Opladen, S. 39-54.
Kutsch, Th. und F. Vilmar (Hg.). 1983. Arbeitszeitverkürzung, Opladen.
Lagadec, P. 1987. Das große Risiko – Technische Katastrophen und gesellschaftliche Verantwortung, Nördlingen.
Lahusen, Ch. 1989. Die nationale Frage im heutigen Spanien im Spiegel musikalischer Strömungen, Magisterarbeit, Düsseldorf.
Lange, H. 1984. »Zur kulturellen Dimension der kommunalen Politik«, in: Der Städtetag 11, S. 704-706.
Langenbucher, W. R. 1979. Politik und Kommunikation. Über die öffentliche Meinungsbildung, München.
Lao-Tse. 1979. Tao Te King. Das heilige Buch vom Weg und von der Tugend, Stuttgart.
– 1981. Tao Tê King. Das Buch vom Weltgesetz und seinem Wirken, Bern.
Larenz, K. 1935. Rechts- und Staatsphilosophie der Gegenwart, Berlin.
Larsen, E. 1983. Im Namen der Menschenrechte. Die Geschichte von Amnesty International, München, 2. erw. und akt. Auflg..
Lau, Ch. 1989. »Risikodiskurse: Gesellschaftliche Auseinandersetzung um die Definition von Risiken«, in: Soziale Welt 40, 3, S. 418-436.

Lay, R. 1989. Ethik für Manager, Düsseldorf.
Leibold, G. 1986. Schulangst – Ursachen, Symptome, Behandlung, Wiesbaden.
Leontidou, L. 1988. »Greece: Prospects and Contradictions of Tourism in the 1980s«, in: A. M. Williams und G. Shaw (Hg.), Tourism and Economic Development. Western European Experiences, London, S. 80-100.
Lepenies, W. 1969. Melancholie und Gesellschaft, Frankfurt/M.
Lepsius, M. R. 1979. »Soziale Ungleichheit und Klassenstruktur in der Bundesrepublik Deutschland« in: H.-U. Wehler (Hg.), Klassen in der europäischen Sozialgeschichte, Göttingen, S. 166-209.
Lipsmeier, A. 1987. Berufliche Weiterbildung in West- und Osteuropa. Ein Arbeitsbuch, Baden-Baden.
Little, D. 1970. Religion, Order and Law. A Study in Pre-Revolutionary England, Oxford.
Löw, R. 1985. Leben aus den Labor. Gentechnologie und Verantwortung – Biologie und Moral, München.
Löwenthal, L. 1972. Literatur und Gesellschaft. Das Buch in der Massenkultur, Neuwied, 2. Auflg..
Lompe, K. 1981. »Wissenschaft und politische Steuerung«, in: K. Lompe et al., Enquête-Kommissionen und Royal Commissions, Göttingen, S. 9-69.
Lorensen, A. und S. McLanahan. 1987. »Married Women's Economic Dependency, 1940-1980«, in: American Journal of Sociology 93, S. 659-687.
Lowe, P. D. und D. Morrison. 1984. »Bad News or Good News: Environmental Politics and Mass Media«, in: The Sociological Review 32, S. 75-90.
Luhmann, N. 1970. Soziologische Aufklärung, 1. Bd., Opladen.
– 1980. Gesellschaftsstruktur und Semantik, Frankfurt/M.
– 1984. Soziale Systeme, Frankfurt/M.
– 1985. Ökologische Kommunikation, Frankfurt/M.
– 1989. Die Wirtschaft der Gesellschaft, Frankfurt/M.
Luke, T. 1986-87. »Televisional Democracy and the Politics of Charisma«, in: Telos 70, S. 59-79.
Lukes, R. (Hg.). 1980. Gefahren und Gefahrenbeurteilungen im Recht. Rechtliche und technische Aspekte von Risikobeurteilungen, insbesondere bei neuen Technologien, Köln.
Lukes, R. und A. Birkhofer. 1980. Rechtliche Ordnung der Technik als Aufgabe der Industriegesellschaft, Köln.
Lutz, B. 1983. »Bildungsexpansion und soziale Ungleichheit – Eine historisch-soziologische Skizze« in: R. Kreckel (Hg.), Soziale Ungleichheiten, Soziale Welt, Sonderband 2, Göttingen, S. 221-245.
– 1987. »Das Ende des Technikdeterminismus und die Folgen – Soziolo-

gische Technikforschung vor neuen Aufgaben und neuen Problemen«, in: B. Lutz (Hg.), Technik und sozialer Wandel. Verhandlungen des 23. Deutschen Soziologentages in Hamburg 1986, Frankfurt/M., S. 34-52.

Lutz, R. 1981. Sanfte Alternativen. ÖKO-LOG-Buch I, Weinheim-Basel.

Lux, P. G. C. et al. (Hg.). 1989. Kunst als Ausdruck der Unternehmenskultur?, Basel.

Markert, Ch. 1986. Yin Yang. Harmonie von Sinnlichkeit und Vernunft, München.

Marshall, T. H. 1964. Class, Citizenship and Social Development, Garden City, New York.

Martz, L., Carroll, G., Gibney, F., Williams, G., Fagerstrom, S. und E. Levy-Spira. 1988. »TV Preachers on the Rocks«, in: Newsweek, 11.7.1988, S. 30-32.

Marx, H. 1986. Die Broadway-Story: Eine Kulturgeschichte des amerikanischen Theaters, Düsseldorf.

Marx, K. 1956. »Zur Kritik der Hegelschen Rechtsphilosophie. Einleitung«, in: Marx-Engels Werke, Bd. 1, Berlin, S. 378-391.

– 1867/1962. Das Kapital, 1. Band, in: Marx-Engels-Werke, Bd. 23, Berlin.

– 1962-1964. Das Kapital, 3 Bände, in: Marx-Engels-Werke, Bd. 23-25, Berlin.

– 1844/1968. »Ökonomisch-philosophische Manuskripte aus dem Jahre 1844«, in: Marx-Engels-Werke, Ergbd., Teil I, Berlin, S. 465-588.

Mates, J. 1987. America's Musical Stage, New York, 2. Auflg.

Mathieson, A. und G. Wall. 1982. Tourism. Economic, Physical and Social Impacts, London.

Matthes, J. 1983. Krise der Arbeitsgesellschaft? Verhandlungen des 21. Dt. Soziologentages in Bamberg 1982, Frankfurt/M.

Mayer-Tasch, P.-C. 1985. »Die internationale Umweltpolitik als Herausforderung für die Nationalstaatlichkeit«, in: Aus Politik und Zeitgeschichte. Beilage zur Wochenzeitung Das Parlament 20, S. 3-13.

– (Hg.). 1986. Die Luft hat keine Grenzen – Internationale Umweltpolitik: Fakten und Trends, Frankfurt/M.

McClelland, C. E. 1980. State, Society, and University in Germany 1700-1914, Cambridge.

McKean, M. 1981. Environmental Protest and Citizen Politics in Japan, Berkeley.

Meier-Welser, C. 1983. »Friedenssehnsucht und Gewalt«, in: Die Polizei 10, S. 310-314.

Mertens, D. 1984. »Das Qualifikationsparadox. Bildung und Beschäftigung bei kritischer Arbeitsmarktperspektive« in: Zeitschrift für Pädagogik 30, S. 439-455.

Meyer-Abich, K. M. und B. Schefold. 1986. Die Grenzen der Atomwirtschaft, München.

Milbrath, L. W. 1981. »Environmental Values and Beliefs of the General Public and Leaders in the United States, England and Germany«, in: D. Mann (Hg.), Environmental Policy Formation: The Impact of Values, Ideology and Standards, Lexington, Mass., S. 43-61.

Mindel, C. H. und R. W. Habenstein (Hg.). 1976. Ethnic Families in America, New York.

Mischo, J. 1989. »Okkultpraktiken Jugendlicher – Ergebnisse zweier empirischer Untersuchungen«, in: Materialdienst der evangelischen Zentralstelle für Weltanschauungsfragen 3, S. 65-82.

Möller, E. 1989. Unternehmen pro Umwelt: Ansätze ganzheitlichen Denkens in Politik und Wirtschaft, Architektur, Produktionsentwicklung und Design, München.

Mommsen, W. J. und W. Mock (Hg.). 1982. Die Entstehung des Wohlfahrtsstaates in Großbritannien und Deutschland 1850-1950, Stuttgart.

Moore, B. 1969. Soziale Ursprünge von Diktatur und Demokratie. Die Rolle der Grundbesitzer und Bauern bei der Entstehung der modernen Welt, Frankfurt/M.

Mooser, J. 1983. »Auflösung proletarischer Milieus. Klassenbildung und Individualisierung in der Arbeiterschaft vom Kaiserreich bis in die Bundesrepublik Deutschland«, in: Soziale Welt 34, 3, S. 270-306.

– 1984. Arbeiterleben in Deutschland 1900-1970. Klassenlagen, Kultur und Politik, Frankfurt/M.

Moser, H. (Hg.). 1989. L'éclat c'est moi. Zur Faszination unserer Skandale, Weinheim.

Mountford, J. 1966. British Universities, London.

Müller, B. 1988. »Wenn doch endlich wieder Ruhe einkehrte«, in: Rheinische Post, 22.10.1988.

Müller, H. 1987. »Umwelt und gewaltsamer Konflikt. Umweltschaden und innerstaatliche Gewalt in der Dritten Welt«, in: epd-Entwicklungspolitk V, S. 79-81.

Müller, W., Willms, A. und J. Handl. 1983. Strukturwandel der Frauenarbeit, Frankfurt/M.

Münch, R. 1982. Theorie des Handelns, Frankfurt/M.

– 1984. Die Struktur der Moderne, Frankfurt/M.

– 1986a. Die Kultur der Moderne, 2 Bände, Frankfurt/M.

– 1986b. »Differenzierung, Rationalisierung, Interpenetration. Die Herausbildung der modernen Gesellschaft«, in: H. Reimann (Hg.), Soziologie und Ethnologie, Opladen, S. 48-72.

Muller, R. 1985. Die Neuschaffung der Welt. Auf dem Weg zu einer globalen Spiritualität, München.

– 1986. Planet der Hoffnung. Wege zur Weltgemeinschaft, München.

Naisbitt, J. 1982. Megatrends, New York.

Nedelmann, B. 1989. »Innovation und Absorption. Die Dynamik des Umweltthemas.« Beitrag zur Tagung: »Theorien sozialen Wandels –

Neuere Entwicklungen« der Sektion Soziologische Theorien der DGS, Heidelberg, 13.-14. Oktober 1989.

Nichols, E. 1987. »U.S. Nuclear Power and the Success of the American Anti-Nuclear Movement«, in: Berkeley Journal of Sociology, S. 167-192.

Nieding von, G. und H. M. Wagner. 1982. »Prinzipien der Grenzwertfestlegung (maximale Immissionskonzentration) für inhalative Noxen, dargestelllt am Beispiel des Schwefeldioxyd (SO2)«, in: Atemwegs-Lungenkrankheiten 4, S. 190-193.

Nietzsche, F. 1956. Werke in drei Bänden, hg. von Karl Schlechta, München.

Nokielski, H. 1982. »Selbsthilfe als Strukturwandel sozialer Beziehungen«, in: Liberal 7, S. 484-494.

Nowotny, H. 1979. Kernenergie: Gefahr oder Notwendigkeit, Frankfurt/M.

Nütten, I. und P. Saubermann. 1988. Die anonymen Kreativen. Instrumente einer innovationsorientierten Unternehmenskultur, Wiesbaden.

OECD. 1987. Environmental Data. Compendium 1987, Paris.

– 1989. Environmental Data. Compendium 1989, Paris.

Offe, C. 1972. Strukturprobleme des kapitalistischen Staates, Frankfurt/M.

– 1984. Krise der Arbeitsgesellschaft: Strukturprobleme und Zukunftsperspektiven, Frankfurt/M.

Offe, C., Hinrichs, H. und H. Wiesenthal (Hg.). 1982. Arbeitszeitpolitik, Frankfurt/M.

Ostner, I. und B. Piper (Hg.). 1986. Arbeitsbereich Familie, Frankfurt/M.

Pappermann, E. 1985. »Zur aktuellen Situation der städtischen Kulturpolitik«, in: Der Städtetag 3, S. 174-181.

Pappi, F. U. 1979. »Konstanz und Wandel der Hauptspannungslinien in der Bundesrepublik«, in: J. Matthes (Hg.), Sozialer Wandel in Westeuropa, Frankfurt/M., S. 465-479.

Parsons, T. 1967. Sociological Theory and Modern Society, New York.

– 1969a. »On the Concept of Influence«, in: Politics and Social Structure, New York, S. 405-438.

– 1969b. »On the Concept of Political Power«, in: Politics and Social Structure, New York, S. 352-404.

– 1969c. »On the Concept of Value-Commitments«, in: Politics and Social Structure, New York, S. 439-472.

– 1969d. Politics and Social Structure, New York.

– 1977. Social Systems and the Evolution of Action Theory, New York.

– 1978. Action Theory and the Human Condition, New York.

Parsons, T. und G. M. Platt. 1973. The American University, Cambridge.

Perrow, Ch. 1986. »Lernen wir etwas aus den jüngsten Katastrophen?«, in: Soziale Welt 4, S. 390-401.

– 1988. Normale Katastrophen: die unvermeidbaren Risiken der Großtechnik, Frankfurt/M.
Pfister, D. 1989. »Möglichkeiten der Visualisierung von Unternehmenskultur«, in: P. G. C. Lux et al. (Hg.), Kunst als Ausdruck der Unternehmenskultur?, Basel, S. 119-131.
Piam, I. 1988. »Armenier: 9. Weltwunder demnächst in Oberhausen«, in: WAZ, 5.12.1988.
Picard, R. 1943. Les salons littéraires et la société française 1610-1789, New York.
Plasser, F. et al. (Hg.). 1985. Demokratierituale – Zur politischen Kultur der Informationsgesellschaft, Wien.
Plessner, H. 1959. Die verspätete Nation, Stuttgart.
Popper, K. R. 1963. Conjectures and Refutations, London.
– 1973. Objektive Erkenntnis, Hamburg.
Postman, N. 1982. The Disappearance of Childhood, New York.
– 1985. Wir amüsieren uns zu Tode. Urteilsbildung im Zeitalter der Unterhaltungsindustrie, Frankfurt/M.
Prittwitz, V. 1984. Umweltaußenpolitik. Grenzüberschreitende Luftverschmutzung in Europa, Frankfurt/M.
Prokop, O. und W. Wimmer. 1987. Der moderne Okkultismus. Parapsychologie und Paramedizin. Magie und Wissenschaft im 20. Jahrhundert, Stuttgart, 2. Auflg.
Quoirin, M. 1990. »Der verlassene Mann«, in: Kölner Stadtanzeiger, 13./14.1.1990 (S.3).
Radunski, P. 1985. »Die Wähler in der Stimmungsdemokratie«, in: Sonde 2, S. 3ff.
Rajagopal, A. 1987. »And the Poor Get Gassed: Multinational-Aided Development and the State – the Case of Bophal«, in: Berkeley Journal of Sociology, S. 129-152.
Rammert, W. 1983. Soziale Dynamik der technischen Entwicklung, Opladen.
Raney, C. 1987. »Amerikanisches Musiktheater: Oper, Ballett, Musical«, in: H. Danuser, D. Kämper und P. Terse (Hg.), Amerikanische Musik seit Charles Ives, Laaber, S. 61-72.
Reif, F. 1961. »The Competitive World of Pure Scientists«, in: Science 134, S. 1957-1962.
Reimann, H. 1968. Kommunikations-Systeme. Umrisse einer Soziologie der Vermittlungs- und Mitteilungsprozesse, Tübingen.
Renn, O. 1984. Risikowahrnehmung in der Kernenergie, Frankfurt/M.
Rerrich, M. S. 1983. »Veränderte Elternschaft«, in: Soz. Welt 3, S. 420-449.
– 1986. Vaterbild und Familienvielfalt, München.
Rheinische Post. 1990. »Sorge wegen Vergiftung der Ostsee«, 7.2.1990.
Richter, H.-E. 1987. Leben statt machen. Einwände gegen das Verzagen, Hamburg.

- 1988. »Gewalt bei Demonstrationen«, in: Recht und Politik 25, S. 77-84.
Rieseberg, A. und U. Martin-Newe. 1988. Macho-, Monster-, Medienfreizeit. TV- und Videokonsum Jugendlicher, Pfaffenweiler.
Ringer, F. K. 1969. The Decline of the German Mandarins. The German Academic Community 1890-1933, Cambridge, Mass.
Rockwell, J. 1987. »Faszination der Großstadt«, in: H. Danuser, D. Kämper und P. Terse (Hg.), Amerikanische Musik seit Charles Ives, Laaber, S. 31-38.
Rogers, C. R. 1977. Therapeut und Klient, München.
Roszak, T. 1982. Mensch und Erde auf dem Weg zur Einheit, Soyen.
Roßnagel, A. 1983. Bedroht die Kernenergie unsere Freiheit?, München.
- 1984a. Radioaktiver Zerfall der Grundrechte?, München.
- 1984b. Recht und Technik im Spannungsfeld der Kernenergiekontroverse, Opladen.
- 1989. Die Verletzlichkeit der »Informationsgesellschaft«, Opladen.
Roth, P. 1989. Kultur-Sponsoring, Landsberg am Lech.
Roth, R. 1980. »›Alle Macht geht vom Volke aus... und kommt nie wieder zurück‹ Notizen zur politischen Geschichte der Bürgerinitiativen in der Bundesrepublik«, in: R. Roth (Hg.), Parlamentarisches Ritual und politische Alternativen, Frankfurt/M., S. 74-96.
- 1987. »Kommunikationsstrukturen und Vernetzung in neuen sozialen Bewegungen«, in: R. Roth und D. Rucht (Hg.), Neue soziale Bewegungen in der Bundesrepublik Deutschland, Frankfurt/M., S. 68-88.
Roth, R. und D. Rucht (Hg.). 1987. Neue soziale Bewegungen in der Bundesrepublik Deutschland, Frankfurt/M.
Rothman, St. und R. Lerner. 1988. »Television and the Communications Revolution«, in: Society 26, 1, S. 64-70.
Rubin, L. B. 1983. Intimate Strangers. Men and Women Together, N.Y.
Rucht, D. 1982. Bürgerinitiativen als Reaktion und Herausforderung politisch-administrativer Planung, München.
- 1987. »Von der Bewegung zur Institution? Organisationsstrukturen der Ökologiebewegung«, in: R. Roth und D. Rucht (Hg.), Neue soziale Bewegungen in der Bundesrepublik Deutschland, Frankfurt/M., S. 238-260.
Rüttinger, R. 1986. Unternehmenskultur. Erfolge durch Vision und Wandel, Düsseldorf.
Ruppert, H.-J. 1988. »New Age – Erlösung durch kosmisches Bewußtsein«», in: EZW-TEXTE, Evangelische Zentralstelle für Weltanschauungsfragen, Information Nr. 105, S. 16-35.
Russell, P. 1984. Die erwachende Erde. Unser nächster Evolutionssprung, München.
Sahner, H. 1984. »Wer fordert die parlamentarische Mehrheitsdemokratie heraus?«, in: Zeitschrift für Parlamentsfragen 4, S. 571-576.

Sander, G. 1982. »Männliche und weibliche Devianz in der DDR«, in: W. T. Haesler (Hg.), Weibliche und männliche Kriminalität, Diessenhofen, S. 143-164.
Sanderson, M. 1984. From Irving to Olivier. A Social History of the Acting Profession in England 1880-1985, London.
Santillana, G. de. 1959. »The Role of Art in the Scientific Renaissance«, in: M. Clagett (Hg.), Critical Problems in the History of Science, Madison, S. 33-65.
Sartorius, P. 1986. »Freistadt der Lebensweisen«, in: Geo-Special: New York 4, S. 38-45.
Sauberzweig, D. 1983. »Stadt und Kulturpolitik heute«, in: H. E. Specker (Hg.), Stadt und Kultur, Sigmaringen, S. 143-151.
Saurwein, K.-H. 1988. Ökonomie und soziologische Theoriekonstruktion, Opladen.
Sawade, P. 1984. Abhängigkeiten der Behandlungserfolge des Heilpraktikers, Dissertation, Berlin.
Scheer, J. 1987, »Grenzen der Wissenschaftlichkeit bei der Grenzwertfestlegung. Kritik der Low-Dose-Forschung«, in: B. Lutz (Hg.), Technik und sozialer Wandel. Verhandlungen des 23. Deutschen Soziologentages in Hamburg 1986, Frankfurt/M., S. 447-454.
Schelsky, H. 1971. Einsamkeit und Freiheit, Düsseldorf, 2. erw. Auflg.
Schimmeck, T. 1988. »Lachs oder Fladenbrot«, in: Der Spiegel 36, S. 64-75.
Schlegelmilch, C. 1987. Taxifahrer Dr. phil., Opladen.
Schluchter, W. 1976. »Die Paradoxie der Rationalisierung. Zum Verhältnis von ›Ethik‹ und ›Welt‹ bei Max Weber«, in: Zeitschrift für Soziologie 5, S. 256-284.
– 1979. Die Entwicklung des okzidentalen Rationalismus. Eine Analyse von Max Webers Gesellschaftsgeschichte, Tübingen.
Schmidt, P. M. 1985. Umweltthemen in der öffentlichen Diskussion, Konstanz.
Schnaidberg, A. 1980. The Environment, from Surplus to Scarcity, Oxford.
Schneider, R. 1982. »Die Bildungsentwicklung in den westeuropäischen Staaten 1870-1975«, in: Zeitschrift für Soziologie 3, S. 207-226.
Schnell, P. 1988. »The Federal Republic of Germany: A Growing International Deficit?«, in: A. M. Williams und G. Shaw (Hg.), Tourism and Economic Development, London, S. 39-57.
Schöneich, M. 1988. »Kultur für wen – Kultur wozu?«, in: Der Städtetag 6, S. 388-390.
Schorsch, Ch. 1987a. Auf der Suche nach der Einheit. Ein philosophischer Essay, Essen.
– 1987b. Die große Vernetzung. Wege zu einer ökologischen Philosophie, Freiburg i. Br.

- 1988. Die New-Age-Bewegung: Utopie und Mythos der Neuen Zeit, Gütersloh.
Schreiber, F. 1989. Intifada – Der Aufstand der Palästinenser, Opladen.
Schreiber, H. 1985. »Der Preis des Wachstums – oder: Probleme der Umweltpolitik in der Volksrepublik Polen«, in: Zeitschrift für Umweltpolitik und Umweltrecht 4, S. 289-322.
– (Hg.). 1989. Umweltprobleme in Mittel- und Osteuropa, Frankfurt/M.
Schröder, K. T. et al. 1989. »Die Bundesrepublik Deutschland auf dem Weg zur Informationsgesellschaft?«, in: Aus Politik und Zeitgeschichte. Beilage zur Wochenzeitung Das Parlament 15, S. 17-24.
Schubert, K. 1981. Politik in der Technokratie, Frankfurt/M.
Schuchardt, H. und H. Nägeli. 1985. Kultur im Alltag. Neue Formen kommunaler Kulturpolitik, Hamburg.
Schuermann, P. 1988. Werte und Konsumverhalten, München.
Schulz, R. 1989. »Auswirkungen des Kabelfernsehens: Passivität und Vereinsamung durch Reizüberflutung im erweiterten Fernseh-(Unterhaltungs-)Angebot?«, in: Aus Politik und Zeitgeschichte. Beilage zur Wochenzeitung Das Parlament 15, S. 25-47.
Schulz, W. 1983. »Von der Institution ›Familie‹ zu den Teilbeziehungen zwischen Mann, Frau und Kind«, in: Soziale Welt 4, S. 401-419.
Schwartz, E. 1987. »Zur amerikanischen Musikszene heute«, in: H. Danuser, D. Kämper und P. Terse (Hg.), Amerikanische Musik seit Charles Ives, Laaber, S. 127-134.
Schwartzenberg, R. 1980. Politik als Showgeschäft, Düsseldorf.
Schwarz, K. 1985/86. »Berlin: Kulturmetropole und Industriemetropole neuen Typs«, in: Ästhetik und Kommunikation 61/62, S. 85-100.
Sellmann, I. 1988. »Esoterik und Verwandtes in den Medien«, in: Buchmarkt 1, S. 140-143.
Siebert, D. und G. Schmid. 1988. Systemanalyse des Arbeitsmarktes für Akademiker/innen – Simulation 1970-2010, Berlin.
Sieverts, T. 1985/86. »Ästhetik, Kommunikation und Gebrauch. Perspektiven für den städtischen Zwischenraum«, in: Ästhetik und Kommunikation 61/62, S. 127-132.
Silbermann, A. und A. Hänseroth. 1989. Medienkultur, Medienwirtschaft, Medienmanagement, Frankfurt/M.
Simmel, G. 1907/1958. Philosophie des Geldes, Berlin.
– 1908a/1968. Soziologie. Untersuchungen über die Formen der Vergesellschaftung, Berlin.
– 1908b. »Das Problem des Stiles«, in: Dekorative Kunst 11, S. 307-316
– 1923. Philosophische Kultur, Potsdam, 3. Auflg.
Smith, C. E. und A. Freedman. 1972. Voluntary Associations: Perspective on the Literature, Cambridge, Mass.
Smith, D. H. 1975. »Voluntary Action and Voluntary Groups«, in: Annual Review of Sociology I, S. 247-270.

Smith, R. und P. McLaren. 1988. »Televangelism as Pedagogy and Cultural Politics«, in: Curriculum and Teaching 3, 1/2, S. 82-99.
Snow, M. S. 1986. Telecommunications. Regulation and Deregulation in Industrialized Democracies, New York.
Solla Price de, D.J. 1961. Science since Babylon, New Haven, Conn.
– 1963/1974. Little Science, Big Science, Frankfurt/M.
Sorensen, A. und S. McLanahan. 1987. »Married Women's Economic Dependency 1940-1980«, in: American Journal of Sociology 93, S. 659-687.
Sosna, J. 1987. »Netzwerk-Selbsthilfe: Eine Idee koordinierter Projektarbeit verändert sich«, in: R. Roth und D. Rucht (Hg.), Neue soziale Bewegungen in der Bundesrepublik Deutschland, Ffm., S. 204-219.
Spangler, D. 1983. New Age – Die Geburt eines neuen Zeitalters, Kinratshofen.
Der Spiegel. 1988. »Schauspielhaus oder Grundig-Bühne. Die Wirtschaft entdeckt die Kultur als Werbeträger – ein Geschäft auf Gegenseitigkeit?«, Nr. 33, S. 148-152.
– 1989a. »Dann gewinnen wir die Gesellschaft«, Nr. 11, S. 250-254.
– 1989b. »Kollektive Einsamkeit«, Nr. 9, S. 236-242.
– 1989c. »Ladenschluß: Die Stimmung ist geladen«, Nr. 4, S. 104-105.
– 1989d. »Man fragt sich: Wie kann das passieren?«, Nr. 17, S. 86-107.
– 1989e. »Rolläden runter«, Nr. 40, S. 142-143.
– 1989f. »Die sind wahnsinnig motiviert«, Nr. 43, S. 263-72.
Spiegel-Dokumentation über Daten, Fakten und Trends 1947-1987, hg. vom Spiegel-Verlag, Hamburg.
Stark, R. und W. S. Bainbridge. 1985. The Future of Religion. Berkeley.
Starr, V. 1986. »Lehrerarbeitslosigkeit in der Bundesrepublik Deutschland«, in: M. Baethge et al. (Hg.), Studium und Beruf, Freiburg. i. Br., S. 339-442.
Statistisches Jahrbuch 1959 für die Bundesrepublik Deutschland, hg. vom Statistischen Bundesamt, Stuttgart.
Statistisches Jahrbuch 1960 für die Bundesrepublik Deutschland, hg. vom Statistischen Bundesamt, Stuttgart.
Statistisches Jahrbuch 1970 für die Bundesrepublik Deutschland, hg. vom Statistischen Bundesamt, Stuttgart.
Statistisches Jahrbuch 1979 für die Bundesrepublik Deutschland, hg. vom Statistischen Bundesamt, Stuttgart.
Statistisches Jahrbuch 1987 für die Bundesrepublik Deutschland, hg. vom Statistischen Bundesamt, Stuttgart.
Statistisches Jahrbuch 1989 für die Bundesrepublik Deutschland, hg. vom Statistischen Bundesamt, Stuttgart.
Stewart-Clark, Sir J. 1987. Europäisches Parlament: Untersuchungsausschuß zum Drogenproblem in den Ländern der Europäischen Gemeinschaft. Luxemburg. Amt für amtliche Veröffentlichungen, S. 19-34.

Street-Porter, J. 1984. »Spaß, Schock und schierer Wahnsinn«, in: Geo-Special: London 2, S. 74-80.
Suleiman, E. N. 1978. Elites in French Society: The Politics of Survival, Princeton.
Tausch, R. 1973. Gesprächspsychotherapie, Göttingen.
Tessaring, M. 1988. »Arbeitsmarkt für Akademiker: Gestern – heute – morgen«, in: Materialien aus der Arbeitsmarkt- und Berufsforschung 5, S. 1-11.
Teubner, G. 1984. »Verrechtlichung – Begriffe, Merkmale, Grenzen, Auswege«, in: F. Kübler (Hg.), Verrechtlichung von Wirtschaft, Arbeit und sozialer Solidarität, Baden-Baden, S.289-344.
von Thadden, R. 1987. »Umgang mit Minderheiten. Vergleichende Reflexionen zu einem Verhaltensproblem in den politischen Kulturen Deutschlands und Frankreichs«, in: Tel Aviver Jahrbuch für Deutsche Geschichte 16, S. 239-251.
Timberlake, L. 1985. Africa in Crisis. The Causes, the Cures of Environmental Bankruptcy, London.
Tocqueville de, A. 1835/40/1976. Über die Demokratie in Amerika, München.
Tönnies, F. 1887/1963. Gemeinschaft und Gesellschaft, Darmstadt.
Touraine, A. et al. 1982. Die antinukleare Prophetie. Zukunfsentwürfe einer sozialen Bewegung, Frankfurt/M.
Trepl, L. 1987. Geschichte der Ökologie. Vom 17. Jahrhundert bis zur Gegenwart. Zehn Vorlesungen, Frankfurt/M.
Trevelyan, G. 1984. Eine Vision des Wassermann-Zeitalters. Gesetze und Hintergründe des »New Age«, München.
Troeltsch, E. 1912/1922. Die Soziallehren der christlichen Kirchen und Gruppen, Tübingen.
Tschesch, W. 1989. Akademiker-Arbeitslosigkeit, Essen.
Tsuru, S. 1989. Environmental Policy in Japan, Berlin.
Tsuru, S. und H. Weidner. 1985. Ein Modell für uns – Die Erfolge der japanischen Umweltpolitik, Köln.
Ulrich, P. 1988. »Betriebswirtschaftslehre als praktische Sozialökonomie«, in: R. Wunderer (Hg.), Betriebswirtschaftslehre als Management- und Führungslehre, 2. erg. Auflg., Stuttgart, S. 191-215.
UNESCO. 1987. Statistical Yearbook 1987, Paris.
UNO. 1986. United Nations Statistical Yearbook No. 34 (1983/84), N.Y.
Valenzuela, M. 1988. »Spain: The Phenomenon of Mass Tourism«, in: A. M. Williams und G. Shaw (Hg.), Tourism and Economic Development. Western European Experiences, London, S. 39-57.
Vesper, E. 1981. »»Kulturpolitik ist Kommunalpolitik««, in: Der Städtetag 3, S. 151-157.
Viehöver, W. 1990. Der Mythos der Frauenbewegung. Eine soziologische Analyse der Diskussion um den §218, Magisterarbeit, Düsseldorf.

Vilmar. F. und B. Runge. 1986. Auf dem Weg zur Selbsthilfegesellschaft?, Essen.
Vogel, D. 1986. National Styles of Regulation – Environmental Policy in Great Britain and the United States, London.
Voigt, R. (Hg.). 1980. Verrechtlichung, Königstein.
Voigt, W. 1986. Berufliche Weiterbildung, München.
Wagner, H. 1988. »Gewaltmonopol und Demonstrationsstrafrecht – Bemerkungen zur Diskussion um die Verschärfung des Versammlungsrechts«, in: Kriminologisches Journal 1, S. 2-9.
Waldmann, P. 1989. Ethnischer Radikalismus: Ursachen und Folgen gewaltsamer Minderheitenkonflikte am Beipiel des Baskenlandes, Nordirlands und Quebecs, Opladen.
Wallerstein, I. 1979. The Capitalist World Economy, Cambridge.
– 1984. The Politics of the World Economy, Cambridge
Watson, J.L. 1977. Between Two Cultures, Oxford.
Weber, M. 1924. Wirtschaftsgeschichte. Aus den nachgelassenen Vorlesungen, hg. von S. Hellman und M. Palyi, München.
– 1921/1971a. Gesammelte Aufsätze zur Religionssoziologie, Bd. III, Tübingen.
– 1971b. Gesammelte politische Schriften, Tübingen.
– 1920/1972a. Gesammelte Aufsätze zur Religionssoziologie, Bd. I, Tübingen.
– 1921/1972b. Gesammelte Aufsätze zur Religionssoziologie, Bd. II, Tübingen.
– 1922/1973. Gesammelte Aufsätze zur Wissenschaftslehre, Tübingen, 3. Auflg.
– 1922/1976. Wirtschaft und Gesellschaft, Tübingen.
Wehler, H.-U. (Hg.). 1979. Klassen in der europäischen Sozialgeschichte, Göttingen.
Weidner, H. 1984. »Erfolge und Grenzen technokratischer Umweltpolitik in Japan«, in: Aus Politik und Zeitgeschichte. Beilage zur Wochenzeitung Das Parlament 9/10, S. 31-46.
– 1985. »Umweltpolitik in Japan: Erfahrungen mit Kompensationssystemen, Abgabenregelungen und Vereinbarungen«, in: R.-U. Sprenger (Hg.), Mehr Umweltschutz für weniger Geld, München, Bd. 4, S. 389-400.
– 1989. Die Umweltpolitik der konservativ-liberalen Regierung im Zeitraum 1983-1988: Versuch einer politikwissenschaftlichen Bewertung, Berlin.
Weingart, P. 1979. »Das ›Harrisburg-Syndrom‹ oder die De-Professionalisierung der Experten«, in: H. Nowotny (Hg.), Kernenergie: Gefahr oder Notwendigkeit, Frankfurt/M., S. 9-17.
– 1983. »Verwissenschaftlichung der Gesellschaft – Politisierung der Wissenschaft«, in: Zeitschrift für Soziologie 3, S. 225-241.

Weischenberg, S. 1983. »Investigativer Journalismus und ›kapitalistischer Realismus‹. Zu den Strukturbedingungen eines anderen Paradigmas der Berichterstattung«, in: Rundfunk und Fernsehen 3/4, S. 349-369.
– 1987. »Die Glaubwürdigkeitslücke des Fernsehjournalismus«, in: Media-Perspektiven 11, S. 711-717.
– 1988. »Distanz-Verlust. Zwischen Information und Sensation«, in: Journalist 10.
Welz, R. 1983. Drogen, Alkohol und Suizid, Stuttgart.
Wersig, G. 1985. Die kommunikative Revolution. Strategien zur Bewältigung der Krise der Moderne, Opladen.
Wiegand, E. und W. Zapf (Hg.). 1982. Wandel der Lebensbedingungen in Deutschland, Frankfurt/M.
Wiesand, A. J. 1987. »Mäzene – Sponsoren – Kulturindustrie. Einige aktuelle Fragen im Verhältnis Kultur und Wirtschaft«, in: Die neue Gesellschaft 6, S. 263-269.
Wild, R. 1980. »Stadtkultur, Bildungswesen und Aufklärungsgesellschaften«, in: R. Grimminger (Hg.), Deutsche Auflärung bis zur Französischen Revolution 1680-1789, München, S. 103-133.
Williams, P. W. 1980. Popular Religion in America, Englewood Cliffs, New Jersey.
Wilson, L. 1942/1976. The Academic Man: A Study in the Sociology of a Profession, New York.
Winter, G. 1986. »Gentechnik als Rechtsproblem«, in: Deutsches Verwaltungsblatt 12, S. 585-596.
Wirtschaftswoche. 1984. »Konsumtrends. Genuß statt Verdruß«, Nr. 48, S. 55-76.
Wittwer, W. 1982. Weiterbildung im Betrieb, München.
Wocker, K. H. 1984. »Die Bühne ist des Briten Lust«, in: Geo-Special: London 2, S. 126-129.
Wolf, R. 1986. Der Stand der Technik – Geschichte, Strukturelemente und Funktion der Verrechtlichung technischer Risiken am Beispiel des Immissionsschutzes, Opladen.
Yates, F. A. 1947/1988. The French Academies of the Sixteenth Century, New York.
Yinger, M. 1960. »Contra-Culture and Subculture«, in: American Sociological Review 25, S. 625-635.
Zapf, W. (Hg.). 1977. Lebensbedingungen in der Bundesrepublik. Sozialer Wandel und Wohlfahrtsentwicklung, Frankfurt/M.
Ziegler, Ch. E. 1986. »Issue Creation and Interest Groups in Soviet Environmental Policy. The Applicability of the State Corporatist Model«, in: Comparative Politics 18, S. 171-192.
Zieschank, R. und J. van Nouhuys. 1989. Institutionelle Voraussetzungen der Umweltberichterstattung am Beispiel der Bodenproblematik, Berlin.

Zilsel, E. 1976. Die sozialen Ursprünge der neuzeitlichen Wissenschaft, Frankfurt/M.
Zimmermann, F. 1988. »Austria: Contrasting Tourist Seasons and Contrasting Regions«, in: A. M. Williams und G. Shaw (Hg.), Tourism and Economic Development. Western European Experiences, London, S. 145-161.

Veröffentlichungsnachweise

»Von der Reproduktion des Kapitals zur Reproduktion von Sinn«. Erweiterte Fassung von: »Gesellschaftsanalyse und Kulturdeutung. Ein brüchiges Wechselverhältnis«, in: M. Haller et al. (Hg.), Kultur und Gesellschaft, Frankfurt/M., Campus, 1989, S. 696-704.

»Die dialektische Konstitution der modernen Gesellschaft«. Überarbeitete Fassung von: »Differenzierung, Rationalisierung, Interpenetration. Die Herausbildung der modernen Gesellschaft«, in: H. Reimann (Hg.), Soziologie und Ethnologie, Opladen, Westdeutscher Verlag, 1986, S. 48-72.